U0534523

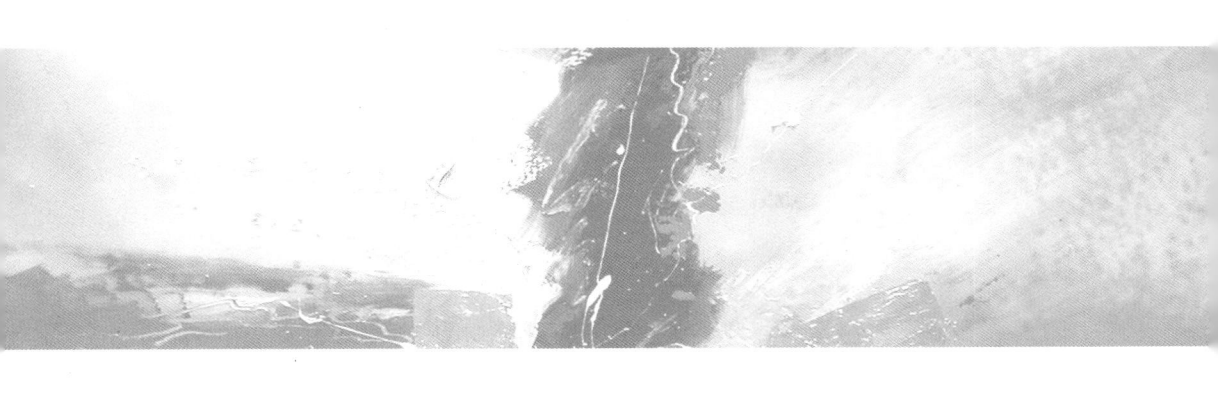

云南大学人文学院哲学系

东陆哲学

第1辑

李 兵 ◎ 主编

中国社会科学出版社

图书在版编目(CIP)数据

东陆哲学. 第1辑 / 李兵主编. —北京：中国社会科学出版社，2015.6
ISBN 978-7-5161-6397-9

Ⅰ.①东⋯ Ⅱ.①李⋯ Ⅲ.①哲学—文集 Ⅳ.①B-53

中国版本图书馆 CIP 数据核字(2015)第 146948 号

出 版 人	赵剑英
责任编辑	冯春凤　许　晨
责任校对	郝阳洋
责任印制	张雪娇

出　　版	中国社会科学出版社
社　　址	北京鼓楼西大街甲 158 号
邮　　编	100720
网　　址	http://www.csspw.cn
发 行 部	010-84083685
门 市 部	010-84029450
经　　销	新华书店及其他书店
印　　刷	北京君升印刷有限公司
装　　订	廊坊市广阳区广增装订厂
版　　次	2015 年 6 月第 1 版
印　　次	2015 年 6 月第 1 次印刷
开　　本	710×1000　1/16
印　　张	21.5
插　　页	2
字　　数	353 千字
定　　价	78.00 元

凡购买中国社会科学出版社图书，如有质量问题请与本社营销中心联系调换
电话：010-84083683
版权所有　侵权必究

东陆哲学编委会

主　　任　李　兵
副 主 任　马　京　　蒋颖荣
委　　员　(以姓氏笔画为序)
　　　　　　马　京　　王志宏　　王凌云　　李　兵
　　　　　　李煌明　　刘玉鹏　　罗　昆　　周文华
　　　　　　杨　勇　　蒋颖荣

东陆哲学(第1辑)编辑部

主　　编　李　兵
主编助理　喻郭飞
学术编辑　喻郭飞　　赵　灿　　杨宝富　　赵江飞

《东陆哲学》发刊词

"太华巍巍，拔海千寻；滇池淼淼，万山为襟；卓哉吾校，其与同高深！"这是熊庆来校长在1938年所作云南大学校歌的开篇。大学的"高深"谓之学问的高深，而学问之高深在很大程度上体现于其哲学研究之水准。云南大学自1923年建校以来，始终将哲学作为大学精神生活的根基和重要组成部分。哲学这门古老而常新的学科，在过去几十年里经由几代云大学人的薪火相传，如今焕发出新的生机与活力。

人们时常引用梅贻琦先生的名言——"大学者，非谓有大楼之谓也，有大师之谓也"——来探讨大学精神的内核以及现代大学建设过程中硬件与人才的关系。进入21世纪以来，在学校的大力扶持下，云南大学哲学系加快了学科队伍建设的步伐，逐步形成了一支学缘背景优良、学历层次较高的教师队伍，在稳步发展的过程中不断摸索符合自身实际的办学模式和学科发展规律，呈现出良好的发展态势。云南大学地处西南边陲，虽远离国内传统的学术中心，缺乏成熟的交流环境与学术平台；但是，相对"寂寞"的环境和简单的人际关系又给真心有志于学问的人提供了机会；云南大学九十多年的学术积淀更为哲学学科的发展提供了殷实的学术土壤和氛围。因此，问题的关键在于，我们是否有立足边地、胸怀天下的气度和视野，是否有以学术为志业的执着与勤奋，是否有在全国乃至世界的学术舞台表达自己学术主张的信心和勇气。而这一切都离不开一个与外界有效交流与沟通的学术平台。

令人欣慰的是，云大哲学系的同仁们达成了这样的共识：学问首先需要踏踏实实地"做"出来，更需要一个广袤的舞台进行传播与交流；活的学问才能够为他人所了解、在拳拳之心的如琢如磨中臻于完善。《东陆哲学》正是在这样的心意中诞生，它是一本专业性哲学学术集刊，以

"东陆"二字命名，既有承袭云南大学历史文化传统的寓意，也有面向未来复兴东方学术的希冀。我们希望它能够成为对外展示云南大学哲学系教师们所思所想的一个窗口，也能够成为加强与外界学术交流的一个媒介。

我们希望《东陆哲学》成为百家争鸣的园地；欢迎对哲学各个分支学科的深入研究，对哲学自身历史中的幽微线索进行耐心细致的阐发，也欣赏灵活运用哲学的概念和方法，对当代中国和世界的现实处境与问题进行批判性的理解和反思。我们尤其期待中国的哲学界在引介、诠释、分析中外哲学思潮之余，也能积极探索属于当代中国的原创性哲学学说。我们相信，只有扎根于哲学自身的历史传统，哲学论述才能展现其历久弥新、开启智慧的力量；只有基于对现实世界境遇的理解，哲学思想才能发挥撼动人心、改变世界的作用。

值此《东陆哲学》第一辑正式出版之际，我们诚邀国内外学术同行不吝赐稿，使《东陆哲学》能够成为大家传播学术思想、交流学术成果的桥梁。对稿件的选择，我们将不预设任何门户立场或学术流派，纯以论述品质的严格性及原创性为取舍标准。我们承诺：将以最严谨公平的审查程序，给予每一篇稿件应有的尊重。我们期许，《东陆哲学》在学界的关心、支持和帮助下，将会成为一份具有真正学术品质的专业哲学刊物。

云南大学哲学系《东陆哲学》编委会
2014 年 12 月

目 录

·"幸福理论"专题·

幸福、运动与实现活动 …………………………………… 王凌云（3）
应有的与本有的幸福 ……………………………………… 李文学（20）
论作为悖论的幸福 ………………………………………… 昌明君（44）
云南少数民族的"生态和谐"幸福观 …………………… 李本书（55）

·马克思主义哲学研究·

《家庭、私有制和国家的起源》对唯物史观的丰富
　　和发展 ………………………………………………… 吉　凯（73）
"颠倒"，还是"改造"？
　　——论恩格斯对黑格尔辩证法的超越 ……………… 赵江飞（86）
艾思奇对实用主义庸俗进化论的批判及其问题 ………… 刘玉鹏（99）

·中国哲学研究·

理学之逻辑结构诠释法与濂溪哲学新解 ………………… 李煌明（113）
从天理流行的根基深处理解王阳明的"知行合一论" ……… 杨宝富（148）

·古希腊哲学研究·

论柏拉图《斐勒布》中的假快乐问题 …………………… 赵　灿（157）
不被生成的形式与个体形式：《形而上学》Z8 章的
　　一个难题 ……………………………………………… 曹青云（167）

·宗教与伦理学研究·

论彝族文化与佛教文化关系的特点 …………………… 罗　昆（185）
论僧肇"缘起性空"的思想对"有无"之辨的转向
　　——以《不真空论》为中心 ………………………… 杨　勇（193）
作为法门的宗教
　　——一种后现代的宗教关系理论 ………………… 朱彩虹（215）

·分析哲学研究·

哲学分析的文化维度
　　——概念的文化结构浅析 ………………………… 周文华（227）
理解李约瑟难题的一个新视角 ………………………… 王志宏（240）
斯宾诺莎意志观研究 …………………………………… 李子群（271）
当代知识论中的证据主义及其问题 …………………… 喻郭飞（282）

·哲学与现实问题研究·

触及人性根基　再造社会本质
　　——云南省开远市雨露社区戒毒模式的哲学解析 …… 李　兵（297）

· "幸福理论" 专题 ·

第四章 "车速表"守恒

幸福、运动与实现活动

王凌云[*]

摘 要：幸福乃是生命的圆满或成全，这种成全中既包含"运动"，也包含"实现活动"。本文试图从"运动"与"实现活动"之间的差异与关联出发，来理解作为自然存在和历史存在的人类生命及其幸福。论文的第一部分从亚里士多德哲学的角度，来透视作为秉性之形成过程的"自然运动"，与作为秉性之展现的"实现活动"之间的区分。这一区分的前提是"自然"的目的论。论文的第二部分首先从黑格尔哲学的角度，对这种基于自然概念的区分提出质疑，并从"历史"的立场上指出"一切实现活动同时也是运动"；但随后，又引入海德格尔后期思想，对黑格尔的历史理解进行了争辩，认为历史并非单数意义上的"精神"的历史，而毋宁说是作为"共属事件"（Ereignis）的历史。论文第三部分从"潜能"与"实现活动"这对概念的对峙出发，反思了整个现代思想忽略"实现活动"、仅仅强调"潜能"和"非自然运动"这一总体倾向的弊端，并指出这就是现代思想遗忘或误解幸福之本质的根源所在。

关键词：幸福 运动 实现活动

在《论幸福概念：一个现象学的阐释》一文[①]的第三、四部分中，我将幸福理解为生命的圆满实现（entelecheia），而圆满的途径又在于诸种实

---

[*] 王凌云，男，云南大学人文学院哲学系副教授，研究方向为外国哲学。
[①] 王凌云：《论幸福概念：一个现象学的阐释》，刊于杜丽燕主编《中外人文精神研究》第四辑，中国大百科全书出版社，第143—165页。

现活动（energeia），尤其是其中最高的四种与整全相关的活动。① 活动乃是对作为秉性或品质（heksis）的潜能（dynamis）的实现或成全（entelecheia），而人在某一活动方面的德性（arete）就是他在这一方面"能够做得好"（因而值得称赞）的秉性（亚里士多德《尼各马可伦理学》1103a），因此德性就是在活动中得以成全的潜能。人在每一项活动中都自然地追求"做得好"或追求特定的善业（好东西），因而我们可以说"一切活动都追求善"。但"善"对一切活动的统摄还不仅限于诸种善业的类比统一性。"善"的统一性虽然不能理解为"善的理念"作为一切善业的共相在理智世界中的独立存在，但我们还是可以在以下两个层面上认为对"善"的追求内在于一切活动中：A. "做得好"意味着一切活动中都包含着朝向整体的指引关联，也就是说，每一项活动既在自身的局部整体中要求诸部分、诸原则与诸要素的协调统一，同时也受到更大的整体关联（道）的牵引，从而指向人类生活的总体。B. 由于一切活动都是生命之圆满的途径，因而我们可以认为，一切活动都在追求作为最高善的幸福。这样，"一切活动都追求善"就获得了两层实质意义：一切活动都包含着对整体的指引（道），一切活动都以最高善（幸福）为最终目的。

在《论幸福概念》第三部分，我以思辨哲学的方式将"生命"理解为"被自身所推动的、朝向某种或某些形式运动、并在形式中获得其稳定存在的活生生的意志"，从这里我引出了生命之中包含的三重关系：潜能（意志）与形式的关系，形式与爱（理性）的关系，潜能与爱（理性）的关系。这一对"生命"的理解中的一个关键词是"运动"，它是指"潜能的形式化"。作为生命意志的潜能通过这种形式化，而获得自身的稳定存在。那么，这里就存在一个问题：作为"潜能的形式化"的"运动"（kinēsis），与前面所说的作为"潜能之实现或成全"的"活动"（energeia）是什么关系？它们是一回事吗？如果不是一回事，那么，在"作为运动的生命"与"作为活动的生命"之间、在生命运动与幸福之间又存在着什么样的关联？本文的目的就是试图回答这一问题，作为对《论

---

① 在亚里士多德那里，活动（ergon）与实现活动（energeia）并不能等同，因为制作技艺之类的活动由于其目的或产品不在自身之内，只能算是一种运动，而不属于实现活动。当活动的目的内在于活动之中时，活动才是实现活动。但在本文中，凡是使用"活动"一词的地方，都是指"实现活动"。

幸福概念：一个现象学的阐释》一文的深化和补充。

一　亚里士多德论运动与实现活动之区分

如果我们完全站在亚里士多德的学说立场上，那么，"运动"与"实现活动"之间的区分就是非常明确的。在亚里士多德那里，运动的定义是"潜能存在的成全"（*tou dynamei ontos entelecheia*）。尽管"实现活动"（*energeia*）也是一种"成全"（*entelecheia*），但它与运动相比是完全不同的另一种"成全"。亚里士多德指出，与实现活动的完备性相比，运动是一种不完备的 *entelecheia*。为此，他提出了一种简便的区分二者的方法（又称"hama 检验"）：

> 属于 *energeia* 的动词，其"现在态"与"完成态"是一同（*hama*）成立的（"看"就是"已经在看"，"幸福"就是"已经处于幸福的状态"），而属于"运动"的动词，其"现在态"与"完成态"是分离的，甚至互斥的（"学"和"学会"，"正走向东门"和"已经走到东门"是不同的）……亚里士多德反复强调，潜能存在（*to dynamei on*）在运动中的成全状态并非其可能性指向的"目的"状态："建房子"不等于"房子"……建房子作为运动之所以是"不完备的"，是指"建好房子"的"完成态"与"建房子"的"现在态"是分离的，甚至是不相容的。[①]

按照李猛的阐释，运动作为一种"不完备的成全"，是由于其中作为"潜能存在"的东西的"现在"与其完成或"目的"的分离（"正在学"和"学会"是分离的），"运动的存在无法包蕴其目的的存在"。与此相反，"实现活动"则是一种"完备的成全"，因为它把"目的"或"完成"包含在自身之中（"看"就是"已经在看"）。我们可以用亚里士多

[①] 李猛：《亚里士多德的运动定义：一个存在的解释》，刊于《世界哲学》2011 年第 2 期"希腊哲学专号"，第 186—187 页。本文对于亚里士多德"运动"概念的理解，完全来自李猛的这篇重要论文，特此说明。

德《灵魂论》中的例子来说明运动与实现活动的区分：一个婴儿（知者甲）作为人是"能有知识"（潜能 A）的，他通过学习而成为了"有认知能力"（潜能 B）的人（知者乙），但只有当他在现实中运用这一能力时，他才是一个真正从事认知的人（知者丙）。从"知者甲"到"知者乙"的过渡是一种作为"潜能之不完备成全"的运动，而"知者丙"才是认知能力的真正成全或实现。由此我们可以看到，运动之中的"潜能"（潜能 A）其实是作为一种抽象可能性的"原始潜能"，用现代哲学的术语来说它是作为"我意志"（I will）的潜能；而作为运动之结果的"知者乙"身上的能力（潜能 B）则是一种实际能力，它是作为秉性（heksis）的"德性"或"我能够"（I can）的潜能。知者丙则是潜能 B 的实现或成全。

通过"学习"这一运动，一个人从抽象的"能有知识"转变为实际的"能够知道"，这一过程实际上是人的"德性"（秉性）的养成或构成过程。而在人具备了德性之后，人才可以进行真正的活动。如果我们把"有知识"看成是人的"形式"，那么，人在最初时（知者甲）还不具备这一形式，而只是"能够与这一形式相结合"的基底或载体，其原始潜能只是意味着这一基底具有接纳形式之安排的"内在倾向"。[①] 学习的过程，就是"有知识"这一形式不断地与"人"这一基底或载体相互融合，或者说，是这一载体不断地进入形式之中，从而获得自身的内在秉性。这刚好对应着《论幸福概念》中对"生命"的定义：作为"潜能存在"的基底的形式化（也就是获得秉性）。

因此，运动与实现活动的存在区分，正在于它们与"秉性"的不同关系上。运动乃是事物秉性的形成或构成，而实现活动则是已完备具有的秉性的展现或发挥。从这里我们可以引出二者的其他区分：运动是一个时间性的过程，它在自身中包含着不断的变化；而实现活动则本质上是非时间性的，因为它在自身中不再进行任何变化。实现活动之所以是"完备的成全"，恰恰是由于它所依据的秉性已经在之前的运动中被完整地构成了，它不再缺乏任何东西，不需要再发生变化来完善其自身的形式："这种完备性使其超越了时间的维度，可以无需时间来建立自身的整体性。实

[①] 李猛：《亚里士多德的运动定义：一个存在的解释》，刊于《世界哲学》2011 年第 2 期"希腊哲学专号"，第 197 页。

现活动不会因为多花一段时间，就会变得更加完善，更加是 *energeia*…… *energeia* 相对于运动的完备性，最终可以表示为其在体构成中形式的完备性；*energeia* 目的的内在性，恰恰保证了这种形式的完备性；而这种形式上的完备性就体现在 *energeia* 在其每个现在都成为'某种完备的整体'，这个现在是'非时间性的'。"[1]

然而，从上面的区分中我们还是可以看到运动与实现活动的关联，尤其是在涉及人的伦理存在时。正如李猛所说的："尽管运动本身不是善，实现活动和秉性才是善。（1152b34）但正如我们已经看到的，运动恰恰是对指向这一秉性或自然本性的潜能存在的成全，运动的定义在根本上不能脱离目的与善来理解。"[2] 换句话说，在亚里士多德那里，自然的、非强迫的运动是对秉性和实现活动之善的准备。[3] 人的生命过程作为一种运动，也不能脱离实现活动和幸福（最高善）来理解。人的实现活动所依据的能力或德性是在之前的生命运动中构成的，如果没有之前的教与学的运动，人不可能有进行活动的能力。因此，作为"潜能的形式化"的运动，人的生命首先是一个在受教育中不断学习的过程，通过学习他逐渐地获得了一种稳定的存在或秉性。而人的实现活动则是对这一秉性的发挥，在活动中得到成全的"潜能"是已经与形式合一、具有逻各斯的实际才能。运动作为对秉性之善的追求，便是包含在运动中的目的论；对人来说，其生命运动便是从未经教化的"潜在的人"转变为具有秉性或德性的、"知道自身真实目的"的人。由于教化运动涉及秉性的构成，因此它主要是靠习惯和养成，而不是靠单纯的认知。

在亚里士多德那里，作为运动的"生命"和作为实现活动的"生命"的区分也体现在他的术语使用中。对于未经教化的、动物性的生命（受制于必需品的状态），由于这种生命主要进行的是运动（谋生行为，例如

---

[1] 李猛：《亚里士多德的运动定义：一个存在的解释》，刊于《世界哲学》2011年第2期"希腊哲学专号"，第195页。
[2] 同上书，第196页。
[3] 亚里士多德在此区分了"自然运动"与"强迫运动"：前者是运动的本原或原因主要在自身之中、合乎并成全自身本性的运动，后者则是运动的本原主要在他者之中、通过他者推动而产生的、有悖于自身本性的运动。见李猛《亚里士多德的运动定义：一个存在的解释》，第198页。

奴隶受强迫劳动），亚里士多德一般用"zoe"来指涉这种生命；而对于主要从事政治实践和思想等实现活动的生命，亚里士多德一般用"bios"来指涉。用我们今天的话来说，作为"zoe"的生命虽"活着"却没有开始"生活"，它的一切行为都只是为了维系肉体生命的存在，与内在目的和"善"没有关联；而"bios"才是人的真正意义上的"生活"。只有从事实现活动的生命才可以称得上是在"生活"，奴隶是没有生活的。幸福是"活得好"（eu zēn），这里用的固然是"zoe"，但亚里士多德在具体地比较"三种生活方式"使用的词却是"bios"。因此，幸福作为"好生活"显然是指从事实现活动的生活（bios），用亚里士多德的话来说，"幸福乃是灵魂合乎德性的实现活动"。在真正的活动中，我们所处的每一个"现在"都有着自身的非时间的完备性或整体性，也就是说，每一个当下都是完满自足的。由于这种"非时间"的自足性，人就从生命运动的过程性或消逝性中脱离出来，进入到一种"永恒的当下"之中，生命渴望着这种活动能永远进行下去（永生乃是活动的永恒持续，而不是运动的永远继续）。幸福因而内在地要求永生。

对人来说，由于"具有逻各斯"是其自然秉性，因而活动与运动的区分在灵魂论的层面上是以"是否分有逻各斯"为标准的：人的运动是出于灵魂中不包含逻各斯的部分（植物性和动物性的部分），而人的活动则是出于灵魂中分有逻各斯的部分（严格具有逻各斯和努斯的理智部分，以及听从逻各斯支配的欲望和激情部分）。[1] 一个人从"不听从逻各斯"到"听从和具有逻各斯"的转变过程，也属于运动（教与学），而且是人的"真正自然"的运动。按照灵魂中无逻各斯的部分来行为的人，其实是在进行被强迫的、非自然的运动，这种受制于必然性（必需品）的运动主要发生在未成年人、野蛮人和奴隶身上。一切真正的活动都受到逻各斯的支配（思辨活动是受努斯支配），因为活动要获得自足和完备性，必须在自身中通过某种统一性的尺度和分寸将所有要素统摄为一个整体，这样它才是将目的或终点包含于自身之内的。正如我们反复说过的，逻各斯

---

[1] 亚里士多德：《尼各马可伦理学》，1102b。我们不能一般地说"出于灵魂的无逻各斯部分的行为就是运动"，因为对植物和动物来说，其自然秉性并不是"具有逻各斯"。这样，植物和动物也可能有其自身的实现活动并在其中是自足的。普罗提诺就是据此认为，植物也可能"是幸福的"。（见《九章集》，I. 4，"论幸福"）

就是这种将活动中的诸要素统一起来的尺度和分寸。

二　历史中的活动与运动

然而，如果我们仔细考察亚里士多德区分"运动"与"实现活动"的方式，我们就能看到，这二者之间还有着更为复杂的关系。在"hama检验"所举的例子中，作为实现活动的"看"固然意味着"已经在看"，但"看"本身也包含着"眼睛从这里看到那里"的运动。在人类世界，几乎所有的实现活动都在自身中包含着某些运动的成分：人在进行政治活动时，他要发表演说（包含嘴的运动）和进行投票（包含手的运动）；人在进行绘画活动时，他的身体始终处在运动之中；即使是在进行沉思活动时，他的大脑神经系统其实也在运动。按照亚里士多德的方式，我们可以说，在这些活动中，身体或生命的运动方面只是"质料"或"要素"，而活动的性质是由其进行统一作用的形式或目的来决定的。在活动中包含运动并不能改变它们的活动本质。在"看"这一行为中，真正重要的区分是"为了看而看"（如"悠闲时观看风景"）和"为了其他目的而看"（例如"为了学习而看"）之间的区分，前者才是"看"的活动（尽管它也包含着"眼睛的运动"），而后者中的"看"由于只是其他活动或运动中的一个环节，而不再能被视为纯粹的"看"。例如，色盲测试中辨认图形的行为更应被认为是在"测试色觉"或"进行体检"，而不只是在"看"。

不过，倘若严格意义上的"实现活动"要求自身的自足、完备和不变性，那么，人类世界中的"活动"就仍然具有自身的模糊性，它们不仅在"包含着运动成分"的意义上与运动有关，而且在本质上与运动难以严格区分开来。这里可以提出两个决定性的理由：A. 对人来说，许多行为同时具有内在目的和外在目的，因而无法对其属于"活动"还是"运动"作出明确的界定（例如，"思考"既是为了思考本身之故，同时也是为了"解决某个现实中的问题"）。此外，一项活动在行为者那里的内在目的，与其实际上产生的结果（终点）可能是分离甚至背道而驰的，行为的结果可能完全在行为者预料或控制之外（例如，一位法官自以为对某犯人的审判是公正和尽责的，然而这场审判却导致了世界历史的转折）。B. 其次，即使是在仅仅具有内在目的的行为中，人的秉性或能力也仍然在经历着变化，而不是处于不变的完备状态（例如，一个吹笛能手在吹笛活动中，他的吹笛能力仍然会不断加强，或者产生出一种新的吹笛方式）。人在发挥能力时，总是在变得更有能力。这样一来，严格意义上的实现活动所要求的不变性、完备性、目的的完全内在性，就与人类行为的实际状况产生了冲突。

因此，在人类生命的"实现活动"与"运动"之间虽然可以进行区分，但并不能划出明确的界限，二者往往是混合在同一项行为之中。这不只是意味着，一项"活动"在"另一视角"中是一项"运动"，而是意味着从本质上说，人的活动就是运动。人的任何一项行为，无论它是否出于内在目的，都包含、渗透着另外层面的东西，都可能指向行为者没有意识到的某个目的；同时，人对自身秉性或能力的任何一种实现或发挥，事实上都在改变、更新着自身原有的秉性或能力。之所以会出现这种情况，根本原因在于人类生命的历史性。亚里士多德只是从"自然"之目的论的层面来理解"运动"和"活动"，因而看不到人类生活所包含的这些"非自然"（＝历史）的方面。而在黑格尔看来，人类的任何一项行为，无论自觉与否，都被卷入历史的运动之中，因而其目的或终点通常是出乎预料的，它们指向某个"隐秘的目的"；人对自身能力的一切展现活动，都促进了人类能力的演进，属于人类能力的历史成长的一部分。这样，无论人进行的是什么样的活动或运动，他都在发生着自我否定或自我改变。例如，一个有知识的人，他在从事认知时，总是在变得"更能认知"，这种能力的成长有可能会导致对以往认知方式的根本转变（例如，相对论对经典力学的改变）。

人的存在的历史性意味着，人所进行的一切实现活动都不是绝对完备的，他在进行这些活动时实际上总是在变化。人并没有什么固定不变的"自然秉性"，或者说，人的秉性是在历史中不断生成、改变和自我否定的。因而，人的历史就是一部对人性进行教化的历史，这种教化在今天仍没有终结。黑格尔将这一运动视为"精神"本身在历史中不断展开和实现自身的历程，精神的诸环节、潜能或级次在历史中依次地实现并将自身提升到更高的、更完整的水平之上，因而人类能力的不断提升实质上是精神自身的辩证运动。在科耶夫的黑格尔阐释中，人类历史的否定性起源于人类欲望（"被揭示的虚无"）对承认的要求。奴隶并不永远是奴隶，他的秉性会在劳动中被改变，他会获得自我意识因而会进行要求承认的斗争。① 只有在所有人的欲望的合法性都被承认和相互承认之后，历史才趋于终结，这时，人又回到了"自然"之中，成为了"人类动物"（也就是享有"最大程度地满足自身欲望"之权利的存在）。②

然而，科耶夫对黑格尔的理解是成问题的。在黑格尔那里，历史或精神的辩证运动是被理性或理念贯穿，这种理性固然也存在于欲望的运动之中，但"自我意识的满足"最终来说并不是指欲望的满足，而是指精神在最完备的实现活动（"绝对知识"）中的自我满足，这种满足的前提是精神的一切潜能或秉性在历史中得到了成全。因此，《精神现象学》并不能被理解为人类通过斗争使自身的欲望在历史中得到满足的过程，而只能被理解为精神在人类历史中获得自我意识和自我满足的历程。科耶夫把"自我意识"与"欲望"相联结，而黑格尔则看到"自我意识"的真理在于理性和精神（逻各斯和努斯），二者的不同刚好体现了现代思想与古典思想的区分。正如黑格尔的体系终结于"绝对知识"或"绝对精神"那样，即使黑格尔认为有所谓的"历史终结"，它也不会终结于"人类动物"（这种"动物"状态实质上是人类能力的全面退化，因为它放弃了逻各斯和努斯对人类生活的主导），而只能终结于人类的精神潜能的全面实现。

我们必须承认黑格尔洞见的真理性。人的能力或秉性是在历史中生成的，同时也在历史中变化，因而人的活动总是被卷入历史的运动之中。人的潜能总是处在某种不完整、不安定的状态，它与既有的形式或秉性总是发生着冲突，因而总是会否定旧形式、并与新形式相结合。这一意义上的"历史性的生命"才是《论幸福概念》中将"生命"理解为"潜能与形式的不断斗争"的真正含义。人无法进行完备的、严格意义上的实现活动，就是因为他身上的潜能是不完整的、在历史中变化的。正如人的"看"无法像神的"看"那样完满、不变、不掺杂任何运动，因为人无法在一瞬间就看到全体，那种对整体的直观能力（"努斯"）是一种属神的能力；人的一切活动因为其能力的不完满和限制而注定同时是一种运动。人的实现活动只在一种情况下才可能是接近于纯粹的，那就是整全或神在

---

① 科耶夫：《黑格尔导读》"代序"，姜志辉译，译林出版社2005年版，第3—31页。
② 同上书，第516—519页，尤其是参见科耶夫的脚注。

其生命中生成,他由此变得"完全",因而不再需要任何变化。这也就是《论幸福概念:一个现象学的阐释》下面一段话的含义:

> "生命的圆满实现"就是潜能与形式在爱(理性)的牵引下的完全统一,亦即整体或大全(以下称"整全")在生命中的生成。只有在整全中,潜能才得到安息,而整体作为所有形式的统一也赋予每一特殊形式以其恰当的位置。生命的圆满指向的是生命与整全秩序的关联,只有当整全在生命中生成时,生命才获得其完满性,否则,潜能与形式、某一形式与其他形式的冲突永远不会止息。

对黑格尔来说,历史作为否定性的、痛苦的领域,是没有幸福的位置的,除非那是"动物式的幸福"或斯多亚式的"内在幸福"。然而,历史作为否定性的运动,同时也是精神不断地成长、成熟并获得自身的完善性的过程,因而是一个整全本身不断显现出来的过程。在历史终结之际,也就是精神将自身的环节全部经历之后,精神本身才能开始其纯粹的实现活动,并获得最终的幸福。在黑格尔体系中,这一时刻就是精神变成"绝对知识"的时刻,只有在绝对知识之中,精神才摆脱了否定性的运动,而进入到绝对肯定的活动之中。对于我们来说,实际存在的历史未必像黑格尔体系中的"历史"那样是单线条地朝向绝对运动的,因而我们也不能把"整全"的生成寄希望于历史的辩证运动。① 人的秉性的获得和改变,以及整全或神在人身上的临在,固然具有历史性,但这种历史并非单

---

① 黑格尔认为,在作为精神之展开的辩证运动中,每一阶段都只是通向最终成全或"绝对知识—理念—精神"的可消逝的环节,而不具有自身之自足的成全及价值。这一点是我们反对的。事实上,正如亚里士多德看到的,即使是在"看"这种简单的活动中,都可以包含着自身的成全或目的,亦即根本不需要在"绝对"中才有实现活动,每一种人类行动、生命阶段都可以是一种实现活动。换句话说,每一种生活、行动、年龄和时代都并不仅仅是通向后面的人生或历史阶段的手段和环节,它们自身即是自足的、有着不可取代之价值的成全性的存在。青春不只是通向成熟的环节,它自身有其成全和绝对价值;过去的时代也不只是通向历史终点的环节和手段,而是常常展示出其自身的不可磨灭的意义。在某种意义上,我们可以说,每一时代、每一生命和每一行动,作为发生,都不只是为了最终的目的而存在,相反,它们在自身中具有其独特性的目的和成全方式。历史因而是一系列多样的"发生和成全"的事件,而非像黑格尔所说的那样仅仅是通向某个单数的"最终成全"(=绝对)的事件。

数意义上的"精神"的历史,而毋宁说是作为"共属事件"(Ereignis)的历史。

"共属事件"的历史性,主要体现于人在某个地方或某些事物中的长久居留所形成的秉性和习性(ethos)。在这种长久居留中,人与此空间中的诸事物进行着亲密交往,使得他能够自如地支配这些事物,仿佛这些事物构成了他的扩展的身体。一个吹笛能手和他的笛子之间就发生着这一事件,笛子好像就是他的一部分。这便是作为秉性或德性的能力的形成。在事物与人之间的相互适合、相互协调就是原始意义上的"自由",它赠予人从事各项行为和活动的能力。一个历史性的生活空间因而便是在人与他人、事物与其他诸事物之间的相互协调、配合的共属空间,海德格尔称为一个历史性世界的"调谐"或"基本情调"(grounding-attunement)。[①]用亚里士多德的话来说,人的能力的获得是一种"自然运动",亦即合乎人和事物本性或本来倾向的一种养成运动。这种自然养成的能力包含着对事物本性的充分尊重,因为它是通过与事物的亲密交往才使得事物"适宜"于用来进行某种活动,其中发生着人与事物、人与材质的相互配合和相互适应,而非单方面的粗暴支配。每个吹笛能手都有一支他最喜爱的笛子,他通过长期与这支笛子的一起生活,而建立起了他与这支笛子的亲熟关系,他能感到自己很多时候是在顺从这支笛子的要求,尽管在另一些时候他也要将它引导到自己的轨道上,如同对待自己的弟弟或孩子。在任何真正的能力中都包含着这种对于事物的倾听和顺从,这样获得的能力才是合乎事物本性的能力。一个人受教育的过程也是如此,教育者必须在倾听和顺从儿童的前提下,以适当的方式将他引导到他本来就潜在具有的道路上来,这便是伦理德性在儿童身上的逐渐养成。因此,"共属事件"本质上是一种居留、学习、沟通的事件,是人在空间和事物中的不断扎根,

---

[①] 海德格尔所说的 Ereignis,就是指使得自然—历史空间中的诸存在者的各种能力(比如,鸟能在空中飞,鱼能在水中游,蜜蜂能采花蜜、花亦能通过蜜蜂传粉)得以可能的那种"调谐"的发生事件。参见海德格尔《论真理的本质》第五节:"自由乃是绽出的、解蔽着的让存在者存在。任何一种开放行为皆游弋于'让存在者存在'之中,并且每每对此一或彼一存在者有所作为。作为参与到存在者整体本身的解蔽中去这样一回事情,自由乃已经使一切行为协调于存在者整体……历史性的人的每一种行为,无论它是否被强调,无论它是否被理解,都是被调谐了的,并且通过这种调谐而被推入存在者整体之中了。"载海德格尔《路标》,孙周兴译,商务印书馆2000年版,第221页。

通过这一历史，人成了有根基的人。

整全或神的临在，首先就体现为居留空间中人与诸事物之间的共属关联。因此，每一位与事物和他人建立起真实关联、每一位有根基的人，都事实上经验到了整全和神的在场。因此，有根基的人是幸福的并能感到幸福。而那些最清晰地经验到这一居留空间中的共属结构的人，或者那些能在一个新的共属空间创生之初就洞察到其结构法则（原初之法）的人，就是有智慧的人（包括诗人、政治家、哲人和圣者）。这些人之所以具有对整全的深刻清晰的领会，是因为他们比其他人更深广地扎根于这一空间，或者将根须伸展到将要到来的新空间之中。整全或神的力量在他们身上最清晰地显现出来，他们由此获得了普通人所不具有的那种与整个世界、与整全或神进行直接对话和交流的能力。他们进行的活动因而就是最高的、最完全的活动，并向人提示出什么是最圆满的幸福。

三 实现活动的消失与复兴：对现代思想的反思

在近代以来的西方思想中，由于诉诸因果性的自然科学的胜利，以及历史主义的兴起，对人的生命的主导理解方式发生了重大改变。一条隐秘的线索就是，将生命视为一种"运动过程"的理解取代了古典思想中将生命视为"实现活动"的理解。这条线索既贯穿于从自然科学（包括生物学和实验心理学）而来的对人的研究之中，也贯穿于精神科学（人文学科和社会科学）之中。前者强调人的生命是一个生理/心理的运动过程，后者强调人的生命是一个处在历史运动中的过程。与之相伴随的，是对"运动"之本质、对"运动"与"善"的关联、对"潜能"与"实现活动"之关系的理解的变化。

从"运动与实现活动"这一问题视域出发，我们可以清晰地看到现代思想与古典思想的区分。在宇宙论方面，现代思想遗忘了运动的存在性质和目的论性质，将运动当成受制于机械因果性的时间过程，只重视动力因却遗忘了目的因。这样，运动就不再被理解为对秉性的构成，"善"就从运动学说中被驱逐出去，自然的目的论就此瓦解。亚里士多德意义上的"自然运动"在现代自然观中被遗忘了，只剩下了基于作用和被作用的"强迫运动"。从这种机械自然观而来的人类学和政治学（例如霍布斯《利维坦》），将人视为一种完全受制于自利和自我保存动机的存在，因而也不知道"善"和"实现活动"为何物，只是用作为心理过程的"快乐"和"痛苦"的机械装置来理解人的行为。（近代以来的"历史目的论"也好不到哪里，因为这种目的论将历史的目的设定为外在于人类行为的"最终王国"，因而"实现活动"在其中也被取消。）

另一路径的现代思想在否定古典的自然目的论之后，不同意用机械因果性来理解人，而是把人理解为"自由"或具有自主意志的存在。这一路径在德国古典哲学衰落之后，就完全抛弃了"自由"意志的理性或逻各斯的层面，转而强调这种自由的无根据和深渊性，用不包含理性的生命冲动、生命意志或生存情绪来理解人（例如克尔凯戈尔、尼采和萨特等人的学说）。从这里出发，现代思想对"潜能"的强调压倒了古典以来赋予"实现活动"的优先性。"潜能高于实现"，"实存先于本质"，这是现代以来耳熟能详的存在主义口号。这样，现代以来的生存哲学和政治哲学的出发点，不再是考虑那些自足的、以自身为目的的实现活动，而要么是以具有外在目的的利益行为（自利）为出发点思考人类世界，要么是诉诸既无外在目的、又无内在目的的意志决断。对于存在主义者来说，人被卷入历史的诸种运动（革命、斗争）之中，重要的是作为原始潜能（意志）之表现的选择和决断，而不是基于实际秉性或才能的实现活动。

人作为历史性的、有限的存在，意味着他要么受制于社会体制的惯性系统，要么进行选择或决断，成为"本真的自身"。这里所说的"有限性"并不是指人必定要死，也不是指人就其种类来说具有的局限性（每一种类在其自身的"局限"中仍然预设了一种既定的最完善状态）。相反，人的有限性是指人处在历史境遇的变迁之中，他永远也无法完成自身，永远也不可能成为一种完整的、不变的存在。近代启蒙主义从人的未完成性出发，认为人是"无限可完善的"，因而相信人类历史就是无限进步的历史。而现代存在主义者认为，人的未完成性仅仅意味着人具有进行决断的自由，并不存在什么人的"可完善性"和"进步"，因为它们预设的目的都与作为绝对自主性的"自由"相矛盾。①

于是,由逻各斯和努斯主导的"实现活动"就在现代以来的思想中被人们遗忘了。"运动"概念成为理解人类生命的主导概念,无论这"运动"是一种机械因果性的生理/心理运动,还是一种非理性的决断。黑格尔那里仍然抱有古典式的信念,因为他认为在"绝对知识"中,精神能够进行完全的、纯粹的活动,而不再需要任何变化或运动。而这一点在黑格尔之后的哲学中已经被否弃了,"绝对知识"被视为一种妄想。由此,就导致了现代思想对人的生活方式进行设想时的重大转变:"以自身为目的"的政治生活和沉思生活被忽略了,取而代之的是作为"权力斗争"和"革命"的"政治运动",以及通向某个确定的研究成果、并能取得实际效用的"理论研究"。事实上,这种对"实现活动"的有意忽略在克尔凯戈尔那里就已经非常明显:在克尔凯戈尔设想的人类生活的三种形态中,并没有政治生活和沉思生活的位置,而他所说的"审美生活"、"伦理生活"和"信仰生活"都不包含实现活动,因为这些生活方式中都没有理性或逻各斯的在场,而只是出于意志的决断和跳跃。人在真正的"实现活动"中是永远也不会厌倦的,因为那是一种绝对自足的、永恒当下的享受;而克尔凯戈尔设想的人类生活却充斥着无聊、空虚或紧张、焦虑,这些"现代情绪"都是由于人已经无法进行真正的实现活动所致。

在现代世界中,运动对实现活动的挤压也带来了人与其生活空间的关系的变化。运动与空间的关系显然不同于实现活动与空间的关系。我们可以区分出三种空间:强迫运动(由因果性导致的、或者受到单向支配的运动)的空间,自然运动(事物秉性的养成)的空间,以及实现活动的空间。现代世界中的空间主要是强迫运动的空间,也就是物理学意义上的宇宙空间以及人单向支配自然所形成的空间。在强迫运动的空间中,事物要么是与人无关的物理存在,要么受到人的技术能力的驱动而进行运动。在这里,空间是运动所要穿越的一种虚空,其中不包含任何的生命意义关联,重要的只是运动所要抵达的那个终点。正如我在《论幸福概念》中引用鲍勒诺夫的话谈到的,这种空间的典型例证就是汽车路。汽车所穿越

---

① 见萨特《存在主义是一种人道主义》,周煦良、汤永宽译,上海译文出版社2005年版,第5—7页。

的公路不会给人留下任何值得记忆的东西，它只不过是从起点到终点必须跨越的一段"无意义的距离"，其中每一点、每一段都无法建立起与人的灵魂的关联（除非是在其中发生重大事件），因为它并不是人在其中居留和扎根的地方。

自然运动的空间，就是前文所谈到的"共属事件"所开启的居留空间。这一空间既体现在事物与自然的关系中，也体现在人与其历史世界的关系中。树的生长、花的开放、蜜蜂与花的游戏，便是它们的自然运动，在这些运动中，它们形成了其秉性，"自然"便是诸生命之间的原初调谐。而对人这一历史—自然存在来说，他通过长期与事物和他人一起生活，而与此空间及其中的事物和他人产生了真实、亲密的生活关联，并获得了自身作为习性的诸种能力。人的自然运动，就是人在空间的扎根，由此，这种运动使得空间变得具有人性和生机，变成人栖居并在其中获得归属感的"家园"和"地方"。

实现活动以自然运动所开启的居留空间为前提，它是对人已获得的秉性的一种展现。实现活动展开并充实着这一居留空间，它同样与其空间具有一种共属性的生命关联，但它并不只是形成空间中的多重意义关联，而是使这些关联得以实行或实现。在自然运动的空间中，人虽然与事物和他人之间产生了意义关联，但这关联仍然是潜在的；只有在人进行实现活动时，这些关联才开始像鸟群般振翼飞翔。一位吹笛能手只有在他吹奏曲子时，他与笛子的共属关系才能得到完全地展现。实现活动并不把"空间"当成需要穿越或占据的虚空，相反，它总是在空间中创造出新的空间，或者说它展示出空间的永不枯竭的宝藏性质。例如，在散步活动发生于其中的田间小路上，每一段都带着自身特有的风景，每一次驻足都能让人惊喜。鲍勒诺夫曾以"舞蹈"为例谈到过实现活动与空间的关系：

> 这是没有固定方向的空间，在这种空间中，围绕着一个有限平面上的起点，来回跳着的舞蹈活动仍然能够进行而不感觉到是限定在一个范围中。……在这种空间中发生的活动是停息在它自身之中，通过它自身而给人提供喜悦。[①]

---

① 鲍勒诺夫：《生活空间》，广华译，载刘小枫编《德语美学文选》下卷，华东师范大学出版社2006年版，第320页。

现代人已经不再生活在这样的空间之中，因为那种"停息在自身之中"的实现活动已经被各种追求外在目的的运动取代，那充满着人性的、没有固定方向的空间已经被历史运动的空间和物理学的空间所取代。实现活动以居留空间中的扎根为前提，因此，实现活动的消失是因为居留空间在现代世界中的萎缩。在现代以来的历史中，人越来越着迷于强迫运动，越来越迷恋单向度的、对自然的技术性支配。这种支配的本质，是以数学对事物的抽象来取代以往与事物的长久共同生活形成的事物理解，并由此通过技术手段来驱动事物为人类服务，而不再是顺从、倾听和引导事物使之用于它适宜的活动。这样，强迫运动就使得人所生活于其中的空间完全非人性化，人不再是在事物和空间中居留，而只是以支配者的身份控制世界。居留空间的萎缩，就是人的拔根化，而没有根基的人既不能从事实现活动，也不能获得任何程度的幸福。由此，现代世界导致了人的能力在某一方面的过度发展和在其他方面的全面退化：在人支配自然、使之发生强迫运动的能力（培根的名言"知识就是力量"）方面，他越来越强大；但在人与事物和他人相互沟通以及在对整全的领会能力方面，他却完全趋向于退化。现代世界固然带来了人的权利的扩展，但这些权利毋宁说是与他的动物性欲望相关，是他在消费和娱乐方面不受限制的权利。而人从事实现活动的能力却基本上丧失殆尽。现代性导致的"历史的终结"因而只是终结于人的退化或尼采所说的"末人"，而不是终结于"整全的人"的生成。"末人"所谓的"幸福"当然不是真正的幸福，因为这种"幸福"的实质是自欺和绝望。

把人的生命理解为运动、理解为纯粹的潜能，却又否定这一运动或潜能具有任何自然的目的或完成，否定这一潜能需要通过在一个居留空间中生活而成为有根基的秉性，这就是现代以来的主流思想方式。这是对爱或理性、对逻各斯和努斯、对扎根和归属的否定，也是对实现活动及其幸福的否定。这种否定引发了现代世界中的诸多问题和后果，同时也引发了一些思想家对现代思想和现代性的反思。这些人试图回到亚里士多德的实践哲学，用基于"实现活动"的德性论和幸福论来平衡功利主义和康德伦理学。当代思想中正在发生的"实践哲学复兴"和"美德伦理学复兴"，很大程度上就是要重新返回亚里士多德的"实现活动"或"实践"概念。然而，"实现活动"在古希腊生活中的位置，是由古希腊人在城邦空间中的长久居留、由他们对自然目的论的信念来保证的。如果我们无法使现代人重新获得一个真实的居留空间，并唤起他们对于"完善"这一自然目的的经验，那么，"实现活动"或"实践"概念就仍然无法在现代生活中扎下根。

人类生命的一个基本事实是，从实际经验的构成来说，人的多数经验都有着渴求完整、并朝自身的完整状态运动的趋向（人想要摆脱痛苦的经验是因为痛苦意味着分裂和破碎），这是经验本身所具有的"*entelecheia*"。换句话说，人的生命从自然本性上说是朝向"善"的，否认这一点是一种自虐行为，它可以类比于人看一本小说正看得起劲时却故意要中断阅读。人自然地想要"完成"这次阅读，倘若他所读的小说具有恰当的统一和完整性。我们都能感受到"故意中断阅读"所具有的自虐性质，这意味着人有一种朝向完善的本性。而完全投身和沉浸于阅读，就是一次实现活动。对人来说，尽管纯粹的、绝对的实现活动是不可能的，但他仍然能够进行相对的、一定程度上的实现活动。整全在人身上的生成并不意味着人成为神，而只是意味着人在生命中经验到神的临在，并让神在他的生命中居留。"神"并不是什么过于神秘的东西，它就是在我们的居留空间中到场的诸事物和人的共属关联，就是在我们进行灵魂出窍的活动时抓住我们的那种来自统一和整全的力量（因此我们会说写得好的小说是"神奇的"）。在这些时机，人感受到了"整全"的真实在场。因而，我们仍然能在居留和活动中获得属人的幸福，这一幸福真实不虚，因为它就发生在我们周围和身上。真实经验到神的人，就是幸福的人。

应有的与本有的幸福

李文学[*]

摘 要：本文从"福"、"德"问题出发，发现在中国传统思路中，"福"逐渐消解在"德"之中，并最终归结于真正的自己身上。与此对应，在西方思想中凸显出来的"福"与"德"的对立建基于自然与道德的分离与对立，其深层原因在于真正自己与人自身的分离。由此确认我们每个人都能享有的既是本有的，更是应有的，最大的幸福在于通过不断的修德成为真正的自己。

关键词：福 德 真正的自己 应有 本有

牟宗三先生在《圆善论》指引中说："如何把德、福结合在一起是个大问题。中国也有这个问题，孟子有所谓天爵、人爵。天爵是德的问题，人爵是福的问题。有天爵不一定有人爵；有人爵更不一定有天爵。但是中国人并没有把这不相应的情形看成一个问题，更进而设法解决这问题。把它看成一个问题，并且尝试加以解答的是从西方古希腊伊壁鸠鲁派和斯多葛派开始，到近代18世纪，康德才正式解答。康德要把德、福两者合在一起，使两者之间有一定的配称关系，使二者相配。"[①]但牟先生并不认为康德的解答是圆满的，因为在康德的解答模式中必须预设上帝的存在和灵魂的不灭，并且由上帝来综合目的王国与自然王国成为上帝王国即天国；由灵魂不灭来保证人生前得不到的福可以死后在天国配享。牟先生进而展示了佛家、道家和儒家的圆教与圆善，最终归宗于儒家的圆圣。"如是，

---

[*] 李文学，云南大学哲学系讲师，研究方向为中国哲学、中西哲学比较。
[①] 牟宗三：《圆善论》，《牟宗三先生全集》第22卷，联经出版公司2003年版，第335页。

由士而贤,由贤而圣,由圣而神,士、贤、圣、神一体而转。人之实践之造诣,随根器之不同以及种种特殊情况之限制,而有各种等级之差别,然而圣贤立教则成始而成终矣。至圣神位,则原教成。原教成则圆善明。圆圣者体现圆善于天下者也。此为人极之极则矣。哲学思考至此而止。"[1]

由此,有几个问题展现出来:一是为什么"中国人并没有把这(按即德与福)不相应的情形看成一个问题,更进而设法解决这个问题"?这能否看成是一个缺憾或缺点呢?还是在一开始就越过了德、福纠缠这个阶段,因此福、德关系并没有成为问题,而是另有问题所在呢?二是为什么西方会把它当作一个问题?这又是如何形成的呢?目的王国与自然王国的区分以及道德与自然是怎样形成并确立下来的呢?这些区分是否具有绝对的普遍性?是否合理呢?三是"哲学思考至此而止",止于何处呢?哲学与幸福有何种关系?向圆圣的方向而趋近的应该是什么样的哲学?哲学是否因此而应该有新的面貌呢?本文即尝试对这些问题做出初步的解答。

一 传统上中国人对德与福的看法

在汉语中,幸福实际上是由两个单字组合而来的,即"幸"与"福"。"幸"有"幸运"的意思,比如说"运气"好,得到了上天的宠幸与眷顾等。这个不是完全可以期望的,也就是说不是自己想要就一定会有的,要看有没有这样的"运气"、"命运"、"时运"。而这个"运"却往往是在个人之外的。"福"有"福气"的意思,一旦与"气"联系起来又与大化流行有关。"气"虽然不完全是物质的意思,但也要讲个"运"字。时运不济,即使有了东西也是无福享受的。当然"福"也有独立的意义,比如在"福"、"禄"、"寿"、"禧"中,"福"占据着第一的位置,甚至能概括这四个条目全部的意义。这也是中国普通的老百姓所愿望的,希望在生活中能够得到的。

就一般意义而言,在人世间能够得到的最大的、也是最高的福莫过于"富有四海,贵为天子"了。而这是需要"命"的,因为这在人间已经是顶到头了,已经越过了人间的范围,到了人间的极致,不可能再有之上的

---

[1] 牟宗三:《圆善论》,《牟宗三先生全集》第22卷,联经出版公司2003年版,第324页。

人来设定这种"命",所以这种"命"就是天命,是从上天而来的,在人间是找不到依据的。但是自夏末殷初商汤革命以来,尤其是到了商末周初武王伐纣以来,这种超出了人间范围的天命,这种上天的眷顾和宠幸,不再被看作是一成不变。虽然是有"命",但却不是"定命"。所以出现了"天命靡常"(《诗·大雅·文王》)、"惟命不于常"(《书·周书·康诰》)、"皇天无亲"(《书·周书·蔡仲之命》)的思想。虽然是天"命"的,但天命并没有定常;虽然是从超出人间的上天贯穿下来,但对于人间来说并不是永远如此、不可违背的。不是一开始落到谁或谁家的头上,就一直由他或他们家享用天命,一直由他或他们家承受皇天的眷顾。这种思想与古希腊的"命运"不同。在古希腊神话和悲剧中的命运是超越于个人或家族之上的,每个人、每个家族的命运都是由命运女神掌握的,都是事先就确定好的,没有任何人能够违背。即使想出各种办法来防止和逃避也是徒劳而无功的。人在人间是无法与神定下的命运相抗争的,人只有认命的份。在希伯来文明中也是一样。虽然没有很多个神,但是上帝耶和华的命令也是事先确定好的,而且是一成不变的。他只选择了犹太人作为他的选民,其他的人或民族是无法得到这个神恩(也就是上帝的眷顾)的。这不是由人来决定的,而完全是由上帝决定的。从"天命靡常"的思想中可以明显地看出中国人与古希腊人、希伯来人想法的不同。至于这种不同的根源和后果将在后面进行深入的探讨。这里只是指出这个不同,从一个侧面彰显出中国古代思想的特征,以便我们更好地理解问题的所在。

当然中国人可能也有过类似的想法,但是这种想法随着时间的推移发生了变化。就"天命靡常"思想产生的历史或社会根源而言,可以说是因为在周初经历了两个朝代的更替:夏承受天命而王,但经历了很长时间,"天命殛之"(《书·商书·汤誓》);有殷商出来又受天命,又经历了很长时间,但同样"早坠厥命"(《书·周书·召诰》)。这时自然有"天难谌……天不可信"(《书·周书·君奭》)的想法。这样一来,那种超越出人间范围的天命就出现了松动。在开始受天命时所表现出来的完全的、绝对的外在性就受到了怀疑。天命的超越性逐渐丧失了根基。在人间能够想象得最高的、最大的福所依赖的超出人间的天命,可能在事实上并没有真正超出人间的范围。从"天难谌"、"天不可信"可以看出,福也许并不能从外在的命运、天命那里来得到其自身的绝对保证,外在的天命对于福来说并不是可靠的。那么，如果想得到这个人间最高的、最大的福又该依赖于什么呢？我们应该到何处去寻求得到幸福的保证呢？

在《诗·大雅·文王》中，在"天命靡常"之后的几段诗句里出现了"永言配命，自求多福"的说法。而且在更早的《书·商书·太甲上》中也有"天作孽，犹可违；自作孽，不可逭"的说法。天命是有的，但是却要求享有天命的人要能够"永言配命"，要去"配"这个命，如果不能够"配"得上这个命的话，这个命就会离开。天命在此不仅脱离了它自身的外在性回到了人间，而且在人间也不是在其他的、随便指定的别的人那里，而是回归到了自己身上。天命从超出人间的上天回到人间，又从普泛的人间回到自己身上。它恰恰不在别的任何地方，就在自己身上，这就是"自求多福"。这样，从正面来说，我们要求的幸福从依赖于超出人间的天顶上的"命"那里竖直地降落下来，又从不确定的人间那里平面地收缩到自己身上。在"永言配命"中突出了"配"的作用，实际上是突出了主动性。在此尽管还说到"命"，但是通过"配"这个动作，而且是"永言配命"，始终强调这个主动性，"命"的意义就被虚化了，"命"的地位和作用也弱化了。重点落在了"配"上，落在了人的主动性上。这样有没有"命"，意义都不大了。而如何去"配"就在后面说的"自求多福"中找到了归依。前面强调的自始至终都要保持的主动性找到了自己的主人，那就是自己本身，也就是说找到了主体本身。这样"福"就从对于"运"、"命"的外在依赖上回归到了内在于主体的主动性上。外在的、依赖性的链条松动了，出现了裂缝，最终被整个地放弃了，从而主体凸显出来。主体的主动性成为"福"的确定保证。

这一个步骤是正面的。除了之前说到的"天难谌"、"天不可信"这个环节之外——这是一个松动的环节，还有更早的从"福"的反面进行的限制，即"天作孽，犹可违；自作孽，不可逭"。这个反面的限制其实已经事先就把退路堵死了。因为如果不把这个反面的退路绝断的话，到了正面说的"自求多福"那里可能还会心存侥幸，还会暗中希望有外在的"幸运"。但是在"天作孽，犹可违；自作孽，不可逭"这里，外在的"霉运"还可以违背，还可以抗争，但是自己做下的"孽"、由自己招致的"霉运"就是不可逃避的（《孟子》中引用这一条的时候直接就写作"天作孽，犹可违；自作孽，不可活"）。对于与"福"相对的"祸"而言，首先就从避免"祸"的角度把责任牢牢地锁定在主体自身上，从反面排除了往外在的方向推脱的可能。"祸"是要自己避免的，"福"更是要自己去求的。这样就使我们在主体自身上考虑"福"的问题。通过反面的限制，正面所说的"自求多福"中的"自"，这个主体自身才获得确实的意义，才能确实地建立起来。

接下来的问题就是：这个主体自身，就是每一个人自己该怎样去"配命"，该怎样去"求福"呢？这个"配"和"求"的方式是什么呢？我们看到了如下的说法："天监厥德，用集大命"（《书·商书·太甲上》）；"聿修厥德，永言配命，自求多福"（《诗·大雅·文王》）；"皇天无亲，惟德是辅"（《书·周书·蔡仲之命》）。在这些说法中出现了"德"。即使是说有"天"、有"命"的话，也是"天监厥德，用集大命"的。"天"不是外在的、与人毫不相干的随便就"命"下来的，而是鉴于人自己的"德"才"集大命"的。也就是说，人以自己的德或者用自己的德为自己赢得了天命。人的主动性在于有德，然后有"天监厥德，用集大命"的结果。人不是消极的、被动地去迎合天命。在消极、被动地迎合天命的过程中，天命还是远远地超越于人的外在的命运，而且是僵化的、命定的。而在主动的修德的过程中，原来看似外在、超越的天命却处于一个配合人自己的主动性的地位，那种僵化、命定的面貌转过来变成亲切的、顺应于人的主动性的面貌。原来那种不可把捉的命运也在自己身上找到了可以进入的路径，所以就有了"聿修厥德，永言配命，自求多福"的说法。尽管还说是"配命"，但是路径是"聿修厥德"，就是修自己的德。这样一来，尽管开始的时候"配"本来是去往外走，希望能够"配"得上落在自己头上的命运，但是真正做起来却是向里面走，向自己内部走。本来自己要"配"的命是主体，而这时候自己却成为主体。那个原先从内向外的配合转变成为从外向内的配。自己真正能够修德修好了，其实是天反过来"配"你自身的德。根据自己的德而有自己的命。这样福才有内在的根据。这个根据正好就是德，自己的德。"皇天无亲"看起来是绝断了祈福的念想，但实际上是把人从对于天的希求和依赖上解脱出来。不要妄图希求天会无缘无故地眷顾着你自己。它对任何人都一样。谁都不是命中注定该受到垂青的人。虽然"皇天无亲"，但它并不是把人越推越远，让人变得越来越渺小，自己却高高在上，而是"惟德是辅"。这样"亲"又回来了，直接回到了人最内在的地方。这种亲是一种无亲之亲，采取了对人来说是顺应的态度，但却不是对任何人都如此，而是有限定的条件，那就是"惟德是辅"。这可以看作是天对人的配合。这样人作为主体，地位就变得十分高了，因而人的责任也就十分重大了。顺着这种思想到极致，就有据传说是尧告诫舜"天之历数在尔躬"（《论语·尧曰》）的说法。这是人的地位达到最高的表现，要比"天命靡常"这些否定性、限制性的说法更积极、更主动，更加突出了人作为主体自身的重要性和基础地位。天的历数都受归于人自身，内在于人自身。但是人由于获得了这种四无傍依冒出天顶上的重要地位，由于人稍有不慎就有可能招致"四海困穷，天禄永终"（《论语·尧曰》）的后果，因此人更应该注意自己的德。德成为人能够确实保证"福"的最后的内在根据。

这样，我们讲"幸福"就先是从"幸"、"幸运"的外在性上脱落下来，回到人自身上，"自求多福"；然后又从"福"集中到人的德上，"聿修厥德"。德成为问题关注的中心。然而在这里，"德"对于人来说还是有两种可能的理解：一种是"德"仅仅只是得到福的手段，或者人自身仅仅是因为害怕或者着力避免"四海困穷，天禄永终"的不幸后果才来修德；另一种是德自身就成为目的，而福也从德的外面脱落下来，或者归并到德里面去了。这样德就成为自足的，无待于外的。先看前一个方向：如果"德"仅仅只是作为得到福的手段，尽管是作为唯一的手段，德自身还是不可能被自足的建立起来，因为它还是要以外在于自身的东西为指向、为归依。如果真正的目的还是在于福，还是从求福的目的出发的，那么"福"就是主体，而"德"只具有从属的地位或附属的意义，"德"恐怕就不能够集天之历数在自己身上，也不能够让天来配合、辅助。因为这种时候有德之人自己都站不住、立不起来，自己还在向外找，本来能够在自己身上找到的内在依据又被放到外面了，怎么还能让天来配合呢？在害怕某种危险后果因而为避免这种危险后果而采取修德的行动中，修德并不是一件主动性的行动，而是被动的、被迫发生的，这样"自"就建立不起来。自己都建立不起来，还有什么自己的福祸可言呢？因此就只有后一种理解才能确保主体性自身的确立：德自身成为目的本身，而不是在这之上还有别的外在目的。也只有在德自身成为目的本身时，主动性才能真正建立起来，因为只有德是内在于主体的，主体也因此才能得到真正的基础和根据，而不是虚无化或虚空化的一个单纯的位置而已。只有基于这个真正的主体，我们才能够讨论其福与祸。也只有依据于使主体得以真正确立的内在的、主动的德，"福"才能获得其应有的意义。

在此之前，我们还一直都是以在一般意义上而言的人间能够获得的最大的、最高的"福"为目标，即以"富有四海、贵为天子"为目标。但随着问题的深入，目标却逐渐指向了"德"，指向了内在于主体，主体自身可以完全掌握的"德"。这一个进程或步骤可以说是由孔子做出的。随后的努力丰富和发展了蕴含在孔子这里的意义，使得我们能更加清楚地体会到作为人应有的和本有的幸福的意义。

在《论语·述而》中有这样的记载：子贡问孔子："'伯夷、叔齐何人也？'曰：'古之贤人也。'曰：'怨乎？'曰：'求仁而得仁，又何怨？'"①。《史记》将伯夷放在列传首位并载伯夷、叔齐行事："伯夷、叔齐，孤竹君之二子也。父欲立叔齐，及父卒，叔齐让伯夷。伯夷曰：'父命也'，遂逃去。叔齐亦不肯立而逃之。国人立其中子。于是伯夷、叔齐闻西伯昌善养老，盍往归焉。及至，西伯卒，武王载木主，号为文王，东伐纣。伯夷、叔齐扣马而谏曰：'父死不葬，爰及干戈，可谓孝乎？以臣弑君，可谓仁乎？'左右欲兵之。太公曰：'此义人也。'扶而去之。武王已平殷乱，天下宗周，而伯夷、叔齐耻之，义不食周粟，隐于首阳山，采薇而食之。……遂饿死于首阳山。"②按照一般的理解，伯夷、叔齐应该是命好的人，出生在国君的家里，而且可以继承君位。但是他们兄弟二人在君位面前相互谦让，"伯夷以父命为尊，叔齐以天伦为重"（朱熹注），最终都放弃君位而逃。可以说是有福不愿享。而在天下都宗周的时候，又不愿意放弃心中的价值标准，最终饿死在首阳山上。这也可以说是不识时务。在常人看来，他们本来应该具有的福丧失殆尽，落得一个悲惨的结局，也许他们应该"怨"。而孔子的回答却是："求仁而得仁，又何怨？"伯夷和叔齐本来就不是在求福，本来就是在求德。这个德是内在于人的，求就能够得到的，而且伯夷和叔齐正是撇开了现实上求福的种种便利，甚至是承担了现实中巨大的阻碍才得到了德——也即仁，既然已经得到了，

---

① 朱熹：《四书章句集注》，中华书局1983年点校本，第96页。
② 司马迁：《史记》，中华书局1982年标点本，第2123页。

又有什么可以怨的呢？德本身的自足性从"无怨"这个限制性的角度展现出来。

在紧接着"求仁而得仁，又何怨？"这一条之后的一条便是孔子自述其心志："饭疏食饮水，曲肱而枕之，乐亦在其中矣。不义而富且贵，于我如浮云"。上一条中还显得有些消极的"无怨"在这一条中得到了改变或提高，不是面对困难的境地仅仅是反面的、限制性的"无怨"，而是正面的、积极的"乐亦在其中"。不是乐这个困境，而是在困境中能不改其乐。这样的态度就更加积极。这个乐还表现在孔子说自己："女奚不曰，其为人也，发愤忘食，乐以忘忧，不知老之将至云尔。"（《论语·述而》），以及孔子称赞自己学生的话："贤哉，回也！一箪食，一瓢饮，在陋巷。人不堪其忧，回也不改其乐。贤哉，回也！"（《论语·述而》）。在处于困境的时候来看"富与贵"对于一般人而言似乎是值得热切盼望的，但是对于孔子来说，即使是在这个时候也应该分辨一下：义与不义。如果是不义而得的"富且贵"，"于我如浮云"，那就没有什么大不了的。这里判断的标准不是富贵与贫穷，而是义与不义。在上一条中"求仁而得仁"依据的是作为德的"仁"的内在性，在这一条中同样依据的是作为德的"义"的内在性。只有这种德的内在性才是可以求的，因为这是"求其在我"。这种求才算是真正的求。也就是说这种求，其发动的起始点和最终目的的落脚点都在我自身之内。在这之前几条还有孔子自己的话："富而可求也，虽执鞭之士，吾亦为之。如不可求，从吾所好。"可求与不可求区分的标准在于是否能满足或达到德的内在性。如果在这个内在性的范围之内，即使是低贱的事情也可以用来去求，但是如果超出了这个内在性，那还不如"从吾所好"，而好的不是别的，正是这个"德"。

在《论语·里仁》中孔子说："富与贵是人之所欲也，不以其道得之，不处也；贫与贱是人之所恶也，不以其道得之，不去也。君子去仁，恶乎成名？君子无终食之间违仁，造次必于是，颠沛必于是。"其中"得之"之道正是"仁"。离开了"仁"这个德，人也就无法成为真正的人。作为真正的人来说，作为"福"最终汇聚于其中的主体来说，问题就不再是处富贵而去贫贱，而是不违仁。即使是在一顿饭的时间，即使是在仓促急遽之时，即使是在颠沛流离之际都要归结到仁这里，以仁为标准，为取舍的依据。只有真正的主体建立起来才能够谈得上福与祸，才能有人来享受其福。所以在《论语·里仁》前面孔子才说:"不仁者不可以久处约,不可以长处乐。仁者安仁,知者利仁。"这话反过来就是:唯有仁者才可以久处约、长处乐的。不仁者是有福也不会长享的,甚至根本就不知道自己有福的,也可以说是身在福中不知福的。

  福就此已经建立在德的基础上。如果我们再进一步,不把"富有四海、贵为天子"仅仅理解为福,而是希望凭借此一位置来"为政",那么这个目标是否会有在德之外的独立意义呢?我们来看孔子的回答:"为政以德,譬如北辰,居其所而众星拱之。"(《论语·为政》)。更能说明问题的还有:或谓孔子曰:"子奚不为政?"子曰:"书云:'孝乎惟孝、友于兄弟,施于有政。'是亦为政,奚其为为政?"(《论语·为政》)。或者我们更进一步说唯有在"富有四海、贵为天子"的位置上才可以制礼作乐,礼乐总会有超出德的意义吧?然而孔子却对此存有疑问:"礼云礼云,玉帛云乎哉?乐云乐云,钟鼓云乎哉?"(《论语·阳货》)。并且明确地说"人而不仁,如礼何?人而不仁,如乐何?"(《论语·八佾》)。这样所谓只有在"富有四海、贵为天子"的地位上才能够做的事情就都可以归结到每一个人可以修为的德上。其中暗含的意味是:如果我们每一个人都能够将德体之于身,那么我们每一个人都有可能跟"富有四海、贵为天子"的人一样。

  这样一来,德具有如此崇高的地位,我们岂不是很难得到吗?我们修德岂不是一件十分困难的事吗?孔子说:"仁远乎哉?我欲仁,斯仁至矣。"(《论语·述而》),又说:"我未见好仁者,恶不仁者。好仁者,无以尚之;恶不仁者,其为仁矣,不使不仁者加诸身。有能一日用其力于仁矣乎?我未见力不足者。盖有之矣,我未之见也。"(《论语·里仁》)。孔子弟子冉求说:"非不悦子之道,力不足也。"子曰:"力不足者,中道而废。今女画。"(《论语·雍也》)。对于德来说,它是内在于我们每一个人的,我们只要希望得到它,我们就一定能够得到它,并不存在力足不足的问题,关键是我们想不想的问题。如果我们愿意,它就是一件至为简易的事情;如果我们自己不想去欲求仁,那是我们自画,自己画地为牢,把自己圈在原地而已。子贡也觉得仁很难,于是问:"如有博施于民而能济众,何如?可谓仁乎?"子曰:"何事于仁,必也圣乎!尧舜其犹病诸!夫仁者,己欲立而立人,己欲达而达人。能近取譬，可谓仁之方也。"（《论语·雍也》）。孔子的话给我们指示出，我们为仁、修德，其依据的原则就在我们自己身上，不用到别的地方去寻找，不用等到所谓的条件都成熟了才能进行。为仁是不需要任何其他的外在条件的，需要的是我们自身，需要的是我们自身的主动性。"譬如为山，未成一篑，止，吾止也；譬如平地，虽覆一篑，进，吾往也。"（《论语·子罕》）。"克己复礼为仁。一日克己复礼，天下归仁焉。为仁由己，而由人乎哉？"（《论语·颜渊》）。为仁这件事虽然至为简易，但是它的效果却十分巨大，"一日克己复礼，天下归仁"。它发动的原则、动机的起点一定就在自己身上，而不在别的任何地方。而且更进一步说，这个德本身并非是外在于自己，需要向外去寻求的。它本来就在自己身上。孔子自己也说："天生德于予"（《论语·述而》），"不怨天，不尤人。下学而上达。知我者其天乎！"（《论语·宪问》）。这不仅是天赋予孔子的，而且是天赋予每一个人的。

孟子顺承孔子，把德的内在性和普遍性发挥得更为透彻。当他人对性善的说法有疑问的时候，孟子回答道："乃若其情，则可以为善也，乃所谓善也。若夫为不善，非才之罪也。恻隐之心，人皆有之；羞恶之心，人皆有之；恭敬之心，人皆有之；是非之心，人皆有之。恻隐之心，仁也；羞恶之心，义也；恭敬之心，礼也；是非之心，智也。仁义礼智，非由外铄我也，我固有之也，弗思耳矣。故曰：'求则得之，舍则失之。'或相倍蓰而无算者，不能尽其才者也。诗云：'天生蒸民，有物有则。民之秉彝，好是懿德。'孔子曰：'为此诗者，其知道乎！故有物必有则，民之秉彝也，好是懿德。'"（《孟子·告子》）。德是每一个人固有的，并非由外来的。能够扩充固有的恻隐、羞恶、恭敬、是非之心致其极，就是大人，反之就是小人。孟子的学生公都子问："钧是人也，或为大人，或为小人，何也？"孟子曰："从其大体为大人，从其小体为小人。"曰："钧是人也，或从其大体，或从其小体，何也？"曰："耳目之官不思，而蔽于物，物交物，则引之而已矣。心之官则思，思则得之，不思则不得也。此天之所与我者，先立乎其大者，则其小者弗能夺也。此为大人而已矣。"（《孟子·告子》）。固有的德实际上是天赋予的。天赋予的东西并不神秘："人之所不学而能者，其良能也；所不虑而知者，其良知也。孩提之童，无不知爱其亲者；及其长也，无不知敬其兄也。亲亲，仁也；敬长，义也。无他，达之天下也。"（《孟子·尽心》）。而人成为小人并非是没有这个天赋的、固有的良知良能，而是"失其本心"："仁，人心也；义，人路也。舍其路而弗由，放其心而不知求，哀哉！人有鸡犬放，则知求之；有放心，则不知求。学问之道无他，求其放心而已矣。"（《孟子·告子》）。而大人也并非是虚说，而是实际上就能够做到和实现的。"夫君子所过者化，所存者神，上下与天地同流，岂曰小补之哉？"（《孟子·尽心》）。而且还不仅仅是"上下与天地同流"，如果仅仅是那样好像大人还位于天地万物之外，而是"万物皆备于我，反身而诚，乐莫大焉"。（《孟子·尽心》）。

到了这里，人这一主体得以彻底挺立起来。人和天地万物处于同一个源头之中，甚至是只有人才可以把这个源头彻底地实现出来，"人能弘道，非道弘人"（《论语·卫灵公》）。人与天地万物为一，这时候就没有必要在法权上分别是你的还是我的，"但得道在，不系今与后，己与人"（程明道），所以孟子才会经常说"人皆可以为尧舜"（《孟子·告子》）。同时我们也要注意这种"万物皆备于我"虽然是一种体验，但并非是神秘的体验，而是实实在在可以实现的，这需要每个人自己体之于己，反身自求的。这是论证的基础，而不是需要通过论证达到的目标。德虽然具有内在性，可是贯彻到头，这种内在性就成为无外的。所有在这之前外在的东西都纳入这一内在性之中，没有什么东西还能够继续保持外在性的面目留存下来。因此，这种内在性又彻底地从内翻转出来成为一切存在物的基础。"故君子语大，天下莫能载焉；语小，天下莫能破焉"（《中庸》），这在孟子来说是从内到外，又从外到内，进而内而无外的。在《孟子·尽心》章中达到内而无外的进程如下："尽其心者，知其性也。知其性，则知天矣。存其心，养其性，所以事天也。夭寿不贰，修身以俟之，所以立命也。"这是从内到外：从尽心知性到知天；从存心养性到事天；从修身不贰到立命。从内立外在的命。接下来："莫非命也，顺受其正。是故知命者，不立乎岩墙之下。尽其道而死者，正命也。桎梏而死者，非正命也。"通过尽道确立正命。接下来："求则得之，舍则失之，是求有益于得也，求在我者也。求之有道，得之有命，是求无益于得也，求在外者也。"求在我者实际上就是求天之所与我者，也即我固有之者。求无益于得的就是在外的。这里还留有一个外在的尾巴。但是接下来，这个外在的遗留物最终被消化了："万物皆备于我，反身而诚，乐莫大焉。强恕而行，求仁莫近焉。"一切都在主体自己身上。从内通出去就是大而无外的。这个乐也是之前孔子说的那个"乐在其中、乐以忘忧、不改其乐"的乐，即人自己与万物为一、与天为一的乐。这就是最终的、也是最初的本体，是人作为真正的人来说通过努力应当具有的最大的，也是最高的幸福，而同时它也是内在的、固有的，也是本有的幸福。到这里幸福的意义才能确定地被建立起来，回到它自身确定坚实的基础上。我们向前追逐式的努力实际上就是在找回我们本有的幸福，而这个本有的幸福本质上就要求我们把它完全实现出来，穷尽它的本性。这样原来作为普通人向往的"富有四海、贵为天子"的目标就脱去了它的外在性与众多的限制性，而回归到其真切的本质性。每一个人都是与天地万物直接为一的，每一个人生来都秉有着这本有的幸福。我们向前追逐实际上就是回到我们每一个人真正的自己，把它无隐逸的全部实现出来。它既是应有的，也是本有的幸福。

　　顺着孔子的开端和孟子的发挥，后来《中庸》直接就说："天命之谓性"，"唯天下至诚，为能尽其性；能尽其性，则能尽人之性；能尽人之性，则能尽物之性；能尽物之性，则可以赞天地之化育，则可以与天地参矣。"人与天地为一在这里就不是想象，而是实情，虽然这里还使用"赞"，还使用"参"，好像人还是外在于天地万物一样。后来《易·乾文言传》在讲到大人时说："夫大人者，与天地合其德，与日月合其明，与四时合其序，与鬼神合其吉凶。先天而天弗违，后天而奉天时。天且弗违，而况于人乎？而况于鬼神乎？"这里，意思就更为完备了。"天且弗违"就如同前面我们说到天来配人自己立的命。

　　后来，宋明儒者更是发挥人与天地万物一体的意思，篇幅有限，兹不多举："仁者，浑然与物同体。"[①] "此道与物无对。大，不足以明之。天地之用皆我之用。"[②]"仁者，以天地万物为一体，莫非己也。认得为己，

[①] 程颢、程颐：《二程集》，中华书局2004年点校本，第16页。

[②] 同上书，第17页。

何所不至？若不有诸己，自与己不相干。"① "天地本一物，地亦天也。只是人为天地心，是心之动，则分了天为上，地为下，兼三才而两之，故六也。"② "言体天地之化，已剩一体字。只此便是天地之化，不可对此个别有天地。"③ "天人本无二，不必言合。"④（以上均为程颢语）"万物皆性所有也。圣人尽性，故无弃物。"⑤ "宇宙内事乃己分内事，己分内事乃宇宙内事。" "宇宙便是吾心，吾心即是宇宙。" "宇宙不曾限隔人，人自限隔宇宙。"⑥（以上均为陆九渊语）。"无声无臭独知时，此是乾坤万有基。"⑦

在此，我们所说的"德"就不能仅仅被理解为只具有道德的意义，它同时还是一切最终的本体。甚至这个本体的意义更重要。这个本体是"寂然不动、感而遂通"的，也是生生不已、创生不息的。"维天之命，于穆不已！……文王之德之纯！……纯亦不已。"（《中庸》）。人在生活中从这个本体出发的一切行为实际上都是不断的创造，都是在"革故生新"，使形而上的东西在生活中实际的创生出来并完满的实现它。即所谓"不离日用常行内，直造先天未画前。"（王守仁）。"形色，天性也；惟圣人，然后可以践形。"（《孟子·尽心》）。"君子所性，仁义礼智根于心。其生色也，睟然见于面，盎于背，施于四体，四体不言而喻。"（《孟子·尽心》）。这里可以说，这个本体或者说天道完全以人的全部为其工具，在现实中完全实现了自己。同时反过来说也一样，人在穷尽自己本性的时候以其自身的全部实现了这个本体或天道。更重要的是"人能弘道，非道弘人"，"反身而诚，乐莫大焉"。

因此，中国人没有把德与福的不相应看成是一个问题或是一种缺点或缺憾，而是超越了德与福对立的阶段，不再紧紧纠缠于德与福的相应与否。同时，德不仅仅是人的基础，同样也是天地万物的基础。"天地之大

---

① 程颢、程颐：《二程集》，中华书局2004年点校本，第15页。
② 同上书，第54页。
③ 同上书，第18页。
④ 同上书，第81页。
⑤ 胡宏：《胡宏集》，中华书局1987年点校本，第28页。
⑥ 陆九渊：《陆九渊集》，中华书局1980年点校本，第483页。
⑦ 王守仁：《王阳明全集》，吴光、钱明、董平、姚延福编校，上海古籍出版社1992年版，第790页。

德曰生"。真正需要加以把握的问题就是怎样真正在生活中把真正的自己完全实现出来,怎样修德,怎样真正在现实生活中始终居于自己与天地万物的源头处,也就是居于德之中。能够做到这一点,我们就能够在现实生活中获得作为人来说应有的最大幸福,它实际上也就是我们固有的幸福。德与福在这里就是同一个东西。这样作为人的完满幸福就能够在人世间取得,而并非一定要凭借想象在死后的天国中配享。

二 西方对德与福的看法

西方对德与福的看法的关键在于:德被把握成为仅仅属于人的道德,而在道德之外还有完全独立的自然。自然是一个独立自足的领域,在自然中发生的一切都有其严格的必然性,而人也是隶属于其中的。但同时人又是有道德的。就是因为有自然与道德之间的严格分野与分立,才会有德与福之间的不一致,乃至对立的情形出现。因此,德与福之间不相应的情形才会被当作一个问题来把握,甚至来尝试加以解决。这里,德对应于人的道德,福对应于人的自然。道德与自然是两个平行的、互相独立的不同领域,并且有着不同的规则。可以说它们二者之间是互不影响的。因此,如何使德与福能够相应才是一个比较麻烦的问题。

在中国人这里没有严格分离、并最终统一起来的领域为什么在西方人那里会严重的分离并形成对立的情形呢?道德与自然的分立就其自身来说真的具有确定的必然性与普遍性吗?这种分离到底是怎样产生的呢?

我们还是从人与天地万物统一的源头处开始寻找这种分离产生的原因。"所以谓万物一体者,皆有此理,只为从那里来。'生生之谓易',生则一时生,皆完此理。人则能推,物则气昏,推不得,不可道他物不与有也。人只为自私,将自家躯壳上头起意,故看得道理小了它底。放在身来,都在万物中一例看,大小大快活。""'万物皆备于我',不独人尔,物皆然。都自这里出去,只是物不能推,人则能推之。虽能推之,几时添得一分?不能推之,几时减得一分?百理具在,平铺放著。"[①](程颢语)这个人与天地万物统一的源头,从人身上进入,就是每一个都具有的真正

---

① 程颢、程颐:《二程集》,中华书局2004年点校本,第34—35页。

的自己。这个真正的自己对于每一个人来说都是固有的，也可以称为是天赋予每个人的。对于这个源头来说并非只有在时间上最古老的那一个时刻才是创生的，而是时时刻刻都处于生生不已的状态中。生则一时生，即万物与我并生，这才是万物皆备于我的真正意义。但是这个生的过程不是一次性的，不是像上帝创造世界那样一次性完成的，而是始终都处在生生不已的过程中。只有我们也同时处在创生的过程中，我们才能够真切地感受到与万物的并生。也只有在这个情况下我们才能领会并且成就我们固有的真己。它也才同时对我们显现为上天赋予的。因为只有在不断创生的过程中，上天内在于我们的亲近性才能被我们感受到，上天的创生才能成为我们自身的事情。上天不在别的地方创生，就在我们自身之内，而这也同时是我们自己的创生。同时，因为这个创生的过程是持续不断的进行的，真正的自己也就是永恒的。它可能每一次都对我们显现出不同的面目，而且每一次都是纯粹的、独一无二的，但是它实际上仍然是其自己，仍然是同一的。它的永恒并非是一成不变的，而是时时在变易之中，这就是所谓"生生之谓易"。我们对于存在于我们自身身上的这个真正的自己最合适的态度就是置身于其中，在时时刻刻的创生过程中、在每一次都不同的过程中去成就它，实际上就是在生活的过程中实现永恒。这也就是"大小大快活"、"乐莫大焉"的无上幸福。

但是这里要非常小心注意的是对于这个永恒的理解，如果我们仅仅把这个永恒理解为在任何时间中恒定不变的，那么我们很容易就从真正的自己那里脱落下来，我们就不能保证自己还能够与真正自己同一。因为这种永恒表面上看起来是和与它自身极端相反的东西联系在一起的，甚至是通过极端相反的东西表现出来的。"生生之谓易"，这个永恒是通过不断的生，"生生不已"来实现的，也就是说它恰恰是在变中实现的，即"变动不居，周流六虚，上下无常，刚柔相易，不可为典要，唯变所适"（《周易·系辞传》）。每一次我们遇见的真正自己对我们自己来说都是全新的。如果它还是旧有的、以前的那一个的话，就不可能是我们真正的自己。"苟日新，又日新，日日新"，这样才是生生不已的永恒。这就要保证自己的时时警醒，不能懈怠，即"造次必于是，颠沛必于是"，也即"维天之命，于穆不已"，人也要"纯亦不已"，"至诚不息"。

而我们一旦懈怠，就很容易把永恒仅仅把握为在任何时间中持续地保持不变的东西，把握为形式上的"一"。因为这样对于纯粹从理解的角度来看问题的方式来说最为简单。这样我们和真正的自己之间就有了裂隙，我们与真正的自己就不再能够保持同一。这样我们就从真正的自己那里脱落下来，我们就处于一个外在于真正自己的位置上。如果我们把永恒赋予这个真正的自己，我们自然就置身于真正的自己之外。我们就从天地万物的源头处脱落了下来。这样我们就仅仅只能作为在生活过程中的从生到死的人来存在，而不再能够参与到天地万物的创生过程中。因此，我们就陷在"人"的躯壳之内了。而这个时时处于从生到死的不断变化过程中的人并非是一开始自然就会有的，而是在一个特殊观点下的构造物。那就是我们把人身上真正的自己给固定下来了，仅仅把它看成是在任何时间中能够保持不变的东西，而剩下的、一直在变化中的东西才被把握为人，也即永恒之外的剩余物被把握为人。由于这种分离，人和真正的自己之间有了距离。这样一来，人与这种永恒的、真正的自己之间，人和天地万物的源头之间就只能有一种关系，那就是认识或者思想的关系。只有认识或思想能够跨越或者说穿过这个由人自己造成的距离。但是这种穿越是否能够真正成功是大有疑问的。因为即使有认识或思想穿越过程中的努力，但是这种努力也还是建立在人把真正的自己从自己身上推到外面的基础上的。而这个推出去到外面的进程并不在认识或思想努力过程之中，而是在认识或思想努力过程之前。任凭认识或思想的努力有多么彻底也还是不能够发现这个秘密。这种认识或思想的关系并非是原初的关系，而是懈怠之后的产物。懈怠之后才有裂隙可言，也才有距离可言，因此也才有人与世界的认识关系可言，也才有纯粹从理解的角度看问题的方式可言。

这样，真正的自己、作为天地万物的源头的永恒被把握为不变，被把握为形式上的"一"。人就只能在旁边采取认识的态度。而人也就仅仅处在无法永恒的从生到死的过程中。而这个过程的尽头就是死。所以人的特征就被把握为"终有一死"的。死就成为人绝对不能越过的障碍或者说界限。对于人的生存来说也只有从死亡的角度来规定。死亡的界限在何处，人的生存的界限就在何处。因为人是不能免于一死的，所以人就不是能够永恒的。本来人身上真正的、自己的永恒被给予了神。神是永恒的，只有他们是不死的，他们在享受着永恒的幸福。而人无时不在各种限制之中。死对于人来说就是绝对的否定性，任何人都不能违背这个否定性。这样人就无法逃避神为人定下的命运。其最终的根源在于人最终都会遇到的这个绝对的、纯粹的否定性。因此，神为人定下的命运就表现出其绝对的强制性，从而对人表现为不可动摇的。因为神超出了人世间的范围，它位居于人世间之上，如果人世间是此岸的话，神就永远位于彼岸。此岸与彼岸之间的界限是绝对不可以超越的，就像人绝对不可以超越生与死的界限一样。人在死亡面前的无能为力就像人在神面前无能为力一样。而事实上这是人把自身上真正的自己所具有的全部力量和性质都赋予了神，把真正的自己当作神所招致的。这个真正的自己是永远在生生不息。把真正的自己当作神以后，神就成为永生的。而脱离了真正自己的人就不再能够参与或体会这个生生不已的过程，而只能面对具有无尽威力的绝对否定性。命运对于这样的人来说就是事先已经命定好的了，在生活的进程中，自己好像与自己的命运毫不相关一样，但是当决定性的时刻一旦到来，人只有屈从于命运的份儿。对于自己的命运不能做出任何的改变。也就是说，脱离了真正的自己的人对于自己的命运是无法参与的。因为真正的自己这时候只是外在于人自己的、高居于奥林匹斯山顶的众神，或居于天国的上帝，而与自己无关。

这也并非就等于反过来说能够成为真正的自己的人就是在现实中可以不死，而是意味着没有与真正的自己分离的人能够时时参与到这个生生不已的过程中，时时在创生的过程中。这种情况下，死是由生来规定和决定的，而不是相反。死对于脱离了真正的自己的人表现出的绝对否定性、以及所形成的绝对界限，在这里都得到了克服。即使有命，对于没有与真正的自己分离的人来说，最终也是自己为自己立的，而不是从外来的。因为这个时候已经没有外面可言，一切都在真正的自己之内。情况是这样：如果人把自己身上的生生不已的东西推到外面去，它就成了永生的神；而如果我们承顺它的要求，用我们自己全部顶上去，它就是我们真正的自己。一旦我们从生生不已的过程中脱离出来，我们自身就只能是有限的，而只有神才是无限的；而一旦我们始终处于生生不已的过程，我们自身就是无限的，而且它也是本来就如此的。

在懈怠之后，人从真正自己身上脱离的过程中，由于人不再能够参与到生生不已的进程中，整个世界的创生过程被横向的无限拉长了。也就是在一个平面上，逆着时间流逝的方向，直线性地被拉长了。而且不断地创生基本上被把握为一次性的。它只能位居于几乎是无限久远以前的一个开始的时刻。从时间的开始点上或者说从世界的起点上，世界被创造出来。之后的进程由于脱离了真正的自己的人是不能参与其中的，因此世界被创造出来之后的进程就被把握为"自然"的。进而人也是在这个自然中产生的。不管这个世界是自然产生的也好，还是由神创造的也好，人对此都是无能为力的。因为创造的过程已经结束，"自然"已经开始了它自己的行程，有它自己的规律。这些规律也像我们与遇到的命运一样，对我们来说是强制性的，无法违背的。这样在真正的自己之外似乎就又有一个独立的领域。原本在真正的自己看来是生生不已的、纵向的、立体的创生过程被挤压拉伸成为横向的、平面的处于无限时间中的因果过程。由于人脱离了创生过程，这样形成的自然才被把握为一个整体，而且是一个客观的、外在的整体。虽然人也是处于其中的，但人是处在受支配的地位。只有在认识的时候，人才处于这个客观的、整体的自然世界之上。但即使是这样，人再也无法直接参与到创生的过程中去，而只能是依据于所谓的自然规律，对于外在的自然做出某些改变以符合外在于此自然的人的目的。这时候，人是躲在一旁的，还是没有能亲身参与其中。极端的情况是整个自然都可以被当作躲在一旁的人为实现人自己的目的的场所和材料。人只是在利用自然的因果必然性。而因果必然性却是人从创生的过程中完全脱落下来才能成立的。只有当人不再能够参与其中时才会有所谓的因果必然性。人把真正的自己具有的无限性和无限的力量全部归结到神的身上以后，人就对自己也开始无能为力，只能把这个无能为力的部分归结于人的自然，从而归属到整个的自然上去。这样原来可以每一时刻、每一天都进行的"改过迁善"的过程就被无限的推后了，一直推后到生命结束、死亡来临的那一刻，只有在那一刻被动地等待最后的审判。这时候生前所有的事情已经毫无挽回的余地，因此也才有原因的确定性，从而也才有结果的确定性，最后形成因果必然性。其实这就是一个不断偷懒的做法，不断地主动丧失改变的机会，把最初的原因委弃于所谓的自然。相比于"君子修之吉，小人背之凶"的开放性结果来讲，这种结果的确定性之所以能站住脚，就是由于放弃了对于原因的参与过程。原因在仅仅是认识、观照和理解的态度下变成客观的对象，甚至是纯粹的质料。自然的"自"因此是它自己，而不是我自己、你自己。

这样的自然一旦被确立下来，不管是否采用笛卡尔、牛顿的自然观，还是仅仅保留亚里士多德的自然观，问题的实质都已经事先确立下来：人的主动性在此产生了实质性的退却。但是人的主动性不能没有伸展的地方，虽然从永恒的源头中脱落了下来，可是人还能在此生中希慕永恒。虽然在自然的领域内，人无法改变自然的进程，但是人能改变或者培养、养成自己的习惯。真正的自己本身与天地万物的源头是同一的，并且是纯粹至善的。这些被归于神之后，人就只能向往这个至善，而不能够实现它。由向往至善而形成的习惯显然不能再被归结为自然，因为在这个时候人的主动性是能够发挥作用的。这就形成了独立于自然之外的另一个领域：道德。人就同时归属于两个相互独立的领域：自然与道德。而与此对应的是人本身也就分离为两个相互对立的要素：肉体与灵魂。人在面临生死界限的时候，肉体被挡在了界限的这一边，永远无法穿过这个界限。但是灵魂却成功地穿越了生死的界限。这样脱离了真正自己的人永恒的愿望部分地得到了满足。因为灵魂认识永恒的善的理念，所以灵魂是不朽的。在生前，在自然的世界里，肉体得不到的东西，在死后，在永恒的世界里，灵魂都可以得到。而得到的方式不是成为善本身，却是在一旁观照和认识善。这依然是一种外在的方式。本来人的主动性如果能够真正成为主动性，就在于参与生生不已的创生过程。它是内在的、固有的。而在这里培养良好的习惯依然是从外而来的，就像是外在的约束。尽管它最终的目的是善，可是善还是在人自身之外。这个过程就可能永远都处在强力把捉的状态中，永远都在向它的尽头趋近，但是永远都不能够完满的实现。尽管可以把道德称为人的"第二自然"，但是这个"自"仍然还不在自己身上，还是自然不了。最终能够落在实处的解决办法就是再造一个客观的世界：这就是法律，即只能从限制性、强制性的角度解决问题，而不能诉诸每个人内在的自觉、自愿。在法律中，人被明确地分离开了，人的要求被把握为在现实上的各种权利。而这些权利又得到了明确的限制和规定，人与万物一体就只能成为一种内心的想象了，不再具有任何现实可能性。原本能够当下具足的、自上而下的、纵贯的道德创生性在这里又同样被挤压拉伸成为无限趋近的、横向的、平面延展的一个过程。而且即使是在这个道德的领域，因为已经成型的神与人的隔绝，人只能向至善的神无限趋近，但是永远不能越过人与神之间的界限，就像人永远无法越过生与死的界限一样。至善的东西只有在死后，在那个形式上不再会有任何变化的地方实现；或者如果它能够在生前表露出来的话，也不过是对于永恒的、至善的神的沉思。

道德的领域虽然独立于自然的领域，但是在人生活的过程中，这个领域却常常不是自足的，它还需要一个基础。这个基础就是自然或者存在，而道德被把握为应然或者价值。价值要建立在存在的基础上，或者它仅仅是作为主体的存在之上的一种附属意义而已，而不是能够造成存在的东西。因为它还需要以外在的东西为基础，所以就其自身而言是没有根基的。只有在这个意义上而言，道德与幸福之间的关系才会形成一个问题，而且是需要严肃认真对待的问题。道德本身不能够让人得到最终的满足，也就是说脱离了真正自己的人在道德自身中不能够感觉得到其本身固有的圆满自足，因此需要现实上的幸福来补助或者增强道德的力量。真正自己所具有的无限力量被从人自身这里抽出去全部赋予了神，因此人在这里没有真正的力量，而只能寄希望于道德与幸福的完满结合，而这又恰恰是人在发生真正的道德动机时所不能要求的。因此，彻底解决德福问题的关键只能落在第三方头上：这就是上帝。这样在从真正的自己身上脱落下来以后，在把永恒仅仅把握为形式上固定、不随时间变化而变化的东西之后所形成的三个分离的领域就各自就位了。福基于自然王国，德基于目的王国，上帝基于天国。自然王国与目的王国只有通过上帝在天国中才能协调起来。这其实是把本来统一的东西分裂开来，然后再从外面组装起来。对应于这种先分离再组装的方式，完整的人本身也被分离为灵魂与肉体或者思想与身体，然后再进行外在的组装。世界本身不再能够自足了，人也同样不再能够自足了。真正的自己虽然以神的面貌表现出来，但是它们都不能位居于自身之内。这样即使是在天国中道德与幸福的完满结合也不是建立在自足的基础上、建立在自身之内，最终只能导致彻底的虚无。因为这原本就是脱离于真正的自己之外，脱离于生生不已的创生过程之外，站立在虚无的地基上，也就是站在死后考虑生前的后果。

因此，这种自然与道德的分离与对立并不具有绝对的必然性，所以也就不具备貌似超越的普遍性。这实际上是人自身懈怠的产物。即使在这条道路上有不少人做出了超绝的努力，但是因为开始的大方向出了问题，真正的自己始终确立不起来，真正的源头和头脑始终付诸阙如，所以无益于发现真正的问题及其解决。他们发现并当作严肃的、试图加以解决的问题也许并没有真正的根基，可能仅仅是依据于他们所采用的方式形成的。而他们所采用的方式可能恰恰掩盖了问题的真相。再往前走，才能发现这些问题形成的根源并不在他们发现和解决问题的方式之内，而是在这之前。

三 哲学应该有的新面貌

以上的分析并没有细分古希腊和近现代西方，以及具体进入到其中个别人物的思想，只是从人应该具有的和固有的幸福出发，从大方向上判断西方对此问题的把握。经过比较，可以看出西方思想并没有把握住核心。按照唐君毅先生的说法，西方思想往往经过严密的、艰苦的思索，在整个思想体系的终结处才能透露出一点端倪，可往往已经是强弩之末，整个的过程已经行将结束，即使透露出的这一点端倪已经不再能够向前发展了，不再能够回过头来把之前的行程纳入这个端倪中来，从头再开始一遍。如果按照西方哲学的标准，的确如牟宗三先生所说，在看到人所具有的最高的幸福之后，哲学的思考就该终结了。因为这已经到了神圣的境地，不再需要人的思考了。哲学最终导向人的最大幸福，已经穷尽了自己的使命了。可这是以西方哲学为标准而言的，哲学是否仅仅只是思考还存有一定的问题。西方哲学作为哲学的唯一标准也是有问题的。前面的分析已经表明西方哲学本身的内在限制，这个内在的限制是从人与真正的自己分离就开始产生的。只有在出现这个分离之后才会产生单纯理解的态度。而因为出现了这个分离，人就从真正的自己身上滑落下来，人也就从天地万物的源头处滑落下来。人不再能够与天地万物为一体，那么人本来固有的最大幸福就不再属于人了，而只能仅仅属于最高的存在物或者说神。而神正好是作为哲学思考努力的终点。或者如果说神也是哲学思考的起点的话，问题的实质还是没有太多的变化。因为这个神被当作在人之外的，不可能属于人的绝对存在物了。而人作为活生生的人，因此作为终有一死的人在生前几乎没有任何办法来享受到只有神才能享受到的幸福。对于单纯的理解态度而言，即使想让神降临人间，也是没有地方降落的，因为人在神之外，神本来就被当作是处于死后的永恒的地方的。即使是努力为神虔心准备好降临的地方也还缺乏基本的地基。

而如果我们不再从真正的自己身上脱离下来,不再懈怠,总想找一个简便的、一劳永逸的办法,而是直接迎上去,用自己的全幅生命时刻顶上去,我们就会发现神降临于世间的地方不在别处,就在自己身上。诸神的复活只有在这个基础上才是可能的。诸神实际上就是我们每一个人都具有的真正的自己。它本身就是我们固有的。照此来看,如果说哲学不仅仅是思考,如果我们还想保留哲学这个名称,那么它的意义必须经过重大的变化和转换。在经历了古代希腊和近现代西方两个哲学的千年王国之后,如果哲学还能够向前发展的话,那么它应该进入一个新的千年王国。而在这个新的阶段上,它应该从真正的头脑出发,从我们应有的幸福出发,直接纵向贯穿下来实现我们本有的幸福。这样它就不仅仅是思考,而且还是行动,但这绝不意味着我们在哲学的理论性之外又补充进来一个实践性。因为即使是理论与实践的分野根本上也还是建立在单纯理解的态度上,也还是建立在人从真正的自己、天地万物的源头脱离之后的虚无的位置上。在保持这种位置不变的情况下,实践也不能够真正建立起来。因为它已经把人缩小到躯壳之内了,这样的实践也还仅仅是限于躯壳之内的人的事情,而不是生生不已的天地万物的源头的事情。这样的实践充其量只是一种模仿,而且是极其外在的模仿,并不能参与到源头中去。

这个新阶段的哲学作为一种行动来讲并不是外在的,也不是仅仅限于躯壳之内的人的事情,而是直接对于哲学的实现,或者是形而上学在现实中的实现。我们做的每一步不再仅仅是理解和解释,而是切实地实现形而上的道,实际地创生出形而上学,这就是人能弘道的含义。因此,哲学在这个意义上来说就是本真的生活,就是幸福本身。它不仅仅限于哲学家的职业时间,好像上班的时候只是职业生活,下了班我们才可以开始普通人的生活一样,而是"须臾不可离"的,没有所谓职业时间与生活时间的区别。我们的生活就无时无刻不在实现它的过程中,即所谓"造次必于是,颠沛必于是"。而且这里也并不是说只有哲学家可以获取这样的生活,从而也只有哲学家才配得到这样的幸福,而是说每一个人都可以如此的。因为这本来就是每一个人都固有的东西。只是在通常的情况下,很多人都处在"日用而不知"的状态之中。但是要注意的是这种日用并不是所谓的"原始自然"的状态,而是礼乐化了的生活。所谓原始自然的生活还只是一种与真正自己分离之后的想象。而真正的自己即使在未经触动的生活中也会时时显露出来，因为它本身就是我们每一个人本有的东西。生活的礼乐化就是把这些显露出端倪的东西加以确实化和扩展。这样即使是普通的人在礼乐中也能直接承应着真正自己的要求，尽管这个过程似乎还只是外在的满足礼乐的要求，而没有真正自觉得到。礼乐化的进程实际上就是把生活真实化，把生活本身内在的、本有的意义彻底阐发出来，在实际的礼乐化了的生活过程中直接实现形而上学的道。这样就是"道亦器，器亦道"的。因此在这里就没有截然脱离于人的所谓自然进程，自然与道德的分离就不是必要的，而且是缺乏根基的。"致中和，天地位，万物育"也就不仅仅是道德一边的事情。它就是形而上学本身，因此不需要再加上"道德"的限定性。

这一进程是不排除任何人的，相比于西方所谓的普遍性来说是真正具有更高的普遍性。因为它不预先设定界限，不需要抽象的标准。它在实际上向外的扩展也不是建立在强力之上，而恰恰是建立在每个人的自己身上。我们不是要让别人相信我们自己的道，而是想让每个人都能够回归到自己身上，相信自己，相信自己身上本来固有的东西，道就在每个人自己身上，就是每个人的真正自己。因此这种普遍性就不是强制的，要求别人相信自己发现的东西，而除此以外的都被当作是原始的、野蛮的、不文明的，好像只有自己才可以代表人类，而其他的人都只能是被自己代表的质料一样。每一个人的真正自己是不能够被代表的，能够被代表的仅仅是那个脱离于真正自己的、假想出来的人。这样的人的概念是需要被消除的。因为它只是脱离之后先拆分后又重新构造出来的假象，而不是真正的人。在强制的普遍性中，也就是在西方哲学的两个千年王国中，哲学家，或者产生了哲学家的民族似乎永远无法摆脱这种孤傲，总是认为自己是代表人类，代表了人类身上最高的东西，因此总是以自己的东西作为标准来衡量其他的一切人。由此产生的冲突不是在人间普遍地实现幸福，而是毁灭了很多人的幸福。这种假象的普遍性的内在限制性是处于他们的目光之外的。而我们所说的这种哲学，因为对此有着清醒的了解，并不会再陷入到这种境况当中。仅仅是自己对自己的强制，或者更轻微一点，仅仅是自己的懈怠都会丧失真正的自己，在强制的情况下又怎么可能保住生生不已的真正自己呢？"道并行而不相害"中说的并不是不同的道，而是同一的道在不同情况下的不同表现。真正的道只能有一个，这是根源上的一，就是真正的自己与天地万物的源头。只有在这个根源性的一的基础上每个不同的人的自己才能建立起来，真正的自主性才能建立起来。只有在这个时候我们所说的德和福才有归附的主体，否则皮之不存，毛将焉附？也许这样的说法也还是不准确的，这个主体本身既是德又是福，没有在这之外的东西了，这样才是完满自足的。人本身都能和天地万物为一体，人和人之间还有什么不可逾越的深渊吗？在远处的是闻风而动、乐道而行的朋友，而不是潜在的敌人。"天下一家，中国一人"并非是虚构的幻想。这个阶段的哲学具有内在的普遍性，就如同前面我们说到的德一样，具有无外性，这才是真正普遍性的实现。

从我们自己的传统上说，儒学已经经历了两个阶段：原始儒学和宋明理学。现在正是儒学发展的第三个阶段。如果说儒学的第二个发展阶段可以叫作理学的话，那么儒学的第三个发展阶段可以叫作哲学。这也就是我们前面说的作为西方哲学之后的哲学新阶段。我们已经从内在的角度了解了它的普遍性，因此它就不仅仅是所谓的"中国哲学"，而是未来的世界哲学本身。从西方角度来看的第三个阶段，与从中国的角度来看的第三个阶段恰好是重合的，就是同一个。这就是我们所说的哲学应该具有的新面貌。这个哲学应该具有的新面貌将表明，哲学并不仅仅是一种思考，更重要的是哲学还是一种生活。在这种生活中，我们从天地万物的源头也就是我们每个人都有的真正的自己开始，一步一步地要求我们自己的生活，在生活中一步一步地把我们的本性实现出来，穷尽本性，达到应有的状态。而这个应有的状态又是我们本来就有的，它在前面引领着我们，实际上就是我们自身本有的要求。在我们这样做的过程中，我们是在修德，但同时我们也是处在一个享受的过程中。这不是一种消耗式的享受，而是创生性的享受，因为它的结果就是真正自己的生生不已。这是成己，同时也是成物。它本身就带给我们无限的力量，我们自己感到欣慰不已的时候，万物也在欣欣向荣。哲学就不仅仅是学，而且是礼乐教化。从人身上学，从天地万物身上学。这个学转过头来用在自己身上就是教养和化育，把已经成为习惯性的生活整体提升上去，达到它应有的状态，完全实现它的本性。这就是圆满的圣人。德与福在这里都完满地实现了。我们就应该从这个最高处开始，一步一步地沁润到我们生活的每一个角落、每一个时刻中去，下学而上达于天。这就是我们作为人应有的与本有的最大幸福。

论作为悖论的幸福

昌明君[*]

摘　要：人的存在是在存在与非存在这两种极端的必然性之中展开的。无论是存在还是非存在，都各自以自己的方式在不同的意义上否定着人的存在。存在与非存在或曰有与无对人生的双向否定，构成了人的存在的真正意义上的悖论。当我们以这一视觉来审视"幸福"时，我们发现，答案其实早已被限定在问题自身之中，存在与非存在各自在自己的维度上对幸福所作出的规定，正是我们揭示何为"幸福"的必由之路。

关键词：幸福　存在　自我实现　德性

一　幸福问题的提出

人是这样一种悖论性的存在者：他以经验的方式经验着自己存在的必然性，又以非经验的方式"经验"着自己的非存在的必然性。

存在的必然性是人所无法选择的，在他懂得何为选择并能够作出任何选择之前，他已经获得了他的存在；因此，也可以说，从来都不是人自己选择了存在，而是存在选择了人。在被存在选择了之后，人，只有无条件地"效忠"于自己的存在这一条路可走。[①] 然而，很显然的是，作为被选择者的对选择者的无条件"效忠"，必定令"使自己的生命活动本身变成

---

[*]　昌明君，男，云南大学人文学院哲学系讲师，研究方向为伦理学。

[①]　哪怕主动（如果真能被称为"主动"的话）选择结束自己的存在，实际上，也同样是一种对自己存在的"效忠"方式。有所不同的不过是这样的存在者更多地将自己的存在理解为"被存在"，并对其所蕴含的目的或曰"命令"进行了与常人不同的读解（当然，对自己存在的读解，存在者自己拥有绝对排他的话语权；因此，任何他人都无权宣判这样的读解为错误的）。

自己意志的和意识的对象"[1] 的人感到困惑,甚至无所适从,于是"我是谁?我活着时为了什么?"这样的问题便成了与人类存在永恒同步的"宿命性"问题。每一个人、每一代人,都会试图解决这些问题,但他们都注定了永远不可能根本地解决这些问题——因为这样的问题只有站在人的存在之外,站在比人类存在更高的地方,才有可能获得回答。而存在于且仅仅存在于自身的存在之中的人,是永远无法站到这一位置的。[2] 于是,人类存在的第一个悖论产生了:他必然对自己的存在发问,而他的发问又必然无法获得根本的回答。

同时,人的存在无时无刻不受到非存在的必然性的侵蚀。固然,每个存在着的存在者都从来不曾真正经验到过自己的非存在;或者说,非存在从来都是非经验性的。但每个有理性的存在者却都一再地"经验"着自己的非存在的必然性;他深切地明了,非存在的必然性,是"无所逃于天地间"的。然而这异样的突兀于前后的非存在之间的存在,其意义何在呢?如果它没有意义,岂不是说在根本的意义上,人生不必也不能有任何所谓的"追求";如果它有意义,这意义在时光之旅驶过存在这站之后,又当如何来看待呢?同样地,因为这个问题根本地是着眼于非存在的,存在且永远无法超越自己的存在的存在者,也是永远不可能对这一问题进行根本的回答的。[3] 于是,人类存在的第二个悖论发生了:存在者整个的、所有的存在,始终处于非存在对其进行的消解之中;这种消解,直到存在彻底地为非存在置换时方是休。

因此,可以说,人的存在是在存在与非存在这两种极端的必然性之中展开的。无论是存在还是非存在,都各自以自己的方式在不同的意义上否定着人的存在。存在与非存在或曰有与无对人生的双向否定,构成了人的存在的真正意义上的悖论。

---

[1] 马克思:《1844年经济学哲学手稿》,人民出版社2000年版,第57页。
[2] 这至少部分地为宗教的产生提供了必要性。
[3] 人类有过多种试图对此一问题进行回答的努力。比如,以转换价值主体的方式,以子孙、民族甚至整个人类——这样的存在满足了超越个人存在的短暂性和有限性的条件——来说明价值追求的有意义性;以及以构想价值客体的方式,以"不朽"的价值(最典型的比如中国传统的对立德、立功与立言的推崇)——这样的价值同样地,满足了超越个人存在的短暂性和有限性的条件——来说明价值追求的有意义性。但这样的解决方式显然不是根本性的。无论是被转换的价值主体还是被构想出的价值客体,与存在者自身的存在都没有根本的共在性。

然而，作为悖论的现实化的人，大多数情况下却只会在极少的时间里偶尔地"感怀身世"。作为生生不息的天地间的一员，人有一种发自生命底层的、对生命的积极态度，这种积极被叔本华读解为"生命意志"。无论是叔本华还是佛陀，都试图要否定人发自生命的这种本真的"积极"。但就整个人类来看，他们的主张从来都不曾得到广泛的共鸣。纷繁复杂的人类生活，不大允许其成员置其于度外，去专一地考量人生的悖论性，并因为其悖论性，而放弃对生命已有的积极态度。或者说，人生既然成其为悖论，它也就杜绝了自己被彻底解答的可能性。这样，它就迫使人们把自己的价值思考放到人类生活领域，让人们通过追问和解答具体的、可解决的价值问题，来成就自己的价值"智商"。正因如此，在人生问题的提出与解答上再一次地出现了一个悖论：最难以被回答的人生问题，被最简单化地回答了——芸芸众生对人生问题的回答常常是享乐主义、接受社会主导的人生价值观与得过且过。

这样的解答包括其他或许更高明、更深刻的解答，究其实质，都不是好的解答，都没有根本地解决人生问题。然而这类解答仍然具有合理性。其合理性何在呢？在于它们为存在者提供了现实的、活生生能够打动人的价值对象。这样的价值对象对人来说是"善"的。亚里士多德曾总结道："人的每种实践与选择，都以某种善为目的。"[①] 既然人在从事一切活动时都在追求某种他所认同的善即价值目的，又如何能够让人摒弃他所追求的一切价值目的所具有的价值性，并进而坦承人生之无所可求、无所应求呢？如果说人生本然地是一个不可解的悖论，那么这一悖论与人必然的存在方式再一次构成了一个悖论：一方面，人生是悖论性的，由于其悖论性，人是无法进行根本意义上的价值追求的——在根本意义上，人永远都无法获晓他应当追求什么；另一方面，人又在其一切具体的活动中进行着价值追求——在现实的一切层面，人始终都知道他要追求什么。

在这两极之中的人必须做出选择，他要么选择在根本的意义上否定一切价值追求："虚无"、"无为"、"空"之类的哲学主张正是与这条道路相一致的，要么选择承认价值追求：然则对选择这一道路的人来说，他们就必须问这样一个问题：在一切价值对象中，最高、最大的那个价值对象

---

① 亚里士多德：《尼各马可伦理学》，商务印书馆2003年版，第3页。

是什么？亚里士多德回答了这个问题："无论是一般大众，还是那些出众的人，都会说这是幸福。"① 但更具体、更明确地，幸福是什么呢？② 当选择了承认价值追求这条道路的人们提出这个问题的时候，幸福作为问题便被提了出来。

二 为存在必然性规定了的幸福

亚里士多德对作为最高的善的幸福进行了规定性描述，称幸福须具有终极性、完满性和自足性三个特性。时至今日，亚里士多德的这样一种规定性描述仍然可以被视为具有极大说服力的经典描述，但本文对幸福的探讨并不打算沿袭亚里士多德的这一思路。幸福研究的最大问题也许并不在于对人们最理想的价值对象进行描述：一方面，由于人类文化是如此的多元，人类社会生活是如此的复杂，这使得任何对幸福所进行的具体的规定性说明都不可避免地导致这样或那样的反对、批评与不认同；另一方面，人从来都没有对于幸福的真正自由——哪怕仅仅是进行想象的自由。人的如其所是必然地决定了其所可求或可想象的幸福地如其所是。因此，不妨且放下就彼端去思考何为幸福这一探究模式；就此端来思考何可为幸福是一种同样成立、且在某种意义上或许更加有效的、对幸福的探究模式。③

---

① 亚里士多德：《尼各马可伦理学》，商务印书馆2003年版，第9页。
② 亚里士多德对这一问题进行了回答。在亚里士多德看来，幸福就是人最好的实现活动；或者更具体地说，幸福即人的灵魂中包含逻各斯的部分的合德性的实现活动。但亚里士多德的这一回答无论在当时还是在现在都没有让对幸福进行追问的人们感到完全满意。
③ 笔者甚至认为，他所谓的"彼端的探究模式"那种对幸福的求索是完全不成立的。幸福是属人的，单独出现的"幸福"其实是一个省略语——对"人的幸福"的省略。单纯地着眼于"幸福"二字，穷尽人类的想象力对其进行描绘，其结果只能是令幸福越来越神秘，越来越远离于人。在此种情况下，"幸福"不但不能激励和吸引人，反而在否定和消解着人生意义。从这个方向去问"什么是幸福"，实际上就不可能有答案——所有可能的答案都注定了要被更"高明"的答案给否定掉。要思考"幸福"，首先要思考的并不是什么是幸福，而是什么是"人的"？人就其是其所是来看，他可以获得什么、他的极限何在？这是根本性的问题！这亦即《大学》所谓的"知止"。人总有突破极限的欲望，当这种欲望表现于对彼端的幸福的想象之中时，就出现了不能"知止"。不能"知止"，自然也就不能"定"，不能"静"，不能"安"，不能"虑"，最终，导致不能"得"。"幸福"，正是如此地被人类孜孜以求，被个人终身以求，却总是无从获得实现。

当就此端来看时，在可能的最大限度内破解人的存在的悖论性就是幸福——如果其确实具有现实性的话——必须具有的内涵。

人从一开始就是为存在所选择的"被存在"。但仅仅作为"被存在"的"表象"存在实际上是不配被称为"人"的。贺麟先生曾如此描绘过这样的所谓"存在者"："世界上无目的、无个性、不自知、不自为的人太多了。他们终日鬼混、漂浮，为他人作奴隶，丧失净尽他的精神上物质上的一切利益。他们……不得谓为有'自己'。"① 人确乎总是为存在所选择，但仅仅作为为存在所选择的"被存在"却并不是人不可改变的"宿命"。人之为人的"使命"正是他必须学会作为人——或者更准确地说作为"我"——而存在，并以"我"的存在来完成"我"、实现"我"。

"我是谁？"这是一个为存在所选择的存在者必定要问的问题。当这个问题被提出时，那个此前一直作为"被存在"的存在者已然产生了变化。这变化即是：作为存在者的"我"与作为"被存在"的那个"谁"之间终于不再同一了。"我"虽然此前一直就是那个"谁"，为"谁"所规定，以"谁"为认同。但此时"我"不满足于"谁"对"我"的规定了，"我"要去质问"谁"，甚至要打破"谁"——唯有如此，"我"才能成其为"我"，而不再是一介沉默于"被存在"死寂之中的"那个谁"。

"我是谁"是一个人性之完成道路上的转机，但同时也是一个人自获得其存在以来的最大的自我认同危机。对这个问题的最失败回答是"我"不愿与"谁"苟安——可"我"与"谁"的不相安却是不可实践、不可想象的；于是，"我"最终只有在"疯癫"后"清醒"，在"离家出走"后乖乖"回家"，与其不愿与之苟安的"谁"苟安，直到他接受了这种苟安，接受了"我"就是"那个谁"，接受了自己必须在"谁"里度过自己所有的人生。

其实，"我是谁"这个问题的唯一的有效解答绝不是以"我"来否定掉"谁"，绝不是让"我"来战胜"谁"——摒弃了"谁"的"我"一无所有，一无所是，将只是一个纯粹自我意识的游魂——而是只能是"我"依凭着"谁"来"为我"，令"谁"成为我所意欲的"我"。正如

---

① 贺麟：《文化与人生》，商务印书馆1988年版，第68页。

亚斯贝斯所说:"我自己所是的那个东西,永远是一个疑问,而同时却又是负荷和充实着一切别的东西的那种确信。我真正所是的那个东西,永远不会为我所有,而毋宁始终可以为我所是。"[①]

"我"与"谁"的合同,即自我实现。"要指出目的自身的最一般表达,那最终的实践的'为什么',我们就发现了自我实现……这个词。"[②]何谓自我实现?按 Routledge Encyclopedia of Philosophy,"自我实现指人的特有属性和潜能以一种综合显现其真正本质的方式的开发与表现"[③]。自我实现论者主张,"对一个人来说的好的生活是那种他在其中奋斗以实现其潜能的生活。"[④] 人生而为存在所选择,但人之作为存在者不是或曰不必是僵死的、纯然被动的。人性之完成,并不仅仅是接受其为存在,更重要的是开创其存在,令自己成为自己——成为那个为"我"价值化的"非我"。当其获得实现的时候,"我"与那个原本的"非我"和合为了同一个"我"——这个"我"根本地解决了"我是谁"的问题:无论相比于"谁"还是原本的"我"来说,此时被实现了自我都更是"我"。一个自我实现者可以骄傲地宣称:我成为了我,成为了我自己创造的我!正是在这个意义上,这样一种人的存在方式才被称为"自我实现"。

幸福如果其果然存在,无疑地是属于自我实现者的。

三 为非存在必然性规定了的幸福

人终有一死。死,即存在者自身的"无"。虽然并不是在其存在着的每一个时刻,存在者都会意识到自己终究会归于"无";但每个具有最基础的理智的存在者都始终知道,自己终会归于"无",自己终会失去附着在自己的存在之上的、一切无论美好还是不美好的东西。于是乎,存在者

[①] 亚斯贝斯:《生存哲学》,上海译文出版社 2005 年版,第 26 页。

[②] F. Bradley, 1927, *Ethical Studies*, 2nd edition, Oxford: the Clarendon Press, p. 64.

[③] Edward Craig, 1998, *Routledge Encyclopedia of Philosophy*, Vol. 6, London: Routledge, p. 632.

[④] V. Grassian, 1992, *Moral Reasoning: Ethical Theory and Some Contemporary Moral Problems*, 2nd edition, New Jersey: Prentice Hall, p. 60.

的存在始终是在非存在的拷问之中的。"我活着是为了什么"①便是这一拷问的最生动表达。

然而这个最普遍的、天下恐怕无人不曾问过自己的问题实际上是一个伪问题，是一个且不论其答案，单就其自身来看便无法获得成立的伪问题。其之所以是一个伪问题，原因有二。

第一，就这个问题的发问方式来看，这是一个不成立的问题。在任何"做 X（X 可以是挣钱，可以是结婚，可以是任何人类行为）是为了 Y（Y 可以是荣誉，可以是快乐，可以是人类的任何一种价值对象）"这样的表述中，X 和 Y 都有着明确的规定性。首先，X 必须是一个人在行动前可以选择去做也可以选择不去做的事情；也就是说，行为者对 X 是有先在的选择自由的。但"活着"是这样的吗？不是。的确，人可以选择活下去也可以选择不再活下去，加缪甚至说过："真正严肃的哲学问题只有一个：自杀。"②但即使是选择了自杀，在自杀之前，自杀者早已经"活着"了；人对于"活着"，从来没有一种像选择午餐是吃包子还是馒头那样先在的自由。对于一个人不具有先在的、选择自由的对象，人是不能就其问"为了什么"的。"活着是为了什么"这个问题在这一点上的不成立，就好比"我是一个中国人是为了什么"这个问题的不成立。中国人生下来就是中国人，英国人生下来就是英国人，不存在"为了什么"；人生下来就"活着"，同样地，不存在"为了什么"。人习惯于用一种工具理性来审视其所进行的一切活动，只要他为之付出了任何努力的活动，人都习惯于问"为了什么"。人生在世，要应对数不完的问题，生存——要么在较轻的意义上要么在较重的意义上——是艰难的。艰难生存的存在者于是按照他习惯的提问方式去问，"我活着是为了什么？"但这个问题并不成立：我们可以把我们进行的任何活动视为是一种为了实现某个目的的工具，但人的存在绝不是任何意义上的工具，也绝不应当在任何意义上被视为仅仅是一种工具。其次，"做 X 是为了 Y"中的"Y"必须是一个人

---

① 本文把这问题理解为从根本上着眼于人的非存在的必然性而提出的。即，这个问题是在明知人终有一死的情况下，对一切可能的价值目的所做出的质疑。在不同的语境下，如果问这个问题的人所要问的乃是"我活着是为了哪一种我活着时便可以得到——且我对于它的获得将感到完全满意，即使我明知人终有一死我对其也了无遗憾——的东西"，则不属下文所批判之列。

② 加缪：《西西弗的神话》，天津人民出版社 2007 年版，第 1 页。

可获得的价值对象。哪怕仅仅在想象的层面上，人必须能够想象他对于"Y"的获得和拥有。但"我活着是为了什么"当中的那个"什么"是这样的吗？不是。无论这个"什么"是什么，当问"我活着是为了什么"时，这问题便预设了这个"什么"是"活着"背后的东西，是"活着"以外的东西。对每个活生生的存在者来说，这样的东西——无论它是什么——是不可能成为真正意义上的价值对象的。的确有、或至少是可以想象存在于人的存在之外的东西，但这些东西是无法作为人进行这样或那样的活动的理由的。在这一点上，"活着是为了什么"这个问题的所有可能——如果这个问题真有可能被回答的话——的回答，都会像以"为了让太阳公公高兴"来回答"小鸟为什么要唱歌"这种回答一样荒谬。"太阳公公"的高兴与否与小鸟完全无关；"我活着是为了什么"中的"什么"无论是什么，都与人完全无关。

　　第二，就这个问题的"实体"来看，"我活着是为了什么"是一个不成立的问题。当一个存在者问"我活着是为了什么"时，他离开了他所不可能离开的立场——自己的存在，而把自己放到了一个自己不可能去到的立场——自己的非存在——之上。"我"以外的其他人或许可以问关于"我"的"为什么活着"的问题，但"我"是无法问自己这个问题的。当问"我活着是为了什么"这个问题时，发问者预设了自己的非存在。但每个人自己的非存在仅对于自己以外的他人来说是（可以）存在的；对每个存在者自己来说，他的存在就是他的全部，他的全部都是存在，没有他自己的非存在。这就好比：生活在地球上对地球以外的太空毫无知识的人是不能问"地球之外是什么"的；永远生活在时间、空间之中的人是无法想象"时间开始之前与结束之后的世界是什么样的？空间的极限之外的世界在哪里"的。

　　那么，既然说"我活着是为了什么"是一个不成立的伪问题，那是否意味着关于人生意义的任何问题都是无法成立的呢？恰恰相反，关于人生意义的问题绝对成立。只不过，提问于人生的人需要走出"我活着是为了什么"这样一种错误的发问模式，适宜他的问题是"我要在此生中实现什么"。这样一种提问方式站在此生问此生，它视已然开展的"我"的存在为"我"欲有所实现的根本，它把所要追求的对象明确地视为是在此生之中的。可以说，这一问，是真正属人的一问，是真正有意义的一问，是真正有被解答之可能的一问。

就对于幸福的宏观讨论来说，对这个问题做出具体回答是没有必要的。对其做出具体回答的权利，属于每个人自己——每个人自己以外的其他的任何人，无论是哲学家、政治领袖还是宗教领袖，都无权僭越。得出这样一个可获得成立的、关于人生意义的提问方式，对于幸福问题研究的意义，在于这样一种提问方式已然宏观地昭示了答案。

如前所述，幸福属于自我实现者。然则"我要在此生实现什么"这一问题的回答还能是什么？当然是"我要在此生成为这样或者那样一个我现在还不是但我向往着成为的人"。这样一个人可以是音乐家，可以是好公民，可以是一个勇敢的战士。这一陈述容纳了千姿百态的幸福人生。

但仍然有这样三个问题需要解决：

第一，是不是"我"想要成为什么样的人"我"就真有可能成为什么样的人？不是。也许无论如何努力，武大郎都无法成为一个篮球健将，李逵都无法成为一个谋略家。无论在人类生活的哪一个领域，能够取得卓越成就的人大都具有先天的优良天赋和后天的良好环境——这世上的很多人甚至是大多数人都并不同时具备两者。然则如果"我"天生痴钝，如果我的成长环境不佳，"我"就无法成为任何一种"我"想要成为的人了吗？不是。孟子所谓"是不为也，非不能也"，有一种最为世人敬仰的成就是任何人只要愿意都必定能够取得的。儒家所谓"人皆可以为尧舜"，正是将最平实也最璀璨的道德生活推荐给了所有人。

第二，必须认识到，对人生意义的任何一种有效回答都不容忍有限。"我要在此生实现什么"这种提问方式规定了，任何人无论他的人生追求是什么，这样一种追求必须是去追求无限。① 任何有限的东西，都无法与始终处在行进之中的"此生"相匹配，都无法与人类所设想的"幸福"相匹配。或者说，"自我实现"既然以"成为其所是"为内涵，以"此生"来完成其自我实现的人，就要去寻找一种让人可以"越来越是其所是"却永远不会让人"已然是其所是"的生活。那么，有哪一种生活可以让人无休止地行进在"成为其所是"的道路上呢？英雄终有迟暮，百米飞人终有撺不上小猫小狗的那天。有很多种人生的伟大都会为岁月所消

---

① 这种"无限"也许不是事实上的无限，但必须是对人性来说的无限。

弭。也许，只有追求德性的生活可以让人始终有能力处在对无限的追求与对有限的不断超越之中。只要还作为一个有理性的存在者而存在，人就永远有追求德性、攀登道德的无上高峰的无穷能力。

第三，无论如何，人确实是终有一死。无论"我"在此生中成为了什么样的人，这个"我"用一生来塑造的人，都终将为"无"所吞噬。也许存在者其实不必为其所不可逃的"死"有过多的忧虑。正如维特根斯坦所说，"我们的人生之为无限，正如我们的视野之为无限"①。以维氏之意，譬如一人立于华山之巅，极目东望，至地平线方尽，则此一"望"，便是无限的。或曰此望无疑地是有限的，彼东望而见泰山否？见太平洋否？见太平洋彼岸之尼加拉瓜大瀑布否？苟不曾见，则此望为有限的无疑矣。但以维特根斯坦的思路，泰山、太平洋与尼加拉瓜大瀑布，对于此一"望"来说，是并不存在的——当然，维特根斯坦并不是说它们在事实上②不存在。而是说，它们的存在是在此一"望"之外的；单纯地在此一"望"之中，它们并不存在。同样地，我们每个人的人生并不是在事实上没有死的，但死乃是在人生之外的；在人生中，死并不存在。故维特根斯坦亦曾曰："死不是人生的一个事件。它不是世界的事实。"③ 人的存在真的是无限的吗？的确是的！在根本的意义上，在人的生中，何曾有一丝一毫的死？在人的存在或曰"有"中，何曾有一丝一毫的不存在或曰"无"？人的存在始终是在"有"之中且只在"有"之中的，亦即人的存在，概言之，是即存在、即无限、即永恒④的。这道理其实在两千多年前已然为巴门尼德所参破，他说：

> 存在的东西无生无灭，
> 它完整、不动、无始无终，
> 它既不是在过去，也不是在将来，

---

① 维特根斯坦：《维特根斯坦全集》第一卷，河北教育出版社2003年版，第262页。
② 这里对"事实"这个词的使用，是在它的一般意义上而不是在维氏用语的意义上，下同。
③ 维特根斯坦：《维特根斯坦全集》第一卷，河北教育出版社2003年版，第156页。
④ 当然，这里所谓的"永恒"，并不是通常所指的那种有内涵而无外延的"恶"的永恒；这一"永恒"所指的是人在其存在的每一个当下，其存在都是无限的。

而是整个在现在作为"单一"和连续性。①
生成和灭亡,存在和不在,……
这些常人信以为真的东西,不过是人为的名词。②

  人永恒地活在他的今生,他在今生所取得的最高成就将对他的今生进行绝对的意义说明。那在价值上说明了人的整个今生,在人的整个今生中激励着他去完成且其意义永不在今生中消失的便是人永恒追求着的目标——幸福。

参考文献:
[1] 亚里士多德:《尼各马可伦理学》,商务印书馆2003年版。
[2] 马克思:《1844年经济学哲学手稿》,人民出版社2000年版。
[3] 亚斯贝尔斯:《生存哲学》,上海译文出版社2005年版。
[4] 维特根斯坦:《维特根斯坦全集》第一卷,河北教育出版社2003年版。
[5] 加缪:《西西弗的神话》,天津人民出版社2007年版。
[6] 贺麟:《文化与人生》,商务印书馆1988年版。
[7] 苗力田:《古希腊哲学》,中国人民大学出版社1989年版。
[8] F. Bradley, 1927, *Ethical Studies*, 2nd edition, Oxford: Clarendon Press.
[9] V. Grassian, 1992, *Moral Reasoning: Ethical Theory and Some Contemporary Moral Problems*, 2nd edition, New Jersey: Prentice Hall.
[10] Edward Craig, 1998, *Routledge Encyclopedia of Philosophy*, Vol. 6, London: Routledge.

---

① 转引自苗力田《古希腊哲学》,中国人民大学出版社1989年版,第93页。
② 同上书,第95页。

云南少数民族的"生态和谐"幸福观

李本书[*]

摘　要：云南少数民族把生态视为人类生存和发展的根基，没有美丽自然就不可能有人类的幸福，人类的幸福不仅从经济学的意义上依赖于自然，更重要的是在生态学层面离不开自然的恩赐。因此，他们形成了自己民族对于幸福的真正理解，并在此基础上形成了对待实现人类幸福根基——自然的根本态度。这对于我们今天重新找回幸福的源泉，提升幸福感有着很大的启示。

关键词：自然　生态和谐　幸福观

环境和生态问题事关人类的生存大计，美丽自然是美好生活的前提。幸福不完全决定于物质财富占有的多少，而在于人类处理好各种关系后所产生的内心的满足感。它有两个维度，一是外在需求的满足程度，二是内心欲望的多少。所以，幸福是人们对客观现实生活满意程度的主观心理体验，它既与客观生活条件密切相关，又集中体现个人需求和价值取向。因而，获得幸福最好的办法是减少内心的欲望，否则有限的财富永远满足不了无限的欲望。云南各少数民族是热爱和平、心态平和与性情随和的民族。笔者认为，这完全取决于他们从本体的角度解决了追求幸福的根本问题：那就是实现幸福的自然环境条件，他们把它看成是民族实现幸福的环境基础，没有美丽自然就没有人的幸福，人类的衣食住行医命都依赖于自然，这一点恐怕没有人能够否定。难怪有学者指出：某种意义上，幸福论就是价值论，不同的幸福感是由于获得不同的价值而产生的。人的真正幸

---

[*] 李本书，云南大学哲学系副教授，研究方向为伦理学。

福或最高幸福与人的根本价值相关,即人能够自由而全面地发展。把幸福作为道德普遍原则,意味着幸福必须有其客观的依据或尺度,这就是:享有合乎人性的物质生活条件与生存的生态环境,人性自觉并得以充分地展开和实现。如何才能维持和增长幸福感?除了通过自身努力尽可能去改变现实状况,更需要保持良好的心态以及持有正确的幸福观。而合乎人性的物质生活条件何来?当然不会凭空产生,它只能依赖于永续发展的自然生态环境。因此,自然对于人类的幸福是根本性的物质条件,它提供人类实现幸福的客观条件。有了和谐的生态,才有和谐的心态,才能在人生中最大限度地获得幸福。可以说,不丹模式的 GNH 指标是这一理论与实践的典型代表,它由经济增长(Sustainable and equitable socio – economic development)、环境保护(Conservation of environment)、文化发展(Preservation and promotion of culture)、政府善治(Promotion of good governance)四大支柱组成。[1]也正是如此,云南少数民族对与其中的自然生态和人的幸福的内在关联性具有深刻的认识,并在此基础上决定了对待自然的态度和实现幸福的永续展开方式。

一 俭:生态与幸福内在关联性基础上的消费观

英国哲学家大卫·休谟曾经发自肺腑地表达过如此精到的见解:一切人类努力的伟大目标在于获得幸福。幸福、快乐是人生的最高境界,也是一个国家、一个民族的最高追求。处于后现代的当代西方国家在现代化的过程中虽然提高了国民收入,物质享受增加了,然而很多人丢失了许多快乐。当代中国的城乡之间,发达地区和后发达地区之间,物质匮乏时代和现在物质丰富时代的情况也大致如是。笔者认为,这恐怕和长期受西方功利主义影响所形成的消费主义、物质主义的价值观不无关系。反之,生活在云南的多元文化环境中的云南少数民族,他们的生活却是充实的,他们简朴的、和自然融为一体的生活方式是充满了幸福感的。经济学家萨缪尔

---

[1] Lyonpo Jigmi Y. and Thinley, Gross National Happiness and Human Development – Searching for Common Ground, in *Gross National Happiness Discussion Papers. Centre for Bhutan Studies*, Vol. 3. 1999, p. 9.

森（Paul A. Samuelson）也以数模创构的思维方式为我们提供了一个意蕴精深的"幸福方程式"：幸福＝效用/欲望。在这个方程式中，幸福与效用成正比、与欲望成反比；即当欲望既定时，效用越大，越幸福；当效用既定时，欲望越大，越痛苦。可见，云南少数民族向内诉求的做法实在是一种聪明之举，它直接决定了他们以节俭为价值导向的消费方式。这也启示了我们，幸福不是财富占有的多寡，而是内心的平和、人物（自然）的和谐、人类自我生存和发展的实现。或者说以什么样的方式获得人的生命（物质、精神和灵魂）的合乎自我意愿的延续。

这一点也正好契合了儒家的幸福观。生命是什么？儒家认为，有生，有心，有灵，能使这三者达到和谐就是幸福。所以幸福不在于对外在财富占有的多少而在于内心的宁静，所以主要要向内追求。因此，中国传统消费伦理理念是以勤劳节俭为德，"民生在勤，勤则不匮"（《左传·宣公十二年》）。中国古人把勤劳节俭作为美德，把贪欲奢靡作为恶行。《左传》提出，"俭，德之共也；侈，恶之大也"。孔子的"礼，与其奢也，宁俭"（《论语·述而》），孟子的"贤君必恭俭"（《孟子·滕文公上》），墨子的"俭节则倡，淫佚则亡"（《墨子·辞过》）都是阐述从俭求富，利民生财的道德。以老子为代表的道家是崇俭派的集大成者，他从"小国寡民"的思想出发把"崇俭黜奢"推向禁欲主义的极端，认为"罪莫大于可欲，祸莫大于不知足；咎莫大于欲得。故知足之足，常足矣。"（《老子·四十六章》）

云南少数民族对幸福的理解和追求也是如此，所以很少把幸福建立在物质财富占有的极限上，而是建立在内心对物质财富的感恩和节约上。因此，可以说是一种资源节约型的幸福观。为了实现幸福生活，云南少数民族很注意保护生态的多样性、完整性和美丽。他们没有把幸福看作是过奢侈的生活，对自然的无情掠夺和破坏，而是追求人与自然的和谐，以及人与自我、与神灵、与他人的和谐。基于这样的理解，在消费观上，他们从来不向自然贪婪地索取。云南少数民族的幸福观具有宁静、和谐、节俭、内敛的特征。他们能够自我满足，不追求过度的物质消费，他们倡导节俭来抵制过度消费，把节俭看作是人类共同的美德和对自然的敬畏，因此对自然界从来不是毫无节制的攫取，而总是出于一种敬意来感谢大自然赐予他们幸福，这种依赖于森林和自然的生存方式，使他们更懂得珍惜自然的重要意义。在许多民族的诗歌、神话和传说中，都劝诫人们不要贪婪，以免遭到自然的惩罚。这种由于独特的地理环境而形成的生存方式，体现了少数民族的幸福观。很多民族都劝导人们要节用，打猎不要老在一个地方，更不要打死那些正在哺育的动物，要爱惜粮食，甚至感激被杀死的动物，等等。生活在云南边疆地区的少数民族，都形成了一套禁伐、禁猎的禁律，不仅以习俗的形式，甚至以神灵的名义来约束人们的行为，这种长期的生活积淀使它作为一种民族的生活方式表现出来，体现了少数民族对于人与自然关系的理解。他们面对自然的消费心态也许不是时髦的，却是科学的。生活在丽江的纳西族过着一种慵懒的、惬意的生活，他们认为这是一种幸福。一位纳西老人把来去匆匆的人们看作是向死亡赶去，所以要在太阳底下慢慢地享受时光。这种思想反映了他们对生活的理解和热爱，表征着他们对人生的认识，说明纳西人对于幸福生活的理想状态的理解，对于西方生活方式与物质文明的独到的批判性眼光。事件本身具有很强的文化象征意义。它用民族的生活方式和对幸福的理解来对抗现代建立在物质主义、消费主义和享乐主义基础上的幸福观，他们懂得对自然的感激之心，从本体论的角度认识到是自然提供了人类的栖身之地，是自然为我们的成长提供了丰富的乳汁，我们不能贪得无厌，而应追求生活方式的简单，否则，我们赖以生存的自然条件一旦丧失，人类自身的生存也将受到威胁，人类的幸福生活就会失去根基，人类就会因为自己的疯狂而走向毁灭。笔者曾经在版纳、丽江、香格里拉等少数民族地区考察，为他们的生产生活观念以及由此产生的宁静、安宁、自我满足心态所震撼，受西方功利主义的幸福观影响的现代人总有一个误区，认为这是少数民族愚昧、落后、懒惰的表现，并以一种文化的、心理的和经济的、制度的优越感来鄙视他们，这其实正暴露了我们的无知。傣族人民和谐、安详，对自我的生活有很强的幸福感。他们在历史的长河中创造了美丽的诗歌、史诗和舞蹈来祝祷幸福和歌唱幸福，每逢重大节日都载歌载舞来感谢神给人类带来的幸福生活。其中对傣族伦理思想和幸福观念影响最大的当属诗歌。傣族群众极为喜爱诗歌，传统的叙事长诗约有500多部，每逢节日、庆典、筵席都要请"赞哈"（歌手）吟唱诗歌。这些诗歌中蕴含着丰富的伦理思想和道德观念。如著名长诗《召树屯》《娥并与桑洛》《兰噶西贺》及《线秀》等，就热情地赞颂并讴歌了人民忠贞、纯洁的爱情及公正、合理、仁爱、善良、勤劳、勇敢等优秀的道德品质和对幸福的向往与追求。

不仅如此，很多民族都有祈求幸福的仪式。泼水的习俗在现代也早已成为人们相互祝福的一种形式。在傣族人看来，水是圣洁、美好、光明的象征。世界上有了水，万物才能生长，水是生命之神。彝族的毕摩诵经祈福活动、群众性篝火左脚舞活动，纳西族的东巴教所宣扬的核心观念是万物有灵和灵魂不灭，即认为山、水、日、月、风、雨、雷、电、木、石等自然现象和自然物均有不朽的神灵，既可赐福，又可降祸。因此，就有了祭祀众多神灵的频繁仪式活动，以希冀祈福免灾。

因此，云南少数民族对于幸福的追求，不是对大地母亲的巧取豪夺而是表现为对资源的节约，他们强调万物共存、较少破坏自然及伤害野生动植物。这反映了他们对"维护美丽自然是维护人类自身生存条件"这一真理的深刻认识。笔者一直以为，如何认识自然，并在正确的世界观和价值观的指导下来协调人同自然的关系，有效地保护日益减少的动植物资源，决定着一个民族自身生存方式和生活方式的选择。同与工业文明相伴而生的现代人类的生活方式相比，同以耗费大量能源、自然资源，生活无不追求奢侈、享乐的价值诉求相比，少数民族的生活方式显得实用而简单、纯朴而不张扬、更天然、更符合人类的共同利益。从这个意义上讲，云南少数民族的幸福观是一种合理的幸福观，它最大限度地限制了人类对自然环境的灾难性污染和破坏，维护了生态的平衡。它告诉人们，生态危机的实质是心态的危机，是人的价值观、幸福观和生活方式的危机，而危机的根源是人类在追求幸福生活时对自然的疯狂掠夺和绑架。所以，人类必须要用那种把所有植物和动物都纳入法律、道德和伦理关怀中来的超人本主义的价值观来代替人本主义的价值观，用向内诉求的幸福观代替向外诉求的幸福观。唯有如此，人类才能真正追寻到幸福的家园所在。

可见，云南少数民族尤其注重生态资源的适度化使用和人与自然之间的和谐。纳西族等民族认为人和自然之间是一种兄弟关系。傣族也主张人对自然有一种义务，人在利用自然的时候应该适可而止、不能过度，一定要节制自己的欲望，避免贪婪给自己带来祸害。西双版纳的傣族就有一则具有象征意义的故事：在很久很久以前，在勐嘎西拉一座深山老林附近住着一对夫妇，二人凭着弓弩猎枪终日以打猎为生，几乎要把所有的猎物打光了。一天，他们在捕猎时遇到一位修行的"帕拉西"，"帕拉西"就告诉他们不能如此对待动物，并引导他们开田地种庄稼。之后他们照办了，夫妇过上了幸福的生活。这就启示我们要从整体上优化人类与自然界之间的能量、物质交换的方式，为自然再生过程留下足够的时间去医治人类给地球所造成的创伤、大自然的反作用给人类及其社会留下的创伤，从根本上协调人类与环境的相互关系。这是人类整体幸福的环境基础。

二 约：生态与幸福深刻关联性基础上的行为观

幸福是人的生存和发展需要得到适度满足而产生的一种内在的心理状态，它离不开特定的自然环境。"我见青山多妩媚，料青山见我应如是。"（辛弃疾语）而生态之所以是人的幸福的前提条件，归根结底是由自然环境的功能决定的，生态不仅有满足人的物质需要的功能，而且是人的生存和发展必不可少的条件，是生命存在和发展的根本条件。可以设想，在一个物欲横流、人妖颠倒的社会里，为了所谓的幸福对自然生态采取巧取豪夺、不择手段的方法是很难有个人幸福的土壤的，幸福感是个人的感受，但幸福感的实现不仅仅是个人的事情，它必然和自然环境条件相联系，也需要自然环境条件的支持。所以，云南少数民族从来不向外过多索取而向内自我约束，可以说这才是幸福的源泉所在。他们的生活与自然浑然一体，是一种接近诗意的生活。住在山清水秀的地方，如同仙境般的生活，吃的，住的，穿的，用的，以及生病的治疗都和自然密切相连。美丽的自然生态造就了他们平和的心态和惬意的生活，他们对于自然生态之于人的幸福生活的意义的认识是深刻而科学的。所以他们非常注意对人与自然关系的认识，并以此来约束自己的行为，对自然心存畏惧和感激。傣族谚语就说："人的生存在于生态，人的发展在于环境"，人的幸福在于自然。

首先，基于人与植物关系认识上的行为的自我约束。云南少数民族的文明是一种农业文明，狩猎文明。他们的采集、捕鱼、狩猎等生产活动对自然的依赖性很大，因此，决定了他们对待自然的态度，使他们形成了感谢自然、崇拜自然的意识。生活在热带原始森林中的西双版纳各少数民族，其图腾崇拜也多与热带雨林中的植物相关。在傣族的生态意识中，森林具有至上的地位，它是人类生存之本。因为没有森林就没有水，没有水就没有稻田，没有稻田就没有粮食，没有粮食就没有人类，没有人类就奢谈个人的幸福。因此，傣族历来善待植物、爱护森林，从来不乱砍伐森林。他们认为，有树才有绿荫，有路才能行走。傣族还很重视城镇和村寨的公益事业，认为人人都有义务保护寨边的、路边的、佛寺周围的树木，都有义务保护饮用的水井和灌溉田野的水沟。无论出于何种原因，凡是砍寨边的、路边的、佛寺周围的树以及破坏水井、水沟的行为都会被认为是极其不道德的举动，而必然会引起人们的公愤，甚至会遭到神灵的惩罚。傣族形成了自身完整的森林文化系统。他们对森林有一套完整的自我约束规范。他们把森林分为四种：龙山林是民族的神林，禁止砍伐；佛寺园林也是如此，它具有陶冶心灵、美化环境，举行仪式的作用；竹楼园林则有美化环境，遮阴蔽日的作用，只有铁刀木是人工栽种用于伐枝烧柴的。这样就最大限度地保护了人类赖以生存和发展的自然生态系统。类似的，云南其他少数民族也有自己的图腾植物，比如文山的彝族把树林分为用材林、水源林（榕树）和棺木林（楠林）以及火葬木如栎树、竹子、柏树甘。据云南学者的田野调查，彝族、哈尼族、纳西族、傈僳族、阿昌族等民族都有植物崇拜的痕迹。彝族各支系在历史上的图腾物多达一二十种，怒江的傈僳族往往以动植物为自己氏族的名称，如茶树氏族、紫柚木氏族，等等，而这些植物都是禁伐的，正是民族的这种文化集体无意识在今天的视野中为我们提供了一种重新认识人与自然关系的参照系，客观上有利于保护生态物种的多样性和丰富性，有利于造福于人民。

另外，云南很多刀耕火种的民族的耕作方式也是自我约束的，在刀耕火种的区域、地点、面积、间歇上都有严格的自律，很少具有随意性。以基诺族为例，传统刀耕火种坚持几不砍：一是寨神林不砍，一般位于村寨背靠的大山，面积几百上千亩不等，视各寨地形及森林资源而定，因是祖先居住的地方，严禁砍伐。二是坟林不砍。坟林内禁忌最多，归纳为九不准：不准伐木作材，不准修枝砍柴，不准开荒种地，不准狩猎打鸟，不准积肥铲草，不准拾菌摘果，不准大便小便，不准唱歌吼叫，不准谈情说爱。三是村寨防风火林不砍，位于村寨周围，将村寨与轮歇地隔开，相距一公里。四是水源林不砍。即对水源林严加保护，在砍"懒活地"和轮歇地时也要留出来。五是山梁防火林不砍。为防止烧地之火越界，距山梁一米内的森林不能砍，必须留作防火林。除此之外，还有大青树、野果树、路边树、棕树、雷打树五种树不砍。而且，刀耕火种的民族，在烧山过程中有一套严格的防火措施。基诺族在烧地时，在卓巴最年长的男子的带领下，男人们在"懒活地"头挖好一米宽的隔火道，女人们把道上的树木树枝、败叶甚至杂草都清除干净。然后，男人手执火把从上往下烧地，女人们背水以防万一，并准备饭食。在遇到大面积烧地时，全寨男女都要出动，人们分布于土地四周，各人负责一个地段，从地边点火使其向地中烧去。布朗族把森林分为龙山森林、寨神林、坟山森林、水源林、无轮作旱地林和天然森林，只有无轮作旱地林可以砍伐。他们烧地更为谨慎，先于清晨或傍晚风小时，以小火把四周烧过，然后才在太阳正顶时以大火烧之。由于思想上高度重视，措施严密，所以山地民族烧地很少发生火灾。此外，为了防止烧地越过山界，距山梁一米以内的森林地带不能砍烧，必须留作防火林带。保护植被，人工造林为尽快恢复生态植被，许多刀耕火种民族在伐林、烧地或播种时，对地中的树桩都非常注重保护。这充分反映了云南少数民族基于追求幸福与和谐的目的而对自身行为的内在约束。

可见，云南少数民族具有较强的环保意识和公德意识。他们生活简单而充实、心态上自满自足，人际关系和谐纯真，它为我们人类的生活方式和价值观提供了一种新的样本：简单、充实、节用，不贪婪，对自然要心存感激和敬畏，幸福源于约束自我而不是放任自我，唯有如此才能保持美好生态实现幸福。

其次，基于人与动物关系认识基础上的对待动物的做法。少数民族长期同自然打交道的结果，使他们对自身和动物的关系有着独特的认识，甚至把这种关系提升到人和神的关系的层面，赋予了动物以某种神灵。云南的山地民族并不会肆意的捕杀猎物，绝不会对动物赶尽杀绝，在动物的生长期，很多山地民族都禁止上山捕猎，以保护幼小的动物。这种生态观事实上就是根源于动物有灵这样一种认识之上。云南少数民族大都有以动物为图腾对象的习俗，他们把一定的动物视为自己民族的保护神。如白族把鸡作为自己民族的保护神。而很多民族都认为自己民族和某种动物有着不可分割的关系，因此禁猎、禁食这些动物，生活在泸沽湖地区的摩梭人，把虎视为他们民族的守护神。自古以来就有不伤害虎的习俗，他们对打死虎的人处以极高的惩罚，并为虎举行种种仪式，哀求死虎恕罪，请求虎的祖宗宽宥。这种对待动物的态度在很多后进民族中是广泛存在的，彝族、白族、哈尼族、拉祜族、普米族等也有把虎作为图腾的做法。因此，他们主张同自然应当和谐相处，互惠互利，要敬重自然，这同西方文明把人和自然的关系视为征服与被征服的关系有着本质的不同。

最后，对土地和水的认识基础上的行为的自我规范。云南的大多数少数民族都是山地民族，他们背山而居，临水而住，他们的生存同自然的关联度更高、更直接，因此体会也更深。所以他们能以合理的形式来处理人和自然的关系。傣族视水为生命，水是万物之源，是生命的血缘，孕育万物的乳汁，"水创世，世靠水"，"无山不狩猎，无河不建寨"。傣族法典中也规定："建勐要有千条河"，并且根据不同的水质，把水的功用作了明确的划分，把水分为神水、饮用水、洗涤水、灌溉水、航运水几种类别。水不仅有饮用、洗涤、灌溉、航运、消暑的作用，它还孕育了万物，决定着人类的福祉。他们用河水来种稻、沐浴、洗涤等，用井水来饮用，不许人们污染，而且为了防止对水的污染，他们在井上建井塔、井栏、井屋，对水给予很高的敬意。水如同具有灵性，在傣族的《教规》中，有"不在水沟里大便"的训条；在家里，饮水"喃京"和用水"喃萨火"也分得很清楚，"喃京"往往被放在较高的地方，人们绝不会用"喃萨火"来做饭、烧开水、煮汤。这与现代人类对于水的科学利用具有本质上的一致；纳西族的《东巴经》中同样蕴含着丰富的水崇拜的思想，它也基于人和自然关系的认识，基于水和人的幸福的关系的理解，形成了一套保护自然的习惯法，形成了适合本民族的道德意识和规范：禁止在河里洗屎布；禁止向河里扔废物或倒垃圾；禁止向河里吐口水，禁止堵塞水源；不得在水源地杀牲宰畜，不得在水源旁大小便，不得毁林开荒，立夏过后实行"封山"，禁止砍树和打猎，等等。这些习俗保证了人们追求幸福的可能性和可靠性。

另外，云南少数民族在祈求谷物生长、人类幸福的仪式中，同时也蕴含着他们对土地与人的生存关系的理解。自然同人是一种互动关系，人们如何对待土地往往决定着土地对人的赐予，人地关系的重要性使他们逐渐形成了独特的约束自我行为的生态意识。摩梭人的"土地经"明确认为："人类居住大地上，不是大地母亲，不会抬举人类。大地母亲的宽阔胸怀，养育万种生命。用山间清泉祭一祭，祭一祭母亲的乳汁情；用百花酿就的蜂蜜祭一祭，祭一祭大地母亲的辛劳；用百种粮食酿成的酒祭一祭，祭一祭大地母亲的疲倦。要知母亲的伟大壮丽,不走万里不明白,要知大地母亲的恩情,不经过饥饿焦渴不清楚。"这说明云南少数民族在自然面前对自身行为的自律,用一种尊重自然的姿态来对待大地母亲,把自己的行为规范置于对自然与人的关系的深刻认识的基础之上。几百年以来哈尼族也形成了一整套系统的生态伦理思想,哈尼梯田就是他们基于人类追求幸福基础上关于自然本质、天人关系、人地良性互动关系深刻认识并自我约束,从而有效地保护本民族生存区域原始植被的完整的一个实例。它保证了梯田稻作文明世代相传的水源基础。它的思想基础仍然是,自然环境是人类追求幸福生活的唯一物质基础。

可以毫不夸张地说,云南少数民族这种基于对人与自然关系理解基础上生成的大地意识和行为,从根本上规范了人们的行为。它从人类永续实现自我生存和发展的高度,从人类追求幸福的高度,证明了人类所追求的一切都和他们的幸福相关。"皮之不存,毛将焉附?""森林—土地—水—粮食—人类—幸福"是一个循环往复的宇宙系统。他们之间有着内在的逻辑联系,人类的幸福不会凭空产生,人类幸福的创造离不开美丽的自然。大地养育了我们,自然赐给了我们人类幸福。

三 畏:对自然的敬畏是获得幸福的前提

畏就是畏惧,就是对自然以及自然中生存的生命的敬畏。它是人们对自然及其孕育的生命的尊重、关爱、敬仰、维护的系统认识和价值判断。犹如学者所言,它是人们在处理一切与生命相关联的关系,即人与人、人与社会、人与自然的关系过程中持有的敬重生命、珍惜生命、关爱生命为价值评判原则的基本立场、观点和方法。云南少数民族在同自然打交道的过程中,在追求自身的生存和发展中,在对幸福的宏观的高瞻远瞩中,形成了系统的自然生命观和幸福观。主张幸福的向内追求,因而能做到节制欲望,约束自我行为,敬畏自然。所以,他们的幸福观是一种以获得永续生态环境支持为基础,以正确处理自然环境与人的幸福之间内在关联性为内容,以平衡人的主体性力量张扬与生态环境保护的矛盾关系为特征的幸福观。这种幸福观对纠正当代建立在功利主义、人类中心主义基础上的幸福观具有借鉴意义。1993年8月28日至9月4日,在美国芝加哥召开了有6500人参加的世界宗教议会大会，其《宣言》指出："宗教并不能解决世界上的环境、经济、政治和社会问题。然而，宗教可以提供单靠经济计划、政治纲领或法律条款不能得到的东西，即内在取向的改变，整个心态的改变，人的心灵的改变，以及从一种错误的途径向一种新的生命方向的改变。"[①]不改变我们的幸福观，我们以尽可能消费过多物质财富为基础的消费观就不会改变，最终人类的幸福就会失去它的物质基础。

可以肯定地认为，云南少数民族对幸福的理解是一种源于本体论、认识论基础上的价值论，它反映了云南少数民族对于幸福的理解和追求。而这种基于人类自我生存和发展必不可少的自然物质基础的深刻认识，基于人类自我肯定和自我把握基础上的行为自觉和价值认知，由于有了与众不同的神圣性和权威性，因而也就有了难以比拟的神圣存在的世俗价值。它一方面保证了作为人类一员的云南后发展民族具有获得幸福生活的资格和必不可少的美丽自然及其资源，使他们有了创造幸福并享受幸福的生态基础；另一方面，也为他们找寻到了一种诗意地栖居在美丽自然中超自然的文明因子。一种神圣的力量充满他们的灵魂，使他们的幸福感强于我们这些傲慢而自以为是的所谓"先进"民族。因为对于一个民族来讲，实现幸福最根本的因素莫过于三个方面：首先，自然的美丽、完整和稳定；其次，处理好人际关系和勤奋劳动；最后，赶走心中欲望的恶魔。实现人与自然、内与外的和谐，云南少数民族可以说具备了所有的条件。他们生活的地方山清水秀、气候宜人、土地肥沃、资源丰富、雨量充沛，而且他们自身智慧勤劳、内心宁静、善良淳朴。从根本上说，他们之所以有如此的幸福观，完全根源于热爱自然的文化所造就的神圣的信仰，源于他们对自然的敬畏，而对自然的敬畏本质上又是对神灵的敬畏。这种幸福观的形成及其对自然与人的幸福之间内在关系的理解源于如下两个方面的原因。

第一，以万物有灵为基础的幸福观。

毋庸置疑，云南少数民族文化是一种原始的、原生态的文化，这种文化同原始宗教万物有灵的思想紧密相连，它赋予了一切生物以灵魂，以巫术、图腾、禁忌及自然崇拜等形式表现出来，因此，云南各少数民族还同

---

① 孔汉思、库舍尔：《全球伦理——世界宗教议会宣言》，四川人民出版社1997年版，第13页。

古老的先民一样，认为万物有灵。山、水、树木、花草、石莫不有灵。具体地说，深植于云南少数民族群体意识中的观念是：所有的动植物、山、水、土地等都是有灵性的，或是有鬼神主宰的，不可妄自取获。对每一棵树木、每一只动物都予以尊重和珍惜，因此不能随意砍伐或任意猎取，而是要顺天随时、取之有度、纳之有时。并且在它们为人类的幸福生活创造福祉时，一定要举行一定的祭祀仪式，以交换、补偿、感恩的方式祈求得到动植物及所主宰神灵山神、树神等的宽恕和谅解。

云南香格里拉德钦县的藏族同胞至今相信狼是山神的狗，而不猎杀狼，以至于当地的狼繁殖过多，危及牲畜的安全。云南文山的一些壮族、瑶族居民认为鬼神无所不有，山中的花草树木无不充满灵气，而傣族把大象视为圣物，至于他们所崇拜的千奇百怪的图腾动植物更是如此，他们对自然生态作为人类幸福生活必不可少的基础形成了一种哲学高度的认识。少数民族在自然崇拜中通过对自然的献媚，以求得神灵的佑护与和谐相处，让他们过上幸福的日子。这正好反映了列维·布留尔所说的，人类希望通过灵魂的渗透以取得对自然物的神秘支配力量而形成的一种生存意识，人离不开自然，只有把自己托付给自然神灵才能生存，它折射出一种朴素的共生意识，反映了人对于大地母亲的无限依恋。自然是神创造的，神灵无处不在，因此，人们敬畏自然就是对神的尊敬，破坏自然就是对神的冒犯，要受到神的惩罚。云南少数民族从对自然的敬畏引申出对自然的责任，人们应该崇拜自然，避免因对自然的破坏而遭到神的惩罚，从而使人类自身失去获得幸福的外在的自然环境基础。傣族的"龙山林"文化意识就是与他们的祖先崇拜观念联系在一起的。"龙山"是他们祖先灵魂居住的地方。祖先虽然死去，但"灵魂"还在，他们在保护着村寨及家人的平安。由于他们的祖先是来自森林的，其"灵魂"也要重返自然，在森林里安息。所以"龙山"的一草一木都有灵性，不得随意破坏。

云南少数民族的这种以万物有灵为文化特征的自然崇拜观念大多出于早期先民在追求人类自身的幸福的目标指引下，有意无意地承担起对生态环境进行保护的伦理责任。它反映了人们追求人与自然的和谐，以自然宗教的神灵崇拜名义要求人们关注大自然，让其行使生态调适功能的意趣，并把这看成是事关全体成员生死祸福的大事，必须全体成员齐心协力方能奏效。它告诉我们，自然力是不可战胜的，人类的幸福和生态环境的好坏有着极为密切的关系。人类要获得永续的生存发展就必须承担起自身的道德义务。因为人类生存和发展、乃至人类幸福所需的一切都来自大自然的赐予，所以我们要学会敬重生命，人类行为的正确与否取决于是否对自然的尊重和崇拜。如果春天是寂静的，那么人类的幸福就是虚幻的。

第二，奠基于小乘佛教基础上的幸福观。

云南少数民族对于幸福的理解是整体的，它更多强调族群整体的幸福，只有整体幸福才会有个人的幸福，幸福必须提升到人与生态环境建立良好关系的高度。而这种良好关系的建构又必须依靠超自然的神灵的力量，因此神圣存在总是他们和生态环境建立良好关系的首选价值。所以，在本民族多神教的基础上，他们也接受了外来的宗教思想。学界最近十几年的研究表明，全民信仰小乘佛教的傣族，以及部分受到佛教影响的阿昌、德昂等民族，主张人和自然之间是一种共生共荣、相互依存的关系，所以他们要求平等对待所有生命及他们的一切权利，崇尚节俭、抑制物欲，教导人们摆脱对物质的过分执着，因为财富无常，只有内心宁静，过一种简单的生活，规范自己的行为，才能找到净土，达至幸福。受道教文化影响较多的部分白族、彝族和纳西族等则强调"道法自然"，认为天、地、人受自然法则支配，主张节制物欲，避免过度开发。而基督教在云南传播过程中的"理论妥协"则更明显地看出外来文化对少数民族地区本土文化的适应及云南少数民族对外来文化的灵活改造发展。基督教早期传播时以自然"去神圣化"为理论，强调对自然的征服，与少数民族传统的敬畏自然的文化相违背，在民族地区的影响较弱，近代对其进行了反思，出现了"生态神学"。这说明外来宗教对民族心态的影响，对提升他们对自然与自我关系的认识有着不可忽视的作用。

我们在此仅以傣族为例进行分析。傣族信奉南传上座部佛教。据史料记载，这种部派佛教是一千多年前由印度经缅甸传入西双版纳地区的，它的佛经总称为三藏：四部之阿含经等为经藏，四分五分十诵律等为律藏，六足发智论等为论藏。而其中经藏又称修多罗藏，用作静心散乱；律藏又称毗奈耶藏，是用戒律来约束信徒言行；论藏又称阿毗达摩藏，主要宣传佛教理论。佛教指出了人类实现幸福的途径，那就是：首先要消除不幸福的因素。即一是错误的认识，颠倒的观念：如不信因果，胡作非为；或不了无常，执着永恒等。二是强烈的我执：以自我为中心，去面对世间的一切；或执着自己拥有的一切为我，如执身为我、执名为我、执财富为我等。三是贪嗔痴：假如让这些烦恼支配自己的人生，就会害己害人。四是不善的行为：种不善因，招感苦果。这些都是造成人生不幸福的因素。假如希望拥有幸福的人生，就应该努力地消除它。傣族信奉的小乘佛教在教义上主张一切皆空，认为生老病死都是苦，主张自我解脱、逃避现实、隐居、行善、修来世，最终达到涅槃（即灭度、圆寂、安乐、解脱等）。主张一生行善，否则死后会被打入地狱，转生为饿鬼和畜生。主张节制欲望，生活简单、思想单纯、知足。男人一生中要过一段脱离家庭的宗教生活，当和尚，受教化，积德行善，这样才能解除苦难，实现内心的和平与宁静。因而在西双版纳的傣族村寨几乎村村都有佛寺，少年男子几乎都到佛寺当小和尚，村民的斋僧赕佛活动很是频繁，也很虔诚。在佛寺里的小和尚，除了学习佛规佛礼外，便学傣文、诵经典，因此佛门往往能培养出有学问的人。这样，小乘佛教对傣族的思想、心理、行为以及对于他们对人生幸福的理解都产生了很大的影响和作用。

具体地说，全民受到佛教熏陶的傣族人认为，一切现象都处在相互依赖、相互制约的因果关系中，众生与宇宙无始无终，无边无际；一切生命都是自然界的有机组成部分，既是其自身，同时又包含所有他物，只有平等互具，生命才能存在。所以他们所信奉的佛教生命观的基调强调众生平等、生命轮回，尊重生命。一切生命都有同样的价值，都值得我们尊重和重视。同时，他们的生活方式具有很高的生态价值，主张素食、放生。全民信奉佛教的傣族基于众生平等的信念，对鸟、蛇、虫蚁、鱼都不许滥捕滥猎，如因食用需要则做永续利用。如捕食酸蚂蚁只能用树枝引诱，不能连窝端；捕鱼用"倒须篓"（一种底部留有小口供小鱼游走的捕鱼竹器），不捕小鱼；不准射杀停留在别人谷堆和房屋顶上的鸟儿，禁止掏挖鸟蛋等。甚至经常举行放生将被捕的鱼、鸟等动物放回江河、山野，使其重获生命自由。这种由不吃到不杀再到放生的进步，体现了他们的内心追求，也和当代的生态整体主义有殊途同归的效果，它同样把地球当作一个整体来看待，认为只有实现了人与自然的适当关系，从而才能最终实现人类自身内心的宁静、和谐与幸福。

同时，在人生终极价值观的指导下，信奉佛教的傣族人注重人生的身心净化，主张以简朴的物质消费获得生命的存在，更多地关注精神与心灵的解脱，完善道德人格，求证菩提正觉。他们认为人类为获取生活资料进行的生产劳动不仅是为了物质利益，还是修炼人性、使人获得发展才能的机会，在共同的劳作中相互砥砺、克服人性的陋劣，不断完善人格，以体现人的尊严与自由。佛教甚至描绘了一个鸟语花香，环境优美的世外桃源：这里有丰富的优质水，有丰富的树木鲜花，有优美的音乐，有有益身心健康的花雨，有丰富的鸟类，有新鲜的空气。这样一个世外桃源与污染、战争、生态破坏格格不入，它才是人类实现幸福的所在。因此，以傣族为代表的云南少数民族主张以人与自然的和谐发展为获得幸福之本。他们主张，即使拥有足够的财富过高消费的生活，也应自觉地过一种简朴的、低消费的生活。最佳的生活方式应是以较低的消费获得惬意幸福的人生，使人们的生活不至于受到生存压力与激烈竞争的困扰。在安详自足的生活中，人们较能奉持"诸恶不作，众善奉行"的佛戒，而贪欲肆行、竞争残酷势必导致邪恶蔓延、人心陷溺。简朴的生活方式一方面可以缓和强大的生存压力与紧张，抑制贪欲所驱生的邪恶；另一方面，由于适度使用自然资源保护了自然界的有限资源，人与自然界恒常保持一种和谐共生关系。

这都客观上起到了保护人类赖以实现自我潜能，生存与发展的生态的作用。

可见，他们把万物看作是具有平等的地位和价值，人不是自然的主宰，因此不应该把自然、万物视为满足人类无限欲望的工具。应该把人和自然的关系提升为一种有教养的精神关系，幸福不在于物质财富占有的多少，而在于断除内心的烦恼。佛教思想不仅熏陶了傣族人民，使他们不执着于"贪、嗔、痴"，而且认为人的幸福是自己行为的"业报"，即把人的幸福，哪怕是来世的幸福和今世的烦恼都和自己的所作所为相关，这种"业"最主要是对待自然的态度，佛教强调人与自然的统一，即所谓"依正不二"，环境与人不可分割。人类要据此有效地保护自然环境，对人类的贪欲加以制约。人类对生态环境的破坏和污染行为都是由以贪欲作为动机，滥用科学技术征服自然，不断扩大和满足自己的欲望造成的。小乘佛教主张完全消灭"小我"（个人的自我）的一切欲望，而进入到"大我"（宇宙的普遍的自我）中去。佛教的生态实践和观念不仅为傣族提供了一种以建构人类幸福为中心的思维方式和生存方式，而且为我们指明了生态保护的根本途径，佛教蕴含的生态意识在傣族的行为方式中得到充分的体现，他们珍惜大自然的一草一木，能够在更高的层面来认识人和自然的关系。虽然佛教表面上重视来世，但从另一个方面看，它的出发点是根源于对今生今世幸福的向往，根源于对现实烦恼的根除。人人向往幸福，但却时常处于痛苦之中。所以如何求得内心的宁静与幸福，从根本上脱离苦海，佛教给出了自己独到的理解。

综上所述，云南少数民族把生态视为人类生存和发展的根基，没有美丽自然就不可能有人类的幸福，生态是人类获得一切的物质基础。我们的幸福不仅从经济学的意义上依赖于自然，更重要的是在生态学层面上离不开自然的恩赐。因此，他们形成了自己民族对于幸福的真正理解，幸福首先在我们的心中，我们应当平和心态，节制欲望，做到淡定、清净、自然，并在此基础上形成了对待实现人类幸福根基——自然的根本态度。留得青山在，不愁没柴烧，自然是人类世世代代获得幸福生活的根本保证。这对于我们今天重新找回幸福的源泉，提升幸福感有着很大的启示。

·马克思主义哲学研究·

《家庭、私有制和国家的起源》
对唯物史观的丰富和发展

吉 凯[*]

摘 要：唯物史观是马克思一生最重要的发现之一。然而，在19世纪40年代，历史唯物主义暂时还是一种假说，有待做出科学的说明。这一工作首先是由恩格斯完成的。《家庭、私有制和国家的起源》是恩格斯阐发唯物史观的一部重要著作。它科学地阐明了人类社会早期发展的历史，探讨了家庭、氏族的产生在历史发展中的关系，系统论述了私有制和国家的起源本质，这些论述和分析使唯物史观建立在科学事实的坚实地基之上，为彻底摧毁神秘主义、唯心主义在历史研究领域中的最后堡垒奠定了坚实基础，进一步丰富和发展了唯物史观。

关键词：唯物史观 两种生产理论 私有制 国家 丰富和发展

《家庭、私有制和国家的起源》（以下简称《起源》）是恩格斯运用历史唯物主义的基本原理、基本理论和基本方法分析人类社会发展和国家起源的一部经典著作。这部被列宁誉为"现代社会主义的基本著作之一"[①]的著作以有关社会历史现象和人类早期社会发展的翔实史料为依据，把唯物史观拓展到原始社会史研究领域，论述了家庭、私有制和国家的起源，考察了原始社会的基本结构和特殊发展规律，揭示了人类社会的发展趋势。它以更为精确的事实材料、更为真实的社会发展进程再现和深化了历史唯物主义的各种基本原理，同时提出了许多新的思想、观点，使

---

[*] 吉凯，男，云南大学人文学院哲学系讲师，研究方向为马克思主义哲学。
[①] 《列宁专题文集·论辩证唯物主义和历史唯物主义》，人民出版社2009年版，第284页。

历史唯物主义发展到一个新的水平，丰富和发展了历史唯物主义理论。深入学习这一著作，无论对于我们深入领会唯物史观的基本原理，准确把握人类社会发展的一般规律，还是对于我们进一步增强中国特色社会主义的理论自信、制度自信、道路自信，坚定社会主义的理想和信念，都具有重要意义。

一

唯物史观是马克思一生最重要的两个重要发现之一，是关于人类社会发展一般规律的科学。历史唯物主义的科学性和正确性，有待从社会经济生活中引出全部的精神生活、政治生活和一般的社会生活的内容和形式，而不是仅仅简单地把复杂的社会生活还原、归结为物质的经济基础。马克思花了20多年时间研究了资本主义社会，深刻揭示了资本主义社会发展的规律，为唯物史观奠定了坚实的基础。从此，"唯物主义历史观已经不是假设，而是科学地证明了的原理。"[①] 问题在于，资本主义社会仅仅是人类历史长河中的局部形态，马克思在《资本论》中所揭示的规律也只是社会中的历史规律的特殊形态，只是人类历史长河中的局部情形。研究人类社会发展的一般规律，必须研究原始社会发展规律。如果缺少对原始社会历史的分析，就无法解释私有制的产生，也就无法解释阶级、国家的产生、发展和消亡过程。因此，将唯物史观运用到原始社会史的研究，揭示原始社会的本质和规律，阐明私有制、阶级和国家的起源，是直接关系到唯物史观的普遍性和科学性的重大课题。

对于原始社会的研究，是马克思恩格斯毕生关注的一个重要问题之一。然而，直到19世纪上半叶，人们对社会的史前状态、全部成文史以前的社会组织的认识，还处于混沌状态。而鲍威尔、施蒂纳等热衷于史前历史的青年黑格尔分子仍然拘泥于黑格尔的思辨哲学，继承黑格尔神秘的思辨方法，最终导致神秘的历史观。因此，青年黑格尔派只能把人类历史归结为自我意识的异化和扬弃的历史。对于史前史的研究，他们无视客观事实，认为史前史的发展就是绝对精神、自我意识发展的历史。对此，马

[①] 《列宁全集》第1卷，人民出版社1984年版，第112页。

克思说:"因为他们认为在这里他们不会受到'粗暴事实'的干预而且还可以让他们的思辨欲望得到充分的自由,创立和推翻成千成万的假说。"①

由于缺少原始社会的资料,尤其是缺乏考古学、人类学和民族学的材料,在马克思恩格斯写作《德意志意识形态》《资本论》和《政治经济学批判序言》时,原始社会仍然是"我们所不知道的久远的史前时代"②,"在1847年,社会的史前史、成文史以前的社会组织,几乎还没有人知道。"③ 此时,马克思恩格斯都不能对原始社会做出详尽的研究。

从19世纪中叶开始,人类学逐步发展起来,关于人类史前史的研究方面取得了很多可喜的成果,这些成果改变了社会史前状态几乎不为人知的状况。这些成果中,尤其以美国人类学家摩尔根的《古代社会》为最,在该书中考察了原始社会的生产技术、婚姻家庭、氏族部落等重大问题。由于摩尔根和当时其他史前史学家和人类学家的著作在一些主要特点上发现和恢复了人类成文史的史前基础,使马克思恩格斯有可能以这些研究成果为基础,把唯物史观运用到原始社会史的深入研究中,进而用严格的科学方法揭示人类社会的起源及向文明时代过渡的历史过程。《古代社会》的最大贡献就在于:它在主要特征上发现并恢复了人类成文历史的史前基础,找到解开一切文明史上的一些极为重要而又一直未能解决的哑谜的钥匙。在原始社会研究中引起了革命。恩格斯如此评价:"摩尔根的伟大功绩,就在于他在主要特点上发现和恢复了我们成文史的这种史前的基础"④,"在他自己的研究领域内独立地重新发现了马克思的唯物主义历史观,并且最后还对现代社会提出了直接的共产主义的要求"⑤。

这样一本"像达尔文的著作对于生物学那样具有决定意义的书"⑥ 引起马克思的高度重视。他从1881年5月到1882年2月的近10个月时间里精心研究了这部著作,并作了大量摘录、批注和补充,并对摩尔根的某些观点作了重要修正。《路易斯·亨·摩尔根〈古代社会〉一书摘要》是

---

① 《马克思恩格斯文集》第1卷,人民出版社2009年版,第532页。
② 《马克思恩格斯文集》第9卷,人民出版社2009年版,第184页。
③ 《马克思恩格斯文集》第2卷,人民出版社2009年版,第31页。
④ 《马克思恩格斯文集》第4卷,人民出版社2009年版,第16页。
⑤ 《马克思恩格斯文集》第10卷,人民出版社2009年版,第513页。
⑥ 同上书,第512页。

此间系统研究的重要成果。对于马克思的这项研究工作，恩格斯这样总结："联系他的——在某种限度内我可以说是我们两人的——唯物主义的历史研究所得出的结论来阐述摩尔根的研究成果"①，以发展和丰富唯物主义历史观，进而完善马克思恩格斯的社会形态理论。换句话说，马克思之所以极为重视《古代社会》，是因为这本书用翔实的材料为唯物史观的发展提供了"我们成文史的这种史前的基础"，即原始社会双重基础以及生产技术的发展和私有制和家庭形式的变化是私有制和国家产生的基础、原始社会同现代社会在社会结构上具有异质性的思想。从马克思晚年倾注大量心血的人类学笔记中可以看到，马克思正为写一部历史哲学的著作做准备。

但是，由于马克思过早的逝世，未能完成这一计划。为了执行马克思的遗言，完成马克思未能完成的工作，恩格斯以马克思的人类学笔记为基础，完成马克思的夙愿：进一步丰富和发展唯物史观。这是恩格斯写作《起源》的一个直接原因。

《起源》的写作也是为了进一步批判资产阶级理论家们在家庭私有制和国家问题上的谬论的需要。长期以来，资产阶级学者把个体家庭、私有财产和国家神圣化，并攻击共产主义者要消灭家庭、财产和国家，就是要消灭人们之间最亲密的关系，就是要剥脱个人的自由和权利、就是要制造无政府状态。如黑格尔的理念论，认为国家是伦理范畴，国家是真正独立的伦理实体，是家庭和市民社会的"合题"即统一体。家庭和市民社会要服从、从属于国家，其存在要以国家的存在为转移，国家是"伦理观念的实现"，"理性的形象和现实"。又如杜林以暴力论来解释私有制、阶级和国家的起源。他认为社会划分为阶级，国家的产生是由于社会上一部分人对另一部分人施加暴力强制奴役的结果。这些言论严重地侵蚀着工人队伍和社会主义运动，影响着人们对私有制、阶级和国家等问题的看法。当时的工人特别是德国的工人，对国家有一种盲目的迷信和崇拜。这是问题的一个方面。

另一方面，19世纪80年代是自由资本主义向垄断资本主义过渡的年代。当时是资本主义处于相对和平的时期，资产阶级实施了一些和平

---

① 《马克思恩格斯文集》第4卷，人民出版社2009年版，第15页。

改良的手法，如推行议会民主，准许工人成立工会，组织政党。由于这些组织在政治上、思想上、组织上都不成熟，不同程度受到资产阶级的改良主义的影响，随着工人运动的发展，机会主义成分也在增长。这些机会主义者对资产阶级充满幻想，赞同资产阶级提出的"国家社会主义"，把资产阶级国家看作是代表全体人民的、超阶级的国家。造成对资产阶级国家的迷信。以缓和掩盖其暴力统治的本质，社会上又出现了各种资产阶级思潮，这些思潮散布有关国家的错误观点，在工人中造成了"国家迷信"。在德国工人运动中影响较大的拉萨尔主义认为，"国家是个人在道德整体上的统一"，其"宗旨就是使人的本质能够积极地发展和不断地完善"，"就是教育和推动人类走向自由"，"就在于实现这种自由的发展，实现人类向自由的发展"。[①] 恩格斯指出："正是在德国，来自哲学的、对国家的迷信，已经进入到资产阶级甚至很多工人的一般意识之中。"[②]

恩格斯认识到，进一步论证个体家庭、私有制和国家的历史性，批判各种唯心主义国家观，彻底破除资产阶级学者在上述问题上的谬论，捍卫历史唯物主义和科学社会主义学说是非常必要的。为彻底破除对国家的迷信和误解，让无产阶级正确认识私有制、阶级和国家等问题，必须从理论上阐明它们的实质及其产生的历史根源。

《起源》是在系统总结马克思恩格斯长期研究成果的基础上，并批判继承19世纪人类学研究的成果，尤其是以摩尔根的《古代社会》这一重大成果的基础上形成的。恩格斯从19世纪60年代末期开始对爱尔兰的古代史、德国的马尔克和古代希腊的原始社会进行研究。并进一步研究阅读泰勒的《人类原始历史和文明的发生研究》、巴霍芬的《母权论、根据古代世界宗教和法权本质对古代世界的妇女统治的研究》等著作，结合摩尔根的研究成果以及马克思的《路易斯·亨·摩尔根〈古代社会〉一书摘要》，写作《起源》一书。

---

① 参见《机会主义、修正主义资料选编》，载编译组编《拉萨尔言论》，生活·读书·新知三联书店1976年版，第71、239页。

② 《马克思恩格斯文集》第3卷，人民出版社2009年版，第111页。

二

在《〈政治经济学批〉序言》中，马克思第一次对唯物史观作了被梅林称为"确定了历史唯物主义的本质的名言"① 的经典表述。马克思恩格斯明确提出，物质资料的生产和再生产是人类社会生存和发展的基础。

然而，这一命题如何运用到原始社会史的研究，如何解释原始社会发展的具体状况是唯物史观面临的问题。因为对于早期人类来说，无论就人与自然的关系还是人与人的关系来说，生产关系并非是决定和支配其他关系的关系。不仅如此，生产关系在人类早期甚至未取得独立的形态，而是依赖于其他关系。对于这一问题，马克思生前就十分注意，并提出很多宝贵思想，他们认为原始时代的私有制形式是"部落所有制"，人类历史中存在着物质资料生产和人口的增殖这两种生产。他说："生活的生产，无论是通过劳动而生产自己的生命，还是通过生育而生产他人的生命，就立即表现为双重关系：一方面是自然关系，另一方面是社会关系"②。但是，马克思这时还没有科学论证两种生产的辩证关系。

这一工作是由恩格斯来继续的。恩格斯在《起源》"第一版序言"中系统、全面阐述了两种生产理论的内涵。在恩格斯看来，两种生产贯穿于人类历史的始终，它们相互制约，相互联结，互为条件，共同推动历史发展。但是，在社会发展的不同阶段上，二者所起的作用又是不同的。

第一，直接生活的生产和再生产有两种，一种是物质生活资料即食物、衣服住房以及为此所必需的工具的生产。恩格斯指出："根据唯物主义的观点，历史中的决定因素，归根结底是直接生活的生产和再生产，但是生产本身又有两种。一方面是物质生活资料即食物、衣服住房以及为此所必需的工具的生产；另一方面是人自身的生产，即种的繁衍。一定历史时代和一定地区的人们生活与其下的社会制度，受着两种生产的制约：一方面受

---

① ［德］弗·梅林：《马克思传》上，樊集译，人民出版社1965年版，第338页。
② 《马克思恩格斯文集》第1卷，人民出版社2009年版，第532页。

劳动的发展阶段的制约,另一方面受家庭的发展阶段的制约。"①

在这里,恩格斯明确指出了两种生产对于人类社会发展的作用,深刻、全面地阐释了物质资料生产和人自身生产对于人类历史、对于上层建筑、社会制度的辩证关系。指出两种生产对于上层建筑、社会制度的决定与被决定的关系,进一步阐释了历史唯物主义的基本原理。

第二,两种生产的地位和作用在不同的历史时期和阶段是不同的。在恩格斯看来,在人类漫长发展的历史进程中,两种生产都是历史发展中的决定性因素。两种生产的地位和作用在不同的历史时期和阶段是不同的,在人类文明不发达、生产力水平极低的"以血族关系为基础的"原始社会,物质资料的生产只是起到次要作用,而人自身的生产以及由此形成的血缘亲属关系及其社会形式,即婚姻家庭,对原始社会的制度形态起着支配作用。随着生产力在原始社会的不断发展,随着劳动产品的数量、社会财富的数量不断增加,物质资料的决定作用逐步凸显出来,由原来的次要地位上升为支配地位,从这时开始,生产力的发展成为历史发展的决定力量。人类文明的不断向前发展,人自身的生产的地位和作用逐步减弱,物质资料的生产则由弱变强,在整个阶级社会,物质资料的生产始终居于支配地位。恩格斯还指出,社会制度和上层建筑的状况受到两种生产的制约。其中又有两种情况:在生产不发达的人类社会早期,由于生产力状况低下,在这一阶段,人自身的生产对社会制度的制约较生产的制约大,而随着生产力水平的不断提高,劳动对社会制度的制约作用则越来越大。两种生产理论的提出,深刻揭示了史前社会的发展动力问题。

三

恩格斯认为,研究和阐明氏族的起源和本质,对于弄清楚原始社会制度的形成的特征有着重要意义,这是使唯物史观理论完善化、系统化的重大问题。恩格斯花了很大篇幅论述了人类社会早期的婚姻家庭形式以及在此基础上形成的氏族社会。通过对婚姻家庭关系和氏族社会的深入分析和

---

① 《马克思恩格斯文集》第4卷,人民出版社2009年版,第15—16页。

研究，把唯物史观建立在更加坚实的基础上。

第一，论述原始社会家庭由自然选择到社会选择过渡的自然历史过程。恩格斯沿用摩尔根的观点，认为原始社会婚姻家庭关系的演变经历了四个阶段，即血缘家庭、普拉路亚家庭、对偶制家庭和专偶制家庭。他指出，上述四种家庭关系的演化的动力经历了一个从自然选择向社会选择的过渡过程，其中血缘家庭发展到普拉路亚婚姻主要是自然选择的结果，恩格斯说："不容置疑，凡近亲繁殖因这一进步而受到限制的部落，其发展一定要比那些依然把兄弟姊妹婚姻当做惯例和规定的部落更加迅速，更加完全。这一进步的影响有多大，可以由氏族的建立来证明，氏族就是由这一进步直接引起的，而且远远超出了最初的目的，它构成地球上即使不是所有的也是大多数野蛮民族的社会制度的基础，并且在希腊和罗马我们还由氏族直接进入了文明时代。"① 而由群婚制转变为对偶制家庭的过渡，特别是专偶制家庭的过渡，则主要是社会选择的结果。即主要是生产力发展的结果。他说："自然选择已经通过日益缩小婚姻共同体的范围而完成了自己的使命；在这一方面，它再也没有事可做。因此，如果没有新的、社会的动力发生作用，那么，从成对配偶制中就没有任何根据产生新的形式了。但是，这种动力开始发生作用了。"②

这一新的动力就是私有制。原始社会后期，随着生产力的发展，使一个男子的劳动成果不仅能养活自己，还略有剩余，出现了私有财产。私有财产的出现使财产继承必要，专偶制家庭就形成了。由自然选择到社会选择的这一转变过程证明，原始社会家庭产生、发展和演变过程，是一个由最初的自然选择起主要作用到后来的生产力发展起主要作用的过程。

第二，分析氏族制度的起源和特征。恩格斯认为，作为原始社会的社会组织和社会制度，氏族是人类历史发展到一定阶段的产物，其产生、发展和灭亡也是一个历史过程。在血缘家庭排除父母与子女互为夫妻的基础上，普拉路亚家庭又排除了兄弟姐妹互为夫妻，实行外婚制，这就必然产生两个集团，促成氏族的建立。他说："氏族制度，在绝大多数情况下，

---

① 《马克思恩格斯文集》第4卷，人民出版社2009年版，第49—50页。
② 同上书，第64—65页。

都是从普拉路亚家庭中直接产生的。"① 随着社会的发展，几个氏族联合组成一个胞族，几个胞族联合形成部落。因此，氏族起源于族外婚制，严禁氏族内部通婚是氏族制度的婚姻特征。恩格斯指出，氏族还是一个经济生活的共同体，在其中的人们一起劳动，一起生活。此外，氏族还是一个原始民主制的社会管理机关，是自由处理自己事务的部落组织。② 在具体阐明氏族的起源后，恩格斯分析了希腊人、罗马人和德意志人组成的父权制氏族，认为"这是野蛮时代高级阶段的典型制度。只要社会一越出这一制度的界限，氏族制度的末日就来到了；它就被炸毁，由国家来代替了"③。

四

从氏族解体到国家产生是人类社会一次根本性变革，其根源在于私有财产的发展并进而导致私有制的产生。对于私有制的产生和阶级和国家的起源问题，恩格斯和马克思曾在《德意志意识形态》和《反杜林论》等著作中论述过。但真正全面、系统地论述，则是在《起源》中，《起源》集中论述了私有制、阶级和国家的产生和发展规律，

首先，分析社会分工与私有制产生的关系。恩格斯认为，作为一种经济制度，私有制的产生与一定的社会阶段相联系。私有制是在原始社会末期产生的，其产生有两个基本条件，即生产力发展和社会分工。原始社会末期，随着生产力的发展，社会分工出现是私有制产生的物质根源。一方面，随着生产力的发展，分工成为劳动的主要形式，而社会分工意味着生产资料在不同劳动者之间的分配，这为各个劳动者占有不同生产资料的产生提供了可能。另一方面，社会分工又引起商品交换，交换的发生则把劳动者分解为私有生产者，私有生产者的出现是私有制产生的又一原因。当生产力发展到一定阶段，即原来由所有生产者共同劳动才能完成的任务可以由个体家庭独立完成时，集体劳动的方式被个体家庭劳动取代了，结

---

① 《马克思恩格斯文集》第4卷，人民出版社2009年版，第52页。
② 同上书，第184页。
③ 同上书，第164页。

果，所有制关系也由原来的原始公有制转变为家庭为单位的私人占有制。私有制的产生是以物质财富积累到一定程度的必然结果。

其次，恩格斯阐明阶级的形成过程。阶级的实质是一个集团能够占有一个集团的劳动，而要使这种占有变成现实，其物质条件就是社会中有可供占有的产品，即剩余产品。剩余产品则是生产发展到一定阶段的产物。因此，恩格斯指出，阶级是一个历史范畴，阶级不是从来就有的，而是与社会经济发展到一定阶段，当私有制出现后才产生的。就是说，生产的发展、剩余产品的出现是阶级产生的物质前提。

最后，揭示国家的起源、本质和发展趋势。恩格斯认为，国家是一个历史范畴，是生产发展到一定阶段的产物，因而，它的产生和消亡都是历史的必然。

恩格斯首先考察了国家的产生。指出国家是在氏族的废墟上建立起来的。是社会分工的必然产物，是私有制产生的必然结果，是阶级矛盾不可调和的产物和表现。国家是私有制发展的必然产物和结果，当氏族之间利益冲突到达尖锐地步时就需要有第三种力量压制他们公开的冲突，这第三种力量即国家。恩格斯说："国家决不是从外部强加于社会的一种力量。国家也不像黑格尔所断言的是'道德观念的产物'，'理性的形象和现实'。确切地说，国家是社会在一定发展阶段上的产物；国家是承认：这个社会陷入了不可解决的矛盾，分裂为不可调和的对立面而又无力摆脱这些对立面。"[1] 根据大量历史事实，恩格斯指出，国家尽管从表面上看是维护社会的公共利益，然而，这恰恰表现了它的阶级本质。恩格斯进一步指出，国家产生的历史证明了它本身是一定要消亡的。最后，恩格斯还以简洁的语言，从历史宏观的角度论证了国家的暂时性。他说，自从人类进入文明时代，就依次出现过三种剥削形式：古代的奴隶制、中世纪的农奴制以及近代的雇佣劳动制。但是，上述三种以私有制为基础的形式和时代只不过是人类历史长河中的一个阶段而已，都是社会生产发展的必然结果。随着生产力的不断发展，它们必将为更高的社会形态所代替。因此，人类社会从无阶级到有阶级，从无国家到有国家，继而到无阶级、无国家的共产主义社会，都是历史发展的客观规律，是历史的必然。

---

[1] 《马克思恩格斯文集》第 4 卷，人民出版社 2009 年版，第 189 页。

五

《起源》是运用唯物史观基本原理科学阐述人类社会早期发展历史的典范，在马克思主义哲学发展史上具有重大意义。《起源》以历史事实为依据，科学地阐明了人类社会早期发展的历史，系统论述了原始社会的氏族组织的形成、结构、特点和功能，分析了家庭的起源和特征，揭示了原始社会制度解体和私有制为基础的阶级社会的形成过程，分析了国家产生的社会历史条件、本质和特征，揭示了国家在人类发展中的地位和作用，丰富和发展了唯物史观，使唯物史观由理论假设变成科学。

第一，更加完整地概括了社会发展的一般规律。研究人类社会发展的一般规律是历史唯物主义的研究对象和基本任务。由于受客观历史条件的限制，在写作《起源》之前，马克思恩格斯对人类社会早期的状况还不清楚，因而没有也不可能对原始社会发展做出科学的分析，进而影响唯物史观的系统性和完整性。《起源》运用唯物史观对摩尔根研究成果进行概括和分析，深刻分析了在原始社会两种生产的不同作用以及对社会制度的制约作用这一人类社会的一般规律，从而揭示了原始社会不同于阶级社会的发展特点和规律，填补了以往历史观的空白。

第二，更加系统深入、全面深刻分析婚姻家庭的起源及其规律。家庭是历史唯物主义的重要范畴和研究对象。在《德意志意识形态》中，马克思恩格斯就作出了家庭关系最初是唯一的社会关系，后来才成为从属关系的科学论断。而在《共产党宣言》中，他们又揭露了资产阶级把家庭变成金钱关系这一现象。在其他著作中，也不同程度涉及家庭问题。然而，在写作起源之前，由于缺少这方面的事实和材料，对于婚姻家庭的发生史、发展史是不清楚的。因此，《起源》立足于科学事实，对婚姻家庭的系统分析、对婚姻家庭的研究、对婚姻家庭的起源和发展规律的系统阐述和研究，使唯物史观关于婚姻家庭的论述更加全面。

第三，《起源》两种生产理论丰富和发展了唯物史观。唯物史观认为，历史进程中的决定性因素是物质生活资料的生产和再生产。但是，在人类社会起始阶段，社会生产力极其低下，单一地运用物质资料的生产和再生产不能很好地说明原始社会的基本特征。恩格斯创造性地引进了

"人自身的生产"，并使之与物质资料的生产相并列，共同构成人类的两种生产活动。两种生产理论的提出，既为研究原始社会提供了科学的理论支撑，又丰富和发展了唯物史观。恩格斯的两种生产理论是从性质不同的两种社会历史中概括出来的。两种生产理论中论及的人类自身生产不是作为一般的人口问题提出来的，它是史前历史发展的决定性因素。恩格斯把这一生产包括在唯物史观的基本范畴——直接生活的生产与再生产之中，用两种生产来说明原始社会发展的规律，这是恩格斯对唯物史观的发展。

两种生产理论丰富了已有的唯物史观，使这一历史观真正建立在对以往全部人类历史的科学考察的基础上，使迄今为止的全部人类历史均可用物质的原因，具体地说，用直接生活的生产与再生产的原因，而不是用思想的原因或宗教的原因来加以说明。

第四，对私有制、阶级和国家的起源、本质等问题的系统阐述，第一次系统阐明了这三者产生的社会根源及其发展规律，雄辩有力地驳斥了唯心史观关于三者产生的神秘主义论断。长期以来，几乎所有的资产阶级学者都把私有制看作是永恒存在的现象，认为私有制、阶级古已有之，国家问题更是被他们搅得混乱不堪。如果不从理论上和历史事实上对这一谬论加以反驳，就无法破除唯心史观的神话。马克思恩格斯无数次论证资本主义以及私有制存在的阶段性，论证了资本主义、私有制的消亡是不可避免的。但是，这一论证主要还是理论上的，还没有足够的历史事实作为依据。恩格斯坚持历史唯物主义原理，从生产力发展的高度，从经济与政治关系的角度深刻论述了私有制、阶级和国家的起源及本质，证明了在人类社会历史上确实存在既没有私有制也没有剥削和压迫的原始共有制。这样，资本主义和私有制的暂时性和过渡性也就被历史证明了。因此，对私有制、阶级和国家的起源、本质等问题的系统阐述，有力地回击和反驳了资产阶级学者在这些问题上的荒谬观点。

《起源》从三大社会分工入手，系统阐明这三者产生的社会历史根源及其发展规律。尤其是在国家的起源、本质问题上，《起源》第一次把马克思主义国家问题的基本观点作了系统阐述。在国家起源问题上，以希腊人、罗马人和德意志人为例，详细研究了国家产生的三种典型形式。指出不同类型的国家的共性，即：国家是在社会分工的基础上，随着私有制的产生和阶级矛盾的激化而产生的，其阶级实质是一个阶级压迫另一个阶级的工具。这些分析和论述为人们准确把握人类社会的发展规律提供了科学依据，为正确运用唯物史观的基本立场、基本观点、主要方法以及认识和分析现代社会中的国家、民主、自由、人权等社会政治现象提供了科学的世界观和方法论基础。因此，《起源》无论对于马克思主义和历史唯物主义的丰富和发展，对于正确认识人类社会发展和国家发展的历史与现实，还是对于我们牢固树立唯物史观和马克思主义国家观，进而不断推进中国特色的社会主义建设都具有重要意义。

"颠倒",还是"改造"?
——论恩格斯对黑格尔辩证法的超越

赵江飞*

摘 要：人们通常将马克思主义哲学教科书的"颠倒"解释模式的源头诉诸恩格斯，并将其与恩格斯对黑格尔辩证法的超越等同，认为恩格斯对黑格尔辩证法的超越即是将黑格尔辩证法从其唯心主义体系中剥离出来，而置换于唯物主义基础之上。进而，人们指责恩格斯的这种超越庸俗化了马克思主义辩证法。然而，"颠倒"这一概念在阐释恩格斯对黑格尔辩证法的超越时，仅仅是一种具有象征意义的"比喻"，其实质是一种"改造"。不同于黑格尔认为辩证法是从纯粹思维出发的、仅仅适用于思维领域的规律，恩格斯认为辩证法本身是从自然界和人类社会发展过程中抽象出来的现实联系，要实现对黑格尔辩证法的超越，必须研究自然科学和人类社会科学领域中所取得的成果。"自然辩证法"正是恩格斯通过研究自然科学成果来实现对于黑格尔辩证法的超越。

关键字：颠倒 超越 辩证法 黑格尔 恩格斯

"颠倒"一词是人们阐释马克思主义辩证法与黑格尔辩证法关系的通常解释原则。自从斯大林在《联共（布）党史简明教程》四章二节中明确提出："马克思和恩格斯从黑格尔的辩证法中采取的仅仅是它的'合理的内核'，而摒弃了黑格尔的唯心主义的外壳，并且向前发展了辩证法，

---

* 赵江飞，男，云南大学人文学院哲学系讲师，研究方向为马克思主义哲学。
本文系云南大学 2013 年人文社科研究基金项目（13YNUHSS056）阶段性成果。

赋予辩证法以现代的、科学的形态。"① "马克思和恩格斯是从费尔巴哈唯物主义中采取了它的'基本的内核',把它进一步发展成为科学的哲学唯物主义理论,而摒弃了它那些唯心主义的和宗教伦理的杂质。"② 马克思主义哲学(辩证唯物主义)="合理的内核"(黑格尔辩证法)+ "基本的内核"(唯物主义),这一解释模式成为马克思主义哲学教科书的定见。受此影响,在很长一段时间内,国内学术界认为马克思主义辩证法即是将黑格尔辩证法剥离出其唯心主义体系"颠倒"置换于唯物主义基础之上的唯物主义辩证法。

然而,随着西方马克思主义和西方"马克思学"的传入,国内学者逐渐意识到以马克思主义哲学教科书的"颠倒"原则阐释马克思主义辩证法与黑格尔辩证法的关系,容易将马克思主义辩证法庸俗化理解为辩证法规律与旧唯物主义的简单相加。因此,国内学者纷纷跳出教科书的"颠倒"解释模式,而从更深层次阐释马克思主义辩证法与黑格尔辩证法的关系。这样一方面有助于避免庸俗化理解马克思主义辩证法,从而揭示马克思主义辩证法的真实含义和内容;另一方面,由于学者们通常将教科书"颠倒"解释模式的源头追溯于恩格斯,将恩格斯对黑格尔辩证法的超越等同于教科书的"颠倒"解释模式,进而认为恩格斯"自然辩证法"歪曲了马克思对于辩证法的理解。那么,究竟恩格斯对黑格尔辩证法的超越能否与教科书"颠倒"解释模式等同?究竟如何理解恩格斯对黑格尔辩证法的超越?究竟如何理解恩格斯的"自然辩证法"?

一 "颠倒":恩格斯对黑格尔辩证法超越的通常理解

人们通常以教科书的"颠倒"解释模式来理解恩格斯对黑格尔辩证法的超越,并且往往借助于恩格斯在《路德维希·费尔巴哈和德国古典哲学的终结》一文中的论述来理解这种超越。

尽管学者们通常将教科书"颠倒"解释模式的源头追溯于恩格斯,但是最先提出需要对黑格尔辩证法予以"颠倒"的并非恩格斯,而是马

---

① 《联共(布)党史简明教程》,人民出版社1975年版,第116页。
② 同上。

克思。在《资本论》1872年第二版跋中,马克思论述说,当德国知识界的所有人都将黑格尔当作一条"死狗"时,马克思却公开承认"我是这位大思想家的学生,并且在关于价值理论的一章中,有些地方我甚至卖弄起黑格尔特有的表达方式"①。马克思在这里所说的"表达方式"就是辩证法。然而,在马克思看来,他的辩证法并不直接等同于黑格尔的辩证法。"我的辩证方法,从根本上来说,不仅和黑格尔的辩证方法不同,而且和它截然相反。在黑格尔看来,思维过程,即被他在观念这一名称下转化为独立主体的思维过程,是现实事物的创造主,而现实事物只是思维过程的外部表现。我的看法则相反,观念的东西不外是移入人的头脑并在人的头脑中改造过的物质的东西而已。"② 因此,马克思提出需要对黑格尔辩证法予以"颠倒"的要求:"辩证法在黑格尔手中神秘化了,但这决没有妨碍他第一个全面地有意识地叙述了辩证法的一般运动形式。在他那里,辩证法是倒立着的。必须把它倒过来,以便发现神秘外壳中的合理内核。"③

在这里,虽然马克思第一次明确提出了需要对黑格尔辩证法予以"颠倒"的要求。但是,早在1858年1月16日马克思写给恩格斯的一封信中就提到了需要对黑格尔辩证法予以"颠倒"的想法:"……我又把黑格尔的《逻辑学》浏览了一遍,这在材料加工的方法上帮了我很大的忙。如果以后再有工夫做这类工作的话,我很愿意用两三个印张把黑格尔所发现、但同时又加以神秘化的方法中所存在的合理的东西阐述一番,使一般人都能够理解……"④

然而,马克思最终也未完成那个在1858年信中提到的需要"用两三个印张"阐述黑格尔辩证法的"合理的东西"的论述。凯德洛夫认为马克思之所以如此,是因为马克思在《资本论》和其他经济学著作中,首先在《政治经济学批判》一书中,以具体运用完全消除了黑格尔的神秘化的辩证方法的形式而全面实现了自己的构想。"在这些马克思主义的经典著作中,辩证方法是作为创造性地体现经济分析的结构,得到全面的发

---

① 《马克思恩格斯文集》第5卷,人民出版社2009年版,第22页。
② 同上。
③ 同上。
④ 《马克思恩格斯文集》第10卷,人民出版社2009年版,第143页。

展和具体化，它恰恰就是1858年1月14日马克思致恩格斯的信中提到的，马克思想用两三个印张所阐述的那个辩证方法。"① 所以，凯德洛夫认为马克思的最初"构想"并非没有实现，而是以另一种形式，集中体现于《资本论》之中了。列宁同样认为："虽说马克思没有遗留下'逻辑'（大写字母的），但他遗留下《资本论》的逻辑，应当充分地利用这种逻辑来解决这一问题。"②

与马克思并未详细集中论述对于黑格尔辩证法的"颠倒"不同，恩格斯却在很多著作中详细集中论述了这种"颠倒"，所以人们通常将教科书"颠倒"解释模式的源头追溯于恩格斯。并且，人们往往借助于恩格斯在《路德维希·费尔巴哈和德国古典哲学的终结》（以下简称《终结》）一文中的论述来理解这种"颠倒"。

在该文中，恩格斯对黑格尔哲学的方法和体系作出了著名的区分。恩格斯认为，黑格尔哲学中的"唯一绝对的东西"，即其"革命"的辩证法。恩格斯说道："黑格尔哲学（我们在这里只限于考察这种作为从康德以来整个运动的、完成的哲学）的真实意义和革命性质，正是在于它彻底否定了关于人的思维和行动的一切结果具有最终性质的看法。"③ 在恩格斯看来，这种辩证观点"推翻了一切关于最终的绝对真理和与之相应的、绝对的人类状态的观念"④。"在它面前，不存在任何最终的东西、绝对的东西、神圣的东西；它指出所有一切事物的暂时性；在它面前，除了生成和灭亡的不断过程、无止境地由低级上升到高级的不断过程，什么都不存在。它本身就是这个过程在思维着的头脑中的反映。"⑤

然而，恩格斯指出："黑格尔并没有这样清楚地作出如上的阐述。这是他的方法必然要得出的结论，但是他本人从来没有这样明确地作出这个结论。"⑥ 而黑格尔之所以不能明确地得出这一结论，恩格斯认为是由于

---

① ［苏］B. M. 凯德洛夫：《论辩证法的叙述方法——三个伟大的构想》，章云、马迅译，求实出版社1988年版，第43页。因引用版本不同，该信所属日期不同，但实际为同一封信。
② 《列宁全集》第55卷，人民出版社1990年版，第290页。
③ 《马克思恩格斯文集》第4卷，人民出版社2009年版，第269页。
④ 同上书，第270页。
⑤ 同上。
⑥ 同上书，第271页。

其保守的唯心主义哲学体系:"因为他不得不去建立一个体系,而按照传统的要求,哲学体系是一定要以某种绝对真理来完成的。"① 但是,恩格斯认为,这样一来就造成了黑格尔哲学方法和体系之间的矛盾。"黑格尔体系的全部教条内容就被宣布为绝对真理,这同他那消除一切教条东西的辩证方法是矛盾的。"② 于是,"革命的方面就被过分茂密的保守的方面所窒息"③。

这样,恩格斯将黑格尔哲学区分为"革命"的辩证法和"保守"的唯心主义哲学体系。接着,恩格斯指出对待黑格尔哲学并不能像费尔巴哈那样"简单地把它抛在一旁"④。而是"必须从它的本来意义上'扬弃'它,就是说,要批判地消灭它的形式,但是要救出通过这个形式获得的新内容"⑤。这就意味着必须抛弃黑格尔哲学的唯心主义基础,而返回到唯物主义立场上来。于是,恩格斯提出了唯物主义和唯心主义的区分。

恩格斯论述说,作为"思维和存在的关系问题"的哲学基本问题在中世纪的经院哲学中也起过巨大作用:"什么是本原的,是精神,还是自然界?——这个问题以尖锐的形式针对着教会提了出来:世界是神创造的呢,还是从来就有的?"⑥ 依据对这个问题的回答,哲学家分为两大阵营:"凡是断定精神对自然界来说是本原的,从而归根结底承认某种创世说的人(而创世说在哲学家那里,例如在黑格尔那里,往往比在基督教那里还要繁杂和荒唐得多),组成唯心主义阵营。凡是认为自然界是本原的,则属于唯物主义的各种学派。"但是,由于"像唯心主义一样,唯物主义也经历了一系列的发展阶段"⑦。因此,恩格斯认为并不是返回到机械唯物主义,而是应返回到已没有机械唯物主义"局限性"的"现代唯物主义"。

人们通常认为在《终结》一文中,恩格斯对黑格尔哲学以及唯物主

---

① 《马克思恩格斯文集》第 4 卷,人民出版社 2009 年版,第 271 页。
② 同上。
③ 同上。
④ 同上书,第 276 页。
⑤ 同上。
⑥ 同上书,第 278 页。
⑦ 同上书,第 281 页。

义和唯心主义做了区分。在此基础上，恩格斯对黑格尔辩证法的"颠倒"即是：取黑格尔哲学中"革命"的辩证法而抛弃其"保守"的唯心主义体系，并且将"革命"的辩证法置于唯物主义基础之上。而这正是教科书将马克思主义哲学（辩证唯物主义）理解为"合理的内核"（辩证法）+"基本的内核"（唯物主义）以及庸俗化马克思主义辩证法的源头。所以，人们通常对"颠倒"解释模式下的恩格斯对黑格尔辩证法的超越予以批判。

二 "改造"：恩格斯对黑格尔辩证法超越的真实含义

阿尔都塞曾经在《保卫马克思》中分析过马克思的"颠倒"概念。阿尔都塞认为："所谓'对黑格尔的颠倒'在概念上是含糊不清的。"[①]"'倒过来'一词只有象征的意义，甚至只是一种比喻，而不能最后解答问题。"[②] 在阿尔都塞看来，如果马克思辩证法和黑格尔辩证法的关系"仅仅是把颠倒了的东西颠倒过来"，那么二者的本质和内容并"不会因简单的位置移动而改变"。[③] 进而，阿尔都塞指出，马克思对黑格尔辩证法的超越应该是"改造"，而并非"颠倒"。

阿尔都塞的分析是有道理的。教科书的"颠倒"解释模式并不能真正揭示马克思辩证法与黑格尔辩证法的关系，并且不可避免地将马克思主义辩证法庸俗化为辩证法规律与旧唯物主义的简单相加。学术界跳出教科书"颠倒"的解释模式，不断从其他不同角度加深对于马克思主义辩证法的理解，其实也是意识到马克思主义辩证法与黑格尔辩证法的关系的实质是一种"改造"，而"颠倒"不过是一种具有象征意义的"比喻"。

然而，学术界却仅仅将这种"颠倒"的象征意义用于理解马克思辩证法与黑格尔辩证法之间的关系，继马克思之后使用"颠倒"这一概念的恩格斯，却往往被学者纠缠于这一概念本身。那么不从"颠倒"的象征意义来理解恩格斯对黑格尔辩证法的超越，仅仅局限于《终结》一文，

---

① ［法］路易·阿尔都塞：《保卫马克思》，顾良译，商务印书馆2011年版，第76页。
② 同上书，第76—77页。
③ 同上书，第61页。

并将恩格斯对黑格尔辩证法的超越等同于教科书的"颠倒"模式,并以此来批判恩格斯的这种超越是否合理呢?

《终结》是一个广泛发行的、极其概括的文本,就连阿尔都塞也说道:"我们当然不应该死抠这篇文章的字眼。……它是一本供广泛发行的通俗读物,因而写得相当概括,恩格斯对此也毫不避讳。"① 另外,《终结》一文是一个论战性的文本,即"恩格斯写作《费尔巴哈论》的直接目的并非是为了'建设',而是为了'批判',是对丹麦哥本哈根大学施达克的小册子《路德维希·费尔巴哈论》进行评析,批判施达克对费尔巴哈思想的理解。"②

以其中的唯物主义和唯心主义的论述为例,恩格斯并非为了强调坚持唯物主义的基础,并将黑格尔的辩证法置换于唯物主义基础之上,而是为了达到对施达克的批判。"恩格斯在书中的直接批判对象是施达克,施达克意欲通过唯心主义哲学的定性来为费尔巴哈辩护,恩格斯对此进行批判。"③ 严格来说,施达克将费尔巴哈哲学定性为唯心主义并非错误,费尔巴哈哲学中本就包含唯心主义成分。恩格斯认为,施达克的错误在于其思想前提:即"认为唯物主义是不好的,唯心主义是好的,进而通过把费尔巴哈哲学界定为唯心主义而达到'保护'的目的。"④ 为了批判施达克,恩格斯区分了唯物主义和唯心主义,并指出"随着自然科学领域中每一个划时代的发现,唯物主义也必然要改变自己的形式"⑤。在恩格斯看来,施达克的上述思想前提与唯物主义在近代的"不良表现"(即机械唯物主义的局限性)有关。施达克看到近代唯物主义的缺陷是对的,但是错误在于将唯物主义与其在近代的特殊表现形式混为一谈了。

可见,由于《终结》的特点,过分纠缠恩格斯某些概括、强调的观点以及论述并不能真正理解恩格斯的本意。所以,对于恩格斯对黑格尔辩证法的超越,首先应该超出《终结》一文,而从恩格斯其他著作中予以分析。胡大平在《回到恩格斯——文本、理论和解读政治学》一书中提

---

① [法] 路易·阿尔都塞:《保卫马克思》,顾良译,商务印书馆2011年版,第79页。
② 陈向义:《恩格斯〈费尔巴哈论〉的批判逻辑探析》,《教学与研究》2012年第6期。
③ 同上。
④ 同上。
⑤ 《马克思恩格斯文集》第4卷,人民出版社2009年版,第281页。

到恩格斯的《卡尔·马克思〈政治经济学批判·第一分册〉》，这为分析恩格斯对于黑格尔辩证法的超越提供了一个新的文本和一种新的角度。在这个文本中，胡大平说道："作为一个参照，下列事件甚至是令人惊讶的：在恩格斯对政治经济学批判的一个重要评论中，他出其不意地强调黑格尔的'划时代的历史观是新的唯物主义观点的直接的理论前提。'"①

《卡尔·马克思〈政治经济学批判·第一分册〉》是恩格斯关于马克思《政治经济学批判》所作的一个书评。在该文中，恩格斯详细分析了马克思进行政治经济学批判时所使用的方法，而恩格斯认为这种方法就是以马克思从黑格尔逻辑学中"颠倒"、"剥出来"的"合理内核"为基础的。

恩格斯在分析马克思进行政治经济学批评时所使用的方法前，首先分析了一个"与政治经济学本身无关的另外一个问题"，即"应该用什么方法对待科学？"② 恩格斯认为，与"平庸的、现在重新时兴的、实质上是沃尔弗式的"、"资产阶级经济学家写他们那些缺乏内在联系的大部头著作时采用的"形而上学的方法相比，黑格尔的辩证法更可取。③ 而黑格尔的辩证法之所以可取就在于："他的思维方式有巨大的历史感为基础。"④ 恩格斯评价道："这个划时代的历史观是新的唯物主义世界观的直接的理论前提，单单由于这种历史观，也就为逻辑方法提供了一个出发点。"⑤ 但是，在恩格斯看来，黑格尔的辩证法并不能直接拿来应用。因为，他的形式是那么抽象和唯心，他的思想发展尽管总是和世界历史的发展平行着，但是真正的关系却是颠倒了，头脚倒置了。⑥

所以，为了应用这个方法就必须"从黑格尔逻辑学中把包含着黑格尔在这方面的真正发现的内核剥出来，使辩证方法摆脱它的唯心主义的外壳并把辩证方法在使它成为唯一正确的思想发展形式的简单形态上建立起来。"⑦ 恩格斯认为"马克思过去和现在都是唯一能够担当起这样一件工

---

① 胡大平：《回到恩格斯——文本、理论和解读政治学》，江苏人民出版社2011年版，第463页。
② 参见《马克思恩格斯文集》第2卷，人民出版社2009年版，第601页。
③ 同上。
④ 参见《马克思恩格斯文集》第2卷，人民出版社2009年版，第602页。
⑤ 同上书，第603页。
⑥ 参见《马克思恩格斯文集》第2卷，人民出版社2009年版，第602页。
⑦ 同上书，第603页。

作的人","马克思对于政治经济学的批判就是以这个方法做基础的"。①

接着,恩格斯通过分析政治经济学批判中所使用的方法,来揭示这个被马克思"颠倒"过来的方法,其实这也就是恩格斯本人对黑格尔辩证法的"颠倒"。恩格斯提到像对待所有科学一样,对政治经济学的批判方法也可以有两种:"按照历史或者按照逻辑。"② 但是,恩格斯马上又指出这两种方式都不适用:按照历史的话,由于"历史常常是跳跃式和曲折地前进的,如果处处跟随着它,那就势必不仅会注意许多无关紧要的材料,而且也会常常打断思想路程;并且,写经济学史又不能撇开资产阶级社会的历史,这就会使工作漫无止境,因为一切准备工作还没有做。"③ 按照逻辑的话,"实际上这种方式无非是历史的方式,不过摆脱了历史的形式以及起扰乱作用的偶然性而已"④。

恩格斯指出:"我们采用这种方法,是从历史上和实际上摆在我们面前的、最初的和最简单的关系出发,因而在这里是从我们所遇到的最初的经济关系出发。"⑤ "既然这是一种关系,这就表示其中包含着两个相互关联的方面。我们分别考察每一个方面;由此得出它们相互关联的性质,它们的相互作用。于是出现了需要解决的矛盾。"⑥ 同时,恩格斯指出:"因为我们这里考察的不是只在我们头脑中发生的抽象的思想过程,而是在某个时候确实发生过或者还在发生的现实过程,因此这些矛盾也是在实践中发展着的,并且可能已经得到了解决。"⑦ 所以,恩格斯认为,马克思在政治经济学批判中所使用的方法是:"逻辑的发展完全不必限于纯抽象的领域。相反,逻辑的发展需要历史的例证,需要不断接触现实。因此这里需要插入各种各样的例证,有的指出各个社会发展阶段上的现实历史进程,有的指出经济文献,以便从头追溯明确作出经济关系的各种规定的过程。"⑧

---

① 参见《马克思恩格斯文集》第 2 卷,人民出版社 2009 年版,第 603 页。
② 同上。
③ 同上。
④ 同上。
⑤ 同上书,第 603—604 页。
⑥ 同上书,第 604 页。
⑦ 同上。
⑧ 同上书,第 605 页。

在这里可以看出，恩格斯对黑格尔辩证法的"颠倒"，与教科书的"颠倒"解释模式不同，恩格斯并未像人们通常所批判的那样强调唯物主义基础，并将黑格尔辩证法置换于唯物主义基础之上。相反，恩格斯首先肯定黑格尔具有"巨大的历史感"的辩证法对科学研究的重要作用。但是，恩格斯进而指出，黑格尔这个具有"巨大的历史感"的辩证法，实质上是唯心的。由于它的唯心主义性质，它必然会对现实自然界和社会历史领域中的联系予以猜测和构想。所以，恩格斯认为要真正地应用辩证法，必须改造黑格尔的辩证法，从而实现对于黑格尔辩证法的超越。在恩格斯看来，这种"改造"就是在应用辩证法时不断接触现实，不断引用各种科学材料。其实这也就说明了恩格斯认为，辩证法并非黑格尔所认为的那样从纯粹思维出发，并且仅仅存在于思维领域，而其本身是从自然界和人类社会发展过程中抽象出来的现实联系。因此，与马克思一样，恩格斯对于黑格尔辩证法的"颠倒"也可看做仅仅是一种具有象征意义的"比喻"，恩格斯对黑格尔辩证法的超越在实质上也是一种"改造"。

三 从"改造"出发理解恩格斯的"自然辩证法"

人们通常把体现于《自然辩证法》手稿、《反杜林论》《路德维希·费尔巴哈和德国古典哲学的终结》以及《社会主义从空想到科学的发展》等文章中恩格斯对于辩证法的理解，叫做"自然辩证法"。由于以往人们通常将恩格斯对黑格尔辩证法的超越与教科书的"颠倒"解释模式等同。所以，人们通常认为恩格斯的"自然辩证法"就是将黑格尔辩证法剥离出其唯心主义体系而应用于自然界这一唯物主义基础之上。进而，人们认为：在马克思那里，辩证法是一种未脱离人的、仅仅适用于社会历史领域的思维方法；而恩格斯则将辩证法理解为脱离人的抽象自然界本身具有的客观规律，恩格斯的"自然辩证法"歪曲了马克思对于辩证法的理解。但是，从前面的论述可以看出，恩格斯对黑格尔辩证法的超越并不能与教科书的"颠倒"模式等同，恩格斯对黑格尔辩证法的超越在实质上也是一种"改造"。那么，从"改造"这一原则出发，究竟如何理解"自然辩证法"呢？

恩格斯曾经在《反杜林论》1885 年的序言中对自己从事自然科学研

究的意图做了一个明确说明。"马克思和我,可以说是唯一把自觉的辩证法从德国唯心主义哲学中拯救出来并运用于唯物主义的自然观和历史观的人。可是要确立辩证的同时也是唯物主义的自然观,需要具备数学和自然科学的知识。马克思是精通数学的,可是对于自然科学,我们只能作零星的、时断时续的、片面的研究。因此,当我退出商界并移居伦敦,从而有时间进行研究的时候,我尽可能地使自己在数学和自然科学方面来一次彻底的——像李比希所说的——'脱毛',八年当中,我把大部分时间用在这上面。"[1] 从这个说明中可以看出,恩格斯的"自然辩证法"正是为了"把自觉的辩证法从德国唯心主义哲学中拯救出来",而这也就是为了实现对于黑格尔辩证法的超越。

在《卡尔·马克思〈政治经济学批判·第一分册〉》中,恩格斯强调了黑格尔的辩证法对于科学研究的重要作用。在《自然辩证法》手稿中,恩格斯同样强调辩证法对当时自然科学研究的作用。恩格斯认为,当时自然科学之所以走向神秘主义的原因:"并不是过度滋蔓的自然哲学理论,而是蔑视一切理论、怀疑一切思维的最肤浅的经验。"[2] 在恩格斯看来:"对一切理论思维尽可以表示那么多的轻视,可是没有理论思维,的确无法使自然界中的两件事实联系起来,或者洞察二者之间的既有的联系。"[3] 恩格斯认为,在当时对自然科学研究最为有效的理论思维并非大多数自然科学研究家所固有的形而上学思维,而是辩证思维。"自然科学家们自己就感觉到,这种杂乱无章多么严重地左右着他们,并且现今流行的所谓哲学又决不可能使他们找到出路。在这里,既然没有别的出路,既然无法找到明晰思路,也就只好以这种或那种形式从形而上学思维向辩证思维复归。"[4]

而实现这种"复归",恩格斯认为最有效的方法就是向黑格尔学习辩证法。恩格斯曾评价道:"黑格尔第一次——这是他的伟大功绩——把整个自然界的、历史的和精神的世界描写成为一个过程,即把它描写为处在

---

[1] 《马克思恩格斯文集》第9卷,人民出版社2009年版,第13页。
[2] 同上书,第451页。
[3] 同上书,第452页。
[4] 同上书,第438页。

不断运动、变化、转变和发展中,并企图揭示这种运动和发展的内在联系。"① 同时,恩格斯也指出黑格尔辩证法的缺陷在于:"其唯心主义的出发点和不顾事实而任意编造体系。"② 针对黑格尔辩证法的唯心主义性质,恩格斯说道:"不论黑格尔如何正确地和天才地把握了一些个别的联系,但由于上述原因,就是在细节上也有许多东西不能不是牵强的、造作的、虚构的,一句话,被歪曲的。"③ 所以,恩格斯认为:"在黑格尔的辩证法中,正像在他的体系的所有其他分支中一样,一切真实的联系都是颠倒的。"④ 因此,恩格斯说道:"必须把它倒过来,以便发现神秘外壳中的合理内核。"⑤

要实现对于黑格尔辩证法的超越,首先应该分析黑格尔辩证法体系中"一切真实的联系都是颠倒的"的原因。恩格斯认为黑格尔辩证法之所以不顾事实而虚构歪曲现实中的联系:"一方面是由黑格尔体系本身造成的,这个体系认为只是'精神'才有历史的不断发展,另一方面,也是由当时自然科学的总的状况造成的。"⑥ 因为,在黑格尔所处的时代,自然哲学仍然主要是"搜集材料"的科学,自然科学各个领域内的过程之间的联系以及各个领域之间的联系还无法说明。所以,黑格尔只能"用观念的、幻想的联系代替尚未知道的现实的联系,用想象来补充缺少的事实,用臆想来填补现实的空白"。⑦

在恩格斯看来必须并且能够实现对于黑格尔辩证法的超越,则在于自然科学的发展。与黑格尔不同,恩格斯所处的时代,自然科学本质上已经从"搜集材料"的科学发展为"整理材料"的科学。1755 年,康德在《自然通史和天体论》一文中否定了关于第一推动的问题,认为"地球和整个太阳系表现为某种在时间的进程中生成的东西。"⑧ 这一论述打破了以往僵化的、认为自然界绝对不变的观点。随着地质学的产生,人们不得

---

① 《马克思恩格斯文集》第 9 卷,人民出版社 2009 年版,第 26 页。
② 同上书,第 440 页。
③ 同上书,第 27 页。
④ 同上书,第 441 页。
⑤ 同上。
⑥ 同上书,第 14—15 页。
⑦ 《马克思恩格斯文集》第 4 卷,人民出版社 2009 年版,第 300—301 页。
⑧ 《马克思恩格斯文集》第 9 卷,人民出版社 2009 年版,第 414 页。

不承认不仅整个地球,而且地球现今的表面以及在这一表面上生存的植物和动物,都有时间上的历史。越来越多的人接受"自然界不是存在着,而是生成着和消逝着"① 这一观点。自然科学中的三大发现促使人们对自然过程的相互联系的认识大踏步前进:第一是发现了细胞。第二是发现了能量转化。第三是达尔文的进化论。

恩格斯认为,通过上述三大发现以及自然科学的巨大进步,人们不仅能说明自然界各个领域内的过程之间的联系,而且总的说来也能说明各个领域之间的联系。所以,恩格斯针对实现对黑格尔辩证法的超越、真正地应用辩证法论述道:"在自然界和历史的每一科学领域中,都必须从既有的事实出发,因而在自然科学中要从物质的各种实在形式和运动形式出发;因此,在理论自然科学中也不能构想出种种联系塞到事实中去,而要从事实中发现这些联系,而且这些联系一经发现,就要尽可能从经验上加以证明。"②

"自然辩证法"正是恩格斯为了实现对黑格尔辩证法的超越所作的自然科学研究。通过这些研究,恩格斯一方面说明了辩证法本身是从自然界的发展过程中抽象出来的现实联系;另一方面向人们揭示了如何培养和真正地应用辩证法。

---

① 《马克思恩格斯文集》第 9 卷,人民出版社 2009 年版,第 415 页。
② 同上书,第 440 页。

艾思奇对实用主义庸俗进化论的批判及其问题

刘玉鹏[*]

摘 要：人民哲学家艾思奇在20世纪50年代曾对实用主义做过全面彻底的批判，特别是对实用主义庸俗进化论的批判，意外地击中了某些"时代共法"的错误。我们看到，艾思奇站在辩证唯物论和无产阶级的立场上，首先将实用主义定性为主观唯心主义哲学和资产阶级哲学，从当时的政治意识形态角度看，艾思奇所做的批判便都是合理且致命性的。但如果阶级斗争普遍化与哲学政治化的思路和做法是有问题的，那我们便不得不重新审视艾思奇对实用主义所做的一切批判，包括本篇论文所重点关注的对庸俗进化论的批判。

关键词：艾思奇 实用主义 庸俗进化论 主观唯心主义

一

贺麟先生在20世纪40年代，曾对当时盛行于中国的社会思潮主要是哲学思潮做过评析。贺先生认为影响最为巨大的哲学思潮是实用主义、辩证唯物论及古典哲学[①]。短短几年之后，辩证唯物论在中国定为一尊，其他两种思潮因为政治的溃败而退居孤岛，已不足以成为辩证唯物论的对手。但奇妙的是，辩证唯物论在独尊于中国的情势下，又一次将昔日的"手下败将"实用主义请回历史舞台，演出了一场声势浩大的批判运动。

---

[*] 刘玉鹏，男，云南大学哲学系副教授，主要研究方向为古希腊哲学与分析哲学。
[①] 参见贺麟《五十年来的中国哲学》，商务印书馆2001年版，第62—63页。

这场运动的主将之一是被称为"人民哲学家"的艾思奇,艾思奇在对手缺席的情况下对胡适实用主义作了全面彻底的批判。站在当时特定的历史情境中,实用主义作为"美帝的官方哲学",被当作反美的靶子进行批判是合理的;胡适作为"反动派的代表人物",被拿来供人民哲学家批斗更在情理之中。若以今日的目光审视,显然那场批判只是附属于无产阶级革命之中的一场政治运动,虽然假以哲学的名义,但离理论的探讨太过遥远。

艾思奇将实用主义的"真面目"界定为:主观唯心主义、不可知论、信仰主义和庸俗进化论。[①] 艾思奇认为胡适实用主义之所以是反动与腐朽的哲学,关键在于其唯心主义的本质。立足于历史唯物主义,艾思奇为实用主义扣上"主观唯心主义"的帽子便轻松将其全盘否定。既然实用主义与马克思主义的党性全然不同,则它不可能包含有任何真理的因素。实用主义宣传祸害无穷的不可知论,它崇尚愚昧的信仰主义。更为可耻的是,它竟然还公然打着科学的旗号,以进化论为自己做辩护。我们看到,在"左倾"是一种美德的时代,艾思奇对实用主义的批判虽说有失公正,但对实用主义"庸俗进化论"的批判,却意外地击中了某些"时代共法"的错误。因此,我们对之加以深入探讨是有必要的。

二

在艾思奇看来,人类虽然也是动物,但人类社会和人类生活却与动物截然有别,不能用生物进化规律来解释。因此,进化论一旦被用来解释人类社会和人类生活,它便必然流为"庸俗进化论"。艾思奇说:"胡适声称实用主义是科学的进化论出现以后的产物,是进化论的成果在哲学上的应用,这是他用来迷惑人们的假面具之一。"[②] 为何实用主义的庸俗进化论是"假面具"?艾思奇分四点进行论述,他说,"这种'庸俗进化论'的主要内容是:把人的生活曲解为盲目的'应付行为',把事物的发展曲解为'一点一滴的进化'和一大堆偶然事件的凑合,把社会简单地看做

[①] 《艾思奇全书》第五卷,人民出版社2006年版,第688页。
[②] 同上书,第723页。

个人生活的连续和堆积，并从这些谬论中引导出一种变相的宗教迷信观点。"①

艾思奇认为，实用主义庸俗进化论的第一条核心内容或其最大错误，便是"蛮横地曲解了人类的知识和人类的生活"，因为他们"把人的生活、经验叫做'应付的行为'，把知识、思想和真理等等看做仅仅是'应付环境的工具'，硬说这是应用了生物界适应环境的科学原理"。② 艾思奇批判敌人的方式是这样的，他首先列出真理的标准是马克思主义辩证唯物论，而"胡适一流的实用主义者——主观唯心主义者否认客观事物及其规律性的存在，否认人的认识是客观事物及其规律性的反映，把人的知识看做'应付环境的工具'，这就是要把人引导到依靠主观妄想从事的盲目行动的错误道路上去。"③ 艾思奇之所以能得出这样的结论，关键在于他坚守唯物/唯心的二元对立。既然实用主义是唯心主义，那它的一切主张便都是错误的。艾思奇在这样说的时候，并没有引用任何一位"实用主义者"的说法加以证明，基本上是在自说自话。因此，我们先不说这种二元对立式的思路是否合理，而首先看能否在实用主义者胡适的思想中找到能够支持艾思奇说法的证据。

胡适的确认为实验主义④受进化论影响极大，他在评价其师杜威的哲学时说："杜威受了近世生物进化论的影响最大，所以他的哲学完全带着生物进化学说的意义。"⑤ 胡适认为，生存进化的道理，全在适应环境的变化，并进而宣称："生活是活动的，是变化的，是对付外界的，是适应环境的。"⑥ 从胡适对进化论本质的断言来看，他确实认为人的生活、经验是"应付的行为"。我们似乎就此便可认为艾思奇说法的正确，但我们从"应付的行为"却不能合理地推出主观唯心主义的结论。其实如果生物进化论是正确的，那作为生物的人自然也遵循着适者生存这样的进化论

---

① 《艾思奇全书》第五卷，人民出版社2006年版，第724页。
② 同上。
③ 同上书，第725页。
④ 胡适认为实验主义较之实用主义，更能表明这种哲学的根本含义即"实验的方法"，因此他坚持使用实验主义这样的名称，但我们应该明白这只是名称上的不同，而非有本质之不同。
⑤ 胡适：《胡适学术文集·哲学与文化》，中华书局2001年版，第24页。
⑥ 同上书，第47页。

法则。但人类社会应付环境的最大能力并不像艾思奇所言的,在于生产劳动与阶级斗争,而是在于思想。用胡适的话说:"思想是人类应付环境的唯一工具,是人类创造未来新天地的工具,所以当的起'创造的智慧'这个尊号。"[1] 其实艾思奇也是同意这一点的,他举马克思在《资本论》中所说的"蜜蜂筑巢与建筑师建造房屋的最大区别"为证,说明人的活动是有目的、有意识的自觉活动,这才是人的生活和动物的生活的根本的区别。[2] 正因为如此,艾思奇才能确信,"人只要掌握了正确的理论知识,掌握了科学的真理,就能预见周围事变发展的前途,就能使自己的实践斗争、生产活动、革命斗争等等战无不胜"[3]。艾思奇认为实用主义最大的错误在于站在反动派的立场上否认人类社会发展的客观规律,因而是完全的主观唯心主义的谬误。我们看到,后来的历史所证明的是,掌握了"科学真理"的人们的实践斗争,并没有如他们所乐观设想的是"战无不胜"的,而是充满了曲折与倒退;实用主义作为"腐朽的反动哲学",并没有因为它是反动的就走向了灭亡,相反却得到了更为深入和广泛的阐扬,这是自认能够预见历史的艾思奇没能预见到的。人终归不是上帝,没有预见历史的能力,这在不承认上帝存在的马克思看来,应该也是合理的吧。

艾思奇认为,"实用主义者把生物进化论里'适应环境'的概念偷来作为自己的招牌,想借此把自己的各种冒险活动和捏造的谎言'装扮'成'科学'的东西,实际上生物适应环境的进化规律和实用主义者'应付环境'的主观幻想,是根本不相干的"[4]。其实,以胡适为代表的实用主义者并不是像艾思奇所描述的那样,是"极端狂妄的"[5]。相反,胡适认为达尔文"在思想史上的最大贡献就是一种新的实证主义的精神"[6];"达尔文与赫胥黎在哲学方法上最重要的贡献,在于他们的'存疑主

---

[1] 胡适:《胡适学术文集·哲学与文化》,中华书局 2001 年版,第 25 页。
[2] 《艾思奇全书》第五卷,人民出版社 2006 年版,第 724—725 页。
[3] 同上书,第 724 页。
[4] 同上书,第 726 页。
[5] 同上。
[6] 胡适:《胡适学术文集·哲学与文化》,中华书局 2001 年版,第 61 页。

义'"①。如此看来，相比于指责他们极端狂妄的人来说，信奉达尔文生物进化论的实用主义者其实是非常审慎的。真正极端狂妄的人是将自己打扮成真理代言人的那些人，他们口口声声说人类社会具有不以人的意志为转移的客观规律，但他们所从事的事业，却总是在妄图超越规律甚至创造规律。在艾思奇激烈批判主观唯心主义之后短短几年，"人有多大胆地有多高产"等强烈唯意志论的口号竟成了"客观真理"，看似极不合情理，其实并不是偶然的。

艾思奇认为实用主义庸俗进化论的第二大错误，便在于他们把社会发展片面地归结为"一点一滴的进化"。"实用主义者把人类的生活曲解为一件件个人'应付环境'的随意行为的堆积，于是就抹煞了社会发展的客观规律，抹煞社会制度由逐渐变化进入根本的质变，由进化运动走向革命爆发的辩证过程，抹煞阶级斗争和新旧事物斗争的矛盾运动。就在这样一种反科学的思想基础上，胡适散布了他所谓的'一点一滴的进化'、'一点一滴的改造'和'不承认根本的解决'的改良主义谬论，并且硬把这些谬论也假装作科学进化论思想，以此作为招牌来反对马克思主义的唯物辩证法。"② 抛开何为科学进化论何为庸俗进化论的区分，这里的争论实质上是"问题与主义之争"的"续篇"。实用主义者与马克思主义者的核心分歧，并不是艾思奇所认为的唯心与唯物的对立，而是在解决中国所遭遇的各种难题的方法上，在改良与革命的致思路向上，用艾思奇的话说就是"一点一滴的改造"和"根本的解决"之间的巨大分歧。我们看到，艾思奇在批评庸俗进化论的这一大错误时，便是将主要的矛头对准了胡适在"问题与主义之争"中的论点。

在艾思奇看来，胡适宣扬"一点一滴的改造"的改良主义，根本的目的并不是要如他所宣称的要一个一个地解决中国的问题，而是为了反对马克思主义。"胡适的这种臭名昭著的谬论，是在五四运动以后不久，中国人民开始接受了马克思列宁主义思想，中国人民反对帝国主义和北洋军阀封建统治的运动高涨起来的时候散布出来的。而他所散布的这些谬论，

---

① 胡适：《胡适学术文集·哲学与文化》，中华书局2001年版，第63页。
② 《艾思奇全书》第五卷，人民出版社2006年版，第726页。

在政治上始终是把反对的锋芒针对着马克思主义和人民的反帝反封建运动。"① 若我们回到当时"问题与主义之争"的语境中去，则会发现参加辩论的几位先生的主张都不是彼此对立的，并不是如我们后来所理解的那样，是主张一个一个地解决问题便会反对主义，或是提倡主义以根本解决问题而反对一个一个地解决问题。胡适所说的"多研究些问题，少谈些主义"的实质含义是，多花工夫去研究一些实际的问题，而少谈些仅仅是抽象口号的主义。胡适并没有像艾思奇所认为的那样是在反对马克思主义，并且他的"一点一滴的改造"也不是为了反对马克思主义的根本解决而作。胡适说："我并不是劝人不研究一切学说和一切'主义'。学理是我们研究问题的一种工具。种种学说和主义我们都应该研究，有了许多学理做材料，见了具体的问题，方才能寻出一个解决的方法。但是我希望中国的舆论家，把一切'主义'摆在脑背后，做参考资料，不要挂在嘴上做招牌，不要叫一知半解的人拾了这些半生不熟的主义，去做口头禅。"② 这段话基本上可以看作是胡适对于问题和主义之关系的根本观点，从这里找不到任何反对马克思主义式根本解决的议论，胡适所反对的"根本解决"，是高谈主义不研究问题者"心满意足，自以为寻着包医百病的'根本解决'"。③ 这一点即使是李大钊也同意，他说："主义的本性，原有适用实际的可能性。不过被专事空谈的人用了，就变成空的罢了。那么先生（指胡适）所说主义的危险，只怕不是主义的本身带来的，是空谈他的人给他的。"④ 李大钊所宣传的"根本解决"是这样的："遇着时机，因着情形，或须取一个根本解决的方法；而在根本解决以前，还须有相当的准备活动才是。"⑤ 但这种"根本解决"，恐怕是胡适也不会反对。

艾思奇对曾经的"问题与主义之争"在没有深入了解的情况下，将争论的双方视作根本对立，并且将问题与主义的争论置换为改良与革命的争论，因此便得出这样的结论："在旧中国那种极端残暴腐朽的反动派统

---

① 《艾思奇全书》第五卷，人民出版社 2006 年版，第 727 页。
② 胡适：《胡适学术文集·哲学与文化》，中华书局 2001 年版，第 493 页。
③ 同上。
④ 同上书，第 504 页。
⑤ 同上书，第 508 页。

治下面，不进行革命斗争，就不可能使历史前进；在那样的情形下面，口头上讲一点一滴的进化，反对根本的解决，就是在实际上不要任何真正的解决，就是实际上根本不要进步。"① 在艾思奇看来，"演进和革命的客观上的本质的区别，即前者是逐渐的变化，而后者是根本的变革，前者是属于量变的范畴，而后者是属于质变的范畴。"② 正因为认定革命是远远优越于改良的，中国的现代史便一次又一次被革命所谱写。我们在此试图不去对"革命"的是非对错加以判定，但20世纪80年代知识分子们"要改良不要革命"的呼声的确是有合理性的，而这种理性的声音早在五四时期的胡适那里就已被发出。可惜的是，在激进思潮愈演愈烈的时代，这样的声音不仅很快就被淹没，而且还被拿出来作为斗争和批判的靶子。

艾思奇认为，胡适所散布的庸俗进化论的观点，第三大错误在于"对偶然性作用的极端夸大"，这也是庸俗进化论与"真正科学的进化论"的根本不同之所在。因为"科学的进化论证明了生物界的运动发展有着一定的必然的客观规律，而实用主义者的'一点一滴的进化'观，则把发展看成一大堆没有任何秩序的事件的偶然凑合。"③ 在艾思奇看来，实用主义者之所以会有这样的错误，关键在于他们的第二大错误，"实用主义者的'一点一滴的进化'的观点，不但抹煞了发展过程中由量变到质变，由逐渐的进化到根本的变革的规律，并且否认了任何贯穿在客观事物发展过程中的必然规律，而把偶然性看做支配一切的东西"；"只承认那一点一滴做到的进步、不承认根本解决的反动政治观点，是和这种偶然性崇拜论的胡说密切联系着的"。④ 我们既然已经说明，艾思奇为实用主义庸俗进化论找出的第二点错误是有问题的，那么建立在第二点错误基础之上的第三点错误，则也是大可怀疑的。

胡适坚持认为："所谓进步，所谓演化，并不是整个笼统忽然而来的；是由一点、一滴、一尺、一寸、一分的很微细的变迁来的"⑤；"人的知识，经验和生活，与生物的进化一样，是从一点一滴的解决问题，解决

---

① 《艾思奇全书》第五卷，人民出版社2006年版，第727页。
② 同上书，第728页。
③ 同上书，第729页。
④ 同上书，第729—730页。
⑤ 胡适：《胡适学术文集·哲学与文化》，中华书局2001年版，第107页。

环境的困难而成的"。① 由此可以明显看出，胡适的这种关于进化的观点是符合达尔文意义上的生物进化论的。胡适自觉地将自己归入进化论的信徒行列，因此艾思奇批评胡适否认客观事物的发展有其必然规律，便是有问题的。身为进化论者，胡适自然会承认进化的规律是事物发展的必然规律，只不过身为"实验主义"者，他对必然规律的承认会更加审慎一些罢了。仅仅因为胡适以"实验的态度"对待真理，要求对真理取实用和存疑的态度，艾思奇便将其判为"偶然性崇拜"的真理论，可能是有些言过其实了。胡适将他自己的真理论定义为"历史的真理论"，说明这种真理论的注重点在于真理如何发生、如何得来、如何成为公认的真理。真理并不是天上掉下来的，也不是人胎里带来的。② 就此而论，胡适并不是在宣扬不可知论。既然在艾思奇那里，不可知论基本与主观唯心主义相同，那胡适便不是艾思奇意义上的主观唯心主义者。

我们看到，艾思奇对胡适的所有批判都会归向实用主义是主观唯心主义这一点，这是艾思奇相当聪明的地方。从对哲学理论的分析能力而言，艾思奇未必强于胡适，但他有唯物辩证法这个法宝，便能战无不胜了。艾思奇所深入探讨的"偶然"与"必然"之间的辩证关系，确实是进化论不能包含的。但艾思奇的错误在于，他将偶然与必然简单地分别对应于唯心主义和唯物主义。胡适认为他的老师杜威高明之处在于，他早已超越了"心物的二元对立"；并且胡适还指出，"达尔文的进化论，不同于马克思的辩证法。马克思的辩证法是根据黑格尔的辩证法；这种辩证法与天然演进的科学方法是不符合的"③。艾思奇却不这么看，他坚持认为，实用主义的主观唯心主义与偶然性崇拜论是互相支持的，"既然一切事物现象都是偶然的，那么人们对于客观事物规律的科学研究的任何希望都要落空了。科学就成为多余的东西了！人们就仅仅只有依靠纯主观的意志和愿望来投机冒险，来盲目的'应付环境'这一条道路了！这样，实用主义者又依靠着庸俗进化论想把人引诱到反科学的道路上去。"④ 历史已经证明，真正依靠主观意志去投机冒险的是哪些人，真正反科学的又是哪些人。

---

① 胡适：《胡适学术文集·哲学与文化》，中华书局 2001 年版，第 110 页。
② 同上书，第 16 页。
③ 同上书，第 107—108 页。
④ 《艾思奇全书》第五卷，人民出版社 2006 年版，第 730 页。

艾思奇认为实用主义庸俗进化论的最后一个错误，在于他们所宣扬的"社会不朽论"。这种错误实际上还是主观唯心主义的错误，"是建立在对人类社会生活的主观唯心主义的曲解的基础之上的。这种曲解的主要点就在于，否认社会的基础是在一定发展阶段上的社会经济制度，把社会看作仅仅是个人的扩大，看作仅仅是'我'的扩大"[①]。艾思奇将这种"社会不朽论"的要义分为两点："第一，说社会、'大我'是个人、'小我'的简单的连续和堆积，这就是把个人、'小我'当做人类社会的基础，把个人的行动当作历史发展的决定力量，这就是用资产阶级的个人主义的主观公式来曲解社会生活。这是一切资产阶级的社会历史学说所共同的早已陈旧了的观点。胡适——实用主义者正是妄想在'社会的不朽'观念的招牌下面来散布这种陈旧的资产阶级观点，来反对马克思列宁主义的科学的社会主义思想的。"[②] 从这里可以明显看出将哲学政治化、将阶级斗争普遍化的思路，更可以看出艾思奇似乎是高估了胡适的动机与能力，因此他想当然地给胡适扣上太多并不符合实情的"大帽子"。

在前一层分析的基础上，艾思奇进而认为，"胡适的'社会的不朽论'，不仅仅是反动的资产阶级个人主义的谎言，而且是用狡猾的方法为宗教迷信开辟道路的谎言。我们说它是狡猾的，是因为虽然胡适在实际上宣传着信仰主义和宗教思想，甚至于公开地宣告'社会不朽'观念是'我的宗教'，然而在表面上却又装出一套好像在反对迷信，反对'灵魂不灭'的观念，甚至于反对上帝存在的观念和主张'无神论'的姿态"[③]。这里的关键在于从"社会不朽"能否合理地推出"灵魂不灭"、"上帝存在"等观念，并在此基础上能否认定这是一种宗教迷信的观点。我们且先来看胡适对待宗教的态度。胡适在讨论达尔文的进化论在哲学上的革命性变革时说："最明显的是打破了有意志的上帝观念，如果一切生物全靠着时时变异和淘汰不适于生存竞争的变异，方才能适应环境，那就用不着一个有意志的主宰来计划规定了。"[④] 即是说，有意志的上帝是不需要存在的，达尔文的进化论以无数科学的事实做证据，将上帝存在的观

---

① 《艾思奇全书》第五卷，人民出版社 2006 年版，第 731 页。
② 同上书，第 732 页。
③ 同上书，第 734 页。
④ 胡适：《胡适学术文集·哲学与文化》，中华书局 2001 年版，第 62 页。

念给彻底否定了,这是"革命的议论"。① 胡适在评述詹姆斯的宗教观时,曾说:"这是他的宗教的成见。他以为这个上帝的观念——这个有意志,和我们人类的最高理想同一方向进行的上帝观念——能使我们人类安心满意,能使我们发生乐观,这就可以算他是真的了!这种理论,仔细看来,是很有害的。他在这种地方未免把他的实验主义的方法用错了。这个'有意志的神力'的观念是一个宇宙论的假设。一个观念不曾经过经验,便不配算作信仰,便不配问他的真假在实际上发生什么区别。"② 由此可见,艾思奇对胡适的宗教观的判定是大有问题的,"社会不朽"和"宗教迷信"没有必然的关联。胡适也许会说,"我的宗教"是"社会不朽",但这里的"宗教"绝不是艾思奇意义上的那种宗教,而更应该看做是胡适对人生意义即"不朽"的追寻。我们甚至可以设想一下,在坚持"实验室的态度"的实用主义者胡适看来,若说上帝存在,他要说的第一句话便是:"请拿出上帝存在的证据来。"虽然实用主义者的这种宗教观也是很成问题的,但他们对宗教的态度绝不可能是艾思奇所理解的那样,并且相比于艾思奇的宗教观,可能是更合情理的。

三

至此,我们已经将艾思奇对实用主义庸俗进化论的批判较为完整地梳理了一遍。我们看到,艾思奇站在辩证唯物论和无产阶级的立场上,首先将实用主义定性为主观唯心主义哲学和资产阶级哲学,由这个基础点出发,艾思奇所做的批判在当时的历史条件下便都是合理且致命性的。但如果阶级斗争普遍化与哲学政治化的思路和做法是有问题的,那我们便不得不重新审视艾思奇对实用主义所做的一切批判,包括本篇论文所重点关注的对庸俗进化论的批判。我们已经说过,从理论的层面讲,艾思奇对实用主义的批判有诸多不妥之处。在我们的论述中也可以看出,艾思奇对实用主义庸俗进化论的各项批判大多是成问题的甚至可以说是无效的。但我们也说过,艾思奇对庸俗进化论的批判却意外地击中了某些"时代共法"

---

① 胡适:《胡适学术文集·哲学与文化》,中华书局2001年版,第63页。
② 同上书,第18—19页。

的错误，这个"时代共法"便是作为现代中国一大意识形态的进化论。

艾思奇以庸俗进化论为名批判实用主义，所能透显出的是，他将自己置于"科学进化论"的立场。胡适处处以进化论作为立说的依据，也号称自己所信奉的达尔文进化论是科学的。艾思奇与胡适，到底谁的进化论是科学的或者是更为科学的呢？如果我们认真审视进化论在中国的传播史则会发现，在达尔文那里仅仅限于生物界的进化论，中国人更喜欢拿它来解释社会领域的问题，最后，进化论演变成了一种牢固的、对历史进步的信仰。在实用主义者那里，所谓历史的真理观更加强调的是历史的演化和进步；而在马克思主义者那里，唯物史观更是完全的进化史观。虽然实用主义者和马克思主义互相指责对方为庸俗进化论，但实际上，只要用进化论来强行解释人类社会并进而揭示人类历史，它便会流为庸俗进化论。这一点其实也是艾思奇所指明的，不过他说明此点只是为了攻击实用主义，而未能深入反省自己所信奉的唯物史观和进化论之间的深刻理论关联。我们看到，本身具有诸多理论难题的进化论，在中国竟能成为意识形态式的普遍信仰，便是源于它的庸俗化。

·中国哲学研究·

理学之逻辑结构诠释法与濂溪哲学新解

李煌明[*]

摘 要：由于并未形成一套与理学相适应的、成熟的诠释方法，故理学研究亦未能取得突破性进展。本文依据中国哲学传统的思维特征、《易》的"意象言"结构以及"观物"和"明象"思想，提出新的诠释方法——逻辑结构诠释法。理学之所以能糅合三家、圆融有无、实现"理一分殊"之儒家精神，实源自佛家的"一体二用"圆融思维模式。为此，本文以"一体二用"的思维模式为切入点，揭示理学的理论结构，展现理学独特的精神面貌。为了更清楚、更有力地论证这一新的诠释方法，本文拈出理学研究中争议最多者——濂溪哲学进行阐述。

关键词：宋明理学 逻辑结构 诠释方法 濂溪哲学

进入 21 世纪后，中国哲学的研究在方法上出现了重要变化：由原来以文献学、历史学为主逐渐转向文化学、诠释学。这一转变与海外中国哲学研究有密切关系，如成中英先生倡导的"本体诠释学"、李明辉先生倡导的"经典诠释传统"、余英时先生倡导的思想史与社会文化史交互为用方式。与此相呼应，内地宋明理学的研究也开启了方法论之反思与自觉，"诠释"、"建构"、"理路"等词也逐渐成为理学研究中的关键词。

然而，研究方法之反思与自觉于宋明理学研究而言依然处于开启阶段，学界迄今为止并未形成与宋明理学相适应的、系统的诠释方法，尽管

---

[*] 李煌明，男，云南大学人文学院教授，研究方向为中国哲学。

于诠释方法的建构上不无努力，亦有所贡献与建树。① 本文从"理学何以糅合儒释道三家而自成一学术体系（形态）"这一问题的思考切入，发现理学正是通过佛学之"一体二用"思维模式圆融三家之学，并由此建构出其道德本体论。尽管理学内部存在某些具体的分歧，但在理论建构上都呈现出"一体二用"的思维模式及与之相应的理论结构。理论结构又蕴含着相应的价值观念与价值取向，故整个理学不仅存在相同的思维模式、相似的理论结构，而且具有相近的价值观念与价值取向，一个圆融三家、自成一体的理学体系由此得以形成和发展。本文将提出和阐述一种新的诠释方法——逻辑结构诠释法，其于理学诠释之效用究竟如何，则必待证于具体之研究。故本文特别拈出理学诠释中争议最多者——濂溪哲学，并以之为例来具体说明和论证此方法。若以当代诠释学观之，逻辑结构诠释方法的提出更多地属于"前见解"或"前理解"，而濂溪哲学文本的诠释则意在说明"我们的前理解与文本所说的东西之间的符合性"亦即"文本的理解的正确性"。②

一 理学系统说与体用论

提及"逻辑结构"，人们往往与西方哲学联系在一起，故而以"逻辑结构"作为中国哲学、宋明理学的诠释方法容易遭致怀疑。然而，此怀疑暗含一前提，即"逻辑结构"属于西方哲学的特色，而中国哲学并无之，或至少并非其特色，故以"逻辑结构"诠释中国哲学、宋明理学有舍本逐末、不得要领、误入歧途之嫌。或许，这种怀疑源自一种误解：以西方哲学的逻辑来诠释中国哲学、宋明理学。

当然，本文所说的"逻辑结构诠释法"并非要以西方哲学之逻辑诠

---

① 如成中英主编的《本体诠释学》三辑，李明辉主编的《中国经典诠释传统（二）：儒学篇》等都直接论及了部分宋明理学家诠释经典的方法，对于理学诠释方法的探索有不少启发和帮助。此外对言意之辨、"象"思维、体用论的方法论探讨对于今后诠释方法的形成具有一定的影响。但一如成中英先生指出"目前学界对诠释的本体与方法的讨论似尚未成熟"（成中英：《本体与诠释：中西比较》，《诠释空间的本体化与价值化》，第1页）。同样，经典诠释方法论的研究亦处于探索阶段。

② 洪汉鼎：《诠释学——它的历史和当代发展》，人民出版社2005年版，《前言》第5页。

释宋明理学,而是以中国哲学、宋明理学之逻辑反观宋明理学。① 至于中国哲学是否有其自身之逻辑结构或逻辑系统,冯友兰先生从中西哲学的对话出发,认为西方哲学有其形式之系统,而中国哲学亦有其实质之系统。他说:

> 凡真正哲学系统,皆如枝叶扶疏之树,其中各部,皆首尾贯彻,打成一片。如一树虽有枝叶根干各部分,然其自身自是整个的也。……惟其如此,所以大哲学家之思想,不但皆为整个的,而且各有其特别精神,特别面目……中国哲学家之哲学之形式上的系统,虽不如西洋哲学家,但实质上的系统,则同有也。讲哲学史之一要义,即是要在形式上无系统之哲学中,找出其实质的系统。②

冯友兰先生肯定了两点:就整体而言,中国哲学是"整个的",有其实质的系统;就个别而言,大哲学家之哲学不仅有实质之系统而且"各有其特别精神,特别面目"。虽然中国哲学在形式上的系统不如西方哲学明显,但其内在和实质上同样有之。换言之,中国哲学、宋明理学、濂溪哲学都有其"实质之系统",只是这种"实质之系统"并不是现成的、显现的,而是隐藏的、内在的,是需要研究者"在形式上无系统之哲学中"通过努力"找出其实质的系统"。有实质之系统便有其逻辑结构,没有逻辑结构便不成其为"系统"。一如中国哲学之系统是隐藏的、内在的,其逻辑结构也是隐藏的、内在的,也同样需要诠释者加以揭示和阐述。

既然中国哲学存在"实质之系统",且有其潜在的、内隐的逻辑结构,那么宋明理学亦如此。为此,当前中国哲学界诸多学者明确指出:宋明理学本身就是一个系统或学术体系,并且存在一个共同的结构即本体论

---

① 当然,我们这里亦暗含了一个前提,即中国哲学的逻辑与西方哲学的逻辑并不相同,而是有其自身的特殊传统。故而学术界才会说"世界逻辑学有三大源流,即中国名辩学、印度正理—因明和西方逻辑学"(张家龙主编:《逻辑学思想史》,湖南教育出版社2002年版,《绪论》第1页)。中西方逻辑的差别问题暂且不论,单就本文所论的"一体二用"这一整体动态结构的思维模式或逻辑形式而言,就与西方哲学的任何一种逻辑形态不同。

② 冯友兰:《中国哲学史》上册,重庆出版集团、重庆出版社2009年版,第9—10页。在此处,冯友兰先生只是从中西方逻辑在形式上的不同,并未论述二者在实质上的差异,而实质上的差异,如中国哲学思维的整体性、动态性与直觉性、类化性,才是二者根本不同之所在。

结构。

向世陵先生指出,"宋明理学不论是分为二系、三系还是四系,实际上都有一个暗含的前提,那就是存在一个作为总体或整体的宋明理学"。① 既然宋明理学是一个总体或整体,那么也就必然存在共性与核心。为此,向世陵先生从共同的价值追求和核心命题出发,认为宋明理学标志性的理论便是复性论。② 若以结构观之,复性论便是宋明理学的共同结构。所谓"复性论",简而言之,便是通过"尊德性与道问学"的修养工夫而"回归"到原初的"天命之性",从而实现天人合一。为此复性论通常表现为:本体—工夫的纵向结构。

杨儒宾先生和朱汉民先生则进一步指出,宋明理学之所以为一个学术体系就在于其存在一个共同的理论结构,即体用结构,其根源在于理学家共同采用了体用论的方法和视角重新诠释经典,从而建构出理学体系。③ 并且杨儒宾先生还认为,朱子解经是采用"月印万川"的模式,而陆、王则是"记籍"的模式。④

其实,早在1988年,蒙培元先生便已明确指出:"'体用'和'形上形下'一样,是理学本体论的重要范畴,并具有方法论的意义。理学本体论,严格地说,就是通过'体用'范畴建立起来的。""理学家普遍接受了玄学和佛学体用说的思维方式,但是他们又都批判了佛学的'有体无用'之学。他们建立了'有'的哲学,以'实有'为体,只是这个'有'并不是具体存在,而是普遍存在,但是这个普遍存在是什么,却有不同回答。"⑤

由上,宋明理学不仅是一个整体,有其自身的实质系统或体系,而且潜在或内隐着一个共同的理论结构,即体用结构,理学正是通过这一体用

---

① 向世陵:《理气性心之间——宋明理学的分系与四系》,人民出版社2008年版,第414页。

② 同上书,第415页。

③ 杨儒宾:《〈中庸〉、〈大学〉变成经典的历程:从性命之书的观点立论》,见李明辉编《中国经典诠释传统(二):儒学篇》,国立台湾大学出版中心2008年版,第113页。朱汉民:《玄学与理学的学术思想理路研究》,中国社会科学出版社2012年版,第149页。

④ 杨儒宾:《水月与记籍:理学家如何诠释经典》,见李明辉编《中国经典诠释传统(二):儒学篇》,第159页。

⑤ 蒙培元:《理学范畴系统》,人民出版社1998年版,第148—150页。

结构来诠释经典，建构理论体系。如此，我们以"体—用"逻辑结构来分析、观照宋明理学也就水到渠成、恰如其分。

二 理学的思维模式与理论结构

由上，现有的研究不仅指出宋明理学是一个整体系统，而且还明确指出这一系统内隐的结构及方法论即"体用论"。既然"体用论"或"体用说"是理学的思维模式，又是其系统之结构，那么，"体用论"的思维模式及相应的理论结构具体是怎样呢？这本是理学体用论应有的追问，然而鲜有学者于此进一步深究。此体用论的进一步深究对理学理论体系的厘清，对理学发展变化过程的认识，对理学研究中的诸多争议之解决都具有相当重要的价值。

（一）理学与佛学"一体二用"思维模式

一如已有的研究指出理学体用论直接源于魏晋玄学或佛学（主要是隋唐佛学），应该说体用思维方式在《周易》、老庄中已经出现，而体用论确始于魏晋玄学，但体用论的真正成熟与完善则应在隋唐佛学。[①] 如果说魏晋玄学的体用论尚未能实现有无（名教与自然）之间的圆融，亦未能全面展开，那么隋唐佛学则实现了"有谛"、"无谛"、"中道第一义"三者之间的圆融，而且从纵、横与非纵非横（或既纵又横）三个层面进行全面展开。以圆融有无为核心任务的宋明理学直接从隋唐佛学中继承体用论，确为逻辑之必然。

以内在思维模式而言，隋唐佛学的体用论可以概括为"一体二用"。"一体二用"的思维模式源自《大乘起信论》之"一心开二门"。《大乘起信论·解释分》云：

> 依一心法，有二种门。云何为二？一者心真如门，二者心生灭

[①] 中国哲学的体用论究竟是起于魏晋玄学还是佛学，目前尚有争论。王晓毅、朱汉民等主张魏晋玄学只是本末观，而隋唐佛学才是真正体用论的开始；汤用彤、方立天、蒙培元等则认为体用论开始于魏晋玄学；余敦康则认为本体论的思维模式实在《周易》、老庄之中便存在了，只是往往和宇宙论纠缠扭结在一起。

门。是二种门，皆各总摄一切法。此义云何？以是二门不相离故。①

"真如门"是对本体的揭示，"生灭门"是对现象的说明，二门归于一心，一心开出二门。② 牟宗三先生在《中国哲学十九讲》中明确地指出，"一心开二门"这一结构"是一个有普遍性的共同模型，可以适用于儒释道三教，甚至亦可笼罩及康德的系统"③。"一心开二门"是否可以沟通中西方之哲学，是否适用于各个时期的儒释道三家，且存而不论，但可以肯定这一思维模式于宋明理学则是适合的。但牟宗三先生在《心体与性体》一书中尚未明确亦未运用这一结构方法。

进入隋唐宗派佛教后"一心开二门"思想又有了进一步的发展，直接提出了"一体二用"的思维模式和体用观。如智𫖮的纵生横含观念，宗密的一体二用说。要具体了解理学的体用结构，与其从《大乘起信论》切入倒不如从智𫖮、宗密切入来得更直接、更清楚。

智𫖮说：

> 若从一心生一切法者，此则是纵；若心一时含一切法者，此即是横。纵亦不可，横亦不可，只心是一切法，一切法是心，故非纵非横，非一非异，玄妙深绝，非识所识，非言所言。所以称为不可思议境，意在于此云云。④

华严禅的创导者、华严五祖宗密说：

---

① 《大乘起信论》，高振农译注，中华书局2012年版，第16页。
② 参见程恭让《牟宗三〈大乘起信论〉"一心开二门"说辨正》，载《哲学研究》1999年第12期。
③ 牟宗三：《中国哲学十九讲》，世纪出版集团、上海古籍出版社2005年版，第233页。尽管牟宗三晚年把"一心开二门"结构提到了会通三家、沟通中西的地位，但他在《心体与性体》一书中并未以此结构来贯通宋明理学，至多是"隐而未发"。同时，应该注意到，牟宗三先生《心体与性体》一书的立场与本文的立场是不同的，牟宗三先生并不认为宋明理学是圆融三家的结果。他在《心体与性体》一书中明确地说，所谓"新儒学"之所以为"新"，"若谓其因杂有佛老而为新，则是虚妄"。（上册，上海古籍出版社1999年版，第11页）而我们认为，宋明理学是圆融三家的结果，而"一体二用"模式的采用正出于此需要。
④ 《摩诃止观》，卷五上。

真心本体有二种用：一者自性本用，二者随缘应用。犹如铜镜，铜之质是自性体，铜之明是自性用，明所现影是随缘用。影即对缘方现，现有千差，明即自性常明。明唯一味，以喻心常寂是自性体，心常知是自性用，此能语言能分别动作等是随缘应用。①

由上，佛家所谓"一体二用"可由三个层次来分析。其一，一如《起信论》所示，总体上是一个体用结构（或形上形下关系），这种体用结构是个双向关系："一心"开出"二门"；"二门"呈现"一心"。其二，分而言论之，"用"有二种即"自性本用"与"随缘应用"。"自性本用"与"心真如门"相应，是"心一时含一切法"，是"横"；"随缘应用"与"心生灭门"相应，是"一心生一切法"，是"纵"。横含者，一时并了，原无次序；纵生者，虽以体用关系为主，然亦含有先后次序。其三，非纵非横，有无、体用的圆融，"只心是一切法，一切法是心"，如禅宗灯光之喻："灯是光之体，光是灯之用。名即有二，体无两般"②（《金刚经·心经·坛经》，《六祖坛经·定慧品第四》，中华书局2008年版，第185页）又如智顗"有谛"、"无谛"、"中道第一义谛"，"三谛圆融"和圆教思想。③ 这一圆融思维对理学糅合三家，观照有无，综通体用，从而建构出理学理论体系起了重要作用。

由上，隋唐佛学的"一体二用"思维模式与方法论体系在系统性、丰富性、具体性、明确性等诸多方面，自是南朝之《大乘起信论》所示之"一心开二门"所不及。牟宗三先生从儒家的道统出发，而承象山之说，把纵横交融、十字打开的哲学思想体系归于孟子。④ 确切地说无论其明确性还是系统性，纵横交融的思维模式应在隋唐佛学"一体二用"中才全面展现。如果说"一心开二门"奠定了形上形下的体用交融模式，

---

① 方立天：《中国佛教哲学要义》上卷，中国人民大学出版社2002年版，第432页。
② 《金刚经·心经·坛经》，《六祖坛经·定慧品第四》，中华书局2008年版，第185页。
③ 智顗：《四教义》卷二，见《大正藏》卷四十六，第727页。
④ 牟宗三：《心体与性体》上册，上海古籍出版社1999年版，第23页。当然，我们并不是否认，也许在《大乘起信论》之前的传统哲学中蕴含或潜在了某些"一心开二门"思维模式的因素或元素，甚至可以找出其原初的"模型"，但"一心开二门"毕竟到了《大乘起信论》才明确提出，具有新的内涵，代表了思维发展的一个新阶段。

那么"一体二用"则全面展现和确定了纵横两系交融的模式。为了便于读者对这一模式理解，我们列了一个简单的表格如下：

心	横含：真如门		
纵生：生灭门	自性体		自性用
	体	心	
	铜之质（灯）		铜之明（光）
	随缘应用	影（迹）	

佛家"一体二用"的思维模式清楚了，那么理学具体的体用思维模式也就得以呈现。理学正以此思维模式沟通宇宙论与本体论，圆融虚实有无，建构理学"理一分殊"的天人合一理论体系。当然，这只是一种"前见解"或"前理解"，实事究竟如何则有待于理学具体理论结构的"证实"。

（二）理学"十字"理论结构

由上，宋明理学与隋唐佛学二者的思维模式是相同的，都是"一体二用"模式。自然进一步的追问便是：为何宋明理学与隋唐佛学在价值观念、价值取向上会有差异。我们认为，二者在价值观念、价值取向的差异源于"一体二用"的内涵与侧重不同，即理论结构不同。

首先是二者体用的侧重不同。用理学家批判佛家的话说，佛家是"有体而无用"、"体用殊绝"；儒家则是"道兼体用"、"体用一源，显微无间"。其次是二者体用的内涵不同。佛家以"空寂之心"为"体"，以"虚幻不实"、"缘起缘灭"的现象界为"用"，故而体现出以"空"为核心的价值观念；而理学家则以"生生之德"为"体"，以人伦道德、社会规范为"用"，故而体现出以"德"为核心的价值取向。换句话说，理学与佛学二者在思维模式上是相同的，但其内涵与侧重不同，故二者具体的理论结构不同。而理论结构不同，其相应的价值观念、价值取向便不同。价值取向、核心观念不同，具体的哲学思想亦不同。

于此，有必要对本文所说的"思维模式"与"理论结构"二者的差异作一简要说明。如果说思维模式只是纯粹的形式，那么理论结构则是形式与内容的统一，是思维模式的具体化，已经体现出了特定的价值观念、价值取向。下面，我们选取张子、朱子和阳明三者具有代表性的理学思想作为对象简略考察理学的理论结构。

张子哲学中的核心概念是"太虚",张子说:"太虚无形,气之本体,其聚其散,变化之客形尔;至静无感,性之渊源,有识有知,物交之客感尔。客感客形,气与无感无形,惟尽性者一之。"(《张载集》,第7页)所谓"其聚其散"并非指"太虚",太虚并无聚散,其聚散者气也,此"气"是阴阳实体之气。"至静无感"亦省略了主词"太虚"。由此可见,太虚既是"实"即"气之本体"又是"虚"即"性之渊源",此即所谓"有无混一"。然毕竟气是体而性是用,故不可以"性气二元论"视之,同理,亦非气的宇宙论。太虚的本质特征是"至静无感"、"无感无形"。至于动静聚散、有形有象、"有识有知"之类皆属"客感客形"之形而下者,只是太虚之用。张子所谓"太虚即气"、"虚空即气",此"气"并非指实体之气,而是本体之气,即至静无感、无形无象,似言抽象之气。故张子强调说"太虚无形,气之本体",就是说,太虚即本体,其用则为"气",此"气"则为实体的、形下之气,阴阳之气,"客感客形"之气。由上,张子在体用关系上亦"以动静分体用"。

至于张子之"太极"、"太和"者,并非与"太虚"同属本体范畴。张子明确地说:"言虚者未论阴阳之道。"(《张载集》,第325页)而"太和"、"太极"皆论阴阳变化之道。张子曰:"一物两体者,气也。一故神,两故化,此天之所以参也。……两体者,虚实也,动静也,聚散也,清浊也,其究一而已。有两则有一,是太极也。"(《张载集》,第233页)"一物而两体者,其太极之谓与。"(《张载集》,第235页)可见,"太极"已然是阴阳之气,似朱子所说的"生物之具"。此所谓"一"者并非"太虚"而是"太极"。于"太和",张子道:"太和所谓道,中涵浮沉升降动静相感之性,是生絪缊、相荡、胜负屈伸之始……散殊而可象为气,清通而不可象为神。"(《张载集》,第7页)"太和"已然在论"一阴一阳之谓道"。可见,"太极"、"太和"二者已为形而下者,非"至静无感"之体。[①]

由上,张子哲学的理论结构可图示如下:

---

① 横渠与濂溪二者哲学之理论结构具有极大的相似性,濂溪是"无极而太极",横渠则是"太虚而太和",其本质都是"静无而动有"。虽无直接的史料证明,但从理论结构观之,横渠应该是受濂溪之影响。

生生之德			横含：真如门		
纵生：生灭门	本体		自性体	合一	自性用	特征
			本体之气	太虚	性之渊源	至静无感无形无象
	随缘应用	元亨	阴阳实体之气	太和太极	神、性	变化相感有象
		利	人（物）		心	有形知觉
		贞	形溃反原			

朱子哲学的理论结构则直接体现在其《仁说》之中。《仁说》云：

> 天地以生物为心者也。而人物之生，又各得夫天地之心以为心者也。故语心之德，虽其总摄贯通，无所不备，然一言以蔽之，则曰仁而已矣。请试详之。盖天地之心，其德有四，曰元亨利贞，而元无不统；其运行焉，则为春夏秋冬之序，而春生之气无所不通。故人之为心，其德亦有四，曰仁义礼智，而仁无不包；其发用焉，则为爱恭宜别之情，而恻隐之心无所不贯。故论天地之心者，则曰"乾元"、"坤元"，则四德之体用不待悉数而足；论人心之妙者，则曰"仁，人心也"，则四德之体用亦不待遍举而该。盖仁之为道，乃天地生物之心即物而在。情之未发而此体已具，情之既发而其用不穷。诚能体而存之，则众善之源，百行之本，莫不在是。①

首先得清楚朱子所谓"心"。以天地而言，此"生物之心"乃兼理气者；以人而言，"心统性情"。合而言之，"道兼体用"。与之相应，以实在观之，体用二者是"体用一源，显微无间"即"自理观之，理中有象；自象观之，象中有理"。故此兼体用的"心"、"道"或"太极"是最高的实体存在。

其次得明了朱子所谓"心之德"。本体观之，体用自是不同，体自是

---

① 《宋元学案》（二）卷四十八，《晦翁学案上·仁说》，中华书局2007年版，第1511页。

体，用自是用，故性理而以体言即"心之德"，而运行之情气则以用言即"心之发用"。故不可认为朱子哲学是理气二元论，其本体自是理，即心之德亦即仁。体是无所不贯者，故曰其"总摄贯通"者，一似佛家之真心本体。然此本体并非一独立存在，而是一普遍存在，亦是逻辑上最高的本体存在。

再次得确定朱子纵横的不同内涵。由横向观之，着眼于"一"即"一中有多"，侧重于一对多的含摄，同时含摄四者，故是一时并了，原无次序，如元亨利贞四者俱含于元，仁义礼智四者俱含于仁，其余二者同理，故朱子说"元无不统"、"仁无不包"、"春生之气无所不通"、"恻隐之心无所不贯"。故朱子借二程之语云："偏言则一事，专言则包四者"①然由纵向观之，着眼于"多"即"多中有一"，侧重于多对一的展开与实现，其表现为流行发用，故有个先后次序，有生成之意，如元亨利贞、仁义礼智四德之序，春夏秋冬、爱宜恭别四气之秩。

最后得厘清朱子哲学的结构。统天括地、涵盖万物者，无非是"天地生物之心"。"而人物之生，又各得夫天地之心以为心者也。"明确指出人物之心即天地之心，从而构建出天人合一的纵向生成结构即由天地而后人物。然分而言之，天地与人物之心二者皆各有其体用，天地之心以理为体而以气为用，人物之心以性为体而以情为用。此体用主要是横向的展开。但也包含了纵生的意味，因为理与气二者的结合方有了人物之性；同时，从逻辑上说，毕竟体在前而用在后，故也有个次序的含义。为此，朱子又以元亨利贞四者与理气性情相配，故说：

> "继之者善"是动处，"成之者性"是静处。"继之者善"是流行出来，"成之者性"则各自成个物事。"继善"便是"元亨"，"成性"便是"利贞"。及至"成之者性"，各自成个物事，恰似造化都无可做了；及至春来，又流行出来，又是"继之者善"。②

朱子哲学理论结构的复杂之处亦在此，即把纵横二者糅为一体，体现

---

① 《朱子全书·朱子语类》一，上海古籍出版社、安徽教育出版社2010年版，第252页。
② 《周子通书》，《朱子论太极图》，上海古籍出版社2000年版，第75页。

出"非纵非横"或"既纵又横"的思想。其大的结构如此，其小的结构亦如此。以"理气性情"四者分别观之，其每一个都是纵横合一的"理一分殊"结构。由上，朱子哲学的理论结构可图示如下：

体				兼体用而言	用			
理、元				天道、天地之心	气、亨			
元之元	元之亨	元之利	元之贞	道兼理气、继善	春之春	春之夏	春之秋	春之冬
↓								
性、利				人道、人物之心	情、贞			
仁之仁	仁之义	仁之礼	仁之智	心统性情、成性	爱之爱	爱之宜	爱之恭	爱之别

再观阳明哲学之理论结构亦是。总而言之，一心而已。分而言之，有纵有横。以横观之，至善天理、天地之性，乃以心之质而言，所谓"性体"；知善知恶，乃以心之灵处说，故称"良知"；虚静无欲、无善无恶，乃以心之本然状态说，所谓"心体"。当然，并非说一心可分三段、三处，只此一心而已，岂可分哉，岂有先后！一如灯之与光，镜之与明，性体、心体、良知，无非一心，一时并在。故阳明说："知是理之灵处，就其主宰处说便谓之心，就其禀赋处说便谓之性。孩提之童无不爱其亲，无不知敬其兄，只是这个灵，能不为私欲遮隔，充拓得尽，便完完是他本体。"[①] 以纵观之，则有先后之序，阳明说："身之主宰便是心，心之所发便是意，意之本体便是知，意之所在便是物。"[②] 然以体观之，意与物事亦无非一心之流行发用，统括天地，纵贯古今，莫非一心。故阳明哲学之理论结构亦可图示如下：

心		横：真如门		
纵：生灭门	体	自性体	心	自性用
		天理、性、至善		无善无恶、虚灵不昧
	随缘应用		意	
			物（事）	

[①] 王阳明：《传习录》上，《王阳明全集》一，上海古籍出版社2006年版，第49页。
[②] 同上书，第38页。

综上，尽管是同一思维模式"一体二用"，但由于其内涵与侧重不同，其理论结构亦不同；理论结构不同，其具体的哲学思想亦不同。理学的理论结构大体与其"一体二用"的思维模式相应，然而究竟会有什么变化，这便需要具体哲学思想的证明。但是，具体哲学思想一一阐述，篇幅过于庞大，绝非本文所能承载，故只能选取理学中争议最多者濂溪哲学为例加以说明和论证。

三 逻辑结构诠释法

前文由理学整体观和体用论出发，揭示了理学体用论的思维模式即隋唐佛学之"一体二用"，进而依此共通思维模式展现了理学的理论结构，为下一步诠释理学具体思想奠定了坚实的基础。其实，在前文的阐述过程中已潜藏了一种新的诠释方法——逻辑结构诠释法。但这毕竟是内隐、潜在的新方法，故而在采用这一方法进行具体思想诠释之前，有必要对其做一些梳理、归纳与总结，使之明确化、清晰化，并使这一方法之应用从自发上升到自觉。

（一）逻辑结构诠释法的结构、依据与内涵

由前文所述，逻辑结构诠释法蕴含了三个层次或三重结构：思维模式、理论结构与具体思想。[①] 此三者，由内而外，由微而著，从抽象到具体，从共性到殊性，是一个不断丰富、不断生长、逐渐分化、逐渐显现的过程。如果说思维模式是种子或根脉，那么理论结构便是主干，具体思想就是枝叶。

此三层次也是《周易》所说的"意—象—言"三重结构。思维模式处于最深层，是潜隐的，一如无形无象之意；理论结构是思维模式与具体思想的中间环节，是沟通"意"与"言"的重要桥梁，往往以象表现；具体思想则是"意"的完全显现，是有形有象者，与言相应。一如王弼所说：

[①] 只是具体思想在前面并未展开，而是以濂溪哲学为例放在后面。

> 夫象者，出意者也。言者，明象者也。尽意莫若象，尽象莫若言。言生于象，故可寻言以观象。象生于意，故可寻象以观意。意以象尽，象以言著。①

由上，逻辑结构诠释法在结构上表现为《周易》"意—象—言"的模式，此正是逻辑结构诠释法在整体结构上的重要特征。它与理学本身的理论建构是一致的：大多理学家都通过《易》的诠释来建构其理论体系，这也是为什么理学家往往都有其易学著作。与此相应，理学的理论结构往往都蕴含了"意—象—言"的结构。朱汉民先生指出，言意之辨的方法是理学家经典诠释的重要方法。

事实上，言意之辨既体现了逻辑结构诠释法"意—象—言"的三重结构，亦体现了此诠释法的理论依据。由王弼所论"言象意"三者的关系可见，由言而象，由象而意，这种由表及里的过程谓之"观"；由意而象，由象而言，这种由内而外的过程谓之"明"。"观"有如认识与理解，而"明"则似阐述与诠释亦是本体自我显现的过程。"观"与"明"二者实相辅相成，由"观"则知其"明"，自"明"而得其"观"。故"观"的认识论事实上也就成为"明"之诠释法的理论基础或理论依据，传统"观"的认识论便是逻辑结构诠释法重要的理论依据之一。

对"观"的认识论阐述最为明确者当属邵康节的"观物论"。邵康节说：

> 夫所以谓之观物者②，非以目观之也。非观之以目，而观之以心也。非观之以心，而观之以理也。……夫鉴之所以能为明者，谓其不隐万物之形也；虽然，鉴之能不隐万物之形，未若水之能一万物之形也。虽然，水之能一万物之形，又未若圣人能一万物之情也。③

---

① 《王弼集校释》下册，中华书局1980年版，第609页。
② 《邵雍集》中此句作"天所以谓之观物者"（郭彧整理，中华书局2010年版，第49页），似有不通。《宋元学案》（中华书局2007年版，第372页）作"夫所以谓之观物者"。疑《邵雍集》有错讹，今依《宋元学案》改之。
③ 《邵雍集》，中华书局2010年版，第49页。

由上，邵康节的"观物论"有三阶段：以目观之、以心观之、以理观之。邵雍运用"同类相知"、"以类而应"的原理对此三者进行分析。目为身之形，故以目观之可以得其形、知其体、明其著，其得者如鉴之明；理者无形无象，故以理观之可以得其性、知其命、通其微，其得者知之尽；心者介于有无之间，故以水喻之，以心观之可以得其情。

以理观之，得其性，知其意；以心观之，得其情，知其象；以目观之，得其形，知其言。① 此为"观"之认识与理解的三个层次及其特征，与之相应，作为阐述与诠释的"明"所蕴含的三个层次与特征亦如是。二者只是次序颠倒罢了。此"观"三阶段恰与逻辑结构诠释法之三层次对应：思维模式是性与意，理论结构是情与象，具体思想则是形与言。

由上，传统"观"的认识论特别是邵雍的"观物论"构成了逻辑结构诠释法重要的理论依据或理论来源。但这主要是其"结构"的理论依据，其"逻辑"的理论依据或来源则主要是中国哲学传统的思维模式与推理方式。

关于中国哲学传统思维模式有众多不同的观点，但不可否认，"两端合一"是其中重要的一个。同时，"类推"或"推类"、"类比"或"类化"又是中国哲学传统重要的推理方式。把"两端合一"这一思维模式推至诸多方面，便产生了诸多不同的理论结构，如"天人合一"、"阴阳合一"、"内外合一"、"知行合一"、"身心合一"，等等。这一"两端合一"思维模式与类比推理方式突出地表现在两个方面：一是在汉字结构上，特别是在"会意"字的结构上，如"好"字便是由"子"与"女"组成，这个"好"字便在一定程度上解释了为何"两端合一"是中国哲学传统重要思维模式，因为中国人的价值取向以两端合一为"好"。另一个突出体现在中医独特的经络理论中，经络理论就是一个贯穿上下，沟通内外，运行气血，综合有无的体系。显然，这种医学理论体系只有在两端合一思维模式才可能产生，

---

① 需注意的是，于言象意三者的排列次序邵雍的理解与通常之理解不同，一般认为此三者是：意—象—言的次序，故《易传》主张，象以尽意，言以尽象。后世多承《易传》之说，如王弼说："夫象者，出意者也。言者，明象者也。尽意莫若象，尽象莫若言。言生于象，故可寻言以观象。象生于意，故可寻象以观意。意以象尽，象以言著。"（《王弼集校释》下册，中华书局2012年版，第609页）而邵雍的排列次序则是：意—言—象—数，与性—情—形—体相应，故说："夫意也者尽物之性也，言也者尽物之情也，象也者尽物之形也，数也者尽物之体也。"（《邵雍集》，第16页）但此处为了阐述的一致性，依一般的理解即"意象言"的顺序来表述。

在西方的思维模式中是不可能产生的，甚至不易理解和接纳。

事实上，"一体二用"思维模式是"两端合一"模式的变体。以逻辑结构诠释法观之，"一体二用"思维模式犹如一枚印章，其应用即类推则犹如盖章，表现为诸多不同的理论结构的共性。而其特性便是理论结构及相应内涵的变化，所体现的正是冯友兰先生所说的"特别精神，特别面目"。朱熹所谓，体统是一太极，物物又一太极，（《朱子全书·朱子语类》，上海古籍出版社、安徽教育出版社2010年版，第3167—3168页）便是这一类推方式的反映。其"太极"本身就是"两端合一"之体。同理，由不同的理论结构亦可推出不同的哲学体系。

由上，理学"一体二用"思维模式虽直接源于隋唐佛学，然亦不离传统"两端合一"模式。理学家们对这一思维模式的应用反映了此思维模式的类推过程。而逻辑结构诠释法正是对这一思维模式及其类推过程的反映。

至此，逻辑结构诠释法自身的结构与理论依据或理论来源便清楚了，而其相应的内涵亦随之展现。所谓"逻辑结构诠释法"是指哲学的一种解释方法，内含思维模式、理论结构、具体思想三层结构，以类推方式展现三层结构之间的逻辑关系即以潜在的思维模式为切入点，揭示其内隐的、整体的理论结构，依此结构反观文本哲学思想，亦以此结构为客观依据诠释文本的内在思想，得出其总体的哲学面貌。此外，此诠释法所谓"逻辑结构"并不是"逻辑的结构"，而是"逻辑与结构"。其中"逻辑"主要是指思维与过程而言，包括"思维模式"与"推理过程"；其中"结构"主要是指层次与关系而言，是指"意象言"的三层结构及其关系。

（二）逻辑结构诠释法之主要功能与价值

当代诠释学以无蔽为真理，认为一切真理都是相对真理，因为一切无蔽都是相对于蔽而有意义，故诠释的意义就在于阐明昏暗，让真理照亮我们，启示我们。[①] 任何一种诠释方法都必须有个切入点，而任何一个具体

---

① 参见洪汉鼎《诠释学——它的历史和当代发展》，人民出版社2005年版，《前言》第4—5页。

的切入点都存在两面性即局限性与独到性。如果说诠释方法的遮蔽性与启示性是指切入点的两面性而言,那么,逻辑结构诠释法亦是蔽与无蔽的统一,因为以逻辑结构为切入点自然只能照亮逻辑结构的视域而难以照亮其他视域。如果所谓的遮蔽是指诠释方法的切入点而言,任何一种诠释方法都是蔽与无蔽的统一,因为没有任何一种诠释方法可以没有具体的切入点。一般地说,这种蔽与无蔽的相对性虽于诠释者的创造性和于文本的开放性之认识不无裨益,但于具体诠释方法的提升实非其主旨。为此,我们认为,蔽与无蔽的相对性与统一性更需要就具体的诠释方法而论。一个好的诠释方法应该具备这样的功能与价值即揭示蔽之所在并超越之,因为唯有不断地揭蔽和去蔽才能由相对真理不断地接近绝对真理,也只有如此,诠释的照亮与启示功能才能得以实现。逻辑结构诠释法正具备了揭蔽与去蔽的功能与价值。

如前文所述,邵雍的"观物论"是逻辑结构诠释法重要的理论依据与理论来源,同时作为认识与理解的"观"和作为阐述与诠释的"明",二者除了次序颠倒,其余是一致的,为此,下文以邵雍的"观物论"来阐述逻辑结构诠释法的揭蔽与去蔽功能与价值。

邵雍所说的"观物",包括三个阶段即观之以目、观之以心、观之以理。此三阶段实质上蕴含了两个飞跃即由形而情(或心或意),由情而理。"以目观之"是"凭陈迹之搜讨"、"徒于文字考证上寻求",未能进入"所以迹"的世界,其所得只是表浅之形迹而已。故"以目观之"是得于形而蔽于形;"以心观之"虽有"心性之体会"与"同情之默应",[①]所得者与作者已有某种同情相感、同声相应、空谷足音之意趣。故"以心观之"可谓得于情而蔽于情。故邵雍说:"以物观物,性也;以我观物,情也。性公而明,情偏而暗。""任我则情,情则蔽,蔽则昏矣。因物则性,性则神,神则明矣。"[②](《邵雍集》,中华书局2010年版,第152页)为此,"以心观之"必须上升至"以理观之"阶段,从而实现由"任我之情"到"因物之性"的转变。

综上,由形而情是第一个飞跃,去形之蔽而入于情;由情而理(性)

[①] 汤用彤:《魏晋玄学论稿及其他》,北京大学出版社2010年版,第655页。
[②] 《邵雍集》,中华书局2010年版,第152页。

则是第二个飞跃,去情之蔽而入于理(性)。按说性理是"公而明",不应该有所遮蔽了,然邵雍并未就此结束,而是提出了第三个飞跃即由以道观物进入以物观物。

在理学家看来,"理"本身具有两个层次的内涵,即"一理"与"殊理",与此相应,"以理观之"也有两个层次的内涵。"一理"便是邵雍所说的"道",为了区别称以"一理"观物为"以道观物",而称以"殊性"观物为"以物观物"。"以道观物"之"道"毕竟是一公共的、普遍的"道",以之为观察点便可能产生两方面的结果:一方面,它可以照亮我们,启示我们;另一方面,它本身亦成为认识的一种遮蔽,尽管这种遮蔽不同于"以心观之"的主观遮蔽而是一种客观的遮蔽。但无论如何此亦是一种"蔽",既然是"蔽"便应"去蔽"。何以去蔽呢?邵雍便提出了"以物观物",《伊川击壤集·序》说:

> 性者道之形体也,性伤则道亦从之矣;心者性之郛廓也,心伤则性亦从之矣;身者心之区宇也,身伤则心亦从之矣;物者身之舟车也,物伤则身亦从之矣。是知以道观性,以性观心,以心观身,以身观物,治则治矣,然犹未离乎害者也。不若以道观道,以性观性,以心观心,以身观身,以物观物,则虽欲相伤,其可得乎![1]

"以道观性"者可能蔽于"道","以性观心"则蔽于性,其余同理。尽管此蔽有别于"以目观之"和"以心观之"的物我之蔽,然亦是一种遮蔽,可称为"性理之蔽",故邵雍说"治则治矣,然犹未离乎害者也"。故欲得而无蔽者唯有"以道观道"、"以性观性"、"以物观物",即所谓既无物我之蔽,亦无性理之蔽的境界,邵雍概括地称之为"以物观物"或"反观"。[2]

---

[1] 《邵雍集》,中华书局 2010 年版,第 179—180 页。

[2] 唐明邦先生认为,"观之以心"便是邵雍的"反观",与理性认识相对应;(唐明邦:《邵雍评传》,南京大学出版社 1998 年版,第 235 页)郭彧先生也认为,"以心观理"是邵雍之"反观"。(《邵雍集》,郭彧整理,第 50 页)实际上,邵雍所说"观之以心"之"心"与"心为太极"之"心"应该是不同层次的概念。"观之以心"之"心"属"有",而"心为太极"之"心"属"无"。邵雍"反观"的理论基础应是庄子的自适其性论。(有关庄子自适其性论可参见拙文《"合㗱鸣,㗱鸣合"——〈庄子〉中的顺性修养论》,《中国哲学史》2009 年第 2 期)

当然，邵雍提出"以道观物"和"以物观物"还有融合儒道之意味。以道观物反映的是一天下的儒家人文精神，体现的是名教的规范性和统一性；而以物观物则反映的是自适其性的道家自然精神，体现的是自然自足的差异性和特殊性。若以逻辑结构诠释方法观之，"以道观物"所得者正似思维模式，"一体二用"是理学之共性，亦是隋唐佛学共性之一。若只以"一体二用"思维模式诠释理学亦难免"性理之蔽"，然而一如冯友兰先生所说，大哲学家之思想"各有其特别精神，特别面目"，都有其"各异之性"，这种"特别精神、特别面目"正是可能被公共之思维模式所遮蔽。欲去此思维模式共性之蔽，唯有以其特殊逻辑结构"反观"其自身，进而以具体思想证明之，此即逻辑结构诠释法之理论结构与具体思想所承载的任务和应有之功能。然而，"以道观物"和"以物观物"二者是不可分割的，一如共性与殊性之不能割裂而相辅相成。"以道观物"和思维模式展现的是大纲大脉，"以物观物"和理论结构及具体思想展示的是支流细节。

综上，逻辑结构诠释法的揭蔽与去蔽功能与价值体现在两个方面：以纵向和超越性观之或从发展过程观之，它由去形之蔽而入于情，又由去情之蔽而入于理，再由去性理之蔽而至于"以物观物"之"无蔽"；以横向和相对性观之或从共性与殊性的一体性观之，它又是蔽与无蔽的统一："一体二用"是一公共的思维模式，既是一个公共的模式自然难免"性理之蔽"；然而理论结构的变化性与特殊性以及各理学家思想的具体性与个性化又使公共性理之蔽在一定程度上得以消解。

四　濂溪哲学之本体论

本体论之首要任务便是明确区分何者为体，何者为用。濂溪哲学是"诚"的本体论，其核心思想便是以动静分体用，故曰"静无而动有"。（《通书·诚下》）虽说体用是在相互关系中得以确立的，但毕竟论说有个先后次序。《礼记·中庸》云："唯天下至诚，为能经纶天下之大经，立天下之大本，知天地之化育。""诚"者本也，"至诚"者立本之道也，"天地之化育"即宇宙之大化流行也。欲"经纶天下之大经"，"知天地之化育"，必先立其本。故《论语》说："君子务本，本立而道生"（《学而》）。由此，我们在阐述濂溪哲学本体论时，把本体层面"自性本用"的横含结构放于前，而把"随缘应用"的纵生结构置于后。

（一）"自性本用"的横含结构

佛家援儒入佛，自是化"有"为"无"（空）。然作为儒者之濂溪自与佛家不同，必须融"无"于"有"。这首先体现在其对诚体的界说之中。

《通书·诚上》章（以下皆只注章名）云：

"大哉乾元，万物资始"，诚之源也。"乾道变化，各正性命"，诚斯立焉。纯粹至善者也。故曰："一阴一阳之谓道，继之者善也，成之者性也。"

显然，"纯粹至善者也"便是指"诚体"而言，故紧接着《诚下》章亦说"诚，五常之本，百行之原也"。"五常"者，仁、义、礼、智、信也（《诚几德》）。可见，"诚体"是"至善"是"五常之本"，这完全是儒家"性善论"思想的体现，亦是理学伦理道德本体论的表现。若以"自性本用"观之，此诚之至善性及伦理道德性正是"自性体"，一如"铜之质"。故濂溪《通书》首章即开宗明义，显其伦理特质，彰其儒者本色。

以"自性体"观之，"诚"为"至善"，为"五常之本"，是"实"，是"有"。以"自性用"观之，"诚体"又表现为"虚"、"无"，故说："诚则无事"（《诚下》）、"诚无为"（《诚几德》）、"寂然不动者，诚也"（《圣》）、"无思，本也"（《思》）、"静虚而明，明则通"（《圣学》）。濂溪此说源自《易传》，《系辞》说："易无思也，无为也，寂然不动，感而遂通天下之故"。此"易"即濂溪本体之"诚"也。由此，濂溪援释老入儒之方式尽显无余：以儒为体而以释老为用。

从"自性本用"层面看，亦可视"自性体"为内容，以"自性用"为形式，后来阳明学中提出"至善"与"无善"问题正凸显了本体这种

"有无二重性"。① "自性本用"亦即《大乘起信论》所谓"心真如门",此二重性只不过是分而言,若合而言之,不过"一心"而已,"诚体"而已。为了区分诚体之至善与"日常行为中所执着的种种相对之'善'"(彭国翔,第153页),即形上与形下之不同,濂溪特别拈出"静无"两字,以示本体之无形无象,以合《系辞》"易无体"之义。故《诚下》章说"静无而动有"。

由此,濂溪"静无"之说虽与佛道有密切关系②,但二者有本质差别。于此,朱子辨析甚详,亦颇为有力,故引之以明濂溪"静无"之说。《朱子语类·释氏》云:

> 儒、释言性异处,只是释言空,儒言实;释言无,儒言有。
> 吾儒心虽虚而理则实,若释氏则一向归空寂去了。
> 惟其无理,是以为空。它之所谓心,所谓性者,只是个空底物事,无理
> 譬如一渊清水,清泠彻底,看来一如无水相似。他便道此渊只是空底,不曾将手去探是冷是温,不知道有水在里面,佛氏之见正如此。
> 吾以心与理为一,彼以心与理为二,亦非固欲如此,乃是见处不同,彼见得心空而无理,此见得心虽空而万理咸备也。③

濂溪诚体之"静无"正是朱子"湛然虚明,万理具足"之义。在濂溪之

---

① 所谓"有无二重性",彭国翔先生解释说,"在存有论的意义上必须肯定良知本体本质内容'至善'的真实不虚,这是良知'有'的一面;在境界论的意义上必须肯定良知本体作用形式的无所执着或'虚'、'寂',这是良知'无'的一面。从阳明到龙溪再到后来海门等人所凸显的阳明学特有的'有无之境',正是阳明学有别于朱子学的一个独特的所在。"(彭国翔:《儒家传统的诠释与思辨》:武汉大学出版社2012年版,第152页)事实上,本体的"有无二重性"并非只是阳明学的特征,而是整个宋明理学的特征,只是朱子学更侧重于"有"与"实"的一面。从不同的侧重来说,彭国翔先生说"有无二重性"是阳明学与朱子学的差别所在无疑是正确的。
② 有关濂溪哲学,特别是其《太极图说》与道家学脉之关系,可以参见陈鼓应先生《论周敦颐〈太极图说〉的道家学脉关系》一文(《哲学研究》2012年第2期)。
③ 《朱子全书·朱子语类》,上海古籍出版社、安徽教育出版社2010年版,第3933—3934页。

后，程朱、阳明等皆以虚实二重性来论本体，① 以是观之，黄百家说"若论阐发心性义理之精微，端数元公之破暗也"（《宋元学案》），此一评语实不为过。需要指出的是，此二重性是不可以分割的，一如镜与明、灯与光，是同一体的两个面：有镜则明必在焉，有灯则光必在焉。若分而别之，可称"自性体"为"体之体"，称"自性用"为"体之用"；合而统之，诚体而已。②

（二）"随缘应用"的纵生结构

濂溪哲学的纵向结构之大纲领便是"静无而动有"。《通书·诚下》章（以下皆只注章名）云：

> 圣，诚而已矣。诚，五常之本，百行之原也。静无而动有，至正而明达也。

"静无而动有"一句显然缺了主词，其主词自是前一句中的"诚"。故此句完整的表述是："诚，静无而动有，至正而明达也。""静无"乃言"诚"之形而上者亦即本体；"动有"乃言其形而下者即流行。"静无而动有"所体现的正是"以动静分体用"的观点。③《易传》云："夫乾，其静也专，其动也直，是以大生焉。"就本而言，"乾"即天道之"诚"，可见濂溪"静无而动有"之说正是对此句的改造。

"静无而动有"是纵向结构之大纲领，以明形上与形下关系。接着濂溪便以"四德论"展开纵向的"动有"结构。在《通书》中体现为：元

---

① 故而有时他们说，心为虚，而理则实，心是至善的天理；但有时又说，心是至实，理是洁净空阔、无形迹的世界，心是无善无恶的。但通常只从纵向的层面来理解，而忽略了本体层面原来就是一个有无虚实二者的统一体。理学圆融三家之说，其根本就在于通过本体层面的改造而建构其新的理论体系。

② 然而还有比较复杂的情形：用中又分体用，有如两个镜子对照相似，重重无尽。如康节、阳明皆有此思维模式。

③ 牟宗三先生从《易传》"易无思也，无为也，寂然不动，感而遂通天下之故"一句出发，认为濂溪之"诚体只是一个'寂感真几'"（牟宗三：《心体与性体》，上海古籍出版社1999年版，第285页），亦即所谓"即存有即活动"。从牟宗三先生对"静无"与"动有"含义的解释（见牟宗三《心体与性体》，上海古籍出版社1999年版，第283页）看，牟宗三是合体用看诚体，并且把濂溪的纵向结构中的"神"亦当成横向结构之用。此观点于阳明哲学横向结构：心（理）—知，倒是相符，然于濂溪哲学似有不妥。

亨利贞；在《太极图》中体现为：春夏秋冬。

1. 书中"诚"之逻辑展开

《通书》曰："'乾道变化，各正性命'，诚斯立焉。"就是说，诚体必须通过用即流行变化才能得以真正的确立，若不言其用、不言其变，那么诚体也就悬空了，便有"有体无用"之危险。"元亨，诚之通；利贞，诚之复。"（《诚上》）显然，"诚"是"静无"，是"寂然不动者"，是本体；而元亨利贞则是诚体之用，亦即诚体之流行。也就是说，纵向结构所示实为一流行发育过程。① 以二段观之，其流行便是：通—复，即继善成性；以四段观之，其流行便是：元—亨—利—贞。

2. 图中"无极"之逻辑展开

由上，《通书》中诚体发育流行的逻辑结构是：通—复或元—亨—利—贞，那么，可否以此逻辑结构观图呢？完全可以，其根据有三。根据一，一天人、合内外乃理学之核心与灵魂，既是理学的出发点，也是最终之归宿。根据二，在濂溪哲学中，"诚"既是天道亦是人道，此可在《诚上》与《诚下》二章中清楚看到。根据三，如果天道论不落在人道论上，

---

① 纵向结构既是一个体用结构，同时也是一个生成结构。可见，濂溪哲学中，特别是"无极而太极"一句，本体论与宇宙论之辨实由此而发。然究其根源实在于理学所采用的佛家之"一体二用"思维模式与理论结构之中：一则"心生灭门"或"随缘应用"所体现的是体用论，而"纵生横含"之纵向即"一心生一切法"所体现的又是生成论。佛家视一切物事为因缘和合而无自性之虚幻，故其本质与现象是可以圆融的，但于儒家于理学，则必须视物事为实有。为此，理学便将传统固有之宇宙生成论（气的本源论）与道德本体论结合起来，这样便形成了宋代理学独特的形态：道德本体论与气的生成论二者的混融，在理论上就表现为理气关系的困难。这是宋代理学难以克服之困难与缺陷。后来，以阳明为代表的明代心学家敏锐地察觉到宋代理学之困境，基本不再谈宇宙生成论或气的本源论问题，而把核心落在道德本体论中。为此，我们认为，"自无极而为太极"、"无极而生太极"与"无极而太极"都应该是濂溪本人所作，不存在真伪问题，而是时间先后问题，它反映了濂溪对"无极"这一本体的认识过程，亦体现出其认识的困境。尽管没有史料的明证，但以思维过程来看，不妨猜想一二。"自无极而为太极"主要体现的是生成论思维方式。濂溪于此恐有所不安，遂而改用"无极生太极"，此尽管亦用了一个"生"字，但已经侧重于本体论的思维方式，一如王弼亦以"生"来表达体用关系。最后，用了一个很是模糊的表达"无极而太极"，可能意在融生成与本体于一体。而且从图看，濂溪始终把"无极"本体既当成一独立存在又是一个普遍存在，而未能完全走出佛老的思维模式，而到了二程提出"天理"才明确本体不是独立存在而是普遍存在，这是二程的贡献，也正是二程强调说，"天理"二字是自家体贴出来的真正意义所在。后来，朱子哲学体系的构建正是沿着程颐"体用一源，显微无间"的模式展开。

天道论便失去了价值；如果人道论与天道论为二，人道论便没有了依据。这便是宋明理学宇宙论、本体论、心性论、工夫论四者统一的原因与根据。当然，以当代诠释学看，这只是"前见"、"前解"，关键在于这是否与文本相符。为了便于说明，我们把《太极图》中的小图自上而下标为图1到图5。《书》中诚体和四德正好也是5，于是便可先假设此五者是——对应关系。

图1即诚体，以诚体之"静无"观之，故称"无极"。"无极"者，无形无象、无迹无体之称也。然"无极"并非"无"也，是天道之诚，真实无妄之义，故曰"无极之真"（《图说》）。此"静无"之极者固为"真实"，因其无形无象，故于"无极"之体则"无言"也。借"象"与"言"以明之。"象"者《太极图》也，"言"者《太极图说》也。在《太极图》中濂溪遇到一个两难问题："无极"为无形无象，故不能亦不应以图示之；然"无极"为"真实"，为天道也，诚也，故又不可以不存在之"无"视之，故画之以示。画，不是；不画，更不是。二弊相权，取其小，故以"空白"之圆示之。既以"空白"之圆示之，那么，"无极"便应该是独立于"太极"的存在，虽亦贯通太极与万物之中。

图2即太极（阴阳），元也。《图说》云，"太极动而生阳"，显然"太极"为"动"且"生阴""生阳"故为"有"且为"有"之始。既然"太极"属"动有"，是"二实"，便是形而下者，指发育流行了。故动静阴阳以言太极，即图2，指发育流行之第一阶段"元"。"无极"者乃"无"之"极"，以体言；"太极"者乃"有"之"极"，以用言。①就是说，"太极"是形而下之"极"，是有形有象世界之始（非本体），故《诚上》曰"'大哉乾元，万物资始'，诚之源也。"此"源"者，源头也，即"乾元"是诚体流行之始（第一个阶段）。

图3即五行，亨也。五行者，五气也，五性也。故云"五气顺布"，

---

① 于此，陈鼓应先生亦明确指出："'无极'对应'无'的层面，'太极'对应'有'的层面。无极之'无'不可或缺，因为它作为有形之物相对的'无'，与下文'主静'之'静'有关。'主静'的形上依据，即为'无极'之'无'。……因而'无极'之'无'即为'静'的形上根据，而'太极'之'有'则为'动'的形上理据。"（陈鼓应：《论周敦颐〈太极图说〉的道家学脉关系》，《哲学研究》2012年第2期）

又言"五性感动"。五行即亨的特性在"殊",故《图》曰"五行之生也,各一其性",《书》云"五殊二实"。

图4即成男成女,利也。《图说》云"五气顺布,四时行焉","五气顺布"是接着前面五行而言,并非"五行"之后还有个"五气",此句重在"四时行焉"。然"四时行焉"亦非要说"四时",而是说"四时行焉,百物生焉"。既然"百物生焉",故《图说》解释道:"'乾道成男,坤道成女',二气交感,化生万物。"由于"惟人也得其秀而最灵"故以人代表"万物生生"之阶段。

图5即贞。《图说》引《系辞》"原始反终,故知死生之说"以明"贞"。"原始反终,故知死生之说"者,意即"贞"之前皆言"生","生"至"万物之成"即"利"而"止"。故《刑》曰:"天以春生万物,止之以秋。物之生也,即成矣,不止则过焉,故得秋以成。""贞"则言"死"、"终",一如张载所说"形溃反原";言"刑"、"杀",故《刑》曰"圣人法天,以政养万民,肃之以刑"。一如《春秋繁露》和《韩非子》所训:刑者,杀也,董仲舒所说的"冬"便有"杀"之意。

若以四时观之,则春为元,主生;夏为亨,主长;秋为利,主成;冬为贞,主藏。《礼记·乐记》曰:"春作夏长,仁也;秋收冬藏,义也。"故《顺化》云:"天以阳生万物,以阴成万物。生,仁也;成,义也。"

综上,图与书二者一一对应的假设在逻辑上是圆通的。概括地说,濂溪哲学纵向的逻辑结构可分为两个层次:第一个层次为"静无而动有"或"无极而太极";第二个层次则由"元"或"太极"为源,而有元亨利贞或春夏秋冬,亦即太极、五行、万物、反终。濂溪哲学的"十字"理论结构可以图示如下:

诚(总体)			横含(自性本用、心真如门)	
纵生(随缘应用、心生灭门)	形上	静无	自性体（灯、镜）	自性用（光、明）
			至善五常之本	诚体即无极(心)	无思无为寂然不动

续表

诚（总体）			横含（自性本用、心真如门）			
纵生（随缘应用、心生灭门）	形下	动有	通	元	春	太极（阴阳、动静）
				亨	夏	五行（五气、五性、五殊）
			复	利	秋	万物（成男成女）
				贞	冬	原始反终

五　濂溪哲学之圣贤论

理学家们谈宇宙本体实意在"一天人"，为安身立命与经世济民即"合内外"提供一个理论根据，换句话说，就是为了回答成圣的问题亦即濂溪所谓"立人极"。"何之谓圣"便是"一天人"的境界论，"何以成圣"便是"合内外"的功夫论。可见，"一天人"既是宇宙本体论，同时也是功夫境界论。为此，宇宙本体论与圣贤论二者是同构的，故可以濂溪宇宙本体论之逻辑结构察其圣贤论。

（一）何之谓圣

何之谓圣？概而言之，"圣同天"。那么濂溪哲学中的"天"是什么呢？《通书》曰：

　　子曰："予欲无言。天何言哉！四时行焉，百物生焉。"然则圣人之蕴，微颜子殆不可见。发圣人之蕴，教万世无穷者，颜子也。圣同天，不亦深乎！（《圣蕴》）

天无言，圣亦无言。"无"者，天与圣之本也、体也；以用言，"四时行焉，百物生焉"，故圣亦以生生为德。故何之谓圣，有以体言者，有以用言者，有兼体用而言者。下面就圣之三种外延展开。

1. **兼体用而言：心德事合一**

《陋》曰：

> 圣人之道，入乎耳，存乎心，蕴之为德行，行之为事业。彼以文辞而已者，陋矣！

"存乎心"、"蕴之为德行"、"行之为事业"此三者共同构成了一个完整的"圣人之道"，亦即"圣人"有三个重要内涵："心"、"德"、"事"。

"心"者，诚本而已矣。诚体为静无，故圣人之心亦静无。无者，无思、无欲。《图说》云"无欲故静"，静故安；《礼记》曰"人生而静，天之性也"，故濂溪道，"性焉安焉之谓圣"（《诚几德》）。可见，"性焉"与诚体之"静"相应，言天之性；"安焉"则与诚体之"无"对应，言天之无迹。

"德"者，颜子之学也；"事"者，伊尹之志与孟子之功也。故《志学》说：

> 圣希天，贤希圣，士希贤。伊尹、颜渊，大贤也。伊尹耻其君不为尧舜；一夫不得其所，若挞于市。颜渊不迁怒，不贰过，三月不违仁。志伊尹之志，学颜子之所学。过则圣，及则贤，不及则亦不失于令名。

颜子之德，内圣也，"孔颜乐处"是也，君子之安身立命也；伊尹之志，外王也，"尧舜事业"是也，君子之经世济民也。概而言之，合内外之道而成圣。

以《易》观之：圣人之心，意也；德者，象也；事者，言也。故说：

> 圣人之精，画卦以示；圣人之蕴，因卦以发。（《精蕴》）

濂溪此中思想与王弼所说言、象、意相同。王弼说：

> 夫象者，出意者也。言者，明象者也。尽意莫若象，尽象莫若言。言生于象，故可寻言以观象；象生于意，故可寻象以观意。意以象尽，象以言著。（《王弼集校释》下册，第609页）

故濂溪的观点可以表达为：圣人之心，德以明之；圣人之德，事以著之。然一言以蔽之，"诚"也。诚者，诚心也，意也，本也。德者，心之用也，象也，内圣也，"尧舜气象"也；事者，德之用也，言也，外王也，"尧舜事业"也。故兼体用而言，圣者，心德事三者合一也。

2. 以德言："诚神几曰圣人"

《圣》曰：

> 寂然不动者，诚也。感而遂通者，神也。动而未形，有无之间者，几也。诚精故明，神应故妙，几微故幽。诚、神、几，曰圣人。

《诚几德》言：

> 诚无为，几善恶。德，爱曰仁，宜曰义，理曰礼，通曰智，守曰信。性焉安焉之谓之圣，复焉执焉之谓贤。发微不可见，充周不可穷之谓神。

濂溪哲学宇宙本体论即诚体的发育流行是一个从无到有的过程，逐渐形体化和固定化。诚体即"无极"是无形无象的，"太极"即"神"则是有象而无形的，而"五行"即"几"则是"动而未形，有无之间者"。所谓"动而未形"是指尚未达"事"的层面或未及具体形器之物的层面即未见诸行、未形于物。所谓"有无之间"应为有形与无形之间，其意为虽善恶吉凶未既，然其兆已显，故曰"几善恶"、"吉凶之几"。

此诚显然是指本体或心，而神与几则属"德"。神之德与几之德二者有别：神之德是阴阳不测的生生之仁，几之德则是殊德即仁、义、礼、智、信五者。如果说神之德是仁，那么几之德便是义。故颜子之德便是神与几，是仁与义，以图观之是指阴阳太极与五行即与图2与图3相应；以元亨利贞观之，德便是诚之通即元亨。

3. 以事言：育物正民

德自是内圣，而事则为外王。二者又是内外本末的关系，如程子所说"有颜子之德，则孟子之事功自有"（《二程集》，第130页）。那么颜子之德何以开出孟子之功呢？《顺化》章云：

> 天以阳生万物，以阴成万物。生，仁也；成，义也。故圣人在上，以仁育万物，以义正万民。天道行而万物顺，圣德修而万民化。（《顺化》）

颜子之德，仁义而已。仁有生之意，义有成之义，故濂溪云"生，仁也；成，义也"。由内圣而外王便是"以仁育万物，以义正万民"。"以仁育万物"便是万物化生即"成男成女"即图4，而"以义正万民"便是最后一个图即图5。《刑》曰：

> 天以春生万物，止之以秋。物之生也，即成矣，不止则过焉，故得秋以成。圣人法天，以政养万民，肃之以刑。民之盛也，欲动情胜，利害相攻，不止则贼灭无伦焉，故得刑以治。情伪微暧，其变千状，苟非中正明达果断者，不能治也。

濂溪明确地说，物之生至秋而止，秋即利也，物之成也，圣人以仁育万物也。贞者，正也；正者，政也。故曰"圣人法天，以政养万民，肃之以刑"。所谓"以政养万民"便是"制礼法，修教化，三纲正，九畴叙"（《乐上》）。而"苟非中正明达果断者，不能治也"亦可看作是一个总结：中者元也，正者亨也，利者明达也，贞者果断也。

（二）何以成圣

"何以成圣"的问题实质便是"何以一天人"。而"何以一天人"便可一分为二：若以为天人本一，便应"直而行之""率性而为"。若以为天人不一，那就必须解释：天人为何不一，如何致一。[①] 那么濂溪究竟持何种观点呢？

1. 恶从何来

从《太极图》中可见：图2和图3都有个小圆圈"〇"，但在二图中的具体位置不同，在图2，小圆圈"〇"处于中心，而图3小圆圈"〇"

---

① 此问题在佛家心性论表现为"心"之真妄净染之争，在程朱理学中表现为"道心"、"人心"之辨，在阳明学中表现为"心"与"意"的关系。

已不在正中而在土的正下方。这种位置的变化表达了这一含义：四德的流行自是天道大化流行的过程，而这个过程是由微而彰、自精而著，但也渐衰渐退，逐渐偏离本体、本心。在图2中，阴阳动静变化的特征在"中"；而图3已是"五殊"，"各一其性""五性感动"，除"土"之外其余四者，皆失其"中"。以中道观之，元时为中，而亨时却只能为正。中则必正，正则未必中。

以动静观亦可得出同样的结论，"元"即阴阳太极是"动而无动，静而无静"、"神妙万物"，是动中有静，静中有动，刚柔相济，阴阳协和；但到"利"即万物阶段则是"动而无静，静而无动"、"物则不通"，是动静对立，刚柔相待。

善恶问题从根本上说属于心性论范畴，故从濂溪心性论观之，恶从何来之问便非常清楚。濂溪之"性"可分三个层次：本体之性、五行之性和形体之性。① 本体之性是虚静的至善之性，也就是《礼记》所说的"人生而静，天之性也"。五行之性则是"各一其性"，五殊之性，虽有中与不中，然其不中者亦不失其正。而形体之性则有了正与不正、和与不和，也就有了善与恶了。《图说》亦云："形既生矣，神发知矣，五性感动而善恶分，万事出矣。"也就是说，"善恶之分"是在五行之性之后，属于"形既生"阶段，亦即善恶之分是指形体之性而言。《师》谓"性者，刚柔善恶，中而已矣"，此"性"便是指形体之性。②

由上，在濂溪看来，恶属形体之性，其产生的根源实在于阴阳动静大化流行逐渐偏离中正之道，是天道变化之必然结果。既然如此，那么心性修养也就每个人都必须做的功夫了。

2. 成圣功夫

既然恶是天道流行的一个必然结果，心性修养功夫便是每个人都必须

---

① 朱子与蕺山皆因循横渠"天地之性"与"气质之性"两分之说以论濂溪之性，故于濂溪之心性难以说清。

② 这样"性者，刚柔善恶，中而已矣"一句内涵也就清楚了，其意为，形体之性无非刚柔善恶四者即有刚善、刚恶、柔善、柔恶。其之所以有恶者就在于不得其正，非其所宜，故失其中和。如《讼卦》曰"利见大人"，濂溪便解释为"以刚得中也"（《刑》）。若以柔处之，便失其正而非其宜，不得其所，故流之于柔恶，为懦弱、无断。显然，濂溪认为，物有其所，事有其宜，此正也，中节也；若失其所而非其宜，则应使之归其所而正其宜，以易其恶者，此皆有赖于中正之教也，师之功也。

面对的,那么具体要如何做方能成圣同天呢?濂溪说:

  圣人之道,仁义中正而已矣。守之贵,行之利,廓之以配天地。(《道》)
  圣人定之以中正仁义,而主静,立人极焉。(《太极图说》)

  濂溪认为,成圣立极功夫应从体用两个层面入手:一则中正仁义以立德,此以"动有"之形下层面上说;二则"无欲主静"以立本,此以"静无"之本体层面上说。

  (1) 中正仁义以立德

  仁的本质特征便在于"中"与"和",因其至中至正至和故有生生之德。义的本质特征在于"正"与"殊",因其正且殊故有五德、五行、五常之义。① 中正仁义者,"理一分殊"也。中为太极,太极一也,同也,"理一"也;五行,五殊也,五行殊位,故"分殊"也,亦即位殊也。顺而观之即本体之流行观之,中而后正,仁而后礼;返而观之即由人而天的修养功夫观之,正而后中,礼而后仁,故说"礼先而乐后"(《礼乐》)。儒家实质是由五常之分殊(即礼)而入"一理",或由"理一"而至"分殊",故程朱一脉强调:"吾儒之学所以异于异端者,理一分殊也。理不患其不一,所难者分殊耳。此其要也。"(《朱子全书》卷十三,《延平问答·附录》,第354页)与释老有本质差别。然而,正与中自有层次之不同:守其正者,行其礼,贤者是也;若能廓之,则与天地同,至中至仁者,圣人也。

  然而"中正仁义"也只能局限于"动有"的形下层面,故《乐》言:

  古者圣王制礼法,修教化,三纲正,九畴叙,百姓大和,万物咸若,乃作乐,以宣八风之气,以平天下之情。

---

① 朱子解"圣人定之以中正仁义"一句曾说,"后来子细看,乃知中正即是礼智,无可疑者"。(《朱子语类》卷九十四)后世学者亦有不加辨析而因循朱子之说。

然"正"与"不正"的标准便是"礼",亦即与"道德"是否一致,故《慎动》曰:

> 动而正曰道,用而和曰德。匪仁、匪义、匪礼、匪智、匪信,悉邪也。邪动,辱也;甚焉,害也。故君子慎动。

"慎"的核心便在于"几",亦即在于"思",故曰"通微生于思"、"思者,圣功之本"(《思》)。而"思"的内容是什么呢?简言之,中正仁义而已矣。

(2)无欲而主静以立本

"中正仁义"只是从"动有"层面上说,并不是从根本上说,故《圣学》云:

> 一为要。一者,无欲也。无欲则静虚动直。静虚则明,明则通;动直则公,公则溥。明通公溥,庶矣乎!

也就是说,成圣之根本在于诚之本体,而本体是静无的,而"无欲"是直指心体的,故曰"无欲则静虚动直"。若能"无欲",那么诚本已立;诚本立,则自静虚;静虚则心体自明。此言本体。"至诚则动",其动亦无私无欲,故直而公。

《颜子》章云:

> 夫富贵,人所爱也,颜子不爱不求而乐乎贫者,独何心哉?天地间有至贵至富、可爱可求而异乎彼者,见其大而忘其小焉尔。见其大则心泰,心泰则无不足,无不足则富贵贫贱,处之一也;处之一则能化而齐,故颜子亚圣。

富贵贫贱者小,而道德仁义为大,故曰"天地间至尊者道,至贵者德而已矣"。为何"见其大则心泰"呢?见其大者即见礼之正也,而礼者位之殊也,故以礼正其意,以位应其殊,其动也正,其用也和,一言一行无非是礼,一意一念不出其正。故曰"心泰"。"处之一"者,中也,无不足也。无不足也，自无欲也，无欲故"能化而齐"。所谓"化"便是自"有"而入"无"，即与静无之体同，与虚静之天齐。若结合《太极图》观之，濂溪功夫论与境界论之层次更分明：富贵贫贱，物也，境也，属图4即成男成女；道德者义礼，心安理得也，"心泰"也，是上一层次，是五行即图3；"处之一"者，太极也，无不中也，即图2；"化而齐"则与天同一，静而无也，即图1。

六 结语

综上，本文从理学现有研究即理学的整体观与体用论出发，揭示出体用结构背后的共通的思维模式，即源自隋唐佛学的"一体二用"模式。由"一体二用"思维模式推出理学的理论结构，并通过张子、朱子与阳明三者具体的理论结构展示"一体二用"思维模式中的"常"与"变"、价值观念与价值取向的"共"与"殊"。如果说思维模式是"意"，那么理论结构便是"象"，具体哲学思想的展开便是"言"。由"意象言"的三层结构和推导过程，提炼出"逻辑结构诠释法"，进而阐述了这一诠释方法的结构与内涵、功能与价值。最后依据这一诠释方法对濂溪哲学作了一个比较系统的诠释。若以"逻辑结构诠释法"观之，整篇文章的主体结构正是"逻辑结构诠释法"的三层结构即思维模式、理论结构、具体思想，从而完整地展现了"逻辑结构诠释法"的全貌。

本文之"逻辑结构诠释法"与李明辉先生主导的"经典诠释方法"既有紧密的联系，也有很大的差别。为了便于论述，我们以理学为例作简要的说明。"经典诠释方法"是以理学家如何诠释经典为核心，而"逻辑结构诠释法"则是以我们如何诠释理学为任务。如果说理学家是通过经典诠释来建构其理论体系，那么"逻辑结构诠释法"主要在于解释而并不试图建构一个新的理论体系。同时，二者又有密切的关联。我们如何诠释理学与理学理论体系如何构建在一定程度上是一致的，换句话说，理学家如何理解与我们如何诠释有如"观"与"明"的关系。这是诠释客观性的要求，即诠释与文本的符合性。此外，尽管我们并不以建构新理论为目标，但诠释本身就是一种创新的过程，因为我们的诠释并不是对文本思想的复制。

同时,"逻辑结构诠释法"与成中英先生倡导的"本体诠释学"中之"诠释方法"既有相同和相似之处,亦有根本的不同。"本体诠释学"是以沟通中西哲学文化为大背景,主要从中国哲学的整体动态观即"本体—宇宙论"出发,试图建构一个独立的学科——中国的诠释学,"本体诠释方法"只是其中一个部分而已。然而,"本体诠释方法"是一个试图涵盖整个中国哲学的诠释方法,并不是一种具体的方法。如果以"本体诠释方法"观之,"逻辑结构诠释法"自然也属于"本体诠释方法"的范围,因为"逻辑结构诠释法"的基石就是"一体二用"思维模式和"意—象—言"的三层结构,这都属于"本体—宇宙论"结构。故可以说,"本体诠释法"是一般意义上的方法论,而"逻辑结构诠释法"则是一个具体的、明确的,可操作的诠释方法。此外,二者还有两个重要共性:"逻辑结构诠释法"直接以理学为对象,而"本体诠释学""更具有宋明理学的气质"(成中英:《诠释空间的本体化与价值化》,《本体与诠释:中西比较》(第三辑),上海社会科学院出版社 2003 年版,第 16 页),[①] 同时二者都具有浓厚的逻辑底色。"本体诠释学"强调中国哲学的重构与诠释中分析、逻辑、语言的价值与原则,而"逻辑结构诠释法"则一如名称所示亦不离分析、逻辑与语言,只是我们所强调的不是西方的逻辑,而是中国的思维逻辑特征。事实上,要实现沟通中西哲学这一目标,采取分析与逻辑方式是一个相对行之有效的渠道,也是中国哲学现代化表现出的一种倾向或潮流。

再者,"逻辑结构诠释法"本文把它限定在"理学"研究的范围,这是由"一体二用"思维模式所决定的。同样,若把思维模式扩大至整个中国哲学,比如以"两端合一"为基石,那么逻辑结构诠释法便可以应用到整个中国哲学的研究之中,成为中国哲学的一种诠释方法。当然,其前提是"两端合一"思维模式确实为中国哲学核心的思维模式。

最后,我们以逻辑结构诠释法对濂溪哲学作重新诠释,可以看到这一结论:濂溪的"无极"即"诚体"既是一个独立存在,也是一个普遍存

[①] 本体诠释学的宋明理学气质鲜明地体现在成中英《论"观"的哲学涵义——论作为方法论和本体论的本体诠释学的统一》一文中。尽管该文以《周易》"一阴一阳之谓道"和"意—象—言"二者为核心展开其"观"的哲学含义,但从文中不难看出其中的诸多诠释都源自理学家们对《易》的注疏或思想,比如其中对"中""正"的解释就与周敦颐和程颐的思想有关。

在，而宋明理学后来的发展才改变了这一点，舍弃了本体的独立存在性而走向普遍存在性，但这确实是濂溪哲学最重要的特征。濂溪开创出了"以动静分体用"的思维模式，这一点在客观上影响了整个宋代理学，尽管朱子认识到其中的缺陷，但事实上他也未能改变，这一局面直至心学的建立而得以改变。同时，濂溪对整个理学理论建构上的贡献体现在两个方面：一是他首先采用了佛学"一体二用"的模式，这在濂溪哲学之前的儒学中所没有的，而后整个宋明理学皆以此模式构建理论体系；二是濂溪以《易》的"意象言"结构和元亨利贞的四德结构来充实"一体二用"模式，此亦是其一大贡献。在濂溪之后，理学的理论结构几无出于此者。

从天理流行的根基深处理解王阳明的"知行合一论"[*]

杨宝富[**]

摘　要： 本文从与朱子的知行分说相针对的角度来阐释王阳明的"知行合一论"，并认为，王阳明所谓的知行合一宗旨中的"行"，在源始的意义上，不是人去"行"天理，而是天理自己在"行"，而人的践行不过是响应天理基于流行之需要而发出的呼求，因此，人的知行合一的根基在于天理流行与良知发见之间的原初统一。

关键词： 天理　良知　知行合一

明道尝谓："吾学虽有所受，天理二字却是自家体贴出来。"[①]与此相类，阳明虽祖述孟子良知之论，然其以致良知贯彻学说之始终，则不能不谓是阳明"自家体贴出来"的。阳明之立言，乃"心即理"，乃"知行合一"，而这两者是一贯的。其宗旨在于"救时之弊病"。所谓弊病者何耶？朱子的知行两分导致终身不行、终身不知也。阳明对朱子的批评可以归结为如下数端。第一，朱子之析心与理意味着心有所不足，必须从物那里获得补充，理才能完全。而阳明认为，吾心具足，心外无理，心外无物。"夫万事万物之理，不外于吾心。而必曰穷天下之理。是殆以吾心之良知为未足，而必外求于天下之广，以裨补增益之，是犹析心与理为二也。"[②]"朱子所谓格物云者，在'即物而穷其理'也。即物穷理，是就事事物物

---

[*] 本文系云南大学中青年骨干教师培养计划的阶段性研究成果。
[**] 杨宝富，男，云南大学哲学系副教授，研究方向为德国哲学。
① 程颢、程颐：《二程集》，上卷，中华书局1981年王孝鱼点校本，第425页。
② 王阳明：《传习录》，台湾学生书局1998年陈荣捷注评本，第174页。

上求其所谓定理者也。是以吾心而求理于事事物物之中，析心与理而为二矣。"① 第二，朱子学说无法解释理的普遍性。这是因为，物是有生灭的，如果说理在于物，那么一旦物灭没了，理也就随之灭没了。"夫求理于事事物物者，如求孝之理于其亲之谓也。求孝之理于其亲，则亲之理其果在于吾之心邪？抑果在于亲之身邪？假而果在于亲之身，则亲没之后，吾心遂无孝之理欤？"②显然，这是矛盾的，所以，不能以心逐物，不能外吾心而求物理，而必须反求诸吾心。第三，知行两分将导致终身不行、终身不知。"今人却将知行分两件去做。以为必先知了，然后能行。我如今且去讲习讨论做知的工夫。待知得真了，方去做行的工夫。故遂终身不行，亦遂终身不知。此不是小病痛，其来已非一日矣。某今说个知行合一，正是对病的药。又不是某凿空杜撰。知行本体，原是如此。"③知行两分并非知行本体，古人把知行分开说，并不是如朱子所谓的知、行是两件事："古人所以既说一个知，又说一个行者，只为世间有一种人，懵懵懂懂地任意去做，完全不解思惟省察。也只是个冥行妄作。所以必说个知，方才行得是。又有一种人，茫茫荡荡，悬空去思索。完全不肯着实躬行。也只是个揣摸影响。所以必说一个行，方才知得真。此是古人不得已，补偏救弊的说话。若见得这个意时，即一言而足。"④古人知行分说，只是随缘施教，是"对病的药"，而不是从根本上分立，如果分立，就不是知行本体，"后世学者分做两节用功，失却知行本体，故有合一并进之说"⑤。

为救知行两分之弊病，阳明对心与理的关系做了重构。他认为，"理一而已"⑥，"心即理也"⑦。天、性、道、身、心、意、知、物都只是从不同的侧面对理的规定或展现，其功有异，其事则一也。但在这些之中，根本的是心，而心即理。心之本体是知，这就是良知。良知具有如下规定：第一，心自然会知，不学而能，不虑而知。"知是心之本体。心自然

---

① 王阳明：《传习录》，台湾学生书局1998年陈荣捷注评本，第171页。
② 同上。
③ 同上书，第34页。
④ 同上书，第33—34页。
⑤ 同上书，第166页。
⑥ 同上书，第250页。
⑦ 同上书，第30页。

会知，见父自然知孝，见兄自然知弟，见孺子入井，自然知恻隐。此便是良知。"①第二，良知是人虽不知而己独知。"所谓人虽不知而己独知者，此正是吾心良知处。"②即是说，良知具有自我确证的特征。第三，良知恒照，良知是先验的。"良知者，心之本体，即前所谓恒照者也。心之本体，无起无不起。虽妄念之发，而良知未尝不在。但人不知存，则有时而或放耳。虽昏塞之极，而良知未尝不明。但人不知察，则有时而或蔽耳。虽有时而或放，其体实未尝不在也。存之而已耳。虽有时而或有蔽，其体实未尝不明也，察之而已耳。若谓良知亦有起处，则是有时而不在也，非其本体之谓耳。"③"七情有着，俱谓之欲，俱为良知之蔽。然才有着时，良知自会觉。觉即蔽去，复其体矣。"④第四，良知是知善知恶之知，四句教法之一就是"知善知恶是良知"⑤，此乃是非之心，也即好恶之心。第五，因为良知是心之本体，而心即理，故而"良知即是天理"，"盖良知只是一个天理，自然明觉发见处，只是一个真诚恻怛，便是他本体。"⑥第六，良知是绝对待的，"良知是造化的精灵。这些精灵，生天生地，成鬼成帝，皆从此出。真是与物无对"⑦。

良知固然如是，但必须"致良知"。我们需要从致良知的角度去把握知行合一的意义，阳明的知行合一论正是建立在这个致良知学说之上的。

良知是心之本体，自然会有良知，不假外求。然而，对于常人来说，良知未尝无蔽。他说："人孰无根，良知即是天植灵根。生生不息，但著了私累，把此根戕贼蔽塞，不得发生耳。""夫良知即是道。良知之在人心，不但圣贤，虽常人亦无不如此。若无有物欲牵蔽，但循着良知发用流行将去，即无不是道。"私欲、私意遮蔽了良知，而良知与私欲之间是怎样的关系？私欲是在何种意义上遮蔽良知的？良知是先验的，它"恒照"，也即"常明"、"常在"。在这个意义上，良知是不可能被遮蔽的。

---

① 王阳明：《传习录》，台湾学生书局1998年陈荣捷注评本，第40页。
② 同上书，第368页。
③ 同上书，第314页。
④ 同上书，第342页。
⑤ 同上书，第359页。
⑥ 同上书，第270页。
⑦ 同上书，第323页。

私欲所遮蔽的只是良知在经验上的发用，而不是良知之体，"虽昏塞之极，而良知未尝不明。但人不知察，则有时而或有蔽耳。虽有时而或放，其体实未尝不在也。存之而已耳。虽有时而或有蔽，其体实未尝不明也，察之而已耳。"私欲与良知同样源始，私欲不可能遮蔽良知本身，但这不等于说，常人能够时时刻刻都能"察"到良知的"在"，恰恰相反，常人首先并且通常无法做到这一点，"然知得善时，却不依这个良知便做去。知得不善时，却不依这个良知便不去做。则这个良知便被遮蔽了"①。良知就这样被"蔽"与被"放"，"敝"和"放"是经验层面上的问题，也正因为如此，才需要在经验层面上去"察"良知与"存"良知，这也就是"致"良知。因此，才有"复"的问题。"复"就是复良知之本体，也即"复"天理。"若良知之发，更无私意障碍。……然在常人不能无私意障碍，所以须用致知格物之功，胜私复理。即心之良知更无私意障碍，得以充塞流行。便是致其知。"②这也即是"行"。阳明用的这个"复"字很容易让人迷惑，似乎"复"就是返回或恢复那个良知的本来状况（"良知之本体"），其实并非如此。"复"不是返回、恢复，因为良知恒照，即使在被遮蔽的情况下，良知同样在"照"，同样在"明"，故而同样能"觉"出这种遮蔽，阳明指出："七情顺其自然之流行，皆是良知之用。不可分别善恶。但不可有所著，七情又著，俱谓之欲，俱为良知之蔽，然才有著，良知亦自会觉。"③因此，不存在返回良知、恢复良知的问题，相反，"复"指的是去蔽，而私欲之蔽就在于阻碍良知从先验层面向经验层面展开，所以，"复"即去蔽就是为这种展开开辟道路。"行"的过程就是让良知发一见的过程。良知即天理，良知的发一见本身就是天理的展开。在这个意义上，"知"就是"行"，这就是"知行本体"④。王阳明主张知行合一的最根本的意义应该在此。

不容否认，阳明的知行合一之说，系针对知行两分而来，所以不可避免地带有歧义性。具体地，知行合一可以在两个层次上来讲。阳明与门人之间的一段对话把这两层意思揭露了出来。"门人有疑知行合一之说者。

---

① 王阳明：《传习录》，台湾学生书局1998年陈荣捷注评本，第369页。
② 同上书，第40页。
③ 同上书，第342页。
④ 同上书，第166页。

直曰，'知行自是合一。如今人能行孝，方谓之孝。能行弟，方为之弟。不是只晓得个孝字弟字，遂谓之知。'先生曰，'尔说固是。但要晓得一念动处，便是知，亦便是行。'"①在此，阳明显然并没有否认门人对知行合一的理解，但他也指出存在一种更源始意义上的知行合一。门人所理解的知行合一，虽然也是针对知行两分的，但是，这种理解其实陷入到语词层面的争执中，而根本没有触及事情本身，因为它只不过是给"知"这个词规定了一个新的用法而已。论敌通过调整他们自己的语词的用法，同样可以得出知行合一的结论。起源于语词之争的这种知行合一没有多大意义，因此，阳明提醒他的门人要去晓得那更深层意义上的知行合一，唯有这种意义上的知行合一才是他的本意。"问知行合一。先生曰，'此须识我立言宗旨。今人学问，只因知行分作两件，故有一念发动，虽是不善却未曾行，便不去禁止。我今说个知行合一，正要人晓得一念发动处，便即是行了。发动处有不善，就将这不善的念克倒了。须要彻根彻底，不使那一念潜伏在胸中。此是我立言宗旨。'"②"一念发动处"，就是知，就是行。"知之真切笃实处，即是行，行之明觉精察处，即是知。知行工夫，本不可离。"③我们知道，良知恒照，无论善念恶念的发生，都有良知在。更准确地说，念究竟是善的还是恶的，这一点恰恰是被作为是非之心的良知"照"出来的。所以，一念发动处，就有良知在照着。良知必然伴随一切"念"，这一"伴随"的意义就是"照"出它们的善恶属性。良知的这种"知"，是源始的知。顺应良知的这种知，将被良知"觉"为恶的念克掉，而将被良知"觉"为善的念发出去，发之事父、事兄、事君、治民、交友、等等，就是行。当然，这个"克"、"发"表现为、或者说同时就是"去人欲"之"蔽"的过程。在此，"克"也好，"发"也好，都是"行"。这就是说，念一旦发动，就必然行，不可能有这样一个情况，即一个念发动了，保持不动。因为，念总已被良知照了，总已是善或恶。在阳明看来，不去把恶念克掉，这也是行；不去把善念发于物，这也是行。当然，阳明说要求的"行"并不是这种否定意义上的"行"，而是积极意

---

① 王阳明:《传习录》，台湾学生书局 1998 年陈荣捷注评本，第 400 页。
② 同上书，第 303 页。
③ 同上书，第 166 页。

义上的"行",即"致良知"。

"行"就是"致良知",就是"去人欲",而"去人欲"就是"存天理",去得了人欲,天理自然呈现,"减得一分人欲,便是复得一分天理"①,去人欲和存天理是同一件事情。所以,"行",严格来说,不是返回到天理那里去,不是恢复天理的本来面目、本然状况,因为天理不是现成之物,天理在"行",天理在发一生,天理在生一成,良知的发一见就是天理的发一生。人的"行"就是让良知即天理得以在经验中展开。所以,"行"源始地是良知之"行",是天理之"行"。良知是造化的精灵,能生天生地,成鬼成帝,如果没有"行",良知所照的善就不能实现,良知本身也不能实现,天理也不能发一生。因此,阳明说:"知是行之始,行是知之成。"②在此意义上,阳明在致良知学说中赋予"行"的地位是非常关键的,"行"主要地不是人去践行天理的问题,而是人去完成天理的问题。"行"是致良知,良知即天理,如果良知不被"致",那么,天理就不能完成,不能实现。"行",不是指去对一个已经完成的天理有所增益,相反,天理尚未完成,天理有待完成。"行",作为致良知,就是去让天理得以完成,成其所是。职是之故,知行合一的"行",从根本上说,不是人去"行",而是天理在"行",天理有待完成,待谁?待人。人委身于天理,人被天理占用,天理占用人才得以完成自身,人是天理实现自身、完成自身的场所,人的践行——派生意义上的"行",朱子所谓知行中的"行"其实指的是这个意义上的行——恰恰只是响应天理之出于自身之"行"的需要而发出的呼求。有论者这样诠释王与朱之异同:"他们均预设天理这一普遍的至善的秩序,都关心知识能否达到天理这一根本问题,分歧在于抵达天理的途径和方法。"③此说失当,因为在王阳明这里,从根源上讲,不存在知识如何抵达天理的问题,良知本是天理,而良知的展开,就是行,也即是天理的流行。如果阳明还认为知识与天理之间存在区分和间隔因而需要知识抵达天理,那么,他将落入朱子的心理二分、知行分说的窠臼,而与其知行合一论相捍格。

---

① 王阳明:《传习录》,台湾学生书局1998年陈荣捷注评本,第120页。
② 同上书,第65页。
③ 汪晖:《现代中国思想的兴起》上卷第一部,生活·读书·新知三联书店2008年版,第302页。

·古希腊哲学研究·

论柏拉图《斐勒布》中的假快乐问题

赵 灿[*]

摘 要：柏拉图在《斐勒布》中区分了真快乐和假快乐。假快乐的表现形式有两种：一是以错误的信念为基础，二是掺杂痛苦。总之，由于假快乐本性上必然伴随恶，它不能成为人类善好生活的原因。

关键词：《斐勒布》 善好生活 假快乐

《斐勒布》是柏拉图最为重要的一篇戏剧作品，它旨在讨论人类善好（good）生活如何可能。为回答这个问题，首先得知什么是善好生活。因此，柏拉图先进行方法和原则的考虑，柏拉图称为"神的方法"，这是神传给人类的关于幸福的艺术。这是《斐勒布》第一部分的内容。它的结论是，善好生活既不是理智（intelligence）也不是快乐（pleasure），而是一种混合的（mixture）生活。为了这种"混合"能顺利进行，就要先描述它的构成要素的本性及其地位。于是过渡到对快乐和知识的分析。这是《斐勒布》第二部分的内容。在这部分中，至关重要的是对快乐的分析——哪些快乐配得上善好生活的名称，哪些快乐必须拒之于善好生活的门外。柏拉图区分了假快乐和真快乐，区分了纯粹的快乐和掺杂痛苦的快乐。这是本文论述的重点所在。

既然要对假快乐和混合的快乐，就必须有个标准。但《斐勒布》中这一段的讨论却纷繁复杂，给后人阅读和解释带来了诸多困难，对此的阐释也歧见百出。一些研究者认为柏拉图检查快乐的标准是单一的，例如著名的古典学者 R. Hackforth 在译注《斐勒布》时就认为尽管柏拉图讨论了

---

[*] 赵灿，男，云南大学人文学院哲学系讲师，研究方向为外国哲学。

很多快乐的种类,但归根结底,快乐的标准只有一个,这就是"混合—纯净"(mixed - unmixed)的标准;此外,伽达默尔在《柏拉图的辩证伦理学》一书中也主张单一标准,但伽达默尔所认为的标准是"真—假"标准。他把混合的快乐也看作假快乐的一种。

而有学者对此提出质疑,他们坚持双重标准。即"假—真"(false - true)的标准和"混合—纯净"(mixed - unmixed)的标准。依"假—真"标准看,假快乐是建立在错误的信念基础上的快乐;依"混合—纯净"标准看,假快乐就是与非快乐/痛苦相混合的快乐[1]。

我们认为,这里的双重标准并不冲突,而且两者在实质上完全相通。仅只是所言的侧重点不同,"真—假"标准侧重于快乐与信念的联系,这是把快乐产生的原因归结为心灵的期待/信念;"纯净—混合"的标准侧重于快乐与痛苦的联系,这种快乐产生的原因就更为复杂,既有心灵与身体联系在一起的欲望,也有单纯的情感因素,还有单纯的身体感受。因此,从不同的角度讨论快乐的起源就会出现双重甚至多重标准[2],这些标准难免出现交叉重叠。

出于这样的考虑,我们认为不应该囿于单一标准或多重标准,而应在实质上打通这两者。但为照顾原文的顺序以及行文的方便,本文还是按照双重标准来叙述。

一 建立在错误信念基础之上的假快乐

1. 无存在根据的期待。这里的"根据"不是形而上学论述的命题,而是活生生的存在问题。海德格尔说:"正是通过根据问题,超越本身更为源始和更为广泛地得到规定。"[3] 某人的存在取决于他期待什么以及如

---

[1] 具体讨论参见 James C. Dybikowski, *Mixed and False Pleasure in the Philebus*: *A Reply*, In *The Philosophical Quarterly*, Vol. 20.

[2] 例如,Davidson 就是从以"有/无过程"(pleasure - in - process/pleasure - without - process)来区分快乐的,参见 Donald Davidson, *Plato's Philebus*, Garland Publishing, 1990, p. 331.

[3] 海德格尔:《论根据的本质》,见《路标》,孙周兴译,商务印书馆 2000 年版,第 146 页。

何期待。正是有期待，此在才有超越的可能。假快乐之所以假，原因在于以没有存在根据的期待为基础，它必然堵塞此在超越的可能性。

快乐有假吗？一般人都难以相信。当苏格拉底首先提出假快乐时，普罗塔库毫不犹豫给予否认，他坚持认为意见（opinion）有真假之分，但根本不存在苏格拉底所说的假快乐。难道我感到快乐这件事还会有假吗？

但普罗塔库这样的反驳对苏格拉底是无效的，因为他误解了苏格拉底。苏格拉底不是要否认我们感到快乐这个事实，他也承认，无论我们享受的快乐是什么样的，但我们的确感受到快乐这件事情本身不会有假。苏格拉底这里要检查的不是事实问题，而是价值问题。他要问的是：我们所享受的快乐是否符合善好生活的标准？这样的快乐是不是应该追求和享受？

为说服普罗塔库，苏格拉底把快乐和意见类比。意见总是某人持有的某些意见，快乐也总是某人感到的某种快乐。即主体的行为以及行为的对象，或者借用现代哲学的术语来说，就是"意向性"；并且意见拥有正确/错误、清晰/模糊等属性快乐，快乐也有大/小、强/弱等属性。如果坏/好的属性附加到意见或快乐上，柏拉图认为这样的意见或快乐是坏/好的。

然而真假是附带意见而起的，快乐往往和意见联系在一起。一种是与真意见或知识联系的快乐；一种是与假意见或愚昧联系的快乐——这种快乐经常在我们身上发生但又经常被忽视①。所以苏格拉底在这里讨论的问题可以进一步转化为：快乐是以真意见为基础还是以假意见为基础？前者是真快乐，后者是假快乐。

进一步分析，意见的基本元素是感知（perception）和记忆（memory）。感知对事物的最直接印象，记忆是灵魂特有的属性。人的灵魂好比是一本书，内心的抄写员凭感知和记忆在上面抄写。抄写正确则为真意见，抄写错误则为假意见。此外，我们心里还有一位画师，当我们把意见变为断言（assertion）说出来的时候，这位画师就要抛开当场的可感事物，仅凭抄写员写下的文字绘出图景。如果根据真意见绘出的图景就是真

---

① 《斐勒布》38a，本文依据的中译本有严群译本和王晓朝译本；英译本有 R. Hackforth 译本。

实的，如果根据假意见绘出的图景就是假的①。

无论这些意见是真是假，它不仅关于过去和现在，而且也关于未来。某种东西能被认识但并不一定在场，这是心灵独有的特征。关于未来的意见就是期待（anticipatory）或者希望（hope）。每个人都充满希望。但公正虔诚的人离神较近，他们的希望往往是善好的。坏人的希望往往和好人相反。我们把与这种期待联系的快乐称为"期待的快乐"。好人期待的快乐往往是关于现实的；而坏人期待的快乐都是虚幻甚至邪恶的，它们现在没出现，将来也没有可能出现。这里的好坏不是伦理道德意义上的，而是存在论上的。

柏拉图这个思想直接影响了亚里士多德的伦理学，在《尼各马可伦理学》中有类似论述："只有完善着完全而享有福祉的人的实现活动——不论是一种还是多种——的快乐就是最充分意义上的人的快乐。"② 亚氏认为，快乐与实现活动是紧密联系在一起的，不同的实现活动具有不同的快乐，快乐可以加强实现活动。好的实现活动对应好的快乐，坏的实现活动对应坏的快乐。即使欲求也是如此，虽然欲求在时间上不像现实活动那样与快乐紧密相连。但也只有对高尚事物的欲求才是好的，对卑贱事物的欲求理应受到谴责。

快乐与痛苦是人们的基本"情绪"，但这里的情绪不是从心理学意义上而言的，而是人生存着的基本状态。海德格尔在《存在与时间》中揭示出"情绪"的本体论意义，"情绪一向已经把在世作为整体展开了，同时才刚使我们可能向着某某东西制定方向"③。这也给伽达默尔解释《斐勒布》很大的启发。按照伽达默尔的理解，享乐不仅仅是一种感受或状态，而是通过这种方式，世界得以显现。而此在又是通过世界达到自我理解的。因此，从这个意义上说，"真"即意味着"发现"（discovering），"假"即意味着"隐藏"（concealing）。这里的发现和隐藏都是双重的——世界和此在的发现与隐藏。所以，以有根据的期待为基础的快乐提供了此在理解自身和世界的可能性；而以无根据的期待为基础的假快乐只是幻想快乐的过程，其

---

① 关于真假意见的讨论还可进一步参见《泰阿泰德》篇中的"蜡块喻"和"鸟笼喻"。
② 亚里士多德：《尼各马可伦理学》1176a25，廖申白译文。
③ 海德格尔：《存在与时间》，孙周兴译，生活·读书·新知三联书店 2000 年版，第 160 页。

依据是他不可满足的欲望。他幻想的东西是过去现在未来都不可能出现的。因此，它遮蔽了此在的自身理解，堵塞了此在自身理解和超越的可能性。他的目的仅仅在于幻想，试图通过幻想填补存在的空虚；而这种幻想的快乐具有不可实现性。他只有通过进一步的幻想来弥补这种不可实现的虚假性。于是，从存在论上讲，他就陷入无限的恶循环。"自由乃是向着根据的自由"①，一旦这种无根的期待成为此在自身的沉重负担，此在就必然丧失"绽出生存"的超越性。无根据的期待即意味着无自由。

2. 虚妄的信念。假快乐还有另外一种存在方式，就是以错误的判断为基础的快乐。之前讨论过，当出现欲望的时候，灵魂所渴望的东西刚好与身体的当下状态相反。在这种情况下，痛苦与快乐同时并存。且快乐与痛苦均属"无限"种类。于是，就需要对同时存在的苦与乐进行辨别和判断，分辨同时存在而又对立的两种感觉的强弱大小。

在这样的分辨过程中，难免会出现错误。正如看某样东西，在近处看比在远处看起来显得大些。对于快乐与痛苦的情形也如此：与痛苦相比之下的快乐往往比真实状况更强更大；与快乐相比之下的痛苦也会比真实状态更强更大。因此，这个意义上来讲的苦与乐就是假的。在柏拉图的对话中，真实、不变动、永恒、理性、绝对等这些词是具有相同意义的，和痛苦相对的快乐只是"显得"是快乐，只是快乐的模仿和相似，而不是真实的快乐。

此处的讨论如果和《普罗泰戈拉》作对比将会看得更清楚，在那里，柏拉图把事物分为善的和恶的两种；快乐是善的，痛苦是恶的②。并认为，一些当下的快乐会引起痛苦的后果，一些当下的痛苦也会带来将来的快乐。当快乐与痛苦出现的远近、大小不同时，就要对其做出衡量取舍，以便趋善避恶、趋乐避苦。在选择的过程中，由于缺乏正确的"衡量技术"③，往往会做出趋恶避善、趋苦避乐得选择。人们常常说这种选择是由于"被快乐征服"，其实是"被愚昧征服"而做出的错误选择。

---

① 海德格尔：《论根据的本质》，见《路标》，孙周兴译，商务印书馆2000年版，第192页。
② 快乐是善，并不说明善就是快乐，因此，此处与《斐勒布》并未出现冲突。
③ 柏拉图说关于衡量技术我们以后再加研究——这个研究于是构成《斐勒布》的主题，《斐勒布》中的"衡量技术"就是辩证法，《斐勒布》开篇就强调了辩证法，因此，辩证法就是人们"幸福的艺术"。

二　必然掺杂着痛苦的快乐

该部分实质是以讨论当时一些所谓的"憎恶快乐者"而开始的。这些人主要研究自然，他们根本不相信有快乐，主张快乐无非就是痛苦的免除或减弱，这种主张为苏格拉底所反对。在《理想国》中，柏拉图认为这些人由于没有经历过真正的快乐，所以错误地对比了痛苦和无痛苦，正如一个从未见过白色的人，错误地把灰色和黑色对比一样①。但苏格拉底同时也认为他们的思想有正确之处。其实就是他们看到了混合的快乐不是真正值得赞许的快乐。所以苏格拉底愿意暂时同他们结盟，一起对混合的快乐进行检查。但苏格拉底强调仅仅是陪他们走"一半的路"。苏格拉底认为有三种各自不同的生活状态：一种快乐的，一种痛苦的，一种既无快乐也无痛苦的②。

快乐与痛苦的混合可以分为三类：

1. 发生于身体的混合。要看清一件事物的本性，最好的办法就是到最极端的例子里寻找。例如要看清"坚硬"的本性，就应该到最坚硬的物体上寻找。快乐也如此，为了弄清快乐的本性，我们选择程度最大的快乐进行探索就要容易些。根据大多数人的意见，他们一致主张来自身体的快乐是最强烈的。那么就来看身体上的快乐。我们知道，身体的和谐本性被破坏产生痛苦，和谐得到恢复产生快乐③。如此说来，如果身体的和谐遭到最大限度的破坏，它得到的恢复也就最大，也就意味着最强烈的快乐。照这样的逻辑，身体不正常或者患病的人岂不是拥有最大快乐的人吗？

柏拉图具体分析了挠痒的快乐。在这种混合中，只要快乐的感觉稍微胜过了痛苦，人们便会手舞足蹈，吹嘘喘息，狂叫欢呼，无所不至④。其

---

① 《理想国》585a。
② 《斐勒布》43d。
③ 类似说法还可见于《会饮》186c；《蒂迈欧》64c；《理想国》583c；《斐多》60b。这是贯穿柏拉图大部分对话的思想。
④ 《斐勒布》47a，参照严群译文。另，关于柏拉图这里批评的"快乐的疯狂"，我们可以联想到《斐德若》中所赞誉的"迷狂"（madness），这是个很复杂的问题。不过值得注意的是，《斐德若》中的迷狂也区分为三种，柏拉图真正赞誉的是"神圣的迷狂"（参《斐德若》245a）。

实，在 21 世纪，追求身体快乐的例子已经可以随手拈来。为了获得身体的快乐，人们想尽一切办法，无论后果如何，只要能获得身体足够大的快乐——例如，注射毒品产生的快乐——这是典型的"快乐到死"。对这种快乐主义的态度，柏拉图和那些"憎恶快乐者"完全相同。通过这段讨论，柏拉图向人们展示了所谓的最大快乐——身体的快乐——是多么虚假和可怕。甚至会摧毁人们的身体与灵魂。所谓最大的快乐其实应该叫作"最大的痛苦"。

柏拉图关于肉体快乐的思想也遭到了许多反对，亚里士多德就是其中之一。亚氏并不排斥肉体的快乐。相反，他认为肉体快乐更值得欲求，因为①它驱逐开痛苦；②它非常强烈。肉体快乐本身是善的，只有过度的无节制的肉体快乐才是恶的。"坏人所以成为坏人就是由于追求过度的而不是必要的肉体快乐。"① 然而，所有的痛苦都是恶。所以，比较而言，肉体的快乐即使不是最高贵的快乐，但总比痛苦好得多。其实，柏拉图在《普罗泰戈拉》和《斐勒布》中反复强调的也是"尺度的艺术"，并且在《斐勒布》结尾处的善好生活等级中，排列在第一位的恰好也是尺度、适度。忽略了《斐勒布》开头对方法原则的考虑，难免会做出偏颇的判断。

2. 身体与心灵二者兼有的混合。对于这种混合，前面分析欲望时已经讨论过。之前的讨论已经达成一致意见，全部欲望都属于灵魂，身体不会有欲望；并且，灵魂所欲望的正好和身体的当下状态相反。所以，当灵魂欲望着的时候，其实人们是在经历双重的痛苦：一是身体缺乏的痛苦。二是灵魂欲望不能满足的痛苦。但是，欲望得到满足的快乐是和身体缺乏的痛苦联系在一起的。欲望的基础正是缺乏，没有缺乏也就无所谓欲望②。这样产生的快乐既不纯净也不真实。

但值得注意的是，这不能和本文第一部分讨论过的"期待的快乐"相混淆。期待（expectation）和欲望（desire）并不相同。按照 Davidson 的分析，期待包含"断定"（prediction）的因素，所以期待可能是正确的也可能是错误的，期待的经验可能是快乐也可能是痛苦；但是欲望的对象

---

① 亚里士多德：《尼各马可伦理学》1154a15，廖申白译文。
② 所欲求的也就是所缺乏的，对此更为详细的讨论见于《会饮》200a—e。

总是快乐①。我们的分析与 Davidson 并不矛盾。Davidson 强调的是欲望的"对象",即每个人都只会欲望能给自己快乐的东西。没人可能欲求一个给自己痛苦的东西。我们在这里强调的是欲望之为欲望,它必须以身体的缺乏为前提,身体的缺乏是一种痛苦,因此欲望得到满足的快乐总是和痛苦混合在一起。

3. 发生于心灵的混合。这种混合其实是一类情感因素——愤怒、悲哀、恐惧、恶意等。愤怒是痛苦,但愤怒也能让人感到快乐,这就是荷马所说的,愤怒使聪明的人陷入暴戾,它进入人们的心胸比蜂蜜还甜;悲哀是更为直接的痛苦,但悲剧在让人们泪流满面的同时也让人们获得极大的享受。柏拉图在这里选择的例子是喜剧,因为喜剧最难以理解。

喜剧惹人发笑的原因是荒唐(ridiculous),荒唐是"认识自己"的对立面,即荒唐是无知的表现。这种无知经常在财、貌、智三方面表现为自我欺骗:自负其财、自负其貌、自负其智。强而自负者让人感到凶悍可恨,弱而自负者让人感到滑稽可笑。无知是一种不幸,自我欺骗是无知的一种。因此,当某人的朋友自我欺骗时,虽然他对别人不会造成危害,但这是滑稽可笑的,如果我们嘲笑他,我们就正在经历痛苦与快乐的经验,因为这种嘲笑出自内心的"恶意"(malice)——恶意是痛苦,嘲笑是快乐。所以,柏拉图最后说,这种混合不仅发生于悲剧与喜剧的舞台,而且发生于一切人生的舞台。

混合的快乐表明:这种情形下,快乐和痛苦就是一对孪生弟兄,快乐的产生必然伴随痛苦。这不是由于人类行为的错误,而是源于混合快乐的本性②。所谓的假快乐,就是说,它不但是快乐的原因,而且也是非快乐(或痛苦)的原因。换言之,这种常常被人当作善好生活的快乐,其实隐含着恶。那么,这样的"善好"就不是真正的善好。从这个意义上说,"假—真"的标准和"纯净—混合"的标准是二合一的,假快乐就是混合的快乐,它是非快乐/痛苦与快乐的混合,是好与恶的混合。在《理想国》中,柏拉图认为混合的快乐是真正快乐的"私生子"或者"幻影";

---

① Donald Davidson, *Plato's Philebus*, Garland Publishing, 1990, p. 344.
② 参见《斐多》60b—c,在那里,柏拉图把快乐与痛苦比喻为同一个脑袋下连着的两个身体。

在《斐勒布》中，柏拉图认为这种快乐的经验的确是我们事实上经历的，但因为它带有"恶"而不能成为善好生活的原因，无论从身体还是灵魂，它都不足以引导人们攀登美与善的殿堂。相反，它欺骗了灵魂。但是，在《斐勒布》中，讨论快乐种类的目的是要区分出什么才是真正的快乐，因此它旨在"区分"。至于假快乐所带给人们的生活方式，是在《理想国》第八、九卷得到细致描述。所以应把《理想国》当作《斐勒布》的一个"背景"。《理想国》的分析表明，爱财或爱荣誉部分起支配作用的心灵是最不幸、最不快乐的心灵，"透过欲望的众多你就可以看到他真正的贫穷"①。真正幸福和快乐的生活方式是爱智的生活，在这种心灵里，是爱智部分取得支配地位，他的灵魂是和谐有序的。这是真正值得过的生活。

三 短评

《斐勒布》试图告诉人们什么是善好生活以及如何过善好生活。这种生活既不是快乐也不是理智，而是二者的混合。为了使这种混合能称为善好，柏拉图排出了假快乐（或混合的快乐），但是，这种"排出"如何能在人类的生活中——而不是神的生活——体现出来呢？换言之，这样的善好可能吗？在《会饮》中，柏拉图给出了我们面临的可能选择：一是被蒂俄提玛和苏格拉底说服，抛开具体的美和具体的爱，一直攀升到美本身和爱本身。只有肉眼开始昏花，灵魂之眼才能敏锐②；二是像阿尔希比亚德那样把爱放在具体的个体身上。但是，阿尔希比亚德却告诉我们，他被哲学咬伤了，比毒蛇咬伤还严重，而且咬到最疼痛的部分——心或灵魂③。阿尔希比亚德最后没忘记提醒人们别受苏格拉底和哲学的蒙骗。柏拉图提醒我们，阿尔希比亚德还很"清醒"，他的话并非酒醉之言④。《会饮》的结尾处，筵席一散，人们还是各奔东西，陪伴苏格拉底的只有悲剧诗人和喜剧诗人，后来，诗人也安然入睡，只留下了永远清醒的苏格拉底。自称只懂"爱"（eros）的哲学家却落得孑然一身——难道哲学最终

---

① 《理想国》579e。
② 《会饮》219a。
③ 《会饮》218a。
④ 《会饮》222c。

是场悲剧？也许，柏拉图深知"善好"是那么的脆弱和不堪一击[1]，因此，在苏格拉底饮鸩之前，柏拉图告诉我们，"柏拉图"病了——身病？抑或心病？[2] 也许，柏拉图深知，不仅苏格拉底饮下的是毒酒，而且《斐多》中苏格拉底排斥肉体进而专注于灵魂的"死亡练习"也是杯毒酒。但问题在于：古希腊语中"毒药"和"解药"本来就是一个词。柏拉图写下了宏伟的诗篇，也留下了巨大的难题——"究竟谁的去路好，唯有神知道！"[3]

参考文献：

［1］Hans – Georg Gadamer，*Plato's Dialectical Ethics*，translated by Robert M. Wallace，Yale University Press，1991.

［2］Donald Davidson，*Plato's Philebus*，Garland Publishing，1990.

［3］Cynthia Hampton，*Pleasure*，*Knowledge*，*and Being*：An Analysis of Plato's *Philebus*，State University of New Press，1990.

［4］Martha C. Nussbaum，*The Fragility of Goodness*，Cambridge University Press，1986.

［5］James C. Dybikowski，Mixed and False Pleasure in the Philebus：A Reply，*The Philosophical Quarterly*，Vol. 20.

---

[1] 关于善的脆弱性这个问题，参见 Martha C. Nussbaum，*The Fragility of Goodness*，Cambridge University Press，1986.

[2] 《斐多》59b，进一步讨论可参见《论〈斐多〉的文学特征及其哲学后遗症》，收于刘小枫主编《经典与解释》第二辑。

[3] 《申辩》42b。

不被生成的形式与个体形式：
《形而上学》Z8 章的一个难题[*]

曹青云[**]

摘　要：亚里士多德"形式是普遍的还是个体的"是一直以来争论不休的一个问题。除了《形而上学》Z13 章之外，Z8 章也日渐成为这一争论的战场。与传统的解读不同，有的学者指出 Z8 章的文本支持"个体形式"的解释。本文通过分析 Z8 章提出的"形式不被生成"以及"形式与复合物不分离"的命题，发现亚里士多德并非在不加限制的意义上说形式是不被生成的，当一个现实的、拥有形式的个别事物被生成时，形式也是被偶然"生成"的；然而，Z8 章的文本并不支持"个体形式"的解释，形式只在作为个别事物之形式的意义上具有某种"个体性"。

关键词：形式　生成　个体

《存在与实体——亚里士多德〈形而上学〉Z 卷研究（Z1—9）》一书以整体论的视角系统地解读了《范畴篇》和《形而上学》Z 卷。作者有一个重要的观点：Z 卷的实体观并不是对《范畴篇》的实体观的否认和颠倒，而是对后者的继承和发展，因为形式作为实体是对个别事物作为实体的深化认识，而这个观点得以成立主要在于证明形式是个体的，并非普遍的。这个证明的关键又在于对 Z7 章到 Z9 章中的形式的解释。认为形式是

---

[*] 此文原载于《云南大学学报》（社会科学版）2015 年第 1 期。
[**] 曹青云，女，云南大学人文学院哲学系讲师，研究方向为古希腊哲学。

普遍的学者们似乎在 Z8 章的文本中找到了直接的证据。①《存在与实体》一书详细地反驳了这些对个体形式的不利证据，并指出 Z8 章在强调形式与质料或复合物的不分离的同时已经证明了形式是个体的[1]。

然而，Z8 章的另一个更为重要的主题——形式是不被生成的，似乎并不支持"形式是个体的"这一观点，而更倾向于推导出"形式是普遍的"。如果亚里士多德在"形式是普遍的还是个体的"这一问题上有一致的立场，②那么我们要么必须放弃"形式是不被生成的"观点，要么放弃"形式是个体的"观点。在这篇文章中我们并不能解决"形式作为实体是普遍的还是个体的"这个宏大的问题，而主要集中于 Z8 章的文本，分析"形式是不被生成的"这个命题为亚里士多德的实体观带来的问题，以及可能的解决方案。

一 形式是不被生成的与形式是个体的

即使抛开 Z7 章到 Z9 章在 Z 卷中的特殊地位和意义不谈，③《形而上

---

① 例如，D. Ross 认为《形而上学》Z 卷中的形式是最低的种，是普遍的；Z8 章中对"形式表达这类，而不是这个"（1033b22）的论述，以及"卡里亚斯和苏格拉底在形式上是相同的（1034a7）"都表明了形式是普遍的。参看 D. Ross, *Aristotle's Metaphysics*, Vol. 2, Oxford University Press, 1924, pp. 188—190. G. E. L. Owen 也指出 Z8 章提供了将形式理解为普遍者的证据，并认为 Z8 章提出的"形式是一个如此这般的东西"是理解其意义的关键。参看 G. E. L. Owen, Prolegomenon to Z7—9, in *Notes on Book Zeta of Aristotle's Metaphysics*, recorded by M. Burnyeat and others, Sub‐Faculty of Philosophy, Oxford University Press, 1979, pp. 43—55. 持有"Z 卷的形式是普遍的"这一观点的其他学者主要包括 M. J. Woods, Problems in Metaphysics Z, Chapter 13, in *Aristotle: a Collection of Critical Essays*, eds. J. M. E. Moravcsik, New York: Doubleday, 1967, pp. 215—238. Daniel Graham, *Aristotle's Two Systems*, Oxford: Clarendon Press, 1987, pp. 60—61. Chung‐Hwan Chen（陈康），"Aristotle's Concept of Primary Substance in Books Z and H of the 'Metaphysics'," *Phronesis*, Vol. 2. No. 1, 1957, pp. 46—59, esp. p. 48。

② 有人认为在"形式是普遍的还是特殊的"这一问题上，我们提不出根本的解释方案，或许亚里士多德在这个问题上没有一致的观点，又或许亚里士多德根本没打算为这个问题给出一个最终的答案。参看 James Lesher, "Aristotle on Form, Substance, and Universals: A Dilemma", *Phronesis*, Vol. 16, 1971, pp. 169—178. 以及 R. D. Sykes, "Form in Aristotle: Universal or Particular?" *Philosophy*, Vol. 50, 1975, pp. 311—331。

③ 《形而上学》Z7 章至 Z9 章一般被认为是后来插入 Z 卷之中的，因为它的主题——对可感实体的生成分析——与 Z6 章和其后的 Z10 章并不连贯。然而，关于 Z7 章至 Z9 章被（转下页注）

学》Z8 章的主题和目的也不似乍看起来的那么明确。[①]然而，我们可以肯定的一点是：Z8 章讨论了一个重要的命题——形式是不被生成的，只有复合实体是被生成的。此后，这个命题在《形而上学》的很多地方一再被提及和运用，例如 Z9，1034b8（不仅是实体，我们证明了它的形式是不被生成的，而且所有首要的类，例如性质、量和别的范畴都是不被生成的），Z15，1039b20—25（因为实体有两种，即具体的事物和公式，前一种意义上的实体是可能毁灭的——因为它是有生成的，而公式是不会毁灭的——因为它不经历毁灭的过程），以及 H3，1043b 15—18 和 H5，1044b24—27，等等。

这个具有柏拉图主义色彩的命题出现在亚里士多德对可感实体具有一个生成结构的讨论中。他说："任何被生成物都是被什么生成（我是指生成的开端所由以开始者），从什么被生成（就让这不是缺失而是质料；因为已经阐明了我们在什么意义上这样说），和被生成为什么（或者是球形或者是圆形或者是其他任意一个），那么，正如一个人不生产这块具体的铜一样，同样他也不生产这个球形，除非依据偶性，因为这个铜球是球形，而这个人生产那个铜球"（1033a 24—30）。铜球作为被生成物，它是依据球形来制作的——即它是被球形生成的，并且它从一块铜而来——即铜是它的质料因；它生成为一个具体的球形——即这个铜球，它拥有"球形"为其本质。

"被什么生成—从什么生成—生成为什么"这一结构是每个被生成物必然具备的。在这个结构中"被什么生成"是形式因，"从什么生成"是质料因，"生成为什么"是成品即被生成物。形式因是生成过程的真正起点，它在时间上先于质料因和被生成物的出现。形式因在时间上的优先性

（接上页注）插入的原因以及它在整个 Z 卷中的地位，学者们有很多的争论；对这个问题的理解关系到如何理解 Z 卷的主题和结构，甚至如何理解亚里士多德的实体观。在这篇文章中，我们暂无法阐述这个问题，但我们认为 Z7 章至 Z9 章的插入对于亚里士多德探讨"形式是否是实体的"问题不是无关紧要的，而是关键的。参看聂敏里对 Z7 章至 Z9 章的插入地位的讨论，《存在与实体》，第 205—214 页。

[①] 例如 C. Schields 就认为 Z8 章的主题和目的是模糊的。参看 Christopher Schields, "The Generation of Form in Aristotle," *History of Philosophy Quarterly*, Vol. 7, 1990, pp. 367—390。

在《形而上学》Θ8 中有更具体的说明：作为现实性的形式在时间上优先于作为潜在性的质料，而质料又在时间上优先于生成过程结束时才出现的复合物。因此，形式和质料的存在先于被生成物；通过它们的作用事物得以生成，而它们自身是不被生成的。亚里士多德论证说，倘若形式或质料自身也是被生成的，那么生成过程就会陷入无限倒退。

如果形式自身是被生成的，它就必须满足"被什么生成—从什么生成—生成为什么"的结构。如此，形式作为被生成物必然有自己的形式因和质料因，即形式是"被形式生成的"和"从质料而来的"。因此，这里出现了"形式的形式"，即产生形式的形式；如果"形式的形式"自身也是被生成的，那么为了满足被生成物的生成结构，"形式的形式"必然要求"形式的形式的形式"。如此一来，生成过程就会陷入无限倒退。所以，亚里士多德认为"形式，或者无论什么应当称为在这个可感物之中的样式的东西，不被生成，生成不属于它，'是其所是'也不被生成"（1033b 5—7）。

"形式不被生成"这个命题有一个重要的推论：即形式是普遍的（或者形式是多个个体共有的或相同的东西）。亚里士多德在《前分析篇》中说："不可毁灭的东西是普遍者，而个体是能够毁灭的"（85b15—18）。不可毁灭的东西也不能被生成；所以，如果形式是不被生成的，那么它就是普遍的。

尽管亚里士多德在 Z8 章中不像在《前分析篇》中那样明确地指出"不被生成的东西是普遍的"，但是从 Z8 章的文本中我们不难发现这个意思。在证明了形式的被生成将导致生成过程的无限倒退之后，他再次强调说"如果球形的一般本质是被生成的，那么它必然从某物中被生成"（1033b10—11）。在这里，他是指球形的本质是普遍的或一般的，而不是特殊的或个别的形式。紧接着他将"球形"解释为"圆周上的所有的点与一个中心的距离相等"，这显然是一个普遍的定义。更不消说，"形式意味着'如此这般'，而不是'这个'"，以及"卡里亚斯和苏格拉底之不同是因为它们的质料（因为质料是不同的），但它们在形式上是相同的"这样的论述；将这些文本理解为表述了形式是普遍的是相当自然的。我们看到从"形式是不被生成的"到"形式是普遍的"，Z8 章的论证是统一和流畅的。所以，倘若有人认为形式是个体的，那么他面对的不仅仅是这几处文本在解释上的困难,而且还必须说明"不被生成的形式"与"个体形式"何以能够相容。

然而,从被生成物的生成结构以及形式不被生成的论证来看,我们很难说这里讨论的形式是个体。首先,在"被什么生成—从什么生成—生成为什么"这个结构中,"什么"既在形式因中出现,也在质料因和被生成物中出现,"什么"主导了整个生成过程,它是被生成物的形式规定和本质内容。亚里士多德指出,形式因、质料因和生成物具有一种"同名"的关系,[①]因为它们都以某种方式是这个"什么"——形式因和生成物现实地是这个"什么",但它们是不同的个体,而质料因潜在地是这个"什么"。在整个生成过程中持存的和不被生成的东西是"什么"本身,而不是其他。生成结构中的"什么"是一个普遍者,因为它能够出现在不同的个体中或为不同的个体所拥有。生成过程仿佛是将普遍的形式从一个个体传递到另一个个体上。从人生人,马生马,灵魂中的健康之形式生出健康的身体来看,这些生成过程中的形式都不是个体。其次,只有具体的个别事物是被生成的;如果形式等同于个别事物——亚里士多德在 Z6 章中似乎证明了这一点,[②]那么形式就是被生成的。换言之,如果形式自身是个体,那么它必然能够被生成。所以,不被生成的形式很难被设想为是个体。

所以,单就 Z8 章的文本来看,"形式是不被生成的"与"形式是个体的"似乎是矛盾的。尤其是,如果有人认为亚里士多德在论证"形式不被生成"之后,紧接着指出"形式与质料或复合物是不分离的"(1033b21)——并由此证明了形式是"这一个",那么 Z8 章的文本就很可能是不融贯的和矛盾的。聂敏里先生指出,"不被生成的形式"是与质

[①] M. F. Burnyeat 认为 Z7 章至 Z9 章有一个共同的主题:即同名原则;当某物被生成时,生产者和成品在形式上相同。他指出 Z7 章至 Z9 章一个重要结论是:实体必须是一个先前现实的同种类实体的产物。参看 *A Map of Metaphysics Z*, Pittsburgh: Mathesis Publications, 2001, pp. 35—36。

[②] 《形而上学》Z6 章是否论证了本质(即形式)与个别事物是一种"直接的等同"关系仍然是值得商榷的。但本质的存在就是个别事物自身,不是外在于个别事物的东西;而个别事物是具有(或拥有)本质规定的存在者。参看 M. Wedin, *Aristotle's Theory of Substance: the Categories and Metaphysics Zeta*, Oxford: Oxford University Press, 2000, pp. 283—285。

料相分离的,是普遍的和抽象的类,而与质料不分离的形式就是个体。[①]然而,这意味着 Z8 章的文本在丝毫不加说明的情况下随意改变了正在讨论中的"形式"的意义。除非我们接受 Z8 章的文本是不融贯的,否则我们必须否认形式是个体的或者对"形式是不被生成的"这个命题持有相当的保留意见。事实上,尽管"形式是不被生成的"这个柏拉图式的命题反映了古代的目的论世界观,我们也很难认为亚里士多德是在一种不加限制的意义上接受它。下面我们将具体考察"形式是不被生成的"这个命题,看它是否能够与个体形式相调和。

二 形式在何种意义上是不被生成的?

如果我们对 Z8 章关于"形式不被生成"的论证观察得够仔细,就会发现亚里士多德并非在不加限制的意义上说形式是不被生成的。他说:"正如一个人不生产这块具体的铜一样,他也不生产这个球形,除非依据偶性(kata Sumbebekos)(1033a29)。"这意味着形式在某种偶然的意义上或依据偶性是可以被生成的;即形式并非以任何方式都不能被生成。然而,亚里士多德在 Z8 章中对这一点没有做更多的说明,甚至在其整个著述中都未对"依据偶性的生成"给出过明确的解释。[2]367—390 不过这至少指明了形式在某种意义上是被生成的。

在 Z8 章之后的文本中,"形式不被生成"这个命题多次出现,但却有着更为古怪的表述。例如"这个(实体)要么是永恒的,要么它必须是被毁灭的而又不在毁灭的过程中,并且它必须是被生成的而又不在生成的过程中"(H3,1043b15—16)($\varphi\theta\alpha\rho\tau\grave{\eta}\nu$ $\mathring{\alpha}\nu\varepsilon\nu$ $\tauο\tilde{υ}$ $\varphi\theta\varepsilon\acute{\iota}\rho\varepsilon\sigma\theta\alpha\iota$ $\kappa\alpha\grave{\iota}$ $\gamma\varepsilon\gamma o\nu\acute{\varepsilon}\nu\alpha\iota$ $\mathring{\alpha}\nu\varepsilon\nu$ $\tauο\tilde{υ}$ $\gamma\acute{\iota}\gamma\nu\varepsilon\sigma\theta\alpha\iota$)。我们不禁要问:应当如何理解形式是"$\gamma\varepsilon\gamma o\nu\acute{\varepsilon}\nu\alpha\iota$ $\mathring{\alpha}\nu\varepsilon\nu$ $\tauο\tilde{υ}$ $\gamma\acute{\iota}\gamma\nu\varepsilon\sigma\theta\alpha\iota$"(即被生成的但又不在生成过程中)?在这个词组中"$\gamma\varepsilon\gamma o\nu\acute{\varepsilon}\nu\alpha\iota$"是动词"$\gamma\acute{\iota}\gamma\nu o\mu\alpha\iota$"的完成时不定式,它表示结果的达成和动作的完成;而"$\tauο\tilde{υ}$ $\gamma\acute{\iota}\gamma\nu\varepsilon\sigma\theta\alpha\iota$"是动词"$\gamma\acute{\iota}$

[①] 聂敏里:《存在与实体》,第 315—317 页。例如,"形式就其本身而言诚然是不被生成的,但是,作为就具体的被生成物而言的形式,作为与质料不相分离的形式,它却就在生成之中……它就成了现实的含有质料的形式,也就是现实的'这一个'"。

γνομαι"的现在时不定式的名词化，相当于动名词，它表达抽象的动作概念。因此我们暂且将其译为：形式是"被生成的但又不在生成过程之中"。这个古怪的表达并不足以解释形式与生成的关系，但可以肯定的是：形式并非在任何意义上都是不被生成的。结合Z8章中的观点，我们似乎可以认为形式自身并不经历生成或毁灭的变化过程，但它在某种偶然的意义上是被生成或毁灭的。

希尔兹（C. Schields）对形式与生成的关系给出了一个解释。他认为罗斯（D. Ross）错误地把纯粹形式和实体形式（即种）看作不被生成的而把非实体形式（例如特殊的白色）看作被生成的，因为某些非实体形式，例如"有皮肤的"，也是没有生成或毁灭的——只要始终存在一个拥有它们的个体，它们就是不被生成和毁灭的；而有些实体形式则是被生成的，例如苏格拉底的灵魂。他根据"依据自身的运动"和"依据偶性的运动"来类比"依据自身的生成"和"依据偶性的生成"。例如，当乘客在航行的船上时，船是"依据自身而运动的"，而乘客是"依据偶性而运动的"；类似的，当身体运动时，身体中的灵魂是"依据偶性而运动的"。这意味着"依据偶性运动"的物体附随在"依据自身运动"的物体上，没有后者的运动前者是不可能运动的。因此，希尔兹认为形式的生成附随在复合物的生成之上，后者的生成足以保证了前者的生成。

然而，附随在复合物之上的形式为什么就不经历生成的过程呢？在航行的船只中的乘客必然经历这个运动的过程。另外，如果形式的生成"随附于"或"依赖于"一个复合物的生成，那么当复合物尚未生成时，形式就是不存在的。这意味着形式的存在依赖于复合物的存在，然而，亚里士多德却认为形式在本体论上优先于质料和复合物（Z3，1029a6）；相反，复合物的存在必须依赖于形式。希尔兹的解释显然颠倒了形式与被生成物的本体论依存关系。

我们发现，亚里士多德在证明"形式不被生成"时依赖于被生成物的生成结构和这样一个前提，即，"如果我们制造形式，我们必须从别的东西中制造它"（因为这是被设定的）。这个前提异常重要；生成并非"无中生有"，即被生成物必然来自于某个先在的存在者，生成总是从存在者到另一存在者的过程，换言之，生成是建立在存在基础上的。亚里士多德正是以此反驳了巴门尼德对变化之否定。① 我们自然无法抛弃这个前提。然而,我们必须注意到这个前提和"生成"只属于复合物,而并不属于形式。所以,形式的不被生成意味着形式不像复合物那样被生成,因为它并不具有复合物那样的生成结构,也不是从别的存在者中产生的。如果形式也有某种"生成"的话,这并非出自它的本性,而是因为它与复合物的关系才具有了偶然的"生成"。

那么,形式与质形复合物究竟是一种什么关系,使得"生成"对于形式而言是偶然的,对于复合物而言是必然的呢?个别事物在 Z7 章至 Z9 章中被分析为一个具有生成结构的复合物。"质形复合物"这个概念自身就蕴含着"生成"要素,换言之,只有在生成论的视野下,个别事物才被看作质形复合物。然而,《范畴篇》和 Z 卷的前六章几乎没有提及个别事物是质形复合物,在这些文本中,个体还未作为被生成物来分析。形式作为一个事物的本质和实体并不是在事物的生成中才被揭示的,Z6 章指出,当我们认识到一个事物的自身时就获得了它的形式或本质。因此,形式与质形复合物并不是简单的"构成原则与被构成之物"的关系,它们处于不同的层次和论域,前者就是事物自身或其本质内容而言的,后者是就事物作为被生成物所具有的结构而言的。它们具有本体论上的依存关系,即形式规定和支配了整个生成过程,复合物的生成是依据自身本质的生成。

复合物的"生成"经历了一个从"不存在"到"存在"的过程,例如这个铜球在被生成之前是不存在的,苏格拉底在被生成之前也是不存在的。没有这种"从不存在到存在"的过程,就没有真正的生成。亚里士多德在《论生灭》第一卷前 4 章中指出,生成和毁灭不同于其他类型的变化,它不是同一个东西之属性的改变(315a1—2),也不是不同东西的混合和分离(317a20—21),而是一个东西作为整体变成了另一个东西(317a22)。"生成"与其他类型的变化之区别在于它包含了一个实体从

---

① 巴门尼德认为,如果变化是"从存在到存在"的过程,那么变化是不可能的,因为存在者已经存在;另一方面,如果变化是"从非存在到存在"的过程,那么变化也是不可能的,因为必须有某物事先存在变化才能发生,因此,变化是不可能的。亚里士多德指出,变化的起点既不是绝对的存在也不是绝对的非存在,因此变化既是"从存在到存在"的过程又是"从非存在到存在"的过程。参看《物理学》第一卷第 8 章的讨论(191b13—26)。

"不存在到存在"的发展过程,而不单单是已经存在的实体之状态或属性的改变。然而,"生成"包含的这种从"不存在到存在"或从"不是到是"的过程与生成不是"无中生有"或者生成是建立在存在论基础上的观点之间存在着张力。如果亚里士多德一方面坚持认为生成是"真正的生成",另一方面亦认为生成不是"无中生有",那么他就必须承认生成既是从"不存在到存在"的过程又是从"存在到存在"的持存。[①]

亚里士多德的确意识到了这种张力,他在《物理学》第一卷中为变化奠定存在论基础时指出,一切变化必须从存在者开始;而"不存在"只是相对某个具体事物的不存在,它同时表达为一个别的存在者。更确切些,"不存在"是指生成结果或形式的缺失,但具有这个缺失状态的存在者是一个潜在者,它与形式或被生成物具有一种本体论上的关联,即它潜在地是这个生成结果或形式。换言之,潜在者以一种肯定的方式包含了被生成物的本质和形式,即它以一种较低的存在程度(即潜在的存在方式)作为生成结果或形式。所以一个从潜在存在者到现实存在者的生成过程实际上是从"潜在的形式到现实的形式"的转化。然而,无论作为"潜在的"还是"现实的",形式始终没有经历从"不存在到存在"的过程,它只在存在的程度和完备性上发生了变化,即它始终是它自身。因此,形式并不具有真正意义上的"生成",它只是从潜在性到现实性的自我实现。聂敏里先生有一点说得好:"质料和形式、潜能和现实的关系的引入正是要解决一个自身保持为同一的实体如何生成的问题。"[1]359 现在生成不过是自身同一的形式或本质从潜在存在向现实存在的转化,但这种转化本身也是一个被生成物从"不存在到存在"的发展过程。所以,同一个"生成"从被生成物的角度看,是从"缺失到存在"或者从"不是到是"的发展;而从形式的角度来看,则是从"潜在的存在到现实的存在"的实现。对于复合物而言,"生成"是必然的,它必然经历一个"从不是到是"的过程,但对于形式,"生成"是偶然的,它并不经历从"不是到是"的过程,而是以一种最完备的存在状态落实到被生成的实体上。因此,当一个

---

① 这正是变化(或生成)在一种意义上是"有中生有",另一种意义上是"无中生有"的意思所在。参看亚里士多德在《物理学》第一卷第 8 章中对生成在一种意义上是"无中生有"(即从缺失到形式),在另一种意义上是"从有到有"(即从潜在者到现实者)的讨论。另外参看 Sean Kelsey, "Aristotle *Physics* I. 8", *Phronesis*, Vol. 51, pp. 330—365。

现实的、拥有形式的个别事物被生成时，我们可以说形式在偶然的意义上被生成了。

正如我们说白色的苏格拉底是有理性的，以及白色（的事物）在偶然的意义上是有理性的，因为白色在苏格拉底之中并且后者必然是有理性的；我们也可以说形式在偶然的意义上是被生成的，因为生成必然属于拥有这个形式的个体。然而，形式的偶然生成并不像希尔兹解释得那样"附随"在复合物的生成上；相反，形式的偶然生成是复合物的必然生成的原因，换言之，形式从潜在性到现实性的自我实现就是一个复合物生成的内在原因。

现在我们看到，Z8章中的"形式不被生成"命题并非是在不加限制的意义上说的。形式的不被生成指的是形式不像复合物那样被生成——形式不是从某个别的存在者中产生的，而是从潜在存在到现实存在的自我实现；并且当一个现实的、拥有形式的个体被生成时，形式也是被偶然地"生成"的。那么，在这种加以限制的意义上，"形式不被生成和偶然生成"与"形式是个体的"能否相容？倘若形式的"个体性"指的就是被生成物的个体性，即如果我们把现实个体中的形式看作个体形式的话，那么它们是相容的。因为个别事物是被生成的，而在个别事物中的形式也是偶然地被生成的。然而，如果形式是某种"个体本质"，即它并非因为质料或复合物而获得"个体性"，那么"个体形式"与这个加以限制的"形式不被生成"的命题仍然是不能调和的。

因为，如果形式是某种"个体本质"或者形式本身是个别的，那么生成就是这个个体本质从潜在存在向现实存在的转化，而这个转化同时是具有该个体本质的个别事物的生成。然而，这里的问题是：一方面，作为被生成物的个别事物在被生成之前是不存在的；另一方面，形式作为它的个体本质在其生成之前就已经存在了——因为形式自身是不被生成的，即便形式只是以潜在的方式存在着；然而，倘若某个体的本质已经存在，那么这个个体就必然存在。例如，如果我们说苏格拉底的个体本质已经存在，这必然意味着苏格拉底是存在的。如此一来，个别事物其实是不被生成的，它只不过经历了从不完备的存在状态到完备的存在状态的转变，而并未经历从"不存在到存在"的生成。换言之，形式作为"个体本质"在根本上取消了个别事物的生成。

因此，Z8章关于"形式不被生成"的命题即便在加以限制的意义上——即形式在偶然的意义上是被生成的——与"形式是个体本质"的命题仍然是不相容的。Z8章的文本似乎并不支持在"个体本质"的意义上来理解形式。然而，如果有人坚持认为Z卷中的形式是"个体的"，那么我们究竟可以在什么意义上说形式是个体的又是不被生成的？

三 形式的"个体性"

《形而上学》Z卷中讨论作为实体的形式是特殊的还是普遍的，这是亚里士多德形而上学研究中争论极大的一个问题。[①] 在这里，我们无法给出一个决定性的回答，但是根据Z8章的文本我们能对形式的"个体性"和"普遍性"进行考察。

亚里士多德指出："普遍者总能够谓述某个主体"（1038b16），或者

[①] 亚里士多德在《形而上学》Z卷中指出形式是实体，但"形式是普遍的还是个别的""却似乎是一个悬而未决的问题。如果我们认为形式是普遍的，那么我们必须面临Z13章中提出的"没有任何普遍者是实体"的困境。然而，如果我们认为形式是个体的，那么我们将不得不面对"没有任何个体是知识的对象"的困境，以及Z卷的其他地方对普遍形式的解释（包括"形式的不被生成"）。M. Frede 和 G. Paztig（M. Frede, "Individuals in Aristotle" in *Essays in Ancient Philosophy*, Minneapolis: University of Minnesota Press, 1987, pp. 49—71）是当代提出"个体形式"的代表人物，其他持个体形式之观点的学者主要包括：David Balme（"Aristotle's Biology was not essentialist" and Appendix 2, "The Snub." In *Philosophy Issues in Aristotle's Biology*, A. Gotthelf & J. G. Lennox Eds, Cambridge: Cambridge University Press, 1987, 291—312), Terence Irwin（*Aristotle's First Principles*. Oxford: Clarendon Press, 1988）, J. Whiting（"Form and Individuation in Aristotle", *History of Philosophy Quarterly*, Vol. 3, 1986, pp. 359—377）。另一方面，David. Ross（*Aristotle's Metaphysics*, Vol. 2, Oxford University Press, 1924.）, J. Woods（"Problems in *Metaphysics* Z, Chapter 13," In *Aristotle: A Collection of Critical Essays*, J. M. E. Moravcsik eds. Notre Dame, Ind.: University of Notre Dame Press, 1967, pp. 215—38), G. L. E. Owen（Prolegomenon to Z7—9, in *Notes on Book Zeta of Aristotle's Metaphysics*, recorded by M. Burnyeat and others, Sub—Faculty of Philosophy, Oxford University Press, 1979, pp. 43—55), David Bostock（Aristotle's *Metaphysics*, *Books Z and H*. Oxford: Clarendon Press, 1994）以及 M. F. Burnyeat（A *Map of Metaphysics Z*, Pittsburgh: Mathesis Publications, 2001）等人则认为形式是普遍的。"形式是普遍的还是个别的"这一问题不仅关系到我们如何理解Z卷的主题和结构——例如Z卷的章节之间是矛盾的，亚里士多德是以探索"难题"的方式来写作的，因而我们应当采取"非线性"的读法；还是Z卷是不矛盾的和连贯的，因而我们应当采用整体的读法；而且还涉及我们如何理解Z卷的实体观与《范畴篇》中实体观之关系。

"它在本性上属于多个事物"（1038b11）。在《范畴篇》中，个体和普遍者的区分是终极主词与谓词的区分。而《范畴篇》中有两种类型的个体：一是实体，例如苏格拉底；二是个体属性，例如苏格拉底的白色；但后者是在前者之中的，因为它不具有本体论上的独立性。

普遍者作为谓词以及它从属于多个事物的特征似乎是符合形式的。至少 Z8 章在论证"形式不被生成"时指出"形式是生产者和被生成者'共有的'"，甚至质料也潜在地拥有形式。另一方面，亚里士多德在 Z3 章中宣称："实体谓述质料"（1029a23），即作为实体的形式是质料的谓词。

然而，亚里士多德意识到将形式视作普遍者可能带来一种致命的错误，即认为普遍的形式是它所属事物之外的独立存在者。这正是柏拉图的形式（或理念）的分离理论造成的"第三人"难题的真正原因。在柏拉图看来，形式或本质与拥有它的事物是分离的，并且它超越于可感世界，是理念世界中的存在者；可感实体因为分有形式而具有某种本质，而形式因其自身而具有该本质。但是本质分离于或超越于任何拥有它的存在者，因此形式自身必然要求另一个分离的形式（第三人）作为其本质，如此，在寻求事物的本质或形式时我们将陷入无限倒退。所以亚里士多德指出，"没有任何普遍者是独立于个体而存在的"（1040b27）。形式作为普遍者并不外在于它所属的个别事物。在 Z8 章中紧接着对形式的不被生成的论证，亚里士多德追问道："在这些个别的球形之外还有一个球形吗？或者在砖石之外还有一座房子吗？"（1033b20）回答当然是否定的。在具体的被生成物之外并不存在一个形式，换言之，形式不能与质料或复合物相分离而存在。

另外，如果普遍的形式是个别事物之外的存在者，那么它对于个别事物的生成是无用的和无关的；亚里士多德以此批评柏拉图说超越的理念并不能解释可感事物的生成和变化。对于他而言，"形式意味着'如此这般'，而不是'这个'——即一个确定的东西；但是工匠和父亲从'这个'东西中制造出'一个如此这般'的东西；当它被生成时，它就是'一个如此这般'的东西"（1033b21—24）。当工匠从一块铜中铸造了赫尔墨斯的像，这个被生成物就是一尊赫尔墨斯的雕像；现在赫尔墨斯之形并不在这尊雕像之外，它就是这尊雕像，一个具体的个体。当一匹小马驹被其父亲生成时，它就是一匹马；马之形式并不在这匹小马驹之外，它就是这个具体的马儿。对亚里士多德来说，生成其实就是普遍的形式在个别事物中的内在化和具体化。生成将形式"带入"某个特定的质料之中，被生成物是作为"这个形式"出现的。换言之，被生成的个别事物就是个体化了的形式。因此，"个体形式"指的是在个别事物之中的形式；可以说由于个别事物的生成，形式被落实为个体的存在。

1033b21——24 这段话对于理解"形式是普遍的还是个别的"是非常关键的。伍兹（J. Woods）、罗斯（D. Ross）和欧文（G. E. L. Owen）等人认为这段话自然地将形式与普遍者联系在一起，并以及其明确的方式反对形式是"这一个"的解释。例如，罗斯说："如果形式是一个实体，就绝不可能生成一个包含着它作为一个元素的个体实体"，[3]188—189因此形式不可能是个体。然而，聂敏里先生在分析了对这段话的各种理解和翻译后指出，亚里士多德在这里清楚地证明了形式是"这一个"。因为形式与质料是不分离的，只有与质料相分离的形式才表示"这类"，所以普遍的形式不再是实体。[4]65—75因此，他认为生产者和被生成者在形式上的相同指的是"和具体的对象相分离的形式不是'这一个'，而是抽象的类"。然而，我们发现生产者和被生成者"共有的"形式并不与生产者或被生成者相分离，在工匠灵魂中的球形并未与工匠相分离，而在铜球中的球形也不与这个铜球相分离；它也不是某个抽象的类概念，而是在生成过程中持续的东西；它就是"不被生成的形式"。另外，亚里士多德指出像"人"和"动物"这样的类概念类似于"一般的铜球"这样的概念，它是对个别事物的一般化和普遍化，而并不表示与质料分离的形式。

因此，就这段话的语境来看，它确实表明形式与个别事物是不分离的，或者说形式并不独立于个别事物而存在。但是从"形式与个别事物或质料不分离"这一前提中我们推不出"形式本身是个别的"；甚至本身是个体的形式与个别事物的结合绝不可能得到一个个体——这正是罗斯所担心的。在这里，亚里士多德希望表明：当个别事物被生成时，它是作为"这个形式"出现的；"个体形式"指的是"个体事物的形式"。或者说，形式的"个体性"来源于被生成物的"个体性"，① 但形式本身不是个别的。因此，形式本身是不被生成的，然而"个体的形式"在偶然的意义

---

① 聂敏里在某些地方似乎也承认这一点，参看《存在与实体》，第333页。

上是被生成的。

在这里,我们或许会遇到一个反驳,即形式的"个体性"并非来源于被生成物的"个体性",而是恰恰相反;因为形式在本体论上优先于个别事物,前者是后者的原因、实体和本质。弗雷德(Frede)和帕兹希(Patzig)的观点就建立在这样的理解上,① 他们认为一切关于个体事物的谓述将最终还原为关于它的形式之谓述,而个体事物的最根本的特征——"个体性"也来自于形式本身。然而,正如伍兹对弗雷德的批评:"个体形式很难与具体的个别事物相区分,因为它并不先在(predates)于这一个别事物"。[5] 75—87 我们十分怀疑形式在本体论上的优先性意味着形式将自身的"个体性"传递到被生成物上,因为本体论上的优先性是指"形式之所是决定了个别事物之所是"(1019a3),这里涉及的是"所是"的内容而不是什么"个体性"。另一方面,亚里士多德除了在《范畴篇》里明确指出个别事物是"个体"之外,他并未明确表示形式也像个别事物一样是个体(至少这是有争议的),我们没有充分的理由将"个体化原则"归于形式而非个别事物。至少从"个体属性"的例子来看,个别事物就是属性的个体化原则。

对于"个体化原则"的争论,质料作为个体化原则这一传统的观点几乎已被抛弃,② 因为质料自身是不确定的,它不可能是个体。但是形式作为个体化原则却面临着新的困难——即我们无法脱离具体的事物或特定的质料来确定个体形式。然而,倘若我们抛弃个别事物的"'个体性'来源于形式或质料"这一观点,而认为"个体性"是个别事物自身的一个特征,那么这些困难就不存在了。个别事物自身才是真正的"个体化原则",形式因为在个别事物之中而被个体化了,正如属性在个别事物之中而成为个体属性。

---

① M. Frede 指出,因为形式是个别事物的原因和本质,个别事物的个体性来源于形式本身;而一切谓述个别事物的谓词最终是谓述形式的,形式才是个别事物的"真正的主体"。参看 M. Frede & G. Patzig, *Aristoteles*, *Metaphysik Z*, Vol. 2, Munich: C. H. Beck, 1988, pp. 38—39 以及 M. Frede, "Individuals in Aristotle" in *Essays in Ancient Philosophy*, Minneapolis: University of Minnesota Press, 1987, pp. 49—71。

② Whiting 和 Charlton 都认为质料不可能是实体的"个体化原则"。参看 J. Whiting, "Form and Individuation in Aristotle," *History of Philosophy Quarterly*, Vol. 3, 1986, pp. 359—377 以及 W. Charlton, "Aristotle and the Principle of Individuation," *Phronesis*, Vol. 17, 1972, pp. 239—249。

因此，尽管形式自身是普遍的和不被生成的，但它不能独立于个别事物而存在——即它总是作为个别事物的形式而出现，并在这个意义上被看作"个体形式"。可以说，形式就其自身而言是普遍的和不被生成的，但就其与个别事物的关系而言（即在偶然的意义上）它是个体的和能够被生成的。仅就Z8章的文本来看，"形式的不被生成"和"形式与个别事物不分离"这两个命题并不支持"形式自身是个体的"这一解释，而只在一种弱的意义上承认形式是个别的——即形式总是个别事物的形式。

形式"从潜在性到现实性"的自我实现是个别事物生成的内在原因，但这并不意味着形式本身从一个普遍者落实为一个个体，而是形式所代表的那些本质内容随着生成过程的展开越来越被明确地表达出来；直至生成的结束，这些本质内容的表达获得了最完备的状态——这便是一个现实个体的被生成。换言之，个别事物在最完备的意义上表达了或例示了普遍的本质内容或形式，而形式本身因为在个别事物之中而具有了某种"个体性"。在这里，我们未能涉及"普遍的形式"何以作为实体的讨论，这关系到对《形而上学》Z13章的解读以及其他更复杂的问题。[①]

或许有人会问这种弱的意义上的"个体形式"之观点是否否定了亚里士多德在《范畴篇》中的实体观，甚至否认了个别事物的"第一实体"的地位？回答或许是否定的。尽管形式自身似乎是普遍的（从Z8章的文本中看），但是普遍的形式必然内在于个别事物，它作为个别事物的本质规定了这些对象。形式之存在和个别事物是不能分离的，因此当亚里士多德在Z卷中说"形式或本质是第一实体"（或首要的实体）时，他指的是个别事物中的形式，而不是某种超越的或分离的形式；而当他在《范畴篇》中说个别事物是第一实体时，他指的是具有本质规定的个体。"第一实体"在《形而上学》Z卷和《范畴篇》中的所指并不矛盾，它们是同一个事物，只是前者侧重于这个个体的"本质内容"，而后者侧重于这个个体的"现实存在"。

---

① 或许我们能像 M. Loux 那样认为，形式作为普遍者与其他普遍者不同，因为它是个别事物的本质；我们或许能够将其称为生产者和被生成者"共有的"本质而与"普遍者"相区分，而避免"没有任何普遍者是实体"的结论。参看 Michael J. Loux, "Form, Species and Predication In *Metaphysics* Z, H, and Θ," *Mind*, New Series 88. 349 (Jan. 1979), pp. 1—23。

参考文献：

[1] 聂敏里:《存在与实体：亚里士多德〈形而上学〉Z 卷研究（Z1—9）》，华东师范大学出版社 2011 年版。

[2] Schields, C. "The Generation of Form in Aristotle," *History of Philosophy Quarterly*, Vol. 7, 1990.

[3] Ross, D. *Aristotle's Metaphysics*, Vol. II, Oxford University Press, 1924.

[4] 聂敏里,《"这一个"和"这类"：亚里士多德"形式"概念的辨析》,《复旦学报》2012 年第 1 期。

[5] M. Woods, "Particular Forms Revisited:'Metaphysik Z' by M. Frede and G. Patzig," *Phronesis*, Vol. 36, 1991.

·宗教与伦理学研究·

论彝族文化与佛教文化关系的特点

罗 昆[*]

摘 要：彝族文化中具有佛教文化因素，在历史上受到佛教文化影响毋庸置疑。彝族文化与佛教文化的关系，许多研究都曾指出，但对于这种关系的特点，鲜有具体的分析与阐述。文章主要通过阐述两种情形来认识、理解彝族文化与佛教文化关系的特点及其成因：一是"彝体佛用"，即"彝族文化为体，佛教文化为用"，这是主要的特点；二是"佛为彝用"，即彝族文化将佛教文化的部分因素纳入自身文化结构之中，构成了彝族文化的组成部分，这是对前一特点的补充。

关键词：彝族文化 佛教文化 关系 特点

彝族文化中具有佛教文化因素，在历史上受到佛教文化影响毋庸置疑。彝族文化与佛教文化有关系，许多研究都曾指出，但大都认为佛教文化对彝族文化的影响不深，故鲜有具体的分析与阐述，对于这种关系的特点的认识，就更谈不上了。彝族与佛教文化的关系，与一些民族如藏族、傣族等近于全盘接受佛教、几乎全民信仰佛教不同，彝族并不是全盘、全民接受了佛教，有其自身的特点。这个特点可以总结为两点：一是"彝体佛用"，即"彝族文化为体，佛教文化为用"。坚持彝族文化的主体性地位，对佛教文化有所吸收和接纳，均以服务彝族文化为目的，佛教文化实际上居于从属的地位。这是主要的特点。二是"佛为彝用"。即彝族文化将佛教文化的部分因素纳入自身文化结构之中，服务于彝族文化，从而构成了彝族文化的组成部分，这是对前一特点的补充。彝族文化与佛教文

---

[*] 罗昆，男，云南大学人文学院哲学系副教授，研究方向为中国哲学。

化关系的这两个特点形成的原因，我认为有以下几点值得一提：一是从历史上彝族文化的发展来看，各地彝族文化发展不平衡以及各地彝族文化发展情形不一，有明显的差异。彝族文化发展的这一情形造成各地区彝族对佛教文化具有不同的态度。二是从彝族人口的自然地理分布来看，彝族有六大支系，主要分布于川、滇、黔、桂等地，较为分散，一些居住地区交通闭塞，与外界交流较少，彝族传统文化居主导地位，很强势，佛教文化很难动摇其地位。三是从彝族的信仰结构来看，彝族以祖先崇拜为核心，同时有多神崇拜的特征。因此，佛教信仰可以作为信仰元素之一而被接纳，但不能取代彝族祖先崇拜的核心信仰形式。彝族文化与佛教文化关系的具体情形，较为复杂，需要具体分析与阐述。

现主要通过阐述以下两种情形来认识、理解彝族文化与佛教文化关系的"彝体佛用"、"佛为彝用"两个特点。一种情形是历史上文化发达或其受汉文化影响重的地区，如大理洱海地区，佛教文化对彝族文化影响较深，其影响之大，甚至于造成了民族的分化，佛化是造成彝族白族从同一个源头分化为两个民族群体的原因之一。另一情形是历史上彝族传统文化占主体地位的一些地区，如大小凉山、贵州水西、云南楚雄、滇东滇南等彝族聚居区，佛教文化的一些因素经过吸收而构成彝族文化主体的组成部分。

第一种情形较为典型的代表是南诏、大理时期佛教文化对彝族文化的影响。南诏时期进入大理洱海地区的佛教有中原佛教、西藏密教、天竺密教等，发挥主要影响的是天竺密教，在此基础上形成了"阿吒力教"，以观音、大黑天神崇拜为主，是南诏大理时期佛教的一大特色。南诏当时的主要民族是乌蛮、白蛮。南诏王室为乌蛮，是彝族的先民，早期传统信仰是祖先崇拜为核心的多神崇拜，后来内地道教对其信仰发生影响，再之后就是佛教的影响。一个显著的例证是关于民族始祖的历史叙述的两次显著变化。第一次变化，叙述由"九隆神话"变为道教太上老君之点化。九隆神话认为民族的母性祖先沙壶与龙感应而生九子，南诏开国祖先细奴罗是九子之一。可见，九隆神话无疑是较早期的民族始祖神话，是乌蛮、白蛮共享的历史记忆。再后来，据《巍宝山志》中的记载，叙述变为细奴罗受道教太上老君之点化而兴起，明显是受道教观念之影响而发生的变化。第二次变化，叙述由细奴罗受道教太上老君之点化兴起而变为受佛教观音大士之点化兴起。彝族英雄祖先细奴罗受观音大士点化的叙述，明显是受佛教影响的结果。表现有三：其一是在南诏中兴二年的佛教画卷《南诏图传》、后来的《南诏野史》等文献中均有细奴罗受观音大士点化的记载。认为细奴罗为观音大士点化而兴起，其影响之大，构建了民族的发展历史，可见佛教观念已深入民族精神之中。其二是南诏历代诸王大都封白蛮密教高僧为国师，如细奴罗封无言和尚为国师，晟罗皮封杨法律为国师，皮罗阁以段道昭为国师，阁罗凤以买嗟罗贤者为国师，劝丰佑以赞陀崛多为国师，世隆以宗保师为国师，隆顺以赵波罗为国师，等等。南诏王室已将佛教的地位提升到了统治意识形态的高度，大理国时期也延续了这一情形，可见其影响之深重。其三是南诏大理国主大力发展佛教文化设施，如广建寺塔，兴建了著名的大理崇圣寺等，开凿剑川石钟山石窟，铸大量的阿吒力观音像、塑大黑天神像等，可见佛教文化已具有普遍的影响，渗透到了南诏文化的方方面面。正是在佛教的影响下，在南诏后期，乌蛮王室可以说已经完全佛化，同于白蛮，白蛮当时已普遍信仰阿吒力教。因此，可以说由于佛教的影响，这一部分彝族先民乌蛮与白蛮通过佛教而在文化上逐渐融合，经历大理国时期佛教的繁荣兴盛，共同形成了白族群体，逐渐地与其他地区的彝族分化开来。由于佛教文化产生分化的这一部分彝族先民，在彝族人口中占一定比例，但只是诸多彝族支系中的部分，尚不足以撼动彝族的主体部分及其传统文化。所以，对于彝族文化与佛教文化的关系，从整体的彝族文化发展史看，彝族传统文化依然占主体地位，佛教文化并没有对彝族发生全面的、全方位的影响，佛教文化的较大影响仅限于局部地区的彝族。整体上，彝族文化对佛教文化的主要态度，是在用的层面上以佛教文化来充实、发展彝族文化，而不是以佛教文化取代彝族传统文化。

  第二种情形主要表现为将佛教文化因素吸收而融入彝族宗教文化之中，构成其宗教文化的组成部分，即"佛为彝用"。彝族宗教文化一般称为毕摩文化，它是彝族传统文化的主要形态。彝族宗教文化吸收佛教因素，有许多典型例证。

  首先是彝族信仰中有诸多佛教文化因素。彝族的土主信仰是吸收佛教因素的一个典型例子。南诏早期深受道教影响，后期大力推行佛教，也影响到了土主信仰。南诏时期的土主崇拜，就已受到佛教密宗的影响，南诏时期最早兴建的大灵庙，供奉的土主称大灵土主天神，是佛教的大黑天神，即以佛教密宗的神祇为土主，这在地方史志中多有记载，根据以往研究者的成果仅举几条为证。元张道宗《纪古滇说集》载："蒙氏威成王闻知，及亲幸于滇，册道清为显密融通大义法师。始塑大灵土主天神圣像，曰摩诃迦罗。"威成王诚乐为蒙氏第三世，供奉的大灵土主。明李贤《明一统志》卷八十六载云南布政司："祠庙大灵庙，在府治东，昔蒙氏尊摩诃迦罗大黑天神，立庙祀之。元载于祀典，至今滇人信焉。"清乾隆《云南通志》卷十五《祠祀志》载："大灵庙，在府城内城隍庙东，即土主庙神，为摩诃迦罗。蒙氏城滇时建，其像乃蜀匠罗都道太所造，有天竺僧菩提巴坡，以秘咒丹书纳像中。复以手中菩提念珠一枚，种之庭前成树焉。神屡著灵异，滇人奉为土神，村邑处处奉之。独在官渡者，灵异与府庙同。"云南各县多有土主庙，所供之神不一，而以祀大黑天神者为多，塑像三头六臂，青面獠牙，狰狞可畏。大黑天神像几乎遍及昆明、大理、巍山、洱源、剑川等地区，昆明附近各县乡村祠庙，多供大黑天神。云南滇池区域的土主庙，迄今仍有132座，绝大部分供大黑天神，而土主神号都叫"本境土主大黑天神"。云南巍山县城东三公里的东山嵯耶庙，祭祀的土主神是南诏武宣王隆舜，此土主庙以武宣王隆舜年号嵯耶命名，该土主庙称嵯耶具有佛教色彩，是受到佛教影响的结果。总之，历史上彝族原始的祖先崇拜不立偶像，其立偶像应是受到道、佛文化影响的结果。在这样的情形下，信仰结构上的变化就是引入、吸收佛教的偶像如大黑天神或土主菩萨（大黑天神的变形）充实其信仰体系，但其核心信仰形式并未改变，以土主信仰的形式包含了佛教信仰的因素，体现出"以佛为用"的特点。

四川凉山马边县明王寺发现的彝族悬佛像也是一个例子。据《马边县志》记载，该寺修建至今500余年。据说一名为海金的法师组织修建，于明成化二年（1466年）动工兴建，起初叫牛王寺，到明弘治初年，才告完成。这批彝族悬托佛像共11尊，与其他佛像有明显差异，具有彝族文化的特征，因此学者称其为彝族佛像。如其他佛像都戴冠着靴，身着铠甲，而这些佛像的光头前方有一小撮"天菩萨"，与彝族"天菩萨"极其相似；佛像服饰的花纹图案，与彝族男子服饰的花纹图案极为相似；佛像赤足踩在祥云上，是彝族人赤足生活状况的反映。又有人认为，明万历初年，明朝政府荡平"三雄"之乱后，汉彝联盟和好，为了表示汉彝永远团结，从此共处一室，亲如一家，尊重彝族同胞意见，明朝廷在明王寺内供奉彝族先人神像。又因为在彝族习俗中，神像都是供在楼上的，所以就把彝族先祖神像悬托在明王寺内佛殿之上。也就是说，这些神像实际上是佛化了的彝族祖先像，体现出了"以佛为用"的特点。

其次是彝族的毕摩经书文化中有佛教文化的因素。滇南彝文文献《阿哲毕摩经选译》中有一篇汉译文称为《施滴添自》的彝文毕摩经，明显吸收了佛教文化因素。该篇彝文毕摩经文一向被视为是记载了彝族传统文化，是彝族毕摩的原创作品，但在笔者看来，这个认识有误，它应该是吸收佛教文化因素之后，用彝族文字改写而成的经文。"施滴添自"是人名，翻译此经文的彝族学者认为他是彝族古代"布教"的创始人，属于彝族毕摩教的一种，是施滴添自在彝区弘扬了布教。但笔者通过阅读译文的内容，认为这一看法有误，应视为彝族文化对佛教文化因素的吸收的事例，而不应将所谓的"布教"看作是彝族古代的传统宗教。理由如下：第一，这篇称为《施滴添自》的毕摩经文，其记述的施滴添自的生平故事，实际上是佛陀生平故事的移植转化。依据经文记载，施滴添自的父亲是名为"戈力挽"的国王。在施滴添自未出生时的一天，戈力挽国王外出狩猎，遇一仙翁，仙翁劝其不要狩猎杀生，戈力挽恼怒杀了仙翁，分解其尸体散乱抛弃。结果各种异象呈现，国王询问巫师，被告知是杀了仙翁的缘故。国王后悔知错，将仙翁肢体寻回安葬，仙翁奇迹般地复活了，才得知仙翁是布教始祖几玉嫫。几玉嫫劝国王信仰布教，"为人心要善，心善才有道"，要国王烧香跪拜吃素祭天神，心思正道，积德行善，能成为超越生死的布神仙。后来名为"几色"的王后身体长胖不适，巫师占卜后认为，王后需到城外一棵开着五色花已经九年九月的树下，只要花掉落下来就会好了。王后去到树下，看到五色花朵非常喜爱，采摘花朵插满全身上下，甚至胳肘下也夹花。突然间奇迹发生了，王后右手胳肘下肋骨炸裂，生出了施滴添自，手指天空天变色，足蹬大地地颤抖。国王虽然惊喜得到了儿子，但被这异象吓坏了，认为施滴添自非人之子，派侍从抱到森林里喂豺狼虎豹。过了一天一夜，王后伤心欲绝，让侍从去看看施滴添自有没有死。侍从看到施滴添自没有死，虎豹在喂养着他。侍从又把施滴添自丢进湖水里要淹死他，但大雁、白鹤、母蛙、秧鸡来喂养他。侍从再一次将其抱到山岩上让蛇吞食，反而公蛇母蛇都来喂养他，小蛇来陪他玩耍。侍从返回王宫，将这些施滴添自不会死的奇异事情告诉王后。王后认为这是天意，让侍从去森林中寻回施滴添自。侍从找到施滴添自，给他水洗净身后抱回王宫。国王让巫师测出施滴添自的生辰为"建寅虎年三月初八"，按照传统礼仪举行仪式给他取名为"施滴添自"。施滴添自不仅身体长得像布神，而且聪慧异常，学习知识毫不费力，逐渐地长成为知识渊博、智慧超群的人。后来与名为"力添万"的国王的公主"菜勒阿梅"成婚。施滴添自成婚以后，看到世间万物的生死无常、人世的生老病死的痛苦，想要去修炼布教，成为布神。其妻菜勒阿梅苦苦规劝无果，施滴添自下决心离开妻子，抛弃世间一切，去到"俄缩陆突山"修炼布教，最终成为布教之祖，使布教在彝族中发扬光大。从上述彝文文献记载的施滴添自成道前的生平故事情节来看，与《佛本生经》中的佛陀生平故事极为相似，应是移植佛本生经故事的结果。如施滴添自的身份为王子，王后在五色花树下，采摘五色花感应而从肋下生出来与佛陀从无忧树下生出一致，其诞辰为"建寅虎年三月初八"，实际上是认为佛陀诞辰为建卯四月初八的说法的异变而已，建寅按顺序比建卯早一月，但日子均为初八而不变。在施滴添自身上发生的所有灵异现象，如出生时手足指天地、飞禽走兽喂养他而不能死、用水净身和浴佛情节一致等。又如施滴添自成婚后放弃王子身份、离妻弃家修炼布道等不一而足，与佛本生经佛陀故事极为相似，是将本生经故事移植入彝族文化的产物。第二，所谓"布教"，我认为也许是佛陀 Buddha 或智慧 Bodh 的音译而已，并不是彝族历史上曾经有过这样一种宗教。况且彝文有读音为"布"的文字，其文字书写也是象形偶像，应当是将佛教音译为"布"。也推测"施滴添自"之名也是据释迦牟尼 Sakya-muni 而来。所以，所谓彝族的布教，只能视为是吸收佛教文化因素进入彝族文化的现象，并不是彝族传统的宗教信仰。第三，从《施滴添自》经文所宣扬的观念来看，大体与佛教的思想一致。如施滴添自的父亲打猎遇到仙翁，仙翁劝其不要杀生，要吃素烧香跪拜祭天神，心思正道，积德行善；施滴添自以世间万物的生死无常、人世的生老病死为痛苦；施滴添自离妻弃家不留恋世俗之情而出家修炼；修炼的目的是炼成不病、不老、不亡的布神仙，等等。这些观念与彝族传统观念有较大差异，应是吸收佛教观念、以佛为用的结果。

再如彝文文献《指路经》普遍地记载着彝族传统的三魂观,所谓三魂一般指一魂守葬场,一魂守灵牌,一魂归祖界。后来在一些彝文古籍中发现三魂的表述发生了细微的变化,应当是受到佛教文化影响的结果。如在彝族指路经中发现其中的一魂变成转世投胎的灵魂的表述,可认为是吸收了佛教的投胎、转世观念。在云南罗平县《指路经》中记载:"如今你过世,人死魂三个,一个去投胎,一个守灵台,一个到阴世。亡魂各去各,埋时魂分路。"云南宣威《指路经》中有"死而复投生,又经婚嫁娶,传子又传孙","投生又转世","人死有三魂,一魂守斋场,斋场始平安,一魂守葬场,一魂去阴间。……亡魂阴府害,毕摩来献祭,为了早转世"的记载。可见,彝族依然保持着传统的三魂观,形式上没有多大变化而内涵有了一些变化,就是将佛教投胎转世的观念吸收进了其灵魂观之中。另外,在传统的彝文《指路经》中,"阴路"上并没有佛教的"十殿阎王",但在楚雄彝族地区的彝族文化中,出现了"十殿阎王"的提法,它被彝族直接吸收进了指路送魂的程序之中,承担审查亡魂之责。再有就是彝族认为汉族或被称为"武陀尼"的汉化了的彝族修建庙宇塑佛像是行善积德行为的体现,而彝族的行善积德是修路筑桥等行为。如贵州彝族土司在明代成化年间(1485年)所铸彝汉文合璧的"成化钟",尽管其钟上有铭文"法轮常转",但其目的是铸钟以安祖灵,祈求祖先庇佑后世子孙。立于清嘉庆七年十月十八日的《蚂蚁河桥碑》记载:"有鲁旺以前,汉族想行善,就动手修建庙宇塑佛像;有鲁旺以后,彝族想做千古流传于人民的好事,就动手修路筑桥。"在他们看来,修建庙宇塑佛像,是为了寻求佛祖的庇佑;修路筑桥,也是为了寻求祖先的庇佑,劝人向善,这二者在目的上没有什么区别,区别只在于手段和方式彝汉有别而已。所以,彝族文化看重的是信仰可以得到祖先庇佑这一目的,忽视佛教教义本身,并不在乎信佛、信仙或是信鬼神,对待佛教的这一态度,无疑体现了"以佛为用"的特点。

最后是彝族节日文化中也有佛教文化的因素。彝族节日文化,有源自本民族传统文化的、有源自道教文化的、有源自佛教文化的诸多渊源。如楚雄彝族的一些节日如三街锁水阁歌会、毕达歌会、法嘎歌会等都是佛教观音会的演变,二月二十九日是观音圣诞;大姚龙街的四月八水龙节源于佛教浴佛会;永仁达迆厂彝族村的太子会也是源于佛教。这些源自佛教文化的节日虽然不构成彝族节日文化的主体,但是已经成为彝族节日文化的组成部分。这也是反映彝族对待佛教文化采取以彝族文化为体,以佛教文化为用的态度的文化事例之一。

总之,通过具体分析与阐述彝族文化与佛教文化关系的两种具体情形,我们可以得到关于二者关系之特点的认识。它不同于如藏族文化、傣族文化等对于佛教文化几乎全盘佛化的态度,彝族文化整体上坚守自身传统文化的主体性,以彝族文化为体,以佛教文化为用。同时,它也以一种开放的态度积极吸收异文化因素,以佛为用,用其来充实、发展自身的民族文化,最终将其融合为民族文化的组成部分。

参考文献:

[1] 罗昆:《碰撞—认同——彝汉两族思想关系论》,云南人民出版社 2011 年版。

[2] 王海涛:《云南佛教史》,云南美术出版社 2001 年版。

[3] 伍雄武等:《彝族哲学思想史》,民族出版社 1998 年版。

[4] 师有福译注:《阿哲毕摩经选译》,云南民族出版社 2006 年版。

[5] 傅永寿:《南诏佛教的历史民族学研究》,云南民族出版社 2003 年版。

[6] 张庆芬等译注:《指路经》,云南民族出版社 1989 年版。

[7]《南诏大理历史文化丛书》第一辑,巴蜀书社 1998 年版。

[8] 王丽珠:《巍山彝族土主崇拜调查》,云南省编辑组,《云南巍山彝族社会历史调查》,云南人民出版社 1986 年版。

[9] 中国彝族通史编委会:《中国彝族通史纲要》,云南民族出版社 1994 年版。

[10] 中央民族学院彝文文献编译室编:《彝文文献研究》,中央民族学院出版社 1993 年版。

[11] 大方县民委编,大方县彝文编译组译:《彝文金石图录》,四川民族出版社第一辑 1989 年版,第二辑 1994 年版。

[12] 李世康:《彝巫列传》,云南人民出版社 1995 年版。

[13] 魏治臻编:《彝族史料集》,四川民族出版社 1989 年版。

[14] 易谋远:《彝族史要》(上、下),社会科学文献出版社 2000 年版。

[15] 张锡禄:《大理白族佛教密宗》,云南民族出版社 1999 年版。

[16] 朱琚元:《彝文石刻译选》,云南民族出版社 1998 年版。

论僧肇"缘起性空"的思想对"有无"之辨的转向

——以《不真空论》为中心

杨 勇[*]

摘 要： 对于魏晋玄学的发展而言，僧肇运用般若思想为中国传统学术注入了新鲜血液。其中，他以缘起性空的思维形式，参入了"有无"之辨的讨论，实现了魏晋玄学受佛学影响后出现的理论转向。本文以王、裴、郭对"有无"的分析为背景，以僧肇不真空思想为主要内容，展现了佛学被吸纳进玄学之前后的不同，由此揭示出玄学理论转向的某种内在的轨迹。

关键词： "有无"之辨 不真空 玄学 般若学 转向

一 问题的缘起

僧肇，是中国佛学史上一位重要的人物，他将一种新型的外来理论与中国本土的思想近乎完满的结合，用本土的语言对外来思想进行了成功的诠释，这甚至成为学术史上的一种范例。而在诸多问题中，"有无"之辨，是最具代表性的成就。这一成就为使得佛学（般若学）成为玄学讨论的中心，并使玄学进入到以佛学为核心的时代，实现了玄学的转向，即从内容上以道家为主题的讨论转移到以佛学为主题的论述。

据《高僧传》记载："释僧肇，京兆人。家贫以佣书为业，遂因缮写，乃历观经史，备尽坟籍。爱好玄微，每以庄老为心要。常读老子道德

---

[*] 杨勇，云南大学哲学系，哲学博士，副教授，研究方向为佛教哲学与中国古典哲学。

章，乃叹曰：美则美矣，然期神冥累之方，尤未尽善也。后见旧维摩经，欢喜顶受，披寻玩味，乃言始知所归也。"因此而出家，后鸠摩罗什来华，僧肇得以侍师跟随其左右，"入逍遥园，逐详定经论，肇以去圣久远，文义多杂，先旧所解，时有乖谬，及见什咨禀，所悟更多。因出《大品》之后，肇便著《波若无知论》，凡二千余言，竟以呈什，什读之称善。……肇后又著《不真空论》《物不迁论》等，并注《维摩》及制诸经论序，并传于世。及什之亡后，追悼永往，翘思弥历，乃著《涅槃无名论》"。①

按照传略所载，僧肇的学术成长应该是从经史等中国典籍入手，其中尤为偏好老庄，然后才进入到佛藏研究。对僧肇而言，虽然他钦慕老庄，但老庄及玄学家们对于终极问题所给出的答案无法满足其需求，直至看到《维摩经》后方认为找到了最佳的诠释，从而继之全心研究佛法。总的来说，他的思想集中表现在以《般若无知论》《不真空论》《物不迁论》《涅无名论》和《维摩诘经注》等为代表的著作中。虽然僧肇遗留的著作文字不多，但是其思想却达到了极其深邃的程度，并且所涉及的范围几乎涵盖了当时佛学讨论的所有重大课题。僧肇每一篇论文都有一个最核心的概念：《般若无知论》主要涉及的是佛教关于智慧的学说；《不真空论》关涉的是"空"的思想；而《物不迁论》则是以动静的问题来论证如来功德不灭的思想。这三篇论文，被汤用彤先生视为"无上精品"。②《涅槃无名论》则讨论了涅槃的问题。至于《维摩诘经注》及其他文章主要是就诸多般若学的基本概念进行分疏和解释。

在佛教理论中，"空"是最核心和根本的思想。佛教的智慧理论、世界理论、成佛理论（价值论及修行论）无一不是建立于其上的。所以探讨"空"的思想对理解佛学而言是基本的前提，也是理解僧肇的当先一步。由于特殊的历史时空限制，对"空"的诠释从一开始就具有中国人的学术气质，即带着浓厚的玄学影响来解释这一思想。③ 所以，我们在理解僧肇以及那个时代"空"的思想时，就不能一味按照印度原始含义去

---

① （梁）释慧皎撰，汤用彤校注：《高僧传》，中华书局2004年版，第249—251页。
② 《汤用彤全集》第一卷，河北人民出版社2000年版，第249页。
③ 方立天：《中国佛教哲学要义》上卷，中国人民大学出版社2002年版，第37—38页。

阐释，而应该从当时的佛学与玄学的双重背景去探讨。毕竟，"两晋佛教，佛教史家们称之为佛教玄学化时期"。[①]

故而，为了两方面都相对明确地展示出来，从而更好地看到僧肇思想在这个时期的学术意义。本文先通过对魏晋玄学主要问题之一"有无"进行分析，（主要是最有代表性的三家，王弼、裴頠和郭象的理论），展示"有无"之辨中不同的理论特色。然后再对僧肇的思想逐一解构，阐明他的不真空思想，显示不同于前的理论思维。最后，也就是余论部分总结僧肇思想对于"有无"之辨的重大转向。

二 "有无"之辨

在魏晋玄学所讨论的诸多问题中，极具思辨意味的是对"有无"的讨论，即"有无"之辨。无独有偶，在佛学的般若学中，"空有"也是具有深刻含义的概念。可是在佛教的早期传播中，学者们对于"空有"的理解却是在"有无"的概念下解释，从而在理解上出现了很多问题，直到僧肇方给予解决。为了更好清晰地判断和解读僧肇关于"空"，以及相对而存在的另外一个概念"有"，我们有必要先考察魏晋玄学时期的一对相似概念的争辩，即"有"和"无"。

如果以"有无"之辨作为讨论的核心，那么魏晋可以粗分为三段[②]：何晏、王弼以注疏三玄首发玄学的开端，历史上称为正始之音，二人尤其是王弼，在《老子》注中提出了以"无"摄"有"本体论思想，经过激烈的讨论和批判后，裴頠因意识到了贵无论的弊端，使得世人玄谈虚浮，不务实事，荒废名教，故反其道而行之，提出以"有"摄"无"的存在论主张，从而由"贵无论"发展到"崇有论"。但是二者均有走向极端的弊垢。之后，玄学走向了融合，以向秀、郭象《庄子注》为代表的"独化"论思想补充了"崇有"论在本体论上的不足，吸收了"贵无"的方

---

① 许抗生：《三国两晋玄佛道简论》，齐鲁书社1991年版，第173页。
② 魏晋玄学的分段问题牵涉极广，基本的分段思路是以汤用彤先生的"名教"与"自然"的关系为原则来区分的，并由此而延伸出了历史时期（汤用彤先生等），本体论问题（李锦全先生等），政治学术问题（方立天先生等）不同的划分方式。由于与本文关系不大，故而只作简略的勾画。

法论进行融合和完善。①

(一) 本体论意义上的"贵无"说

王弼在《老子注》的第一章，也是极富有本体论意义的一章中指出：

> 凡有皆始于"无"，故未形无名之时，则为万物之时；及其有形有名之时，则长之、育之、亭之、毒之，为其母也。言道以无形无名始成，万物以始以成而不知其所以，玄之又玄也。

王弼的这段注至少能从四个层面来理解：首先，"有"是所有呈现出来的事物的显像，它不是具体的"有"，而是就显像共性上存在的一般来说的"有"。这个"有"在一般的意义上说，就无所谓从数量或质量上分辨个别了，因此，它是包罗万象的，以及抽象的。这样被抽掉所有具体规定性的"有"，到达最抽象的阶段也就等同于"无"了。"无"并非是什么都没有，恰恰相反是所有"有"，虽"有"却"有"而未发的状态。于是"无"便成了"有"的根本。"无"一定要经过"有"的演发才能实现其作为"母"的意义；而"有"只能在"无"的前提下方能找到能够显发万物的根据。其次，"形名"是"有"发扬其功能，显现其状态的初始状态。"形"可以说是万物得以展现其自身的状态，但仅仅是状态，而"名"则可理解成是人用自己的语言来对"形"进行规定的表象或者概念。于是，万物就以两种形态表现出来，我们或许可以说是物质的状态和精神的状态。从"无"到"有"这是抽象的层面，而从"有"到有形，有名的阶段则是具体展现的阶段。第二阶段虽然已经脱离了"无"的抽象，但是由于"无"是有而未发的状态，所有的"有"的性质都是可在"未发"中找到，因此即使到了现象展示的阶层，"无"仍然在"长

---

① 对于这一时期的学术走向现代学者们作出了不同的解释。许抗生先生在《三国两晋玄佛道简论》中一书指出《庄子注》是贵无崇有两派学说的"合题"。《列子注》则与后期的《肇论》等构成了最后一期的魏晋玄学。王晓毅先生在《儒释道与魏晋玄学形成》一书中同样把《庄子注》视为玄学理论的"巅峰"（见第 276 页）。康中乾先生在《有无之辨——魏晋玄学本体思想再解读》中也认为《庄子注》是有无二论的有机统一，但不同之处在于他认为《列子注》标志着魏晋玄学从本体理论向人生理论的转向，僧肇则推动了这一转向的完成（见第 76—77 页）。

之、育之、亭之、毒之"。故而，在第三个方面看，"道"得以成，必然要在"有"之先，为"有而未发"的"无"，只有这样在"有"有形名之时，形名才能从"未发"的性质而为"发"的现象。然后，道才能一以贯之。而最后一个层次，我们才能说"有"而形名，为第一玄，"无"而现"有"为第二玄。此之为"玄而又玄"。

基于以上的解释，王弼才在以后说道：

> 载之以道，统之以母，故显之而无所尚，彰之而无所竟。用夫无名，故名以笃焉；用夫无形，故形以成焉。守母以存其子，崇本以举其末，则形名俱有而邪不生，大美配天而华不作。故母不可远，本不可失。（《老子注》第三十八章）

因之明确地提出了"守母存子"、"崇本举末"的本体论命题。所谓的"守母"、"崇本"就是站在本体论的角度上，对于大道的把握和认知，而"存子""举末"则是通过对大道把握和认知后的具体的运用，因为只有在认知"道"而不为"道"之下的具体的"有"所障蔽时，才不会出轨，才可能在具体的生存中永远都顺于"道"，以"道"为依据和标注来处置"形名"。所以王弼的"贵无"在本体论意义上并非是崇尚虚无，或者应该更准确地说是"贵道"，崇尚包含着无限的"有而未发"的"无"，这就是"道"。所以提高"无"之"道"恰恰是为了更好地体现"无"的价值。这一思想具有深层的哲学意义。

（二）存在论意义上的"崇有"说

然而随着历史环境的演变，到裴頠的年代，学术的背景发生了很大的变化，据《晋书·裴頠传》记载："頠深患时俗放荡，不尊儒术……乃著崇有之论，以释其蔽。……王衍之徒，攻难交至，并莫能屈。"《世说新语·文学》注引中说道："頠疾世俗尚虚无之理，故著《崇有》二论以折之。"由此可见贵无思想确实有一些负面的影响出现。于是政治生活的现状成为直接导致裴頠作《崇有论》的原因。不过，我们也应该意识到《崇有论》尽管是直接服务于政治的，但是当它成为理论著作时，又必然成为一种新的学术走向，而且由于"崇有"是直接针对"贵无"的，因此自然成为前一阶段理论的反动。

《崇有论》开宗明义认为：

> 夫总混群本，宗极之道也。方以族异，庶类之品也。形象著分，有生之体也。化感错综，理迹之原也。夫品而为族，则所禀者偏，偏无自足，故凭乎外资。是以生而可寻，所谓理也。理之所体，所谓有也。有之所须，所谓资也。资有攸合，所谓宜也。择乎厥宜，所谓情也。……众理并而无害，故贵贱形焉。①

在裴頠看来，各种存在的事物，当最终走向终极的时候，就有一个"道"作为总揽，统摄着万物。从"道"以下，就可以分成族类的不同；族类之下，由于具体的形象的产生，于是有了所谓的个别之体。从族类开始，既然有了具体的形象或者具体的规定，因此它就不可能自足，其性质有所"偏"而非全，这样，一个事物的产生和形成必然要通过他类来成就。因此就"道"而言，万物的"道"或者根本就是"有"，而"有"的用，则是"资"相互为条件。所以"有"不是抽象在万物之外的某个东西，它本身就是万物的自体和效用。但"有"又不是超越于所有"有"之上的本源，而是实际的存在。

既然"有"才是万物的根本，是"道"，那么"无"就只能是伴随着"有"而出现的一个附属。"夫至无者无以能生，故始生者自生也。自生而必体有，则有遗而生亏也。生以有为已分，则虚无是有之所谓遗者也。故养既化之有，非无用之所能全也；理既有之众，非无为之所能循也。……由此观之，济有者皆有也，虚无奚益于已有之群生哉。"②

"无"本来在王弼的哲学里面是最高的范畴，可是到了裴頠这里出现了变化，"无"不再是高高在上的，能生万物，万物又时时体现着的大道，在裴頠那里，它只不过是"有"的一种空缺，而这种空缺又仅仅是具体事物规定性达到最外延时的，相对于他者的空缺，因此不是虚无产生"有"，恰恰相反，是"有"产生虚无。所以虚无只是一种存在的状态，不能有任何生发功能。

---

① 《晋书·裴頠传》，中华书局 1982 年版。
② 同上。

每一个事物的存在就是因为它们自身是"有"的，即使每个具体的"有"在规定性上是不全面的，但是这种状况并不需要"无"来实现完善，所需要的只能是"有"与"有"之间的相"济"。如此一来，"有无"的关系完全颠倒过来了：在存在论意义上理或道以"有"的方式实现所有的个别的"有"，而"无"只是附带，为"有"的亏缺，"有"能在分有中实现"用"，其唯一的方式就是各个"有"之间的相济来完成，而不是靠虚无。

如果从抽象的角度来看，我们认为裴頠的"崇有"论，把"无"排斥为"有"的亏缺，仿佛"无"变成了"有"的不重要的一个结果，或者仅仅是当作一种性质上的不完备，这体现的是存在论的观点，然而，它的缺陷是直接将"无"，这一已经研究过的、蕴含着丰富内涵的概念直接放入一个次要的和具体的现象中，这种做法使得裴頠对"无"的处理变得比较简单并显得不成熟。因为王弼的"贵无"论体现的是生成论的观点，即以"无"，一个不是空无的，包罗万象的"未发"的"有"作为逻辑的起点，由它而显发万物的，使万物只是作为已"显发"的分有。这种将"无"放在本体论上进行的思考，在哲学的创建上是非常深邃的。不过他却一味地强调直接把握"无"的方式就是无为，体无，常静。这将会出现与事实生活的明确的断裂，于是成为了裴頠批判的依据，并且从理论上说本体论意义的概念是否能直接的不经任何中介就能展现于现象世界本身也是一个极为复杂的问题，而这也是崇有论看来不可理解的东西。

由于裴頠的思想只在《崇有论》一文中体现，并且加之他末世过早，很多东西没有完整地发挥出来，所以真正完成对"有无"之辨进行综合批判的是与他同代的郭象。

（三）现象论意义上的"独化"说

虽然郭象对"有无"之辨的总结是偏向从"有"的方面来阐发，但是他们之间却有很大的不同。[①] 我们认为如果就本文的论题来说，郭象超越之处在于：以"独化"而"相因"来融合王、裴二人的本体论。

---

① 汤一介先生详尽分辨了裴郭二人的不同，主要表现在四个方面："有始"与"无始"；"外资"与"独化"；"无为"与"有为"；"入世"与"出世"，参见《郭象与魏晋玄学》，第156—160页。

在《庄子注》中，郭象针对"无"的问题提出了"独化"的，否定"无"的本体论意义：

> 无既无矣，则不能生有，有之未生，又不能为生。然则生生者谁哉？块然而自生耳。自生耳，非我生也。我既不能生物，物亦不能生我，则我自然矣。①

在"有无"的问题上，郭象一如裴頠一般，否定了"无"能生物并使变化的观点。他认为"无"就是"无"，既然是"无"，在性质上与"有"便不是一样的东西。所以不能"无"与"有"之间不存在"生"的关系。能生"物"的只能是物本身，它是如其所现那样，"自生"的而不需他者来实现其产生。自己便是自己的根据。所以说"夫有之未生，以何为生乎？故必自有耳，岂有之所能有乎！此所以名有之不能为有而自有耳，非谓无能为有也"。② 可是，

> 世或谓罔两待景，景待形，形待造物者。请问：夫造物者有邪？无邪？无也，则胡能造物哉；有也，则不足以物众形。故明乎众形之自物，而后始可与言造耳。是以涉有物之域，虽复罔两，未有不独化于玄冥者也。故造物者无主，而物各自造。物各自造而无所待焉，此天地之正也。故彼我相因，形景俱生，虽复玄合，而非待也。明斯理也，将使万物各反所宗于体中而不待乎外。外无所谢，而内无所矜，是以诱然皆生而不知所以生，同焉皆得而不知所以得也。③

通过这段引文，我们可以看到，郭象注意到一般的流俗观点，认为就是连影子（罔两）也要有形作为依靠，更何况一般的物，所以形或有形之物是依靠着造物主而有的。但是在郭象看来，造物主是"无"的话，"无"与"有"的性质是不一样的，故无不可生有，而如是"有"的话，

---

① 郭庆藩：《庄子集释》，中华书局1961年版，第754页。
② 同上书，第802页。
③ 同上书，第111—112页。

"有"是不全面的，也不能生出万物的每一个性质。这样"无"或"有"作为造物者的性质来说，都是不能成立的。于是郭象认为物只能是"独化于玄冥"，自然而然地生住异灭。虽然像影子和有形之物似乎有相合关系，但这种相合并不是一种原因产生结果的必然，而影子和有形之物的关系只是某种不为所知的"玄合"。这样的冥合既不是对"有"也不是对"无"暗合，因为"玄冥者，所以名无而非无也"，[①] 我们或者可以强名之为某种状态或境界，于是冥合就只能是对某种"玄冥之境"的暗合。所以，影子还是影子，有形之物还是有形之物，彼此之间不能产生因果的相生关联。只能是影子或有形之物自类相生。所以在讲到相生的联系之时，郭象用了"诱然"一词来表示不可知的特点，从而否定了"无"能生"有"的观点。为了保证这一论题的严密性，他甚至指出"有"也不能生"无"的说法："非唯无不得化无而为有也，有亦不得化而为无矣。是以夫有之为物，虽千变万化，而不得一为无也。不得一位为无，故自古无未有之时而常存也。"[②]

郭象对于"有无"之辨的问题，我们可以说从一定程度上给予了解决。首先，他否定了一个造物主的存在，因此否定了作为外因的原因，并且通过分析指出造物主的性质"有无"皆不可，从而否定了作为始源性的第一因。这样，无论具体的"有"或"无"都是不能互生的。其次，郭象因此用玄冥之境来代替造物者，而只承认万物"独化"都是暗合此境。在这样的前提下，才作出物是"独化"的自性相生相变的，其生灭变化原因只在于自身的内部，自身的规定性成为自身的原因。

但是这样的理论是否完全解决了"有无"的问题呢？我们认为郭象虽然以否定造物主的性质的方式否定了"有无"，但是这时的"有无"只是一个具体的"有无"了，至少说是在造物主概念下的有局限的性质。相对比较，王弼说的"无"是本体论意义上的，具有始发性、功能性和逻辑性的意义，而裴頠说的"有"则是就存在论上的，具有现实的意义，是一个相互"资""济"条件下的全"有"或"存在"。所以，郭象所说的"有无"在本体论意义上和存在论意义上都达不到他们的深刻。而之

[①] 郭庆藩：《庄子集释》，中华书局1961年版，第257页。
[②] 同上书，第763页。

所以说他的理论在某种程度上融合了前两家，我们认为，以"独化"而"相因"这样的自体自性而自生的观点现象论对"有无"讨论进行了转向，即将本体论意义上和存在论意义上的"有无"限制在具体的有规定性的"有无"上，从而以"玄冥之境"来悬设"有无"的讨论，使其理论呈现出现象论的特质。可是我们应该注意到即使以生灭变化来说明形而上学的问题，仍然有很大的漏洞。

行文至此，我们完成了对魏晋玄学中"有无"之辨的三个著名理论进行的分析和梳理。王弼的理论的"无"主要是本体的、逻辑的和功能的。裴頠的"有"体现的是存在的、现实的。而郭象的"独化"则表现了现象的和变易的。但是总的来说他们的思想源泉均是中国的本土思想。而正是这样的玄学思想站在强势的方面影响着初期的佛学思想。

三 僧肇的"不真空"思想

当僧肇撰写《不真空论》时，魏晋玄学的讨论高潮已经接近尾声。就文章的写作时间来看与上文所说的三家距离较远，但是就学术的发展来说，其时代讨论的问题却并没有隔阂。更何况在僧肇前，由于玄学思维的影响，使得其间出现了一大批以"格义"为学术特征的玄僧。道安、慧远较早对般若思想做了正本清源的工作，鸠摩罗什至华后，般若经典便翻译得更为准确。但是玄学对世人的影响仍然没有消失，所以为了让般若学能被正确地理解，作为四大义解高僧之一的僧肇，不得不依托在玄学的一些基本命题上（《肇论》有76处用到老庄的语言[①]），如"有无"以及相关的"名物"的问题，来陈述其观点。所以我们下面要做的工作是将《不真空论》中对玄学，尤其对"有无"之辨的批判以及对缘起性空思想的总结阐发出来。

（一）何谓"不真空"？

欲言其有，有非真生。欲言其无，事象既形。象形不即无，非真

[①] 许抗生：《僧肇评传》，南京大学出版社1998年版，第181—190页。

非实有。然则不真空义，显于兹矣。故《放光》云：诸法假号不真。①

元康《肇论疏》认为："此论第二明空申真谛教也。诸法虚假，故曰不真。虚假不真，所以是空耳。有人云：真者是有，空者是无，言不真空，即明不有不无中道义也。此是为蛇画足，非得意也。若如所云，则空非中乎？大分深义为何所在？既不然矣，今不用焉。"②

德清《肇论略注》："此论真空不空。以为所观真谛之境也。不真有二义。一有为之法。缘生故假。假而不实。其体本空。此俗谛不真故空。名不真空。真性缘起。成一切法。体非断灭。不是实实的空。名不真空。有是假有为妙有。空非断空为妙空。此则非有非空为中道第一义谛。"③

这两个注疏都是立足于第一真谛来解释"不真空"的。元康是三论宗的背景，所以在注释时强调诸法的虚假，就是"不真"，而虚假不真的性质就是"空"，所以他反对"真者是有，空者是无"这种带有极强玄学味道的看法，认为"空"于"不真"是当下即是的关系，"空"就是"不真"之物的空性，所以是"不真"即"空"。而德清，认为"不真"有两层意思：一方面将俗谛的诸法不实在当作不真之空或假有而空，故而为妙有，另一方面又将真性（空性）的起用，对假法的起用后，形成一切有为的假法，当作不真空，不是假有断灭后的空空如也，故而为妙空。所以最后是非有非空，"非有"就空性而言，"非空"假有而言，这便是作为"第一义谛"的"中道"。虽然说法上不同，但是元康与德清所依据的都是中观学性空的思想来解释的。唯一不同只在于侧重点偏向，元康侧重于以空性为基点说真空妙有，而德清则强调中道的不落两边。

（二）缘起与性空的"不二"中道。④

僧肇根据中观学派的两部经典《中论》和《大智度论》即《摩诃衍论》

---

① 以下相关文献均引自《续藏经》第二编第一套第一册，僧肇《肇论》。
② 同上书，元康《肇论疏》。
③ 同上书，第四册，德清《肇论略注》。
④ 我们要注意僧肇很多地方所用的"无"是与"自虚"或没有自性的"空"相对，而非指绝对的"虚无"。

的思想集中通过论述"有无"的问题,来说明最基本的一对般若学的概念。

《中观》云：物从因缘故不有,缘起故不无。

然则万物果有其所以不有,有其所以不无。有其所以不有,故虽有而非有。有其所以不无,故虽无而非无。虽无而非无,无者不绝虚。虽有而非有,有者非真有。若有不即真,无不夷迹,然则有无称异,其致一也。

夫有若真有,有自常有,岂待缘而后有哉！譬彼真无,无自常无,岂待缘而后无也！若有不自有,待缘而后有者,故知有非真有。有非真有,虽有不可谓之有矣。不无者,夫无则湛然不动,可谓之无。万物若无,则不应起,起则非无,以明缘起故不无也。故《摩诃衍论》云：一切诸法,一切因缘故应有。一切诸法,一切因缘故不应有。一切无法,一切因缘故应有。一切有法,一切因缘故不应有。寻此有无之言,岂直反论而已哉！若应有,即是有,不应言无。若应无,即是无,不应言有。言有,是为假有以明非无,借无以辨非有。《肇论》

首先他指出一般的人都认为物是有一个自性的"常"存在。可是如果事物有自性的话,那么为什么还需要条件呢？因此,僧肇偏向于缘或条件的方面,认为一切诸法都是由缘起来生成的,当然就不会存在所谓诸法有没有自性的问题。任何的法都是由无数的缘所成,所以物就不可能有"常",不能有自性。这样万物只是缘起时候的现象,这些现象只能是假有。于是,"有"便是一种相对于"真"的假,它只是在相状上的"有",而不是性质上的"有",所以"有"的意义不是在于去规定任何的事物,它也没有能力去产生其他事物,更没有能力去规定他者。它的存在是消极的、虚幻的。诸法因为缘起,所以消极的存在,就是说不真实的存在。但是,并不是就说虚妄的"有"便是"无"了。因为僧肇认为无是"湛然不动"的,[①] 是某种不会变化的,具有自体自性的彻底的虚无形

[①] 对于此处所说的"无",元康注道"若湛然不动,始可名为无也"。德清则注为"若无则湛然不动。可谓之无。湛然者。以始教相宗。不许真如随缘。谓凝然不变"。两家的注释均认为是一种与"有"相隔绝的某种自性。

式，如果按照缘起论，这样有自性的"无"也是不能成立的。所以说如果万物的自性就是这样的虚幻，则万物就不会缘起而成为万物了。既然是万物在事实上是要各种条件来完成的，要通过缘起的方式来呈现起相状，就必然不能是"无"。于是在没有自性为前提下的"有""无"才有可能成为相通的概念。否则"有"是有自性的，它就不能转化为"无"，而"无"因为以绝对不动的虚无为规定性，因此也不能转化为"有"。只有在万物自虚、缘起和合的条件下，才能够相互利用。它们的相互运用，就是在承认缘起的前提下，"言有，是为假有以明非无，借无以辨非有"，以假有来限制否定有真的"无"，而以"无"来显现"有"的无自性。如果回想一下前面关于郭象的分析，我们不难看出二者的相似，我们认为这应该是前者对后者的影响吧。

僧肇通过缘起说来否定了自性的观念，而这样的观念是玄学重要思想。因为无论是王弼的"无"，或者裴頠的"有"，还是郭象的"独化"，都是建立在自性上的。所以从这个层面上说，僧肇确实是对魏晋玄学思想的一个转向。而这一转向在僧肇的理论中还需要另外与"缘起"相对的概念"性空"。所以接下来他集中地对"性空"进行论述。在僧肇看来，否定自性就是在否定事物与事物之间的隔绝。也就是说，事物之间可以相通，虽然具体的相状不同，但是就缘起而生来说，是相通的。既然任何事物都是缘起的，所以事物在本性上，就是"无"的，也就是"无"自性的。但是问题在于是否事物无自性，就一定是性空的呢？虽然事物是由条件和合而成的，那么是否可以说在和合状态下，事物就获得了某种和合时的特性？僧肇认为这是不对的。他用幻化人的著名比喻来说明，即使这样和合也是没有自性的。"譬如幻化人，非无幻化人，幻化人非真人也。"（《肇论》）这个例子说明，幻化人，本身是幻的，但是它有能够显现自己的现象，所以幻化人不可能有自性，即使有因缘能形成幻化人，这时和合状态下的幻化人仍然是幻化的、不实在的。因此，不论幻化人也好，世间的事物也好，都只能是虚幻而不实在的，也不存在什么自性，这样很自然地就说明了性空的原理。既然缘起，又是性空，于是世间上的一切现象在两个层面上相通：缘起便是假有，假有就是性空。

现在的问题是，虽然"缘起性空"的命题已经可以成立，但是缘起和性空的关系又是什么呢？是先缘起后性空，还是先性空后缘起？这个问题曾是"即色宗"遗留下来的。僧肇明确地指出，二者并不存在先后关系，而是"即"或说是"当下"的关系。

《经》云：色之性空，非色败空。以明夫圣人之于物也，即万物之自虚，岂待宰割以求通哉！是以寝疾有不真之谈，超日有即虚之称。

《经》据元康考证应该是《维摩诘经》。该经的旨要就在于否定有无，而不落两边。僧肇指出经论中所提到的"色"法或者说诸法，本来就是性空，就是"自虚"的，所以色法并不需要自身灭除后，再有一个空性显露出来，这就是"非色败空"。我们可以推论这样的结果，如果要色败以后才有空性，那么空性很可能带上自性的特点，而与缘起论相违背。所以说物本身在缘起时，就已经是幻有了，而幻有就是不真，不真之性就是空性。作为色法的假有，诸法的自性空，从根本上说，就是一体的两面。也正是从这一点上说，汤用彤先生在将僧肇的理论视为体用论的[①]（当然这种说法是否得当，还应进一步研究）。因此，"色"在本性上是"空"的，当然也就不用废除色法而显空性。这一结论随后导致出另外的一个结论，也是僧肇最终要得出的结论：

《摩诃衍论》云：诸法亦非有相，亦非无相。《中论》云：诸法不有不无者，第一真谛也。……《经》云：真谛、俗谛谓有异耶？答曰：无异也。此经直辩真谛以明非有，俗谛以明非无。岂以谛二而二于物哉？《肇论》

这段引文表达了僧肇关于真谛与俗谛的看法。即真谛是就万法皆空的方面说，而俗谛是就万法假有的方面来说，由于在上面我们已经分析过了他关于假有即真空的思想，因此可以很明显地看到僧肇要呈现的意义在于真谛与俗谛对于世间的万物来说，无所谓二，它们本身就是一，这样诸法不有不无，不落两边，真谛俗谛，不异而一，便是"第一真谛"或者说

[①] 《汤用彤全集》第一卷，河北人民出版社2000年版，第250页。

即是"中道"。而这亦是中观学派的指要所在。

到此，僧肇通过缘起，性空，缘起即性空，缘起即俗谛、性空即真谛，真俗二谛圆融即中道，五个环节深入地辨析完成了对整个般若学的解构，可谓理深而文约，义幽而词华。

(三) 批判三家

在魏晋时期，般若经典虽然有所翻译，但是翻译的用语很多都是借用魏晋玄学的语言，这就使得学者们在理解般若思想时产生了极大的困难。同时，般若思想在初传之时，印度独特的思维方式又与中国本土思维模式不同，由此又导致了理解外来思想时不得不带上本土的学术气质。兼之中国自汉朝以来的注释学甚为发达，这一传统治学方法至魏晋时仍为学者们所继承。基于以上三个原因，初期般若学的研究呈现了极强中国学术气质的"格义"学。并形成了"六家七宗"的般若学流派。但是格义学往往会带来对很多内容的强行解读，很容易导致佛教思想的歪曲和误解。因此，时至僧肇，他的理论客观上形成了对以上各家的总结性的批判，从而对佛教般若学进行了梳理，实现正本清源的目的。

元康的《肇论疏》中提道："宋庄严寺释昙济作《六家七宗论》。论有六家，分成七宗。第一本无宗，第二本无异宗，第三即色宗，第四识含宗，第五幻化宗，第六心无宗，第七缘会宗。本有七宗，第一家分为二宗，故成七宗也。"以上的七宗都是不同时期的关于般若学的不同观点，但是其中和般若学中"空"的思想联系密切的，则主要是本无宗、即色宗和心无宗，所以这三家也就自然成为僧肇的针对对象。①

首先僧肇批判的对象是心无宗。

> 心无者，无心于万物，万物未尝无。此得在于神静，失在于物虚。《肇论》

心无宗提倡者应该有两支，一是吉藏和安澄考证：

---

① 关于六家七宗的主要资料可参照吉藏的《中观论疏》，安澄的《中观疏记》，以及《名僧传钞·昙济传》。

> 第三温法师用心无义宗。心无者，无心于万物，万物未尝无。此释意云：经中说诸法空者，欲令心体虚妄不执，故言无耳。不空外物，即万物之境不空。① (《中观论疏》)

另，安澄引《二谛搜玄论》说：

> 晋竺法温为释法琛法师之弟子也。其制《心无论》云：夫有有形者也；无无像者也。然则有像不可谓无，无形不可谓无有。是故有为实有，色为真色。经所谓色为空者，但内止其心，不滞外色。外色不存，余情之内，非无如何？岂谓廓然无形，而为无色？② (《中观疏记》)

另据元康考证：

> 心无者，破晋朝支愍度心无义也。(《肇论疏》)

根据上面的引文，我们可以大概了解到，心无宗对般若学的解读是放在"心"的上面。法温法师以围绕形和像来说明事物的真实存在。他认为"有"就是有形有像，而"无"则是无形无像，这一观点我们似乎可以从裴頠的《崇有论》中找到相似之处，而且以形、像为有无载体来讨论有无，本身就继承了魏晋玄学的风格。所以法温承认外面的境像是实在的，是"真色"的观点，与其说是接近佛学，不如说是接近玄学。至于经论中所说的"色即是空"，他认为就是空心于万物，使得心不为万物所动，保持宁静，就这一点我们亦能从庄子的"心斋"、"坐忘"中看到一丝关联。如果以中观学来看，法温的观点是执外境为实有，从根本上与佛学相违。《大智度论》中专门有《十八空》一章论述空的具体含义，其中就批判了外境为实有的外空思想。所以僧肇虽然认为"神静"基本符合

---

① 以下所引吉藏均出自《中观论疏》，《大正藏》第42卷。
② 同上书，第65卷。

般若智慧,但是也抓住了法温的问题,执外境的过失。另外的一支,我们以为似乎和僧肇批判的有所不同,所以此处不予涉及。①

僧肇批判的第二家是"即色宗":

> 即色者,明色不自色,故虽色而非色也。夫言色者,但当色即色,岂待色色而后为色哉! 此直语色不自色,未领色之非色也。(《肇论》)

元康在《肇论疏》中说:

> 第二破晋朝支道林《即色游玄义》也。今寻林法师《即色论》,无有此语。然《林法师集》别有《妙观章》,云:夫色之性也,不自有色。色不自色,虽色而空。今之所引,正此引文也。

吉藏指出:

> 次支道林著《即色游玄义》,明色即是空,故言"即色游玄"论。此尤是不坏假名,而说实相,与安师(道安)本性空故无异也。(《中观论疏》)

安澄引《山门玄以》所保留的《即色游玄义》曰:

---

① 元康引证了《世说新语》的材料:"愍度欲过江,与一伧道人为侣。谋曰:若用旧义往江东,恐不辨得食。便立心无义。既此道人不成度江,愍果讲此义。后有伧人来,先道人语云:为我致意。愍度心无义那可立? 此法权救饥耳,无为遂负如来也。从是以后,此义大行。"而吕澂先生在《中国佛学源流略讲》中也引用了该书刘注:"旧义者曰:种智是有,而能圆照。然则万累斯尽,谓之空无;常住不变,谓之妙有。而无义者曰:种智之体,豁然太虚,虚而能知,无而能应。居ump至极,其为无乎?"随后指出:"旧义把般若看成一切种智,是无所不知的,因而是有。支敏度已弃旧说,提出了心体的问题,认为心体是无,如太虚,虚而能知,无而能应。"(第48页)。如果按照僧肇原文所说的话,他所说的心无宗,似乎不是在批判心体的有无问题,而是在批判外境是否有无的问题。同时这一支涉及的主要是般若智慧的思想,与中道的真空假有还是有一定距离的。所以我们认为支敏度应该不是僧肇针对的主要一支。

> 夫色之性，色不自色。不自，虽色而空。知不自知，虽知而寂。（《中观疏记》）

从上面所保留的材料，支道林的思想主要表现在两个方面：一方面色法或事物不能成为自己，或者自己产生自己，这叫作"色不自色"，之所以这样的原因就在于色法是没有自性的，因此，事物在没有自性的条件下是不可能产生自性的自己或他者。这是僧肇所肯定的。因为色法即空性的思想与中观学说一致。但是另一方面僧肇否定的是支道林，没有意识到，色法虽然是自性空，但不是先否定了色法才是空，色法本性就是空，其根本原因就是假有和性空本来是一体的。没有时间或者空间的前后，而有所谓色法是因、空性是果，或者空性是因、色法是果的说法。反过来，也就是说在因缘聚合的时候，各种因缘条件就已经是色法了，它们都是假有的，所以说"色即是色"，假有与假有聚合时所显现的聚合状态下的色法，仍然是假有。因此也就不存在前一种色法生后一种色法的结论了。在此我们应该注意到僧肇非常思辨化的论证，直接用性空的思想防止了假有生假有的危险，而保证了假有性空的统一。

第三家被批判的是"本无宗"：

> 本无者，情尚于无，多触言以宾无。故非有，有即无。非无，无亦无。寻夫立文之本旨者，直以非有非真有，非无非真无耳。何必非有无此有，非无无彼无？此直好无之谈，岂谓顺通事实，即物之情哉！（《肇论》）

元康《肇论疏》说："第三破晋朝竺法汰本无义也。"但是吉藏却指出本无义另有其人，应为法深。据汤用彤先生[1]和吕澂先生[2]考证均认为应该就是竺法汰，而许抗生先生[3]却认为是法深。不过将法深归为心无异宗是没有问题的。所以，僧肇批判的第三家应该准确地说是心无异宗。

---

[1] 《汤用彤全集》第一卷，河北人民出版社 2000 年版，第 190—191 页。
[2] 吕澂：《中国佛学源流略讲》，中华书局 2002 年版，第 54 页。
[3] 许抗生：《三国两晋玄佛道简论》，齐鲁书社 1991 年版，第 205—207 页。

吉藏引述道：

　　深法师云：本无者，未有色法，先有于无，故从无出有。即无在有先，有在无后，故称本无。(《中观论疏》)

安澄亦引：

　　夫无者何也？壑然无形，而万物有之而生者也。有虽可生，而无能生万物，故佛答梵志：四大从空生也。诸法壑然无形，为第一义谛。所剩万物，名为世谛。故佛答梵志：四大从空而生。准之可悉。(《中观疏记》)

　　按照这两条材料，法深法师所说与魏晋玄学中的贵无论非常相像。他将佛教所说的空，当作了"无"，"无"能生"有"，"有"只是作为具体的规定性的能生之物，所以"有"不能生长万物。但是"无"是无形的，壑然，不为人知，所以"无"没有具体的规定性，这样在生养万物的时候，就不会被限制了。"无"成为了发生学上的第一因。于是色法就必然带有"无"的性质了。当这一理论联系到佛教时，就成了"空"也是发生学上的本源，"空"因而能生出色法，色法亦因为此而与"空"为有机的统一。这样的观点可以说是佛学和玄学融合的产物，当然是不准确的，故而也受到了僧肇的严厉批驳。

　　僧肇认为本无异宗，最大的问题是对"无"的青睐，从而对"空"产生误解。他直接针对该宗将"有""无"完全分开表示了不满。而对法深的破斥则是用中观的非有非无的观点。僧肇认为，法深的错误在于承认了"无"最高的地位之后，出现了两个问题：一个是"有"因为最终要依靠"无"生，于是"有"的意义完全被取消，所有的"有"的性质都只能归于"无"，这样不论是"非有"还是"非无"都只能是"无"了。即"故非有，有即无。非无，无亦无"。第二个是即使暂时地承认"有"可以具有独立的存在个性，但是当这个具体的"有"消灭或者在它的规定性之外而承认有"无"的存在，"无"也是有自性的，即相对于"有"而言的没有。这样，"有"和"无"仍然是两边的，没有办法相通。即

"非有无此有，非无无彼无"。所以无论从哪一方面来看，僧肇认为法深都没有理解缘起性空理论。因此，他最后指出，万物皆缘起，故而"非有非真有"，但性空不是绝对的虚无，所以"非无非真无"。

如果说本文的第二部分揭示的是僧肇关于缘起性空的思想的话，那么我们可以说第三部分是他对这一理论的具体运用，事实上如果我们参照魏晋玄学的"有无"之辨的争论，将会发现如此的一个事实：僧肇对三家的批判，就其思想所涉及的广度和深度来看，不只是局限于佛教内部的思潮，而是深入到了魏晋玄学以来的"有无"之辨的问题。

四　余论

魏晋玄学"有无"之辨经过数百年之后，人们已经非常熟悉所讨论的问题实质、内涵、概念、用语。但是如果用自己很熟悉的思维模式和语言对新问题解释很容易误解，更重要的是不容易放下固有学术习惯，不能对新的思想体系形成贴切得当的理解。所以说在般若学初传时不成熟的佛学黏着在玄学之上，很多概念问题没有展开，而当般若学作为一个完整的体系由鸠摩罗什带入中国后，新问题意识才被激发了。在这一过程中，僧肇对于理论上的建树是极高的。他很清晰地意识到旧有的"有无"之辨的思想与般若思想的不同，因此，他立足于旧的语言来说明新的问题。并以此极为准确地表达了般若思想，使人们清楚地理解两个问题的不同。从这个意义上说，我们认为僧肇在客观上实现了哲学转向，即以缘起性空的中观思想对"有无"之辨的转向。

魏晋玄学的"有无"之辨，我们认为有一个共通的特质，这也是中国本土思想的一个特质，就是承认自性的有。王弼的贵无理论中强调"无"作为一种"能发而未发"的本体是有自性的，如此下来，兼备形名的"有"是从"无"而来，因此其规定性更加明确。虽然裴頠的崇有论强调"有"是一种存在论的，但是，每一个具体的"有"又是实实在在的，可以相互资济的，即使从存在论的角度看"有"，"有"也是如实的"在"，在本身就不是虚无的或虚假的，同时"无"虽然是有的缺无，但它也可以从"有"得到负面的规定性。及至郭象提出了独化论，虽然他悬置了"无"而用"玄冥之境"来回避，但是在"独化"的状态中每一个物都是能生自类的，所以"独化"之物是有自性。同时郭象虽然指出了事物在不可知的条件下获得了组合，但是这样的条件也是可与"玄冥之境"暗合的，所以仍然没有脱离开自性的基本概念和范畴。

相对于魏晋玄学的般若学说，则是用"缘起""性空"的概念来否定自性之说。而僧肇就是看到了这一点。所以他无论在批判三家般若学派也好，还是建构自己的般若理论也好，始终围绕缘起性空而论。根据我们上面的分析，"有无"之辨的一个核心问题是自性。所以僧肇以否定其自性的根据作为要旨。在他看来所谓的自性就是"常"，"常"便是永远的不会变化，那么既然不会变化，如何能生能灭呢？同时既然是"常"，那么事物为何还要条件呢？所以他认为"常"是不可能存在的，无论是"常有"还是"常无"。一切的事物都是缘起的。在这一点上与魏晋玄学就具有极大的差异。因为魏晋玄学无论是本或末，或有或无，或独化或相因，都是在体性上一致的。而僧肇恰恰反对的就是这一观点。因此，他用缘起来取代自性。但自性的取代，不是完全没有，与缘起直接相连的是性空。于是性空正好针对绝对的"无"的。这样僧肇运用般若学以缘起转化体性的"自性"的"能生"，以性空转化了"自性"的"有无"。于是，在学术特质上呈现不同于以往的性格，并客观上实现了魏晋玄学"有无"之辨的向缘起性空的转向。

参考文献：

[1]《晋书·裴頠传》，中华书局1982年版。
[2] 僧肇：《肇论》，《续藏经》第二编第一套第一册。
[3] 元康：《肇论疏》，《续藏经》第二编第一套第一册。
[4] 德清：《肇论略注》，《续藏经》第二编第一套第四册。
[5]（梁）释慧皎撰，汤用彤校注：《高僧传》，中华书局2004年版。
[6] 吉藏：《中观论疏》，《大正藏》第42卷。
[7] 安澄：《中观疏记》，《大正藏》第65卷。
[8] 郭庆藩：《庄子集释》，中华书局1961年版。
[9] 汤用彤：《汤用彤全集》第一卷，河北人民出版社2000年版。
[10] 吕澄：《中国佛学源流略讲》，中华书局2002年版。
[11] 方立天：《中国佛教哲学要义》上卷，中国人民大学出版社2002年版。
[12] 方立天：《魏晋南北朝佛学论丛》，中华书局1982年版。

[13] 任继愈：《中国佛教史》，中国社会科学出版社1982年版。

[14] 许抗生：《僧肇评传》，南京大学出版社1998年版。

[15] 许抗生：《三国两晋玄佛道简论》，齐鲁书社1991年版。

[16] 郭朋：《魏晋南北朝佛教》，齐鲁书社1986年版。

[17] 余敦康：《何晏王弼玄学新探》，齐鲁出版社1991年版。

[18] 汤一介：《郭象与魏晋玄学》，北京大学出版社2000年版。

[19] 刘贵杰：《僧肇思想研究》，文史哲出版社1995年版。

[20] 涂艳秋：《僧肇思想研究》，东初出版社1995年版。

[21] 康中乾：《有无之辨——魏晋玄学本体思想再解读》，人民出版社2003年版。

[22] 王晓毅：《儒释道与魏晋玄学形成》，中华书局2003年版。

[23] [日] 峰屋邦夫：《道教思想与佛教》，辽宁教育出版社2000年版。

作为法门的宗教
——一种后现代的宗教关系理论

朱彩虹[*]

摘　要： 我们要如何在后现代的内在世界里处理诸宗教之间的关系？本文提出宗教法门论：诸宗教是不同的法门，引领教徒走向人的圆满，也就是打破私我的瑜伽状态。这一新的宗教多元论虽然承认诸宗教是不可通约的平等道路，但认为它们有着共同的立足点和抵达之境，即人的圆满。同时，它赋予作为宗教主体的人以主人的地位和意识，使他（她）在走向圆满的途中尽量不因受到观念的奴役而裹足不前。

关键词： 后现代　内在性　宗教关系　法门

一　内在性：诸宗教的后现代思想语境

我们生活的时代被称为后现代。后现代的一个重要特征是内在性（immanence）。何谓内在性？结合哲学史来看，康德之后，西方思想抛弃了传统的形而上学，实际上屏蔽了超越人类理解的东西。接着，黑格尔完成了把实在转换为一个内在系统的工作。后来，存在主义和后现代思想根除了超越性和经典形而上学的残余。自此，西方思想的内在化过程宣告完成。由此可见，内在性指的是传统的形而上学超越性的丧失，这种丧失不仅指有关超越性的内容的消失，而且指超越性这个维度的消失。这意味着我们现在所拥有的全部就是人类世界，确切地说是人类生活世界。

那么，什么是超越性的"内容的消失"和"维度的消失"呢？现代

---

[*] 朱彩虹，女，云南大学人文学院讲师。

性的核心前提是,自由、独立、创造性的主体取代了超越的神圣者,成为超越和决定现实的东西。在这里,人文主义还不是彻底的,因为这个主体事实上只是取代了超越的神圣者的内容,并没有取消超越性这一维度。而在后现代,哲学家们解构了这个主体,把它理解为它所参与的结构的一部分,由此取消了传统的形而上学超越性的维度。英国宗教思想家唐·库比特(Don Cupitt)把这种人文主义称为"激进的人文主义"或"彻底的人文主义",它构成了诸宗教在后现代面临的内在化思想语境的必然组成部分。

内在性和激进的人文主义的后现代语境必然会对我们的宗教思考提出要求。相应地,内在性要求诸宗教具有非实在论意识,这里的"非实在论"是相对于传统的形而上学实在论而言的。非实在论意味着取消绝对真理的概念,借用维特根斯坦的概念,这进而意味着诸宗教在形而上学体系上的差异性只是语言游戏的差异性,换言之,诸宗教是平等的道路。这宣告宗教排他论和兼容论在我们的内在性语境中是不合法的。美国宗教学家保罗·尼特(Paul Knitter)在《宗教对话模式》一书中把宗教关系分为四个模式:置换模式、成全模式、互益模式和接受模式,前两者对应排他论和兼容论,后两者对应多元论。按照他的分类,我们这里的宗教关系模式似乎必然是多元论的。

其次,激进的人文主义要求诸宗教把人作为它们的中心,即所谓的人类中心论,这里的"人"不是现代性中的那个完全自由和独立的主体,即一个抽象的原点或实体,而是已经嵌入人类生活世界的、变化的或无常的存在。这个存在本身应该被视为开放的系统,在与生活世界的交流中不断地改变和重塑自身。既然作为生活世界的一部分的宗教是为这样的"人"服务的,因而诸宗教要有改变人的意识,或者称为亲证意识,而且它的方向应是人本身的完善或圆满。当然,亲证意识不是后现代语境的独有特征,不如说,它是宗教在每一个时代所具有的似乎最重要的方面之一,也被称为修行(practice)。

因此,我们在这里提出的宗教关系理论是多元论的,而且是以人的圆满为中心的。我借用一个佛教词汇,把它称为宗教法门论,如果你乐意的话,也可以称为宗教游戏论。

这里还有两个关于内在性的问题或许需要加以说明。首先,我们所谓的"内在性"在语言表达上是相对于传统形而上学的"超越性"（transcendence）而言的。因而这有可能会构成一个逻辑悖论：没有超越性，就没有内在性。这里说明的其实是一个深刻的问题，即我们所谓的内在性并非以传统形而上学的超越性的视角来看的内在性，就是说，内在性和超越性不是相反关系，举例而言，不是磁铁的两极之间的关系。这一点在我们对内在性的粗略解释中就能清楚地看出。毋宁说，内在性对应的思想方式是对超越性所在的思想方式的一种超越，就是说，这里涉及的是思想上的"范式转换"。所以严格地说，内在性这一表达是欠妥的，我们或许可以把内在性换成库比特所说的"无外在性"（outsidelessness），而在库比特那里，从某种角度而言，无外在性与生—成（becoming）和存—在（be—ing）是可以互换的。[①] 但为了方便起见，我们仍然使用"内在性"一词；其次，我们谈论的内在性否认的是传统形而上学的超越性，这种超越性只是某种超越性。事实上，我们仍然有可能在无外在性中谈论另一种超越性，这个问题将在第二部分加以讨论。

二　登山比喻：宗教法门论

何谓宗教法门论？当代英国宗教哲学家约翰·希克（John Hick）在谈到诸宗教之关系时提出过一个比喻，可以把它简单地表达为：各个宗教是不同的道路，通向同一个山顶——终极实在。我们借用希克的比喻，但略作修改：各个宗教仍然是不同的道路，仍然通向同一个山顶，但这个山顶不是终极实在，而是人的圆满。

让我们对上述比喻的内涵作进一步的阐释。可以把这个新比喻称为登山比喻，它涉及三个要素：登山者、道路和山顶，分别对应宗教徒、诸宗教和人的圆满。首先，"宗教徒"除了诸宗教的信徒之外，还应包括受到某一个或多个宗教的语言影响的人。这里的根据是维特根斯坦的一个观点：宗教的真假不是一种逻辑上的真假，而是某个图像是否起作用的问

[①] 关于"无外在性"，可参见唐·库比特著，王志成、王蓉译《人生大问题》，四川人民出版社2008年版，第124—131页。

题，换言之，对你有用的就是真的。① 假设某人声称自己不信鬼，但夜晚当他独自一人必须路过黑漆漆的墓地时却又害怕得不得了，满脑子想着鬼会不会从坟墓里钻出来，或许还会出现生动的想象。我们认为这样的人是相信鬼的存在的，而不是像他自己声称的那样是个无神论者。类似地，库比特在《西方的意义》里也谈到，有些人宣称自己已经没有信仰，也不再去做礼拜，但如果让他们踏进清真寺或佛教寺庙参与穆斯林或佛教徒的崇拜仪式，他们却发现自己难以做到。对此，库比特的解释是，基督教的观念和价值已经散播到西方人的日常生活中去了，所以这些后基督徒仍然是基督徒，尽管他们自己不承认。我们也认为，如今宗教徒的概念应该重新解释，"对你有用的就是真的"可以作为衡量一个人是否宗教徒的一条重要标准。

其次，诸宗教是人走向圆满的旅程、道路、方法或法门。佛教概念"法门"简单地说就是指工具。我们认为，不同的宗教是不同的法门，或不同的语言游戏，有着各自的概念、规则和理论体系。换言之，不同的宗教之间存在着真正的差异，这种差异性使得诸宗教不可通约，也不可互相取代。在此，你或许会想起乔治·林贝克（George Lindbeck）的后自由主义宗教关系理论。在林贝克看来，宗教是"一种决定全部生活和思想的文化和/或语言学框架或者中介"②，由于诸宗教的语言不同，所以它们的世界不同，这使得它们之间没有共同的基础。林贝克认为，这种不可通约性构成宗教间的一个不可逾越的鸿沟。在此基础上，应该如何看待宗教间的恰当关系呢？尼特使用了"睦邻政策"的意象：诸宗教放弃寻找"公共用地"的念头，承认和接受宗教间的清晰界限，并留在自身之内；换成形象的说法，每一个宗教"在篱笆后面与一个宗教邻居交谈（那是好邻居之间所做的事），而不要试图踩入他人的院子去寻找可能与自己相同的地方"。③

我们大体上赞同林贝克的观点。在此需要澄清的是，诸宗教的不可通

---

① 关于宗教的真实性之讨论，参见《论维特根斯坦与库比特的生活宗教观》，《浙江学刊》2009年第1期，第9—10页。

② 转引自保罗·尼特《宗教对话模式》，王志成译，中国人民大学出版社2004年版，第229—230页。

③ 同上书，第233页。

约性并不使得它们丧失任何层面上的共通之处，或者使得宗教对话显得没有必要也没有意义——各人自扫门前雪，莫管他人瓦上霜。"睦邻"之间的关系不可能是冷漠的关系，他们会在篱笆后面交谈。然而问题是，脱离共同基础的交谈是一种什么样的交谈？更具体地说，我们在此需要追问的或许是，第一，这种交谈能否找到一个诸如共同的立足点之类的东西，使交谈本身不至于驴唇不对马嘴；第二，这种交谈能否为诸谈论者带来任何裨益。这两个问题林贝克似乎并没有给出令人满意的回答，但它们可以用我们的登山比喻来回答：诸宗教的交谈或对话有一个共同的立足点，就是它们通向同一个山顶，即人的圆满。不过，这又带来了一个新的问题：这个共同立足点与我们前面谈论的诸宗教作为不同的文化—语言系统的不可通约性有无矛盾？我们认为没有矛盾，这涉及下面将要谈论的登山比喻的第三点，即人的圆满的含义。

最后，我提出"人的圆满"可以作为不可通约的诸宗教的共同基础，即那个山顶。在这里，我们需要说明两个问题，第一，什么是人的圆满以及它为什么可以作为诸宗教对话的共同立足点；第二，为什么人的圆满的共性和诸宗教的形而上学差异性是可以共存的。关于第一个问题，首先需要澄清，人的圆满从根本上而言涉及人的生命状态，这是我们前面所说的诸宗教的亲证意识所关注的核心。因而，它在根本上不是诸宗教在理论上和经验上的任何共同的具体内容，不如说，它是作为法门的诸宗教所引领到的共同之境，这意味着我们可以在某种意义上说它超越作为道路的宗教本身。关于人的圆满，不同的宗教有着不同的解释。仔细考察可以发现，这些不同的解释似乎可以归结为一点，就是打破私我（egoism）或我慢（ahamkar）。比如，我们可以把基督教中人的圆满理解为圣保罗所说的从今以后，活在你身体里的不再是你，而是耶稣基督。就是说，你与耶稣基督合一，即与上帝合一。佛教倡导空的理论，认为真空妙有不二，而人的假我的形成似乎可以从五蕴（色、受、想、行、识）的观点来解释。只有破除这种假我（破我执），领悟或融入空，才能达到涅槃之境，获得解脱或圆满。印度教教导我们像打碎瓶子一样打碎我慢，回归自己作为阿特曼或梵的真实身份，我们可以把这种回归视为印度教中的人的圆满。也许你会发现，只有着手进行打破我慢的工作，真正的修行才开始了，而在破我执的那一刻，解脱便降临了。印度完美的瑜伽师室利·罗摩克里希那

(Sri Ramakrishna)在谈到他第一次进入三摩地时证实道,起先,他无论如何也无法进入三摩地,只有当他最终把神圣母亲的形象打碎时,才得以进入。我们可以把神圣母亲的形象理解为他最后的一点或许因爱而生的我执。这里有一个问题需要说明。对于没有达到圆满的人来说,打破私我是很难理解的,你可能会误解为,它会使人堕入一种断灭相。这种误解是因为你把自己完全认同为这个私我。事实上,无数的宗教成就者向我们证明并非如此。我们或许可以说,打破私我带来的是联结状态,而联结即瑜伽的本意。所以也可以说,诸宗教通向的同一个山顶是瑜伽状态。但需要注意的是,我们这里只是在修行境界的意义上谈论瑜伽状态,我相信这种限定使得我们的谈论是恰当的,因为在此之外,按照费厄斯坦(Georg Geuerstein)在《瑜伽传统》中的说法,我们只能谈论比如印度教、佛教、耆那教的瑜伽,而不能谈论比如基督教、伊斯兰教的瑜伽。

从上述对第一个问题的回答中可以看出,人的圆满作为诸宗教对话的共同立足点,与诸宗教作为不同的语言—文化系统的不可通约性并不矛盾。鉴于人的圆满本质上是一种生命状态,是作为道路的诸宗教所指向的那个作为山顶的境界,所以从这个意义上说它超越宗教本身。换言之,人的圆满和宗教之间的不可通约性并不处在同一个层面上。或者更简单地说,我们前面谈到诸宗教无非法门,法门本身是不同的、不可通约的,但它们的服务对象是相同的——人的修行,而人的圆满是修行的状态和目标。这里的观点得到了全球化时代伟大的神秘主义者雷蒙·潘尼卡(Raimon Panikkar)的证实,他在谈到多重教籍何以可能时说,如果把宗教作为形而上学体系,那么多重教籍是不可能的,但如果把宗教作为生命经验,那么多重教籍是可能的。他自己就同时是天主教徒、印度教徒、佛教徒和世俗主义者。[1]

关于人的圆满,还有两个问题需要解释。首先,当我们说作为山顶的人的圆满超越作为道路的诸宗教时,这种"超越"不是传统形而上学意义上的超越,即我们不能把人的圆满的地位理解为希克所谈论的"终极实在"的地位。这里的超越可以从两个角度来理解。一方面,从宗教的角度而言,它类似于基督教所盼望的上帝国的来临,那时,基督教作为一

---

[1] 思竹:《巴别塔之后》,宗教文化出版社2004年版,第8页。

个宗教将完成自身的历史任务,退出历史舞台。上帝的国是对作为宗教的基督教的超越或者说实现。正是在此种超越的意义上,我们把人的圆满作为诸宗教的超越或实现,圆满的人生活在后宗教状态之中。另一方面,从人的角度而言,超越指的是人打破私我,朝整个内在化的世界敞开,这种敞开使得原本作为他者的世界不再是全然的他者,不如说,内在化的世界与作为主体的我脉搏同一,或者我们可以把这形容为"活在当下"。可见,这里的超越性是一种内在的超越性,超越的是人的私我起的分别心。第二个问题是,用人的圆满替代希克的"终极实在",这种焦点的转换表明的是一种彻底的人文主义。它的意义我们将在接下来的部分尝试说明。

三 法门论对处理宗教关系的意义

作为一种后现代的宗教关系理论,法门论是以诸宗教所面临的后现代语境为前提的,因而是以内在化的、非实在论的、激进的人文主义的观点来处理宗教关系的。我们可以根据它的三个内涵,把它的意义概括为三个方面。

大多数处理宗教关系的理论的着眼点要么是宗教本身,要么是宗教的一个要素,比如终极实在或神秘经验。在这些理论中,作为宗教主体的人的地位并不突出。这容易造成一种印象或者倾向:人是为宗教服务的,而非宗教为人服务。然而,法门论明确地把嵌入生活世界的人作为宗教和宗教关系的核心,把诸宗教作为不同的法门来为人的圆满服务,这赋予了人主人的地位和意识。我们认为这是真信仰的一个前提,因为人一旦丧失了主人意识,受到任何信念、观念或理论的奴役,就意味着他的信仰本身的僵化或者说死亡,也意味着他的萎缩。而在具有主人意识的人那里,信仰是活的道路,能够引导人走向圆满。正如《瑜伽经》的注释《现在开始讲解瑜伽》中所说,"真正的信仰是暂时的、灵活的、非教条的,并允许怀疑和推理。真正的信仰并不是一个相框,永久地限定了接受的范围,而是像一株不断抽芽生长的植物"[①]。我们也可在福音书中读到一些耶稣关

---

① 斯瓦米·帕拉瓦南达、克里斯多夫·伊舍伍德:《现在开始讲解瑜伽》,王志成、杨柳译,四川人民出版社2006年版,第39页。

于主人意识的言论，比如，他曾对法利赛人说，"安息日是为人设立的，人不是为安息日设立的"①。因而，法门论的第一个意义是，它赋予作为宗教主体的人以主人的地位和意识。

法门论把诸宗教作为不可通约的法门，这决定了它们之间的关系应是平等的和相互尊重的，并取消了某个宗教拥有绝对真理的观念。由此可能会引发的一个疑问是，把宗教作为法门，而非包含绝对真理的体系，这是否贬低了宗教的地位和价值？或许这个疑问本身是有问题的，因为它是站在传统形而上学超越性的立场上产生的。再者，从内在性的观点来看，在我们的登山比喻中，没有什么凌驾于诸宗教之上的绝对原则，类似于希克的"终极实在"，因而从逻辑上看也就不存在任何贬低。最后，诸宗教都是引领我们走向人的圆满的道路，由于没有道路就无法抵达山顶，更确切地说是不存在山顶，因而诸宗教从它们的共同服务目标中获得了一种严肃的地位和价值，套用耶稣的说法，"我是道路、真理和生命"。没有道路，也就无所谓作为道路抵达之处的人的圆满。由此可见，法门论的第二个意义是它使诸宗教成为和而不同的"道路、真理、生命"。

最后，法门论把人的圆满作为诸宗教抵达的共同境地，这为后现代的灵性开启了一个空间。通过强调人的圆满，它实际上大大提升了修行的地位和重要性，自形而上学在哲学上的倒塌之后，宗教上的这种调整或许是顺应我们的后现代处境的。此外，既然宗教是改变人心的法门，那么宗教超市理论是合法的，即我们原则上可以选择一种宗教走到底，也可以选择多种宗教同时或轮换使用，只要能够有利于人的圆满的实现。这里产生了一个问题，宗教超市理论是否会导致人们对宗教的快餐式吞食或任意滥用呢？理论上这种危险会被大大降低，因为后现代的修行要求在生活世界中严肃而诚实的亲证，打破私我的过程要求个人根据自己变化的实际需求合理地利用宗教资源。也许后现代灵性不同于传统灵性的一点是它可以灵活地综合利用各种宗教资源，这也是全球化时代的特征。

---

① 《马可福音》2：27。

四 结论

我们的上述讨论可以归结为以下几点：

第一，宗教法门论提出的背景是后现代的思想语境，主要表现为内在性和由此而来的彻底的人文主义。

第二，宗教法门论的内容是登山比喻，即作为登山者的宗教徒通过诸宗教的道路走向人的圆满这一共同的山顶。我们通过解释宗教徒、作为道路的宗教和人的圆满这三个要素阐明了法门论的内涵。

第三，宗教法门论对处理宗教关系的意义是它赋予作为宗教主体的人以主人的地位和意识，使诸宗教成为和而不同的"道路、真理、生命"，并为后现代的灵性开启了一个空间。

·分析哲学研究·

哲学分析的文化维度

——概念的文化结构浅析

周文华[*]

摘 要：概念分析是哲学分析的重要组成部分。为了有效地进行交流，我们要求概念具有确定的意义。但概念是在一定的文化中形成和使用的，许多概念的诸含义之间的关系（有时我也把这称为概念的结构）与其语言外壳以及使用该概念的人所处的文化密切相关。离开一定的文化，某些概念的结构，特别是哲学概念的结构，通常有不确定的地方。所以，一些概念是具有文化结构的，故哲学分析也应该考虑文化这一维度，否则会导致错误的分析。本文从理论和实例两个方面来说明概念的文化结构的存在。最后，把概念存在文化结构这一思想，应用到分析—综合的二分等哲学问题的处理上。

关键词：概念 哲学分析 概念的结构 概念的文化结构

哲学分析是思考哲学问题的一个不可回避的重要过程，正确全面的哲学分析是解决哲学问题的关键，而概念分析又是哲学分析中的重要组成部分。人们在使用概念时，通常要求所使用的概念有确定的含义，以便准确地把握概念和进行交流。在一定的时代和语境中，概念确实具有相对稳定的含义。但是，概念的含义是多方面的，概念是在一定的文化中形成和使用的，概念的诸含义之间的关系（有时我也把这称为概念的结构）与其语言外壳以及使用该概念的人所处的文化密切相关，就是说，概念具有文化结构。所以，哲学分析应该考虑文化这一维度。目前，国内外的学者们

---

[*] 周文华，男，云南大学哲学系副教授，主要从事科学哲学、语言哲学、逻辑哲学研究。

对这方面的研究比较少见。因此，本文尝试性地在这方面作一些初步的研究，从理论和实例两个方面来说明概念的文化结构的存在。最后，把概念存在文化结构这一思想，应用到分析—综合的二分等哲学问题的处理上。

一　概念的意义结构

一个概念的含义是多方面的。例如"猪"与"狗"是两种常见动物的概念。由于这两种动物都是哺乳动物，且它们都不是野生动物，都是同人类生活在一起的、家养的最为常见的动物，所以，这两个概念都有"动物"、"哺乳类"和"家畜"等含义，并且所说的这几个含义还远没有穷尽这两个概念的所有含义。

这里说一个概念有多方面的含义，不是说这个概念是歧义的。因为谓词"歧义"并不适用于概念，而只适用于词。歧义的词一般是出现在这样的情况：同一个词有两种不同的含义，即可以表示两个不同的概念。但是我们所说的"概念诸含义"，却是指构成该概念的意义的诸多有机的、不可或缺的部分；这些含义的多面与多样并不破坏该概念的整体性或者说单一性。所以，说"概念的含义是多方面的"，也就是在说概念含义的丰富性。

概念含义的丰富性体现在概念不是孤立的，而是与其他概念处于千丝万缕的关系之中。例如"猪"、"狗"这两个概念与"哺乳动物"这个概念是种概念与属概念的关系；"猪"、"狗"这两个概念也可以被概念"家畜"涵盖。类似的还有"牛"与"猫"，它们也有"家畜"的含义。这使得这些概念所说的动物对于人们的意义不同于"老虎"、"老鼠"等动物，因为，"老鼠"、"老虎"没有"家畜"的含义。但它们都有"哺乳动物"、"生活在陆上而不是水中"等含义。另外，"狗"、"猫"有"宠物"的含义而"猪"、"牛"没有，等等。所以，"猪"、"狗"、"家畜"、"哺乳动物"、"宠物"等概念之间存在着上述的种种关系。

概念与概念之间的关系很多是内在的，与人的活动无关，如"（鸡）蛋"与"鸡"的关系，因为母鸡下蛋、蛋孵成鸡是自然现象，这就决定了"蛋"与"鸡"这两个概念是经常联系在一起，成为这两个概念各自意义的不可分割的部分。另外，有些概念之间的关系要以人或人的活动为中介，如"小狗"、"小猫"等概念与"宠物"这个概念之间的关系就是如此："小狗"等之所以具有"宠物"的含义是由于很多人把小狗当宠物。

再说，一个概念与其他概念的关系当然是这个概念的含义的一种体现。一个概念与不同的概念构成不同的关系，概念之间关系的复杂性反映了概念的含义的丰富性、多样性和复杂性。

概念的诸含义及其相互关系是概念意义的重要组成部分，以后我们也把这称为"概念的意义结构"（简称"概念的结构"）。我们使用"概念的意义结构"这个概念是因为：不仅"上"、"下"、"左"、"右"、"前"、"后"这些概念能构筑起空间的结构概念，"过去"、"现在"、"将来"这些概念能构筑起时间的结构概念，而且其他许多概念也能构筑起时间或空间的结构概念，或者构筑出其他种种关系结构。我们使用"概念的意义结构"这个概念还因为：同一个概念的各种意义之间也存在一定的结构关系，例如有先与后、基本的与派生的、并列的或从属的、个体与种类、种与属、元素与集合等的关系。这样，概念并非"原子"，而是有着内部结构的。

例如，"春天"这个概念，就意味着"季节"、"冬天结束了"、"逐渐会变暖"、"花朵等开始开放"等意义，其中"春天"是"季节"的一个元素或部分，"春天"与"冬天"、"夏天"是并列的概念，春天在冬天之后、夏天之前，等等。所以"春天"的各种意义形成一定的结构。

二 概念的文化结构

日常语言中的许多概念具有明显的文化（历史）特征，如汉语的"右派"、"功夫"、"十二生肖"，反映着地道的中国文化现象，不能简单地翻译成"rightists"、"work husband"、"the 12 animal zodiacs"。这些词不像"桌子"、"人"那样，因为后者的文化特征不那么明显[1]，基本上

---

[1] 当然，如果把桌子看成是人类文明的产物，那么"桌子"仍然具有文化特征，只不过它出现在所有的民族文化当中，而不反映某种特定的文化。至于"人"这个概念，其文化特征也很多，详见第五节的分析。

可以等同于英文的"desk/table"、"human/people"。而前者必须了解相应的文化或历史现象，才能真正了解其含义。有些概念，从语言表达上甚至可以看出它的一些结构，但这种结构仍然带上了特定文化的烙印。如汉语的"壮如牛"、"胆小如鼠"，其英语的相应表达却是"as strong as a horse"、"as timid as a rabbit"，这说明概念"壮"与"牛"的关系、"胆小"与"鼠"的关系，仍然具有文化特征。

哲学概念尤其如此。例如中国哲学中的"道"，韦利（Arthur Waley）在很多地方把它翻译成"way"①，应该算是较好的译法。英译中抓住了相应汉语所具有的"方式"、"道路"之意义，却丢弃了汉语中的"言说"等意义。所以，"道"与"way"，不能算是对等的概念，二者的文化结构不同。中国的"道"可以作本体的理解，如在"太初有道"、"道生一，一生二，二生三，三生万物"（《老子》四十二章）等句中，就是要求作这样的理解。这里，"道"自身就是目的而无须其他目的，因为它是最初的、最本原的、不依赖于其他存在的存在。但是"way"作为"方式"、"方法"和"道路"，则意味着一个外在的目的的存在，而"way"只是达到这一目的的方法或工具，或达到这一目的所经历的过程和道路。因此，"way"即使能作为一种本体的存在，也绝不是最初的、本原的存在。

在一定的时代和语境中，概念具有相对稳定的含义，许多概念能够在不同的语言中成功地被翻译。这使得很多人倾向于认为，概念的意义是独立于语言和文化的，概念的诸含义之间的关系（或概念结构）从来就是如此，既与概念的语言外壳无关，也与使用该概念的人所处的文化无关。这可以被看作概念的客观性或实在性或自在性的体现。如果概念诸含义之间的关系随着时间发生了变化，他们宁愿说这些是不同的概念。如果概念诸含义之间的关系在不同的文化中是不同的，他们也宁愿说这些是不同的概念。但是，翻译的存在需要把不同语言表达的文本中的一些概念看作同一概念，从而同一个概念有可能在不同的语言系统中呈现出不同的意义结构。

不同的语言符号可以表达同一个概念，尽管它们的意义可能存在一定的差异。这种差异并不都是符号的不同所引起的。实际上，在同一个语言

---

① 陈鼓应、傅惠生、〔英〕韦利：《老子：汉英对照》，湖南人民出版社1999年版。

系统中，用同一个符号表示的同一个概念在不同的语境中使用，也能呈现出不同的意义结构。对这一现象稍加思索，我们就会发现这与该概念的形成和使用史有关，这就需要我们进一步考察文化的因素，因为，概念是在一定的文化中形成和使用的。在一定的文化中，概念的结构才能被确定下来。这就是本文谈论概念的文化结构的依据，因为离开一定的文化，概念的结构，特别是哲学概念的结构，通常有不确定的地方。当我们谈到一些概念确定的概念结构时，也通常暗含有某种文化背景在其中，只是我们可能还没有觉察到这一点而已。

明白了存在概念的跨语言、跨文化的同一性，即不同的语言、文化中可以表达同一个概念，我们就可以这样来思考了：设在文化 A 中概念 C 与概念 C1，C2，…Cn 的关系不同于在文化 B 中概念 C 与概念 C1，C2，…Cn 的关系，因而一个概念与其他概念的关系呈现出与其所在的文化相关。同样的，一个概念的诸含义之间的关系也呈现出与其所在的文化相关。总之，概念的意义结构与其所在的文化相关。如果我们要研究确定的概念结构，我们需要确定相关的文化或文化背景。这样确定的概念结构，就可以顺理成章地被称为"概念的文化结构"，例如说"C 概念在文化 A 中的结构"。

但是"文化"这个概念仍然过于松散。例如"中国文化"可以区分为"先秦文化"、"汉代文化"、"魏晋文化"、"唐文化"、"宋文化"，等等，又可以划分为"汉族文化"、"回文化"、"藏文化"，等等，还可以分为"儒家文化"、"道家文化"、"禅文化"，等等。仅仅在"中国文化"这个背景下，许多概念的结构仍然不能确定。如儒家所说的"道"、"德"、"仁"、"义"与道家所说的"道"、"德"、"仁"、"义"通常有较大的不同。"仁"是儒家的"最高境界与目标，义、忠、恕、孝、悌都是广义的'仁'的子项"①。但是对于道家，得"道"才是最高境界与目标，"道"比"仁"要高，因为"失道而后德，失德而后仁，失仁而后义，失义而后礼"（《老子》三十八章）。但这种不同又不至于影响到儒家所说的"仁"与道家所说的"仁"是同一概念。

因此，我们需要一个比"文化"这个概念更为严谨和细致的概念，

---

① 杨伯峻、[英] 韦利：《论语：汉英对照》，湖南人民出版社 1999 年版。

这就是我们下面要引出"文化共同体"这个概念的由来。

三　文化共同体

当我们要研究概念的文化结构以及相关的现象时，不能不考察其载体、即具有特定的概念文化结构体系的人群，我们称为"文化共同体"（cultural community）。可以将"文化共同体"定义如下：

> 文化共同体是指这样的人的群体，他们有着共同的文化、历史传统、价值体系、科学知识、语义约定、概念结构体系。由于有这些共同的因素，所以他们对许多问题的判断较为一致。

同一文化共同体的人不必使用同一种语言。但他们一般处在大致相同的时代，因为文化、科学知识和价值体系，通常随着时代的变化而有较大的变化。在同一个文化共同体中，也许甲说的是英语而乙说的是法语，但是他们之间能够相互充分地交流，这是他们对许多问题的判断较为一致的前提。如果需要翻译，那么翻译也是这个文化共同体中的人。相反，说同一种语言在同一时代的人未必处在同一个文化共同体中，因为他们可能有不同的价值观念、对科学知识的把握（所受教育）也可能十分悬殊。

所以，文化共同体是一个比文化要狭窄得多的概念。文化共同体跟语言是密切相关的，因为有共同语言的人们也有很多共同的文化。但是又是不同的两种分类，二者是交叉的关系。简而言之，同一文化共同体的人使用相同的概念系统。

由于一定的文化共同体意味着一定的概念结构体系，所以，研究概念的文化结构，也就是研究一定的文化共同体中的概念结构。但是"文化共同体"毕竟是一个理论概念，它不像国家、民族、语言那样已经有确定的对象，如"中国"、"壮族"、"汉语"是确定的对象，"中国人"、"壮族人"、"说汉语的人"也都是确定的人群。因为文化共同体可以划分得很细，也可以仅做粗略的划分，这依赖于我们研究哪些概念，以及我们的研究目的是什么。文化共同体的划分，应该适宜于区分所要研究的概念的不同意义结构；或者说，划分的细致度只要足够区分同一概念的不同意义结构就可以了。

四 "同一概念"

在通常情况下，特别是在缺少跨文化交流的情况下，人们对概念的文化结构是忽略的，甚至是不知不觉的。但是在文化多样的世界中，不同民族间的交流、不同文化间的碰撞，使得很多概念具有其特定的文化结构这一现象凸显出来。文化的多样性也使得概念的结构呈现出多样性。

同一概念可以具有不同的文化结构，这是一种同一性与多样性之间的关系。当然，在这种多样性与同一性之间一定维持着某种张力，或者说各自都要在一定的范围之中。因为过分的多样性将破坏同一性，而严格的同一性又不允许多样性。具体来说，同一概念的各种不同的文化结构应该具有某种统一性，使得它们还是同一个概念。也只有在它们是同一个概念的前提下，对这些不同的概念文化结构加以比较才有意义。

根据什么断定这些具有不同意义结构的概念是同一概念呢？当两个不同的民族或文化共同体使用同一种自然语言时，（例如在中国这样一个多民族国家，有多个民族把汉语作为母语），这时概念的同一性借助于语言形式的同一性得以解决。但是这里仍然存在疑问，因为自然语言有歧义或多义现象，同一语言形式仍然可以表示两个根本不同的概念。

而对于不同语言的概念同一性问题，解决起来就更加困难。在现实中这个问题是这样解决的：当同时存在着通晓这两种语言的人时，这些人可以确定这两种语言中的两个概念是否是同一概念。这一方法也应用在同一语言的一个语言形式是否有歧义的问题上，因为在这个语言形式的具体运用中，懂该语言的人结合语境能确定该语言形式在那种语境下表示的是何种意义或概念。

这些仲裁两个概念是否同一的人当然也都是属于一定的文化共同体的。仲裁不一致的两个人属于不同的文化共同体，因为同一个文化共同体中的人对两个语言形式是否表达同一概念的判断是一致的。以下我们分三种情形通过例子来说明概念的跨文化同一性问题及其解决办法。

（一）同一语言不同文化共同体的同一概念

前面提到的儒家（以孔子为代表）的"仁"概念与道家（以老、庄为代表）的"仁"概念，就是同一语言（均为汉语）不同文化共同体的同一概念。儒家和道家属于不同的文化共同体，但二者所说的"仁"概念，都有仁爱、仁慈之义，最根本的地方都是"爱人"，所以是同一个概念。另外，道家常批判儒家的"仁"、"义"，如老子说的"失德而后仁"，庄子说的"夫孝悌仁义、忠信贞廉，此皆自勉以役其德者也，不足多也"（《庄子·天运》），他们所说的"仁"也必须是儒家的"仁"，才可以称得上是批评。

但二者的"仁"的结构不同。在儒家的体系中，"仁"与"礼"是最核心的范畴，二者的关系可以说是："仁"是内容和实质，"礼"是形式和规范[①]。"仁"作为爱，对象不同时，其性质和表现也都不一样：对父母尊长的爱是"孝"，对君王和国家的爱是"忠"，对兄弟姐妹的爱是"悌"，等等。儒家认为一切爱的表现应该合乎"礼"。"仁"是每个人都可达到的最高道德境界，"我欲仁，斯仁至矣"（《论语·述而》），但又"任重而道远。仁以为己任，不亦重乎？死而后已，不亦远乎？"（《论语·泰伯》），即成为仁人是很难的。

在道家的体系中，最核心的范畴是"道"。道家并不反对仁，只是认为"仁"这一要求太低了。庄子说"虎狼，仁也"（《庄子·天运》），就是说这一要求连动物都已经能做到。又说"仁常而不周"（《庄子·齐物论》），意思是即便都做到了仁，仍然有问题。要彻底地解决问题，就得依"道"而行。"大道废，有仁义"（《老子》十八章），讲究仁义的，是没有看到大道，所以是舍本求末之举。在道家的道德体系中，"道"与"德"都排在"仁"之前，得"道"才是最高境界。

（二）不同语言同一文化共同体的同一概念

例如中外的数学家们，当考察的概念是数学中的概念时，由于他们教育相似、见解相近，所以他们可以都看成是同一个文化共同体中的人。中

[①] 杨伯峻、[英]韦利：《论语：汉英对照》，湖南人民出版社1999年版。

文的"集合"与英文的"set"是同一个概念，中文的"自然数"与英文的"natural numbers"是同一个概念，中文的"素数"与英文的"prime numbers"是同一个概念，等等。

（三）不同语言不同文化共同体的同一概念

不同的语言是表达世界的不同体系。不同语言、不同文化共同体的两个概念是否同一，唯有通晓这两种语言的人才有可能判断。由于语言和文化的不同，很难有完全的同一。拿最简单的、哲学含义很少的概念如汉语的"兄"或"哥哥"来说，它对应于英语的"elder-brother"，后者相当于汉语的"比……大些的兄弟"；而英语的"brother"则对应于汉语的"兄弟"，后者相当于英语的"elder-brother and younger-brother"。由此可见，两种语言的构成方式差别会有多大，断定两种语言中已有的概念为同一概念的风险有多大！

各种文化都会面对的、自然中的对象的概念，如"水"、"山"、"太阳"、"月亮"、"人"、"猪"、"狗"等，它们跨语言的同一性可能是最先被建立的，因为它们的指称可以比较。然后是表示一些感觉的性质的概念，如颜色、形状、声音等。抽象概念，尤其是哲学概念，其跨语言的同一性问题是最困难的，只能是最后被建立。

前面我们已经说过汉语版本《老子》中的"道"与英文的"way"由于二者的文化结构的差异，不能算是对等的概念。为了不让文化结构的差异影响对相应的中国哲学文本的内容的理解，有的翻译家（包括韦利）便用拼音"Tao"来译"道"，但这也等于没有译，因为相关的意义全靠上下文来显现。

这里，"Tao"以前并不是一个英文词，因而它是被设定为英文中的一个概念，设定它与中文的"道"是同一个概念。这是概念的跨语言的同一性的一种来源。"Tao"作为英文中的一个新词，它与英文中的其他概念的联系需要重新建立。

五 概念的文化结构与分析—综合二分的关系

由于概念具有文化结构，所以哲学分析也应该考虑文化这一维度，否则会导致错误的分析。我们注意到，在考察命题是分析的还是综合的问题上，命题中的概念的文化结构不同，会影响对其分析—综合的二分。让我们以下面的两个命题

(1) 人是理性的动物。

(2) 人是无毛的两足动物。

为例。这两个命题是分析的还是综合的，依赖于"人"等概念的意义。"人"是一个自然类，是任何人从幼儿期就开始认识的对象，"人"是人们最早形成的重要概念之一。但人是具体的，可能有对"人"不同的理解和概括。当人们开始问"人是什么"的时候，则是对最当下的、最熟悉的对象开始了反思，人类开始探讨"智慧"的历程已然展开。但不同文化传统如何展开这一历程则具有一定的偶然性，与这个民族的哲学、宗教、历史、语言等密切相关。不同的文化哲学传统中的人们一般说来是属于不同的文化共同体，因而有着不同的概念结构。尽管每个文化共同体都有"人"这个概念，且不难确定这个概念的跨文化的同一性。下面我们比较几种典型的文化哲学传统对 (1)、(2) 是分析的还是综合的看法。

（一）古希腊文化哲学传统

在古希腊文化哲学传统中，动物、人、神是三种有感觉的、有生命的对象，这三者存在质的不同。赫拉克利特说："最智慧的人同神相比，无论在智慧、美丽或其他方面，都像一只猴子。"[①] 这里猴子是动物的代表，或者说被认为是（除了人以外的）最智慧的动物的代表。因此，至晚在柏拉图和亚里士多德的时代就已经流行着"人是理性的动物"这种说法是毫不奇怪的。当时还认为，只有人是有理性的；亚里士多德说："有些动物有想象，但它们没有理性"[②]，就是明证。与此对应的说法还有："神的实际就是一个永恒的人。"[③]

[①] 北京大学哲学系外国哲学史教研室：《西方哲学原著选读》上卷，商务印书馆 1987 年版。

[②] ［古希腊］亚里士多德：《亚里士多德全集》第三卷，苗力田主编，中国人民大学出版社 1992 年版。

[③] ［古希腊］亚里士多德：《形而上学》，吴寿彭译，商务印书馆 1959 年版。

古希腊文化哲学传统中还存在着一种与命题（1）并行的说法，这就是命题（2）。也许它是哲学探讨的产物，但把（2）作为"人"的定义则受到亚里士多德的批评①。（1）与（2）都把人作为"动物"这个属中的一个种，这是哲学在传统文化上加工的结果。在古希腊文化哲学传统中，虽然从分类的角度看，（1）和（2）都能正确地把人与其他动物区分开来，但亚里士多德并不认为（2）是一个好的定义，因为它揭示的是人与其他动物之间偶然的区别，而不是本质的区别。（1）才是一个合格的定义。在这种看法的背景下，（1）是分析的而（2）是综合的。

（二）佛教哲学传统

同样是在两千多年前就开始的佛教哲学传统中，人们相信有六道，即欲界的"天、人、阿修罗、畜生、鬼、地狱"。就此种世界观而言，认为只有人有理性无疑是错误的，所以（1）是不能作为"人"的定义的；也许（2）作为人的定义更妥。持这种信仰的人可以认为（1）和（2）均是分析的。

（三）中国先秦哲学传统

同一种历史、民族、语言，由于其价值取向不同或哲学观念不同，而属于不同的文化共同体。根据《庄子·德充符》中的这两句："惠子曰：'人而无情，何以谓之人'？庄子曰：'道与之貌，天与之形，恶得不谓之人'？"可以看出庄子有可能认可"人是具有如此这般形状的、无毛的两足动物"来作为"人"的定义，而惠子则不认可这种定义。所以就"人"这个概念而言，他们属于不同的文化共同体，所以（2）对庄子来说是分析的，对惠子来说却是综合的。

孟子说过："人皆有不忍人之心。……由是观之，无恻隐之心，非人也；无羞恶之心，非人也；无辞让之心，非人也；无是非之心，非人也。恻隐之心，仁之端也；羞恶之心，义之端也；辞让之心，礼之端也；是非之心，智之端也。人之有是四端也，犹其有四体

---

① ［古希腊］亚里士多德：《形而上学》，吴寿彭译，商务印书馆1959年版。

也"(《孟子·公孙丑上》)。由此看来,孟子认为,人固然是有理性(智)的,但这只是四端之一,此外的"仁、义、礼"之端,也是人之为人的必要条件,所以(1)与(2)都不是孟子认可的对"人"的定义。孟子可能会认为(1)是分析的,但未必同意(2)是分析的。

所以,不同文化共同体对"人"这个概念的分类和定义可以有很大的差异。那些认为有外星人、火星人的,甚至可能以为(2)是错误的。在有的文化中,人与畜生、禽兽是有截然的区分的。所谓"禽兽不如""畜生",那是骂人的话。当在分类学上把"人"与"动物"绝对地区分开时,这样的文化传统中的人,甚至对于"人是……动物"之类的命题都是有一定抵触的。

而在另外一种分类传统中的人们可能认为(2)是分析命题,他们可能相信世界上会有些人总是处在疯狂或者白痴的状态,或者一生下来就是植物人,从来就没有过理性,所以(1)对他们而言是综合命题。

总之,在判断一个命题是分析的还是综合的问题上,一定不能忽视其中概念的文化结构,否则可能得出错误的结论。

六 结论

弗雷格、罗素以来的分析哲学传统一般不认为概念存在文化维度,这与弗雷格倡导的"把逻辑的与心理的区分开"有关,因为文化层面的东西通常被认为是心理的、或主要与心理的东西相关;持这一立场的逻辑实证主义甚至只重视"认知意义"(cognitive meaning),把诗的、文学的、艺术的、宗教伦理的等文化意义排除在认知意义之外,甚至把它们归入"无意义"[①]。这就造成分析哲学家基本不谈文化维度,尽管在分析哲学之外"文化"是很热门的。本文的工作表明,哲学分析也要考虑概念的文

---

① Carnap R, *The Elimination of Metaphysics Through Logical Analysis of Language*. Edits. Ayer A. J. *Logical Positivism*. New York: Free Press, 1959.

化维度。当然，并非所有概念的文化结构特征都十分突出，不同概念的文化维度的比重也各不相同。概念的文化结构如何，是一个尚未得到深入研究的崭新领域。

理解李约瑟难题的一个新视角[*]

王志宏[**]

　　这篇文章的主旨是要考察，在今天还来探讨"李约瑟难题"是不是一件有意义的事情。不能说这个主题没有意义，可是也可以说这个主题没有意义。这里所说的"有意义"是指这个问题的真实性、真理性到底何在。这篇不算太短的文章最终的结论是，严格地说，李约瑟难题是一个伪问题。那么，它究竟在何种意义上是一个伪问题？这个问题可以拆成三个环节来讲。第一个环节是何谓李约瑟难题。李约瑟难题之缘起及其内容，在学术界几乎已经是常识，简单地解释一下就可以了。第二个环节讨论李约瑟难题和近代中国困境之间的关联，这个困境首先是历史的困境，文明的困境，其次是指思想的困境。不理解这一点，就无法理解李约瑟难题何以会在中国学术界引起如此大的反响，成为一个重要问题，而这个问题的合法性是值得怀疑的。第三个环节讲李约瑟难题之解答。最后这个环节主要包括两个方面，第一，何谓（现代）科学；第二，西方现代科学形成的几个根本要素是什么，这些要素使得现代西方科技文明区别于世界各大文明古国的基本思考，可以断定，它们本质上没有这几大要素。用以讨论第三个问题的篇幅会稍多一点，尽管我会尽可能做到简明扼要。这是必要的，只有明白了西方科学技术形成之决定性的诸因素，我们才能真正理解我们一开始就提出的断言，从此以后，再提李约瑟难题其实没有什么意义。同时，我要做一点必要的引申，那就是，如果一定要讨论李约瑟难

---

[*] 本文为昆明理工大学"李约瑟难题"系列讲座最后一讲的录音整理稿。感谢云南大学人文学院哲学系硕士研究生邱太昌为整理文字稿而付出的劳动。

[**] 王志宏，男，云南大学人文学院哲学系副教授，研究方向为德国哲学和先秦哲学。

题,它可以转换为人类的命运和李约瑟难题之间的关系问题。也就是说,我们可以从相反的方向,从否定的意义的上来理解李约瑟难题。也许,这才是重提李约瑟难题的真正意义之所在。

一

我们中国人的个性心理中有一个连我们自己都很不喜欢的特征,那就是总觉得"远香近臭","远来的和尚会念经"。我们对于自己在哪些方面好,有哪些很卓越的地方,总是不太自信,而但凡别人说我们好,我们心里就乐开了花,无论这个人品行如何,能力如何,他说的是否是实情,我们都会信以为真,把它当回事,觉得脸上增光。这样一种心理也会表现在民族的层次上。我们的文明当中某些真正的瑰宝,一些非常深刻的要素,由于身处这一文明当中,我们常常对这些东西的意义并没有真正的理解,"不识庐山真面目,只缘身在此山中"。但是,如果有一天,有朋自远方来,一个从远方来的人——中国人是好客的,有时候甚至到了没有任何原则的地步,如开门揖盗——跟我们说这些东西很好、很了不起的时候,无论他是不学无术,还是臭名昭著,我们立刻就转变了对这些事物或要素的看法。这是一种很奇特的民族心理,近150年来表现得尤为极端。当然,这种民族心理之偏执是和近代中国的命运和困境分不开的。

李约瑟是中国人民的朋友,是一个热爱中国文化的人。他本来是一位非常杰出的生物学家,后来由于一个很偶然的机会,突然改行研究中国古代的 science and civilization(科学和文明)。这是一件饶有兴味的事情。说句很不客气的话,我们中国研究西方文明的学者的水平总体上比较低,可是西方研究中国文明的学者,从某种意义上说,水平相对比较高,尽管我们无法排除这些研究者因为怀有各种偏见,他们对中国的态度,常常是要么爱之则誉之太高,要么恨之则毁之太甚。很长的一段时间里,研究中国的西方学者所抱的更多是好奇的态度。绝大多数人是如此!在1981年以前,西方人是很瞧不起中国文明的。如果我们有兴趣,随意翻翻从西方传教士来中国传教以来所产生的大量的西方人所写的关于中国的文献,西方人对中国人的印象和态度就一目了然了。不过,明末清初的那次中西文明的碰撞不算,那次交往中相对来说是双方地位平等,都想努力认识对方；法国启蒙思想家对于中国的赞美也不算，赞美出自对于中国的美好想象。自 1840 年以来，西方人对中国人的态度是非常恶劣的，要么把中国文明妖魔化，要么用我的话来说，"把中国文明野蛮化"。他们都认为中国文明的各个方面是很糟糕的，无论是在思想上、文化上、政治上、经济上，还是在哲学上和思想上，西方文明才是唯一真正的文明。西方人一般是不愿意研究中国的，现在西方很多大学里，像研究中国古代文明这样的学科，都放在诸如东亚系，或者说东方文明系这样的院系，没听说过哪所大学有中国哲学（思想）系，或者说中国哲学（思想）专业。他们为什么不开设这样的专业？因为他们压根瞧不上我们中国的 science, philosophy and civilization，认为这些东西其实都没有什么意义。所以，在这样一种情境中，倘若有一天有那么一两个人来研究我们中国，这一定是出于对中国人民和中国文明的态度非常友好，而且是真正想从这个文明当中挖掘出一点有益于世界文明宝库的东西。

尽管曾经西方学者中研究中国的人数和成果少得可怜，成就也非常有限，但是已有的著述很值得我们珍视，因为他者的眼光可以促使我们自省，反思我们自己，当然我们给予它们的关注远远超过了它们应该拥有的。与此相映成趣的是，中国研究西方的成果特别多，而西方学界也对它们视如无物，因为绝大部分论著都是各种风向和潮流的产物。一方面，在我们中国，各种西方思潮像跑马灯一样摇摇晃晃，"各领风骚三五年"。另一方面，与此相关的是，中国学者没有几个人能够沉心静气，"板凳肯坐十年冷"，花上几十年来探究一位思想家和一种思想或思潮的内在原则、脉络和细节，往往只是凑个热闹，用遥远的目光远远看个西洋景，最后总是不得其门而入，说一些非常外行的话了事。吊诡的是，现代中国学者也没有几个人真正接触过和认识了中国古学，大多数人首先接触的都是西方，然后凭借这种夹生的西方之理解来理解古代中国。我们亟须这样一项工作，那就是学会像三家诗那样来理解《诗经》，像董仲舒、何休那样理解《春秋》，像伏生、郑玄那样理解《尚书》。一定要做这个工作，那才是真正的中国意识，我们只可能在这种意识之中重新获得中国之独立性与原创性，因为那个时代对于中国的理解没有披上现代这种单边投降主义、自我矮化主义等一系列非常糟糕的倾向。

正是在上面所说的这个处境中，有一位在西方学术界已经取得了不俗的科学成就，确立了自己稳固的学术地位，在科学界已经备受推崇的伟大的科学家，突然有兴趣转向对另一个文明的研究，并且投入了那么多的时间和那么大的精力，组织了一个团队来研究我们中国，并且取得了斐然之成绩，这的确值得我们感激。不过，也恰恰是这位学者，他提出了一个很让我们中国人心痛的问题，这就是我们这里要探讨的李约瑟难题。难题的含义，用李约瑟本人的话来说，就是："大约在1938年，我开始酝酿写一部系统的、客观的、权威性的专著，以论述中国文化的科学史、科学思想史、技术史及医学史。当时我注意到的问题是：为什么近代科学只在欧洲文明中发展，而未在中国（或印度）文明中成长？……随着时光的流逝，随着我终于开始对中国的科学和社会有所了解，我逐渐认识到至少还有另外一个问题是重要的，即：为什么在公元前1世纪到公元15世纪期间，中国文明在获取自然知识并将其应用于人的实际需要方面要比西方文明有成效得多？"后来他把这两个问题合并起来，提出这样一个问题："我们编写《中国科学技术史》将会写满20大册，正是在研究为什么直到中世纪中国还比欧洲先进，后来却会被欧洲人领先了呢？怎样会产生这样的转变呢？"其实这个问题还有一个更深刻却没有得到真正理解的提法，那就是他在《中国科学技术史》第一卷序言当中追问的，"广义地说，中国的科学为什么持续停留在经验阶段，并且只有原始型的或中古型的理论？欧洲在16世纪以后就诞生了近代科学，这种科学已被证明是形成近代世界秩序的基本因素之一，而中国文明却未能在亚洲产生与此相似的近代科学，其阻碍因素是什么？另一方面，又是什么因素使得科学在中国早期社会中比在希腊或者欧洲中古社会中更容易得到应用？最后，为什么中国在科学理论方面虽然比较落后，却能产生出有机的自然观？这种自然观虽然在不同的学派那里有不同形式的解释，但它和近代科学经过机械唯物论统治三个世纪之后被迫采纳的自然观非常相似。"

李约瑟难题在我们中国人的心灵当中引起了特殊的反响。一方面，它细细勘察了17世纪之前中国在科学和技术方面的成就，告诉我们，在17世纪之前，中国科学技术之成就一直领先全世界，一直扮演一个领头羊的角色，对于世界文明有特殊的贡献。但是，另一方面，令人感到非常遗憾而又令人百思不得其解的是，在17世纪之后我们的科学技术"突然"落后了。李约瑟难题把历史的转折点定在17世纪其实是意味深长的。在中国，科学与技术在那之前如何之繁荣昌盛，在那之后又如何落后于西欧，这个过程到底是怎么形成的，这样一个转折点之形成过程中到底有哪些因素起了重要的作用，这成了我们中国学术界的一个问题——一百多年来，在民族心理当中，科学技术是伟大的救世主。我们现在常常说："闭关锁国就要落后，落后就要挨打，挨打就要贫穷。"我们还说："科学就是第一生产力。"严格地说，这不只是当代意识形态宣传的逻辑，也是近代以来我们整个中国人的民族心理。如果我们真的要在当代世界竞争中处在不败之地，如果我们还想第二次成为世界历史性的民族（第一次从何时开始，到何时结束？），中华民族的伟大复兴要真的可能实现的话，好像问题还在科学技术之发展。那么，在李约瑟难题所关涉的那个转折点上我们最缺失的东西，就应该是我们在这样一个可能的复兴当中最应该补足和加强的。问题是，这些东西是什么？因为这个问题首次由李约瑟拈出，我们就称为李约瑟难题或者说李约瑟问题。

表面上来看，这个问题是一个针对中国文明史的问题，即在那样一个时刻，中国发生了什么？他们似乎认为，这样一种情形的出现只可能是在那样一个特定的时刻出现了某一（些）新的特殊的元素或者说原因，使得中国文明从那个时候开始呈现出停滞、缓慢或者说变异的特征，而尽管西方文明在那之前在这方面比中国落后，可是在那样一个时刻，它的某些能够促使科学技术萌生并飞跃发展的关键因素获得了长足的进步。

在我看来，李约瑟本人已经从他自己专业的角度对这个问题做了几乎完美的回答，除了作为一个还迷信科学与技术能够给人类文明带来进步与福祉的西方科学家，他的思想中多少带有西方中心论的色彩。我所寓目过的中国学人讨论这一问题的文章，几乎还没有哪一篇的学术视野超出过李约瑟本人的回答。除了《中国科学思想史》当中的专门研究，他还撰写了《中国科学传统的贫困与成就》和《东西方的科学与社会》两篇非常杰出的文章来回答这个问题，他说："我相信，不同文化间的巨大历史差别是能够通过社会学的研究得到说明的，并总有一天会得到说明。我越深入到中国的科学技术成就像在其他一切种族的文化河流一样汇入现代科学的汪洋大海前的详细历史，便越确信科学突破之所以发生在欧洲，乃是文艺复兴时期盛行的特殊的社会、思想诸条件有关系的，而绝不是用中国人的精神缺陷，或思想、哲学传统的缺陷就能说明的。"不幸得很，李约瑟的这个说明几乎就是一句谶语，在很长的一段时间里，中国学术界对于李约瑟难题的回应简直就是不停地在寻找"中国人的精神缺陷，或思想、哲学传统的缺陷"。

这个问题几十年来一直激动着我们中国人的心灵。"我们祖先比你们阔过"的民族心理顿时冒了出来。这足以让我们骄傲。我们还可以很美妙地设想，如果不是由于某些特殊的原因，满族异族入侵也好，清廷的闭关锁国也好，中国文明可以延续在科学与技术方面的辉煌的贡献，并且几百年里一定能够超越欧美的发展状况。

可是，问题的真相到底是什么？这个难题困扰了我们这么多年，且一直被当作中国文明当中一个核心问题来探讨，但是它真的有意义吗？

二

我们首先要明确的是，李约瑟难题产生和引起激烈反应的时代，用一句俗套的话说，就是李约瑟难题之所以引起广泛思考的时代背景。

这个问题在中国如此之受重视，严格地说，不仅仅因为它是一个理论问题，其更深的根源是，它无法不让中国人想起中国近代文明的境遇和苦难。一百多年中，中国人的自我认识严格地说都不是中国人自身的自我意识，而完全是在某种不正常的情势下借助他者的眼光进行的。著名学者葛剑雄写过一篇文章《要是世界上只有中文》，讲述了一段很有趣的故事，绝大多数人借此批评清代的闭关锁国，妄自尊大，我却很看重这段故事背后透露出那个时代中国人的自信。事情的缘起是，"当时英国迫切希望能打破清朝的闭关锁国政策，消除英国对华贸易受到的限制，争取能在北京派驻常任使节，但他们深知，直接提出这样的要求的使臣是不可能进入北京，更不会得到重视，所以找了一个非常堂皇的理由——向乾隆皇帝祝寿。"在这里特别要提请注意的，不是当时清朝政府表现得如何可笑，而是那个事情我们中国人有一种天朝心态：你们英国人是什么玩意儿呀，不过是野蛮人而已，你们来中华大地的目的不管表面上如何冠冕堂皇，是要与我建交，实质上也还是"四夷来服"，这才是我们天朝和所有周边国家之间固有的、唯一的基本关系。倘若突然有一个民族或国家想要和天朝建立一种平等的交往关系，这当然是滑天下之大稽的事情。天朝要以接见觐见圣上的四夷使者的规格对待英国使者,甚至要求他见乾隆皇帝时下跪;不管双方交流过程中发生了多少令人啼笑皆非的误会和碰撞,最后天朝还要大大赏赐英国使者:"为了显示天朝无所不有的富厚,并深信英国人来中国无非是为了获得赏赐,所以乾隆一再指示供应和赏赐从优。"其中各种复杂情形我们在此不详细叙述。最后,事情结束之后,中国人做了一份"备忘录",有学者很沉痛地说,如果世界上只有一种语言中文的话,这份备忘录给人的印象是,在那场外交事务当中,中国人取得了辉煌的成就,而英国人像落水狗一样灰溜溜地逃回去了,或者像四夷使者一样满载而归,并甘愿永为藩属。"备忘录"为什么会那么写呢?那么写,当然有很多原因,其中也包括(我们今天常爱指责的)愚昧、落后、闭关、自守,等等,但是,有一点是没有任何问题的,那就是,那个时期的中国意识中还有着非常坚定的自信。

可是,鸦片战争使得这种自信彻底地覆没了。我赞成用这一段丧权辱国的历史来教育我们中国一代又一代的年轻人。而且,在这个教育过程当中,我们必须中气十足地反复叮咛,并不因为这一系列战争的失败,中国在走向世界时遇到了各种挫折,中国文明就破产了,中国古代的一切就都是"过去的事情了",我们也应该像日本人那样"脱亚入欧",扒下黄皮肤,换上白皮肤。

商品和资本具有普遍性的特征。从本质上来说,今天很多学者喜欢人云亦云的普世性,就是以资本的普世性为先导,然后再有法律、政治、文化等的普世性。可是在商品和资本的世界化进程中,在事实上充当先导的是什么呢?是枪炮,是鸦片,当然,接踵而来的是西欧生产的非常精美的货物和工业产品。中国人最惨痛的历史经验是,一次又一次的战争后,我们被迫签订了一个又一个丧权辱国的条约。同时,西方的鸦片也和工业产品源源不断地把中国的白银赚回西方,又源源不断地把各种能源和原材料运回西方。就是在这样一种经验当中,对于西方文明,以科技为其典型形态的西方文明,我们中国人开始形成了一种新的民族心理。

我们一定要知道,那一系列的运动,洋务运动也好,戊戌变法也好,辛亥革命也好,事实上有一个共同的目标,亦即让中国变成西方,而在那些人眼中,所谓西方,就几乎等于科学和技术。近代以来,中国人在和西方交往的过程当中首先认定西方等于器物,从曾国藩和李鸿章那一代起,我们就在学习西方的先进的科学技术。当时很多学者认为，我们不用怕西方，我们只是在枪炮上、军舰上输了它，所以我们可以"师夷长技以制夷"，只要开江南制造总局，建立一支北洋水师，我们一定可以屹立于世界民族之林。可是，很快甲午战争让中国人明白，尽管那时候中国人的海军力量在整个亚洲绝对是第一的，可是居然被小日本打败了，这个事实让我们难以接受。接下来，康梁要求我们中国人学习西方的政治制度，之后有了戊戌变法。变法的目的，依我的理解，是制度可以保证科学技术的威力得以发挥。再后来，就是孙中山先生不仅要革命，还写了《建国方略》和《心理建设》。某种意义上，新文化运动是"心理建设"的现实化。中国最深刻的、最忧国忧民的政治家和思想家合力，最后终于走到掘中国文明之墓的地步了。全部中国文明破产了！一切都必须掀翻、打倒、踩踏到脚底下！林毓生称这种状况为"中国意识的危机"。

有两点要特别加以注意。首先，从魏源的"师夷长技以制夷"到鲁迅的"别求新声于异邦"，不管救亡图存的方式如何经历了从学习制作器物到进行制度改革到最后深入到心理建设、思想启蒙的转变，但是其根源仍在于科学技术，都是为了最终实现器物之精良，从而保证我们一方面可以保家卫国，抵御外侮，另一方面，可以过上物质充盈的善好生活。因为这是我们对于西方近代文明的本质理解。其次，1900年左右，张之洞等人力图维护中国古代文明本位的立场，提出"中学为体，西学为用"的口号。尽管这个口号具有很强的针对性，它在跟老派的，像洋务派；和新派的，像康梁等参加戊戌变法的维新派；以及新新派的，像孙中山、黄兴等革命派作斗争，但是这个口号我们的确可以"抽象继承"，并且一定是中华民族真正成为或找回它自身的唯一途径。

三

接下来我们讨论李约瑟难题和近代中国思想之困境的关系。近代中国文明的困境，已经略如上面所说，但是说到中国近代思想之困境，就不能不简单考察整个中国古代思想的一个总体特征。我们可以以儒家和道家如何看待自然的问题为例来说明这一点。科学技术之产生，以及在科学技术方面有很大的进步和发展，必须有一个前提。这个前提是试金石，有无这个前提是一种文明是否可能从内部产生科学技术文明的必要前提。不是每一个文明都有这个前提，但是与这个前提有本质关联的一面却是任何一个文明都绕不过去的，那就是这个文明如何看待自然。科学与技术，归根究底，是一种自然之学。我们今天常说的 physics（物理学）这个词，严格地说不应该译成物理学，而应该译成自然学，它是由古希腊语 phusis 演变而来的。可是这个词到底关涉着一种怎样的对于自然的姿态呢？

我们常常津津乐道，中国是一个文明古国，中国古代在科学上有四大，或五大发明，据说豆腐也是一大发明。当然还有人孜孜不倦地在这个数字上做加法，加到 N 大发明，由此来凸显中华民族的伟大。中国古代当然有很多在世界文明中独占鳌头或独领风骚的"发明"，岂是四或五这么小的数字能够涵括得了的！可是如果真要考量中国文明的伟大，它最伟大的发明，那么，首先可以断定的是，那根本就不在什么"科学发明"上嘛。它有它的本质特征，凸显它伟大的维度，岂能跟在现代西方文明背后，以科学发明作为衡量标准！

因此，要特别加以注意的是，即使中国古代以某一些特殊的方式做出了某些科学、技术的发明或者获得了某些特定方面的知识时，这和我们今天称为科学与技术的东西在本质上是不同的。中国古人不可能称这个东西为科学、技术。科学与技术之产生有一些核心的因素，而严格地说，这些因素中国文明当中一样都没有。指南针也好，印刷术也好，活字印刷也好，所有这些发明在我们中国人看来，都是实用性的经验。就像鲁迅先生曾经沉痛地挖苦的那样，中国人发明指南针是为了看风水，它不像西方人那样是为了航海，发现新大陆，使得商品贸易走向全球化；中国人发明炸药是为了做烟花鞭炮，中国人发明印刷术是为了更多的人读四书五经，或者说刊刻佛经，让更多的人成为谦谦君子，或信仰佛教。这跟西方人有了这些发明之后立刻投入到另外性质的应用当中是完全不一样的。那么，这个不同的地方究竟是什么？这些不同的深层根源是什么？我想，这才是我们真正该讨论的问题。

儒家和道家是中国文明中最主要的两种思想潮流。很多人常常说，在《中国科学技术史》中李约瑟也会不停地提到，道家、道教对中国古代文明的生长、发展，尤其是对古代中国形态的科学与技术知识的形成起了很大的作用。但是，从总体上说，中国最伟大的思想家几乎都是不提倡钻研自然知识的。顺便提一句，中国文明还有一个非常耐人寻味的地方，那就是在中国文明看来，孔孟颜回，甚至介子推缇萦等人都是非常重要的人物，值得正史大书特书，而毕昇郑和，蔡伦祖冲之等人，从中国文明和历史的角度来看，却属于屑屑不足道之辈。

此处不拟详细讨论儒道的自然观，只分别从儒道两家经典中摘出两句大家非常熟悉的话来讨论相关问题，阐释儒道自然观，乃至于中国文化中最重要的一个特征。第一句来自《论语》，"子曰：知之为知之，不知为不知，是知也。"现在有的学者说，最后一个"知"应该翻译成"智"。其实这种理解只是貌似正确，而不完全恰当。这恰恰牵连到中国古代文字和思想中一个非常有趣而深刻的地方，可惜除了语言学家还很少有思想家认真对待这一点，就像海德格尔对于古希腊语语词的翻译与理解那样。最后一个"知"，不是"智"，而就是"知"；我们当然也可以说它读成或解释成"智"，但"智"本来就源于"知"，只是不是现代认知意义上的"知"而已。对特定的一事或一物，我们有没有知识，这在儒家看来是不重要的，关键是，我们对之有知识或者没有知识的时候，我们都要"诚实无伪"，这是真正的"知"（智）——有知识的时候，我们就应该像一个有知识的人一样表现。譬如说，我关于哲学史有比较丰富的知识，有人来向我讨教，我当知无不言，言无不尽。如果有人问我有关我并不精通的数学、物理学方面的问题，我并不因此而感到羞耻，只要真诚地告诉他们我不知道就行啦。我这种做法就表明我"知"，而且，在中国人看来，比起简单的"知之"来，"知之为知之，不知为不知"所体现出来的"是知也"，才是成为人所最必需的。这一点是儒家人格理想中最核心的要素之一，而不像后来有些思想家所提倡的，"一事不知，儒者之耻"。"一事不知，儒者之耻"不是我们中国人格的理想特征，那或许只是陋儒如乾嘉学派奉为圭臬的东西。再看一句大家都很熟悉的话，"孔夫子入太庙，每事问"。我们可以假设有人读到这里开始生疑，"夫子入太庙而每事皆问，孰谓夫子多知乎？"孔子不是号称精通各种礼仪嘛，怎么入太庙见了什么都要问呢？我们也可以设想孔夫子这样回答说，"是礼也"。"每事问"是依照礼，我所应该做的事情，这个与我是否真正知道这些礼文之节目没有关系。我做一件事情，重要的不是要体现我多么博学，而是合乎礼仪。儒家之"知"更多的是知礼、义、廉、耻，而且不是外在的知道礼义廉耻的定义和标准,而在于我们的行动合乎礼义廉耻。在儒家看来,一个人活着,就应该成为一个有道德的人,一个高贵的人,一个修养很高的人,一个在政治上有所作为,并且以自己的政治实践化迁百姓德性的人,而不是像我们今天说要有科学与技术知识,要有和我们生命的核心不相干的事物的知识。中国古代的思想家所要寻求的生活形式是以德性为主导的,跟我们今天所渴望着通过知识,通过科学与技术带来的以物质文明为基础的幸福生活完全是不一样的。

《庄子·养生主》中有一句旨趣相近的话,"吾生也有涯,而知也无涯。以有涯随无涯,殆已!"知识是无穷无尽的,关于万事万物的每一个事物都一定会有知识,或者说,我们不要把有限的人生投入到对无限的知识的追求的当中,因为那样恰恰忘记了生活之本义。那么,生活的本义应该是什么?庄子的回答是"可以保身,可以全生,可以养亲,可以尽年",确切地说,是寻找"养生之道中最主要的东西"。庄子强调人活着首先要保全生命,要使生命之尊严得到最基本的保全和维护,而求知非但不能全生养性,而且适足以危害生命和人之本性。

要深刻理解孔子和庄子所说的那两句话的意思,我们还需明白,生命的目的是什么,现代科学知识的本质是什么,生命本身和"向自然进军"的知识之间到底有什么关系。知识问题非常复杂,不可以三言两语尽之,我们暂且借助康德的相关定义来做一个简单的考察。知识,最起码有三个特征。第一个特征是普遍必然性,第二个特征是知识的累积性和可增长性,第三个是有用性。什么叫普遍必然性?二加三等于五,三角形的三个内角和等于180度,等等,古代如此,现在如此,中国如此,西方如此,这就叫普遍性。凡是知识一定具有这个特征。它不能像感觉,众女生在宿舍谈某个男生,一女生说他长得真帅,另一个说一点都不帅。在这样的问题上并不总是能够达成共识。知识不是这样,知识必须具有普遍必然性,放之四海古今而皆准,古今中外而皆然。知识的另外一个特征是可增长性,可累积性。如果暂不考虑库恩说的知识的范式问题,我们可以说,知识一定具有不断地增长的特性,也叫累积性,越是随着时代向前发展,知识的总量就越多。最后一个特征知识的有用性更加重要,知识之起源跟这个特征有着特别的关系,后面我们会再次回到这个问题上来。

西方近代哲学对古代哲学一个非常不满的地方是,如果接受古代类型的知识的前提，知识自身就会呈现出不增长的趋势。现在我们需要再次提及当代西方科学哲学家库恩的范式的理论。西方科学史上有几个比较典型的科学或知识范式，首先当然是亚里士多德的知识体系。在差不多有一千四五百年的时间里，亚里士多德的知识体系，它的知识范围和具体的知识结构，并没有受到严重的挑战。一代代学者在研究自然问题时，甚至某些具体的结论都尽量遵从亚里士多德这位百科全书式的学者，无论是在研究对象的基本范围还是具体知识的基本结论方面，都没有什么重大的突破。第一个对此进行挑战或者造成突破的是哥白尼的天文学的革命。在那之后，一种新的科学出现了，我们一般说的科学就是指这后一种科学。

在中国古代也一样。事实上，中国古代全部科学技术知识加在一起，跟从17世纪以来西方科学技术的进展或者现代所谓信息爆炸的时代的科学技术知识相比的话，是少得可怜的。我要提醒一句，造成这种状况的原因是，从本质上说，中国古代的那种知识绝不能叫科学与技术，而只能叫经验之总结。中国人从来没有像西方人那样去寻求科学知识，寻求自然事物的原因、结果、质料、原则、动力和目的，等等，也从来不认为幸福之实现与德性之完成必须依靠科学技术。科学技术知识到底是应何运而产生的？它的产生和增长要具备什么特征？我们古代有现代大学制度和英国皇家协会这样的东西吗？没有，尤其没有以工业技术为核心的大学。中国古代只有太学和书院，在其中读书的先生和学生对于对自然做这种特殊的研究，以及这种研究之结果所促成的生活之改变没有兴趣。中国人的人生兴趣和生命境界根本就不需要科学技术作为前提，你怎么可能让这个民族发展出对于科学与技术的追求！

但是，中国古人在道德哲学，在绘画、在音乐等方面有追求，寄情于此。据说近年北京流行三俗，第一俗叫弹古琴，第二俗叫唱昆曲，第三俗叫品普洱茶。三俗是中国古代生活方式的退化形式。中国古代的生活就是这种"吃喝玩乐"的生活，中国人在"吃喝玩乐"中投射出内心的情操和志趣，体味每一个事物的细致与精美，沉浸在人与自然的和谐中。我们可以以中国特有的艺术形式书法为例来说明这一点。中国古代书法家写的字，书法的线条美，通过书写的技艺把文字的形、义和书写者的思想、人格结合在一起。同样，我们中国人在类似的领域当中，比如中国古代的建筑、中国古代的园林、中国古代的篆刻，甚至品茗（日本的茶道是从中国学过去的，只不过是我们自己反而没有了）等，都要展现这一点，而不是去追逐以其为对象的外在的知识。我们的人生都"耗"在这样的地方了，但是，也许这才是真正的人生。

这也是胡适那篇可以看作是回应"李约瑟难题"的文章《中国哲学里的科学精神与方法》之所以讲不通的原因。胡适理解不了西方学者说"东方人用的学说是根据直觉得来的概念造成的，西方人的学说是根据由假设得来的概念造成的"时直觉和假设的不同意义，他以为只要都在生活，东方人和西方人就必须使用同样的推理，西方产生了科学，这是各种因素的偶然凑集所造成的，但是这些因素本来存在于所有文明之中，只不过是某些机运使得西方非常幸运，而包括中国文明在内的很多文明失去了这个机会而已。他自己明明知道"中国的知识阶级只有文学的训练，所以活动的范围只限于书本和文献"，"他们所推敲的那些书乃是对于全民族的道德、宗教、哲学生活有绝大重要性的书"，却不知道，这种情形之出现，乃是源于和西方近代科学技术之出现完全不同的生活形式，却还是一厢情愿地把孔子的怀疑精神、王充的自然主义和"疾虚妄"、宋明理学的"即物求理"、乾嘉学派的考据都看作是科学精神和方法。这真是不可思议！

只不过是从某一天之后，中国人的心灵遭受到了某种震撼，这一天——接着我们刚才的话头讲——有一批人带着枪炮不费吹灰之力就一方面打败我们的军队，闯入了我们的家园，强占了我们的地域，一方面，大肆地掠夺我们的黄金白银和各种奇珍异宝，另一方面倾销他们的工业产品，还要抢夺能源、资源和市场。基于这种现实的历史处境，中国人开始反省我们曾经引以为傲的生活方式，并且对之做了非常粗暴的反应：要么是对，要么是错；要么该保存，要么该抛弃。

在1890年前后，中国的思想家开始激烈地抨击中国传统思想和中国传统文明，转而彻底地向西方投降，不再仅仅是"师夷长技以制夷"，而是彻底脱胎换骨，洗心革面，"让我们做西方人"，仿佛那才是唯一正确的生存方式。可叹的是，即使今天这种思路在中国也还大有市场。我们以谭嗣同这位应该是家喻户晓、妇孺皆知的人物为例。我很佩服这个人，就这个人的人格来说，就其在中国近代史上的地位来说；但是我也极其不佩服他，就哲学思想来说。一方面，他用西方的声光电化，用原子，用微粒来解释中国古代的仁义，呼吁西方近代的平等，这是一种很可笑的做法，虽然这也是势所必至的做法。另一方面，他对中华文明最核心的、真正能够凝聚人心的、滋育伦理的最基础的单位——家庭，作了猛烈的抨击，甚至认为中国整个古代文明都完全陷落在家庭这个网罗之中。中国文明若要发展，自强，向西方人一样过上美好生活，就必须冲决此网罗。谭嗣同的思想是他个人经历所产生的某种情绪的宣泄。谭嗣同生活在一个不太正常的家庭之中，因为复杂的家庭关系而受到某些特别不公正的待遇，从而具有某种特殊的经历和对于家庭的特殊感情。但他不能因为自己没有得到家庭的温暖就说家庭的本质是糟糕的，培育伦理的基本形式——家庭应该抛弃。

接下来五四那一代人对于传统文明的基本立场和态度是众所周知的，我在这里就不作过多的叙述了。胡适和冯友兰等人受过较好的西方教育，当他们回到中国重新研究中国古代哲学的时候，完全是用做学生时所学的那一套西方思想的框架来理解中国思想，用近代西方哲学的不同模块（本体论、认识论、人生论、伦理学、政治哲学等）来分割（乃至于阉割）中国思想。他们用这个模式来分解中国古代哲学，结果发现中国古代哲学真是浅薄之极。于是如胡适也只好说，中国古代哲学中最伟大的、也最符合或接近科学思想的是墨子（更荒谬的是他还说庄子有进化论思想），墨子有逻辑学说，而墨辩逻辑学是中国可以和西方接轨的重要的通道。其实，他既找对了地方，又找错了地方。说他找对了，某种意义上，科学与技术是一定要以逻辑学为前提的，既包括古代的形式逻辑，也包括当代的数理逻辑。西方古代亚里士多德有《工具论》，近代有培根和密尔等人的归纳逻辑，20世纪逻辑学（分析哲学的一个本质面向）也仍然是显学啊。

但是我们也可以说胡适找错了地方。一方面，天下大同论者找到了像墨子这样的思想家，企图凭借他来让中国文明和西方的科学技术接榫，把西方文明嫁接到中国文明的根基之上。另一方面，他们对孔孟老庄进行了猛烈抨击。这个做法愈演愈烈，最后导致"打倒孔家店"、"踩翻孔老二"等极端形态。非常值得一提并值得深思的是，与五四之主流"全盘西化"的思想家，譬如从熊十力和梁漱溟到牟宗三这一批对中国文明具有深厚感情并且做过深入研究的学者，表面上看来和胡适他们势不两立，而实质上却"百虑而一致,殊途而同归"。熊十力和梁漱溟等人对中国文明是有深情和真切感受的人,他们是五四的对抗者,是释古派,是试图理解并阐扬中国文化精神的一批人。但是如果读读他们的著作,大家一定会大惊失色:和五四干将们如出一辙的是,他们也把科学和民主这样的东西作为他们自己哲学的一个目标,他们释古的目的无非是想证明,中国古代文明并非像胡适他们说的没有某些东西,现代西方正因为这些东西而成为现代西方,而是有的,只不过是在某个时代突然断绝了,或者说被我们忽视了,或者说很可惜,这个隐含的维度没有得到真正的展开,现在我们的使命是要重新把它唤醒。也就是说,他们和胡适等人分享了同一个前提,这个前提可以表达为一种历史哲学,其最核心的要素是:人类具有统一性,人类各文明最终都必然遵循同一个法则,分别经历一系列互相连属的阶段,只不过时间早晚的问题;人类是不断进步、发展的,最后达到人类大同;科学与技术(也许还有民主与自由)是人类文明的必然产物,也是人类美好生活必要的前提,它不是某个文明特有的产物,虽然可以由某个文明率先把它们发明出来。

所以,即使李约瑟没有提出什么难题,历史本身,中华文明的处境本身已经让其自身陷入了困境,也必然同时让中国现代哲学陷入了困境。几乎所有中国现代哲学家都积极主动地、心甘情愿地去扮演西方近代哲学家的角色,想要让中国以与西方别无二致的方式走向现代化,想要把中国古代哲学变作前近代的哲学,而他们自己想成为这个接引过程的桥梁,让中国走上现代化的道路。而现代化也就意味着科学技术在整个文明当中起到基础性的作用。于是中国近代思想中,才可能出现梁漱溟的"文化三路向"说,牟宗三的"一心开二门"说,才可能有熊十力把《周官》解释成为社会主义的古代版本之举。在最著名的学者当中,钱穆是屈指可数的几个头脑清醒者之一。

于是才出现某些学者的总结的状况:"具体说来,我们发现像冯友兰、张君劢、唐君毅、牟宗三、徐复观等'现代新儒家'的代表人物,都倾向于主要从中国古代思想的内在局限(例如缺乏西方的'科学精神')来求解。像李约瑟、贝尔纳、魏特夫、汤浅光朝等一批曾经深受马克思唯物史观的学者,都倾向于主要从科学的外在阻碍(例如'重农经济''极权专制''官僚主义'等)来求解。而像费正清、胡适、金观涛等一批'西化自由派'学者,则更倾向于从传统文化整体上的'封闭性'、'保守性'、'惰性'和'惯性'上来求解"。这位学者接下来说:"'现代新儒家','西化自由派'和'唯物史观派'正好是中国现代化思潮中'三足鼎立'的主要流派。从他们求解'李约瑟难题'的不同思路,也可以看出他们所选择的中国现代化的不同道路。"这个总结基本上是可信的,而且也透露出某些天机,那就是中国要西化,要现代化,要科学与技术作为现代化的基础,这是不容置疑的,可以商量和选择的不过是道路问题。

四

以上关于李约瑟难题之讨论,主要是从近代中国文明之困境和思想之困境的角度进行的,而下面我们首先要从西方近代科学技术自身出现和生成的前提、基础的角度,或者从西方近代科学技术形成的几个关键性要素的角度。只有大致把这个问题讲清楚,我们才能理解为什么西方近代范式的科学和技术没有在中国古代产生。其次,我们也才能切入一个也许比李约瑟难题要真实而重要得多的问题,即科学和技术真的像我们绝大多数中国人(包括哲学家)所说的那么好吗,是人类通达幸福之路的不二法门吗?我们到底有多少人在什么程度上对于近代科技文明有过反省,而不仅仅是去了解和研究科学技术发展的阶段,科学技术的社会功能,科学技术的伟大意义,科学技术如何延长了人的各种器官,怎么样征服自然、改造自然,怎么样给我们带来了美好生活。

在讨论这个问题之前我们就要先看看何谓科学。刚才我们以非常粗糙的方式,分别用孔子和庄子的一句话来揭示中国文明看待知识的总体态度。问题的要害是,科学与技术何以只在西方产生?要讲清楚这个问题,先要讲讲何谓科学技术,当然,主要是讲清楚何谓科学。

依照绝大多数人的观点,科学就是一套命题,是一种首尾一贯的、能够解释自然现象的知识命题所构成的体系。简单地说,科学起码具有三个特征。第一,科学是一套知识命题。第二,科学为所有的民族共同拥有。第三,科学能够给人类带来幸福。说"科学是一套知识命题"是说科学的表现形态。说"科学为所有的民族共同拥有,具有普世性",是说科学的基本特征。最后，说"科学能够给人类带来幸福，是人类的必然趋向"，是说科学的社会功能，它的效用。一般我们都这么来理解科学，好像唯有这样来理解科学才能说明科学的本质。但是，科学之本质并非如此，或者说，这个理解是远远不够深刻的，并没有切中科学的本质。

我们要注意到一点，即李约瑟难题，严格地说，是一个西方学者提出的命题。他注意到，中国文明到了 17 世纪科学技术突然停滞不前了，而西方文明中恰恰从 17 世纪开始出现科学技术飞速发展的盛况。他在提出中国科学技术之进程为什么在那个时候戛然而止，或者说在一个重要的维度上进行东西方文明比较时，折射出他和胡适、冯友兰、熊十力、牟宗三等人共享同样的思路：科学和技术应该是由全世界各民族各文明共同拥有的，或者说科学是文明的核心。科学技术有可能是由某个民族率先发展出来的，但是它一定具有普世性，是人类的心灵从深处就向往着的。只要给它一个合适的机会，它就能够生长出来，并开花结果。这个思路中国受过基础教育的人都再熟悉不过了，因为我们中国人都很熟悉马克思主义的人类社会形态发展五阶段说：从原始社会一直进到共产主义社会。某种意义上，马克思主义也是一种生产力决定论，唯科学论，它的思维方式和西方近代文明的总体特征是完全一致的。他们共有一个想法，即不同的文明一定具有共同的生活旨趣，只不过不同阶段所经历的时间有长有短，而西方和近代资本主义的特殊关系使得他们先走一步，并且承担了引领世界的使命。（这是一个非常有趣的假设，但是个绝对不成立的假设。历史学家汤因比写过一套书《历史研究》十多卷，后来有人把它减缩成三卷本。在这部著作中，他认为人类有史以来有二十多个异质的文明，每一个文明都像一个有机体一样，像人的生命一样，有从出生、萌芽、生长，到成熟、衰老、死亡的过程。他就完全不承认李约瑟、马克思等人的历史观，而认为不同的文明有自己不同的形态，我们不能够把某一个文明的存在模式、发展模式强加于别的文明之上。他这个立场基本上是一种以经验的研究为基础而建立起来的历史哲学，挪用了全世界各种民族学的、人类学的、历史学的、社会学的资料来进行证明。）

从哲学上来说，人的存在最终所追求的目的，可以用一个大家都能够接受的词——好生活——来表述，但是这个词自身所承负的含义在不同的文明和时代是不同的。西方人和中国人都会说人活着是为了善，为了好。

可是什么是善和好，不同的民族，不同的文化，不同的历史有它们自己各自的理解。在这样一个表面上看来共同的目标的召唤之下，不同的文明之演进自身是有着不同的历程和不同的特色的，我们不能强行使不同的文明拥有同一种归宿和结果，更何况如果它是一种不见得就 very good 的趋向。然而，迄今为止绝大多数对于科学的理解，已经蕴含了那样一种旨归和趋向，即人类要发展、进步就一定得有科学，没有科学和技术，一种文明就是落后的、愚昧的、野蛮的。从这个角度来看，科学技术已经成为一种评价文明的尺度，判定文明之间关系的绝对有效的视角，而归根结底，这完全是西方中心论的视角。

其次，我们要检讨的是"科学技术能够给人类带来幸福，是人类文明的必然趋向"这一论断，这是现代西方文明当中一个重要的倾向。什么是幸福？在孔孟老庄那里有一套对于幸福的理解，在古希腊也有一套对于幸福的理解。某种意义上可以说，不管它们是多么千差万别，它们之间还有本质的相通之处，毕竟他们都身处古典的世界中。可是，它们和现代以来对于幸福的理解却别若天渊。依照亚里士多德的观点，一个人要能够达到幸福的境地是非常困难的，一般的人可以比较容易得到的是快乐。当然，幸福的前提当中有一点必须是快乐，不快乐的人是不能幸福的。但是，快乐并不等于幸福，远远不能说是幸福。一个人即使具备了几乎所有的外在善，那也远远谈不上幸福，可是幸福却必然包含这些外在善。亚里士多德认为，真正的幸福除了有外在的善之外，还要有更重要的东西。那么，他认为谁是最幸福的人呢？是哲学家。因为哲学家——千万不要把这理解为王婆卖瓜，自卖自夸。很多人总是如此理解哲学家对于哲学和哲学家的赞美——"无待"，他的生活是自足的，他有足够的闲暇，虽然也许他只有最基本的生活保障，但是他有更高的生命追求。希腊人把人分为好几等，最低等的那部分人是奴隶。高一等那部分人是我们今天说的工农商，再高一等是城邦——人生存的境遇——的保卫者，统治者，政治家，武士。比这个武士更高的是君主、文士、哲人王，是真正能统领一个城邦的人。那么，请问还有比这个更高的人吗？有。君主还不得不时时照顾那个国家的各种事务，尽管他有很高的智慧，能够帮助这个城邦的人变得有德性。可是，还有一批人，他能够在整个宇宙当中，把宇宙中的所有事物变成他自己的认识对象，拥有关于这些对象的静观的知识，并且能够从这些科学知识当中获得非常高的享受。当然，这种知识不是近代以来的科学技术知识。而是只有一种特殊的存在者才可能拥有的、关于所有存在者的全部深刻的知识，那个存在者就是神。只有哲学家才是处在人类事务当中最高的统治者，或者说能够在人类事务当中建立最高功业的人和神之间那个特殊的等级上的人。亚里士多德说，唯有那样的人才能称为幸福的人。古希腊语中幸福这个词的意思是好的精灵，优美的精灵，意思是说，如果一个人能够成为这个层次的人，神性就会来附着于他。只有完全脱离了人间事务，并且能够与神为邻的人，才能享受真正的幸福。跟那样一种幸福相比，我们这个时代对于幸福的理解实在是太粗糙和鄙俗了。我们眼中的幸福不过是物质上的享受、方便、满足、快适……

最后，科学还意味着一套知识命题。当然，严格地说，科学并不意味着一套科学命题，科学命题只是科学显现出来的形态，它自身并不是这个东西。我们如果要真正理解何谓科学的话，就应该洞悉现代科学技术产生的那个特定的时刻在人类事务当中到底发明了什么，怎么可能会在那个时期的西欧出现这样一个东西。科学技术知识究竟是由哪些人探寻出来的，那些人最初要寻求这样一些知识的时候出于何种目的。

五

这样，我们就进入到本文主题第三个环节的第二部分，即将考察现代科学形成的几个关键因素。在具体讨论这几个因素之前，我要特别强调两点。第一，以下讨论所及并非我的创见，很多学者都已经或比较全面或比较片面地谈到过其中的某些因素，我不过是对这些因素做一个甄别和综合的工作，把它们和李约瑟难题放在一起来思考，并且尽量以通俗的语言把它讲清楚。第二，这几个因素之间有一种共生共属性，所以我在论列这些因素时也没有按照先后次序和某种内在的逻辑关联。什么叫"共生共属性"呢？"共生共属性"之提出是为了破除马克思主义等哲学思潮所强调的决定论。所谓决定论，就是有事物 A 就一定会有事物 B，而若要有事物 B，就一定得有条件 A。有一个事物在逻辑上绝对在先，而另一个事物只能成为附属于它的事物，由它产生出来的、次生的东西，尽管它也可以在一定程度上对前者产生反作用。譬如大家非常熟悉的生产力决定生产关系，生产力和生产关系合成的经济基础决定上层建筑，社会存在决定社会意识，就是决定论的典型样本。具有"共生共属性"的诸事物之间的关系不是这样的。我们很难说这几个因素中哪一个是唯一重要的，是最重要的，决定性的，而别的都是次要的。它们相互影响，相互作用，共同重要，也共同成为根基和被决定的东西。严格地说，我们讨论李约瑟难题也有五六十年的历史了。五六十年来，很多学者提出过各种各样的解释，这些解释并不能说都错了，而且绝大部分都说到了事物的某一种真相，但是，他们往往夸大其词，把那样一个因素作为一个决定性的因素。这种做法不是完全错误的，但是是不够的。所以，我们要提"共生共属性"。

第一个重要因素是数学。如果没有数学是不可能有现代科学技术的，而我们都知道，全世界只有欧洲产生了数学。怀特海在《科学与近代世界》中称数学是"（西方）思想史的要素之一"，甚至略带夸张地说："撰写一部思想史而不深刻地研究每一时代的数学概念，就等于是在《哈姆雷特》这一剧本中去掉了哈姆雷特这个角色。"

数学的最根本的形态是什么样子的？是欧几里得几何学。在古希腊，比欧几里得几何学还要早的是毕达哥拉斯学派的数学理论。古希腊哲学从最初的泰勒斯到苏格拉底的老师阿那克萨哥拉，我们称为自然哲学家，他们最初所要寻求的是事物的质料性的本原，他们寻找到的质料首先是水、无定形者、气、火等。这时突然有一个学派说，万物的本原并不是那些质料性的东西，而是一个很奇怪的东西，事物的形式，他称为数。数和与数平行的几何图形，是两个非常奇特的东西。我们比较一下欧几里得《几何原本》和中国的《九章算术》，看看它们出题目的方式，就可以思过半矣。《九章算术》永远是这样的题目：一块田，横着走是几步，竖着走是几步，请问这块田的面积是多少？一扇窗，宽多少米，长多少米，如果我们要做一扇窗，请问要用铝块多少，铁块多少，或者说用木板多少？《几何原本》的题目是，有一个长方形，或者说有一个正方形，长多少，宽多少，求它的面积是多少？这样一种做法是古希腊人特有的。我们大家都知道，古希腊人的几何学来自埃及的测量学。可是很奇怪，埃及人却从来没有过一门叫几何学的东西——一门研究脱离我们刚才说过的木块、田地、金字塔那样一种具体的感性的事物的图形的科学。那边有5个人，这边有5双筷子，那边有5头猪，分别是不同的事物，可是数学说，他们的数值都是5。这个5从何抽象而来？这是一个很奇怪的看待世界和事物的方式，但是这种方式却把握到了事物的某种性质。我们不去重复哲学史的常识，可是有一点我们要记住，那就是他们能够发现了一种完全脱离事物的质料的东西。

亚里士多德喜欢用鼻子举例子。如果有一门科学，研究鼻子的运动规律，我们称为物理学，但是如果它只研究鼻子的曲线，跟这个鼻子的内容无关，那么我们就称为几何学。所以，数学很特殊，它研究完全不运动、完全脱离质料的事物的属性。这样一门科学，在所有别的民族中从来没有人研究过。柏拉图有一篇非常著名的对话叫《蒂迈欧篇》，亚里士多德也有一本非常著名的著作叫《物理学》，它们都专门研究过作为哲学问题的数学问题，甚至在《形而上学》一书中都有专门章节研究数学。他们都认为数学应该处于形而上学和物理学之间。物理学研究质料，而数学只研究形式；物理学还要研究事物的运动，而数学研究的那个事物是不运动的。当然，还有一种比数学更高的科学。在古希腊人对于科学的分类当中，也就是说探索万物的本性的过程的方式，除了物理学和形而上学——形而上学最高的表现就是神学，研究那个不动的推动者，那个纯形式，神——还有一门科学叫作数学。他们认为数学能够在很大的程度上把握事物的本质。这样一种看法对西方人影响非常深刻。整个中世纪几乎是亚里士多德主义的世纪，但是到了近代，到了文艺复兴时期，柏拉图主义开始在欧洲复兴。柏拉图主义的复兴——尤其是《蒂迈欧篇》开始受到重视——给当时欧洲的很多科学家以极大的启发。那个时候的很多科学家都有一个很坚定的信念，即上帝——因为他们都接受了基督教信仰的洗礼——创造这个世界的时候是按照数学规律来创造的，如果我们要真正认识这个世界的话，我们一定要明白数学比任何东西都更加简单明了地体现了上帝创世的伟大。

事实上，从古希腊后期就有很多学者对天文学的"亚里士多德—托勒密"体系开始产生怀疑。库恩在《科学革命的结构》中揭示过科学革命发生的过程，当我们最开始发现一个理论范式、体系当中有某些现象不符合这个体系，我们首先想到的是修正我们之前的理论，添加各种附属内容，或者说设定一些例外。如果只有一些例外或反常，我们就把那些例外排除出去。可是随着年深日久，有越来越多的例外出现了。到了中世纪的晚期和近代的早期，科学家们发现例外太多了，已经不能算作例外，例外自身成为常态，而之前认定的常态反而是例外。我们现在必须彻底思考过去那个解释体系的合理性。过去以地球为中心，而很多观察数据表明，这个体系对于很多现象根本不具有解释效力；那么，我们颠倒过来，看看如果以太阳为中心会怎么样，这些现象能否得到合理的解释。哥白尼和他很多同时代的科学家发现，如果那样做的话，其结果非常符合他们心中的数学理想。认为上帝如果按照一个极其简单优美的数学公式来创造世界，比起用那么繁复的公式、并且加上那么多例外来理解这个宇宙更能体现上帝的全知、全能、全善，而上帝创造世界是绝不可能搞那么多例外的。他们认为以数学的方式来理解这个世界是完全正确的。近代科学的预设是，我们头脑中出现的理性与我们在世界中观察到的秩序，这两者之间具有深层的一致性，这种秩序和这种理性都表现为数学的抽象结构。某种意义上可以说，近代的天文学、物理学的革命是数学革命的附属品。

在西方，不仅仅是全部物理学、全部自然之学是数学化的，经济学已经全部数学化，而且已经有计量历史学等学科了。总而言之，一切自然科学和社会科学都数学化了，接下来也许就是本性和数学完全不俾合的人文科学遭此厄运了。数学不仅仅是推动了近代西方科学之形成，而且也推动了整个现代西方文明的这样一种生活方式，数学的本质特性——抽象性，普遍性与精确性——已经侵入了我们每一个现代人生活的深处。

第二个因素是科学的实用性、有用性。严格地说，古代中国和古代希腊都有知识，知识必然具有实用性，但是古代的知识绝不能用现代的科学和技术来翻译和理解。我们很难想象一个民族可以没有任何知识而能够生存，但是现代科学技术的基本特征是那个时代所没有的，就像我们刚才所讲到的，数学在古希腊一定程度上也是对于事物的理解，但是希腊人还没有把这样一种理解渗透到对于全部事物的理解当中。但是，现在我们已经做到了。

什么叫有用性？我这个人常常很大煞风景，很乐于打破大家津津乐道的一些神话。过去很多人批评说，因为我们中国人实用理性发达，所以中国古代没有产生西方近代的科学与技术，而西方人之所以会产生那么高度的文明和发达的科学技术，是因为西方自古及今有一个很好的传统，即西方的知识分子当中有一个"为科学而科学""为求知而求知""为真理而真理"的传统。我们中国古代的科学技术知识之所以不昌,或者如李约瑟难题所说的,16世纪之后中古代科学之所以落后,就是因为我们中国古代太注重实用性,而不注重基础理论研究。西方不是这样,他们有一批人为了科学而科学,为了学问而学问,完全抛弃了世间的一切利害关系、利益追求。其最典型的一个表现是,西方的纯粹数学、基础数学特别发达。不能说这个说法毫无道理,但是它只是部分地说出了真相,而且没有切中要害。起码近代以后,西方科学研究完全受制于有用性。有一本很好的书,默顿的《十七世纪英格兰的科学、技术与社会》,讲了一个很简单的道理,在17世纪的英国,各种不同工业产品的生产如何要求科学家去解决那些技术难题,技术改进如何推动科学研究,而科学家为了"多快好省"地去解决某些技术难题如何建立起一些科研机构,组成一个科学研究共同体——也就是今天的大学和科研机构,清华大学和中国科学院这样的单位。看看书中关于牛顿、波义耳他们如何组成皇家科学院的叙述,还可以参看另一本书,叫《英国皇家协会史》,看看那些科研组织之成立过程,再认真想想,那些人当时的研究是不是像我们今天很多不负责任的教科书和一些口耳相传的话所讲的那样,是完全不食人间烟火的、为了真理而真理的研究?(绝大多数中国人只能理解科学的符合论的真理,他们根本不懂得真理有比这样的东西更本源的理解。体现在哲学上,近代哲学家,从培根、笛卡尔以来几乎所有重要的西方思想家,都特别强调有用性,这绝非偶然的。而黑格尔在《精神现象学》当中把有用性当作启蒙的本质特征,也真是洞若观火抓住了要害。我还经常抨击今天大学哲学史教材,几乎都讲一些在我看来不负责任的话,什么"我思故我在"啦,什么上帝存在的本体论证明啦。这些当然是对的,必要的,可是,我们还要搞清楚这些哲学的旨归到底是什么,难道这些论证只是"高等智力游戏"。)

我常常提请大家注意笛卡尔"知识之树"的比方。笛卡尔说,人类全部的知识可以用一棵树来打比方,树根是形而上学,树干是物理学,然后还有很多枝叶,还有很多果实,那些果实包括医学、伦理学、道德哲学、政治学等具体的科学。他问我们,什么科学最重要?你们可能会说应该是树根吧?错。难道我们种一棵苹果树是为了欣赏树或吃树根吗?是为了摘取果实,果实才是最重要的。所以,他说,在全部的果实当中有两种知识最重要，一种叫医学，另一种叫道德哲学，或者叫伦理学。医学可以让人延年益寿，人类最伟大的梦想就是延年益寿——我说的是现代人的理想，古代人不是这样的。古人常常说有志不在年高，"朝闻道，夕死可矣"。古代的人对于死亡的态度和生命的限度是非常达观的，但一定要把生命和道联系在一起。今天的人已经不懂得这个道理了，都拼命地想要延年益寿。还有一种果实，笛卡尔称之为道德哲学，其中也包含政治学。他说，人类在世间所能建立的最后、最大的成果和功业就是建立一个国家，这个国家可以用来保证人在这个国家当中生活得幸福。那么，什么是幸福？他说，如果我们要真正理解什么是幸福的话，我们就得明白人的本性是什么。古希腊人常常说，人是有理性的动物。他说，这个是错误的，人不能说是有理性的动物。人固然是有理性的，但是，人之有理性体现在人有理智去寻求知识、有所发明，人的理性是一种理智理性。但是，人类还有另一方面，这一方面对于人生的意义或者说在人的本性中的地位在古代传统当中受到了严重的低估，那就是激情和欲望的方面。他说，人应该是欲望的动物。从现在开始我们应该正视我们人类的本性了，人的理智和欲望的关系就应该是用他的理智来满足他的欲望，人应该不停地去发明创造，从而让人穿得更温暖、住得更舒适、出去玩得更方便、与人联系起来更快捷，当然还有医学的后果——让人更长寿。全部的人生奥义就在这几个字而已。这就是笛卡尔的思考之归宿——当然这说得有点简单，我们在这里不可能展开它的细节。在笛卡尔和其他近代哲学家看来，人就是这样。休谟也说，理性不过是激情的奴隶而已。我们要知道，这样一种对于人的理解和古代世界，和柏拉图、亚里士多德的理解是完全相反的。在古代世界当中，人被看作是有理性的动物，理性是人的灵魂当中有逻各斯的那个部分。人的灵魂除了有逻各斯的部分，还有非理性的部分。人成为自己的过程，在古希腊，就是要让人类的欲望部分，那个卑劣的部分，那个总是想着要得到舒适、安宁、满足的部分要受理性的指导和驯化。（中国古代讲"存天理，灭人欲"其实也是这个意思，可惜我们已经也不懂得了！）只有那样，人才能称为一个真正的人，而不是像现代，把这个想法彻底倒转过来了。这就是古代和近代的一个根本的断裂。

接下来谈第三个因素，自然观的革命。现代科学的兴起，我门可以径直称为新物理学的革命。这个新物理学的革命,严格地说,就是我们刚才提到的哥白尼的天学革命。这个天学革命最革命的地方在哪里,它的前提是什么?这里需要稍微作一些申述。一方面我们可以说中西之别体现在中国人,如刚才我们提到孔子和庄子的相关论述,不甚关注对于自然的认知,而西方人却以对自然的认识作为生命的前提。另一方面,西方的古今之别体现在,古希腊哲学对于事物、自然和世界的理解跟近代是不一样的。古代世界认为构成宇宙的元素有五种,前四种元素几乎各个民族的思想里都差不多——水、土、火、气,但是就第五种不一样,古希腊人叫它"以太"。20世纪初,譬如谭嗣同认为仁的基本构成元素是以太,就是从西方借来的。古希腊人,譬如亚里士多德说,水、火、土、气这四种元素有两种是向上的,有两种是向下的。依本性,火和气是向上的,而那个水和土——我们说水往低处流——它是向下的,靠近我们地球和在我们地球附近的那些事物都是由这四种元素构成的。空中的事物是由气,还有一些由火组成的。凡是向上生长的都是由这两种元素构成的。像岩石、大海以及别的那种向下生长的都是由另外的两种元素构成的。除了这四种元素之外,在人直接生活于其中的那个空间之外,有高于我们地球上的存在者的存在。由前四种元素组成的是我们地球上和地球附近的存在者,这些事物的性质是均一的,但是由以太所构成的事物是天体。那些天体跟地球上那些事物在存在方式、构成元素、基本性质上都截然不同,用古人的话来说,它们处于两个不同的等级。在我们身边的这些事物都是有朽的,这些事物都做垂直的直线运动。苹果为什么从天上掉到地上,它在做直线运动而已。古人认为,直线运动是一种非常卑贱的运动,只有那些有朽的事物才做这样一种运动,真正美好的、不朽的事物做圆周运动,而"以太"构成的事物就是做圆周运动的。由"以太"所构成的事物尽管可能不是像神一样不朽,但最起码它也是寿命足够长,而且非常美。那个世界是我们死后我们的灵魂要去的更美好的世界,而我们的肉身,我们生存的大地,以及其上及其附近存在着的事物都是低贱的。在他们的天学当中,或者说宇宙论当中包含着这样一个不同事物的性质的区分。(中国古代的宇宙论与此很相似。中国古人说,你做坏事,天会收了你的,总预设一个更高的东西在俯瞰大地上发生的事情,把人间的一切事物看得清清楚楚,并且做出公正的判罚。所以我们中国人经常讲三个东西,天理、人情和国法。最高的是天理，其次是人情，最低的是国法。）

哥白尼革命之后的科学建立在一个与此根本不同的前提之上，即天体和人间的事物完全是同质的，并不存在着两种不同性质事物的区分。构成事物——无论是天体还是地球上的事物——的元素完全是一样的。新物理学认为，物体运动、粒子运动和天体运动完全是同一运动。只有这样一种前提出现之后，我们才有可能把整个宇宙连成一体来研究，这样才有可能有近几百年来现代科学在中观、微观、宇观所有层面的凯歌行进。如果没有这个前提的话，现代科学技术是不可思议的。

第四个因素是宗教，具体地说，是基督教。宗教和科学的关系，尤其在对于宗教和宗教精神比较匮乏的普通中国人的心目中，是正相反对的，二者不可共存，以至于有位高权重者在全世界的目光之下问出"你们美国科学那么发达，居然还信仰宗教迷信"这样不可思议的问题。这个问题至少要从两个角度谈，一是宗教精神哺育了科学，二是宗教精神对于科学技术之兴起具有直接的刺激作用。

在科学自身发展的长河中，从某种意义上可以说，科学曾经扮演过激进的反叛者的角色，尤其是把它和宗教的保守特征和某些特定行为，譬如支持地心说，审判伽利略和反对进化论等，联系在一起考虑时。但是，如果考虑到更广阔的和更丰富的历史画卷，宗教其实是科学的摇篮，是宗教哺育了科学，并成为现代科学诞生的直接动力。科学的发展，比如说上面提到的那次具有里程碑性质的科学事件，严格地说，并非科学和宗教的战争，而只涉及对于宗教教义的不同解释。而如果没有自然神论所宣称的研究自然就是研究上帝，上帝在创造中为自然安排了秩序、合理性和美这样的宗教观念，我们很难想象，任何科学，包括牛顿力学，有可能产生。从这个角度来理解，一部神学思想史，也就是一部科学如何可能产生，如何必然产生以及如何为科学的合理性进行辩护的历史。

关于第二个角度，可以参考一本书，马克斯·韦伯的《新教伦理和资本主义精神》。这本书是从这样一个问题开始的，近代资本主义的来源到底是什么。这本书的写作据说还有一个非常有趣的触发点，那就是马克斯·韦伯从来就不否认他写这本书就是为了向一个叫卡尔·马克思的人关于资本主义的研究进行挑战。卡尔·马克思认为，现代西方文明之形成完全建立在生产力的发展这样一个基础之上，它是一个单向的、决定论的发展模式。马克斯·韦伯说，新教伦理，一种在新教加尔文宗教义基础上产生的文化精神，对资本主义的生产、对科学和技术的产生有着决定性的作用。在我看来，某种意义上，他于李约瑟之前就提出了李约瑟难题，而且对于这个难题的回答在很大程度上和李约瑟本人的回答很相似。我没有研究过，李约瑟有没有认真读过马克斯·韦伯的东西。也许他读过的话，就不会提这个问题了。马克斯·韦伯在《新教伦理和资本主义精神》开篇就问，全世界有哪一个国家像欧洲那样，有过巴赫的复调音乐？有过巴洛克和哥特式的教堂？有过现代西方的知识论哲学？有过像西方那样的建筑？有过像西方那样的科学？有过像西方那样的民主制度？有过像西方的大革命，西方的启蒙运动？的确，除了西欧之外，哪儿都没有。全世界除了英、法、德和意那一小块地方之外，没有任何一个地方有过那样的东西，而它们属于同一个文明圈。这到底是为什么？因为在那块地方，有这种文明最本质的要素共生的环境，这个环境是任何别的民族都没有的。他揭开谜底说，因为在这些体现出西方文明伟大性的那些文明成果背后，有一个东西，那就是——他是故意和马克思抬杠，马克思说是生产力——基督教。如果没有基督教，如果没有马丁·路德的改革，如果没有路德新教的加尔文宗，如果加尔文宗不面对一个神学问题提出恩典论的回应，那么就不可能有现代西方文明。

这个问题涉及基督教的教义：人如何可能得救？似乎这个问题和科学技术一点关系都没有。人怎么可能得救？基督教神学内部一直有一种理解认为，人之有可能得救，正在于人通过自己的各种努力感动了上帝，然后上帝决定实施拯救行动。加尔文不接受这种教义，他认为，如果人能够通过自己的行动感动上帝，那么我们可以得出结论说，上帝之所作所为居然要受制于人之所作所为。这可能吗？所以，上帝想让谁得救，不想让谁得救，完全出自上帝意志的恩典，而不是由于人类的行为能够决定上帝的意志。那么，如果是这样的话，是不是意味着所有的人都不做任何行为，只等着上帝的恩典，等着上帝"随意乱点鸳鸯谱"？也并非如此。那到底是怎么样呢？他说，尽管我们人不能以自己的行为来决定上帝的意志，但是，如果我们相信有上帝存在，那么，我们每一个人都要朝着我们可能得救的那个方向去努力。对于一个基督徒来说，这是无法逃避的天命。所以，他就给出一个词叫 calling，它的意思是 vocation，职业。calling 跟职业（vocation）严格地说是同一个词，来自拉丁文 voco，神的召唤，英文是 call，加以引申就是 calling，就是人要从事的职业，人从事任何职业都是蒙神之召唤。（我认为这个就是职业伦理，比任何别的应用伦理学都更职业伦理。）

按照韦伯的研究，人类从事于某一个职业，就应该想到这是上帝或者神召唤他去从事这个工作，他应该体会到任何一个职业所要求于他的那种神圣感。这样一种对于工作、职业的理解，驱动了近代西方人在从事自己的职业的时候，在从事各种生产、各种不同的职业的时候就期望把自己的职业做好，做到最好。从事任何一种职业的人，无论是养羊的，生产毛纺织品的，产煤的，他们都会受到这种精神的激励，挖空心思以自己的清教伦理去工作，以等候着可能的上帝恩典。英国是一个清教国家，所以，资本主义首次在英国产生。恰恰是因为那些在英国信仰了那个宗派的人有了这样一种伦理感，他们才会在他们所从事的事务当中不断地增进对于上帝的信仰。然后才有可能有现代的科学与技术参与其中，成为这个事业有力的催化剂。

最后一点是讲科学与西方哲学中一个很重要的概念"命运"的关系。依照怀特海的说法，"希腊悲剧中的命运，成了现代思想中的自然秩序"。悲剧的本质不是什么不幸，而是命运的必然性，在古希腊，这种必然性转变成了事物的秩序原理，而在近代西方思想史上，它逐渐演变成了科学知识必须具备的因果必然性思想。我们前面提到过二加三等于五，它具有普遍必然性，是放在任何一个时代，任何一个地方都普遍适用的，被人们普遍承认的一种知识。请问普遍必然性作为一种观念从何而来？如果没有这个普遍必然性的话，知识自身就无法成立。近代西方哲学史上最深刻的一次"论战"发生在休谟和康德之间，而他们交锋的焦点就是因果性问题，科学知识的普遍必然性问题。不理解这个词我们无法理解哲学，也无法想象科学可能产生。

我们以《俄狄浦斯王》为例来说明命运的无情的必然性。其情节简述如下：底比斯国瘟疫盛行，天神宣告，只有杀害前王拉伊俄斯的凶手伏法，才能消灾祛祸。前王外出，与卫兵一起遇害，至今不知凶手是谁。国王俄狄浦斯严厉诅咒凶手，并号令全国追查。先知却说，凶手就是俄狄浦斯本人。俄狄浦斯出生时有神谕，说他将来会杀父娶母，于是他被抛弃在荒山上，辗转成了科林斯国王之子。成年后他得知神谕，为了躲避杀父娶母的预言，逃出科林斯国，在途中与人抢道，将主仆数人打死。他来到底比斯国，制服了狮身人面怪，被拥立为王，并娶寡后为妻。俄狄浦斯这些经历恰好符合当初神谕所说的杀父娶母。经过一番追查，事实俱在，俄狄浦斯正是凶手。王后羞愤自尽，俄狄浦斯刺瞎双眼，自我放逐。一个想力求避免命运的人，最终完全中了命运的圈套。命运是不可避免的。所以，它就是一个带有强制性的必然性，在任何时候、任何时刻我们都不可能逃避它。命运冷酷无情，驱使着悲剧性的事件不可避免地发生。这样一种观念在西方是非常深刻的。

这种观念到了柏拉图那里就演变成了理念之间的必然关系。柏拉图说，有一个可感世界，一个可知世界，可感世界就是我们芸芸众生所处的这个世界，可知世界是理念世界。理念和理念的关系是必然的关系，而且只有那样一种知识才是真正的知识。从柏拉图之后，几乎全部西方主要思想家都跟我们说，这个世界（可知世界）的知识才是真正的知识，我们认识事物就是要认识事物背后的东西，而我们的感官所感受到的这个事物从表面上显现出来的各种形态其实是不真实的。其实，你们想想"地心说"和"日心说"就明白了。"日心说"就是可知世界，"地心说"就是可感世界，我们每天都感觉到太阳从东方升起，又从西方落下。而且，不同的理念所组成的关系，不同的理念之间的那种必然性就是全部西方知识所追求的普遍性的理想。所以，追求那个在时间背后的，在永恒的世界当中存在的普遍有效的知识就是西方知识的最后的目的。

这样一个思想到了中世纪，经过漫长的中世纪神学的教化，逐渐转变成了这样一种观念，上帝所创造的世界体现了一种原则，这世界的每一细微的地方都可以以某种必然的方式和它的前提联系起来，而且这种联系方式也体现了一般原则。任何一个细微的事物都体现神创的意志，并以一种原则编排成为一个整体和一种秩序。在这个意义上，我们又可以看到基督教神学和科学之间的必然关联。

六

科学技术之在西方产生，必须同时具备刚才我们提到的那几个因素、原因，当然，在这过程中，肯定还有另外几个或一些因素也起了一定的作用，但是在我看来那些东西不是决定性的，不是最核心的。这几个因素，有的是自古希腊以来就存在着，但在近代改变了形态，有的是近代产生的，它们在文艺复兴之后"很偶然地"凑集在一起，促成了科学和技术的产生。在西方一些很深刻的思想家看来，对于西方古代文明来说，十七八世纪的西方文明一定程度上也是一个异质的文明。也就是说，尽管形成现代科学与技术的那几个要素绝大部分在西方古代文明当中都能找到它的踪迹，或者说它的源头，可是，在十七八世纪，这几个因素汇合成流，拧成一股绳，产生了一种新态的文明，而且，这种文明以它那种强势的力量占领了整个世界，使得全部世界都西方化。

首先，摆在我们中国人面前的，本来就不是也不应该是中国古代哪些方面积贫积弱而至于最终没有产生科学的问题。我们已经或者被迫或者主动走上现代化的道路。现代化成了一种命运。科学和技术是一种特定的生活方式，是一种特定地看待自然、真理、人的本性和物的方式，这种方式只要学会（无论是主动学会还是在各种血的教训中学会），就会在这个民族—文明的生活形式中扎根，从而和西方人一样进行科学研究，并且在这方面赶英超美，只要在正常的生活状态中，就是可能的。再去掀起一股带有弑父情结的传统批判是没有意义的。

其次，中国文明真的因为李约瑟难题而相形见绌吗？李约瑟难题是为了让我们中国人都感到羞耻、可怜而主动抛弃我们美好的中国传统，转而全身心地拥抱西方吗？起码李约瑟本人没有这样的想法，恰恰相反，虽然他预见到了这一点，并且完全不同意这种立场。李约瑟关于中国古代科学技术史和科技思想史的卓绝研究应该让我们感到羞愧，但是我们应该感激他，应该以他为我们的榜样，奋发图强，后来居上，在这个学科上、这块园地里尽快超过他的研究水平，甚至形成一种有别于他的新的研究范式。当年陈寅恪先生在《北大学院己巳级史学系毕业生赠言·其一》诗中写到："群趋东邻受国史，神州士夫羞欲死。田巴鲁仲两无成，要待诸君洗斯耻。添赋迂儒自圣狂，读书不肯为人忙。平生所学宁堪赠？独为区区是秘方。"我们的科学技术史研究再也不能受西方人的嗟来之食了，再也不能重复历史上某些沉痛的经验了。

最后，科学技术是近代西方的产物，它给人类带来的是什么，这是我们今天大家每个人都有目共睹的，任何具有常识和良知的人都不会像鸵鸟一样把眼睛埋在沙地里。最让人感到惊怖的是，它让我们每一个人都以为生活在这个世界上就是疯狂地掠夺，疯狂地占有，疯狂地享受，疯狂地活命。这就是全部现代文明，亦即由科学技术推动起来的这个时代的必然结果。科学技术及其负面后果以及控制和主宰了我们每一个人的生存状态，而不是某一部分人的生活的某一维度。我们每一个人都生活在其中。在这样一个我们的生命完全被现代科学技术连根拔起的时代，我们思考李约瑟难题的真正意义，到底是继续因此而为中国古代文明痛心疾首，还是应该来一个一百八十度的大转弯——深深地去体味中国古代文明的真谛，而对于我们现在的生存状态构成最深刻的反省。这是横亘在我们的时代，我们每一个严肃的思考者面前最重要的问题。

斯宾诺莎意志观研究

李子群[*]

摘　要：意志是思想的一种样式，是一种肯定或否定的能力，为一切个别意愿所共有。意志根源于神，但意志并不属于神的本性，神不是根据意志的自由而是根据自身本性的必然性而行动。意志和理智具有相同的范围，二者是同一的。我们的心灵没有绝对的意志，自由并不属于意志的特性，意志不能说是自由因。只有按照理性的原则去作为，人才有自由可言。人保存自身的意志是人的本质之一，是自然的最高的律法与权利，它为人的平等奠基。

关键词：意志　神　理智　自由　平等

众所周知，斯宾诺莎是唯理论哲学家的卓越代表之一。通常来讲，人们一提起斯宾诺莎，想到的只是一些几乎成为哲学史常识的东西——他对几何学方法的运用和对理智的强调，而对斯宾诺莎究竟如何看待意志这一问题，我们就有些陌生了。我们对斯宾诺莎的意志观关注得并不多，此种忽视会在某种程度上造成对斯宾诺莎哲学的片面理解。因此，探讨斯宾诺莎的意志观是不无必要的，理解了斯宾诺莎的意志观，对于我们正确理解他的理智观也会有很大的帮助。

那么，斯宾诺莎是如何界定意志的？在他看来，意志和神有什么关系？意志和理智有什么关系？意志和自由有什么关系？意志和平等又有什么关系呢？这些问题既涉及形而上的领域，也涉及形而下的领域。本文将通过对这些方面的探讨，较为全面地论述斯宾诺莎的意志观，充分展示他

---

[*] 李子群，男，云南大学哲学系讲师，研究方向为西方近代哲学。

的意志学说的成败得失，深入剖析他的理智主义给他的意志观带来的局限以及斯宾诺莎意志观所具有的意义。

一　意志是思想的一种样式

斯宾诺莎对意志的界定与以往的哲学家大相径庭。他说，"我并不认为意志是心灵的同意或深思熟虑，亦即自由的决定"①。它"是一种肯定或否定的能力，而不是欲望"。换言之，意志是"一种心灵借以肯定或否定什么是真、什么是错误的能力，而不是心灵借以追求一物或避免一物的欲望。"② 因为"欲望一般单是指人对它的冲动有了自觉而言，所以欲望可以界说为我们意识着的冲动"③，"欲望是心灵对某个他认为是好的事物的一种倾向；由此可知，在我们的欲望倾向于某一外在事物之前，我们已经就有了一个内心的决定，肯定该事物是好的，这种肯定，或者更概括地说，这种肯定和否定的能力被称之为意志"④。因此，意志是欲望的先导，没有意志就不可能有欲望。

意志不是个别的意愿或观念自身。它是一个普遍的东西或观念。因为普遍性是同等地适用于一个、多个或无限多的个体。所以，可以通过意志来解释一切个别意愿，也就是说，意志乃是一切个别意愿所共同的东西。"意志是一个普遍性的东西，它是一切观念所共有的，并且意志仅表示一切观念之共同点，即肯定。因此肯定的正确本质，抽象地看来，必定在每一观念之中，即只有在这个意义下，肯定才是同样地在一切观念之中……"⑤

在斯宾诺莎看来，实体是无限的，它不受任何东西的限制。属性是实体的内在本质，无限的实体有着无限的属性。但在实体的无限属性中，人能够认识的只有两种：广延和思想。就意志来说，它仅仅是一个我们意愿

---

① 斯宾诺莎：《伦理学》，贺麟译，商务印书馆1983年版，第155页。
② 同上书，第88页。
③ 斯宾诺莎：《神、人及其幸福简论》，洪汉鼎、孙祖培译，商务印书馆1987年版，第106页。
④ 同上书，第217页。
⑤ 斯宾诺莎：《伦理学》，前揭，第93—94页。

这个或那个的观念，因而仅仅是一个思想的样式，它只是一个思想存在物，而不是实在存在物。意志并不是存在于自然之中的事物。意志与这个观念和那个观念或这个意愿和那个意愿的关系，就好像石头的性质与这块石头或那块石头的关系一样，又与人和使徒彼得、保罗的关系无异。斯宾诺莎再清楚不过地表明，每一个具体的观念或意愿之中都包含了意志，但意志绝不等同于观念或意愿。因为意志是共相，而具体的观念或意愿是殊相。作为共相的意志不可能独立存在，它总是寄寓于、体现于具体的观念或意愿之中。

二　神是意志的原因

斯宾诺莎认为，神是万物的原因，万物之为万物，皆完全出于天命或天意。万物都是按照最高的圆满性为神所产生，因为万物都是必然地起源于神的无上圆满性。神有不变性，它是永恒，在永恒中无所谓"久暂"或"先后"。神的一切命令是神自身在永恒中不可变易地颁布了的。神乃万物本性与万物存在的第一而且唯一的自由因。"神必然存在；神是唯一的；神只是由它的本性的必然性而存在和动作；神是万物的自由因"；"万物都在神之内，都依靠神，因而没有神就既不能存在，也不能被理解；最后……万物都预先为神所决定——并不是为神的自由意志或绝对任性所决定，而是为神的绝对本性或无限力量所决定。"[①] 据此推理，作为思想的样式之一的意志也是根源于神的。没有神，就不可能有意志。

人们常说神也有意志，斯宾诺莎对此观点给予了纠正。他认为，如果意志属于神的永恒本质，那么此种意志显然应与一般人所了解的意志完全不同。构成神的本质的意志与我们的意志有着天壤之别，最多只是名词相同而已。如果我们把意志区分为神的意志和人的意志，并且在同一个意义上来理解"意志"这个语词，那么我们就大错特错了。

斯宾诺莎对神的意志和人的意志之间的区别并没有做出直接的证明，但他对神的理智和人的理智之间的区别进行了论证。根据斯宾诺莎的提示，我们可以把区别神的意志和人的意志的论证重构如下：

---

① 斯宾诺莎：《伦理学》，前揭，第36页。

结果与原因之所以有分别，正是由于结果是从原因那里得到的。一件事物如果既是一个结果存在的原因，又是它的本质的原因，则必定在本质方面和存在方面异于这个结果。万物的真理与万物的形式的本质之所以是那样，乃是因为它客观地像那样存在于神的意志中。所以神的意志，就它被理解为构成神的本质时，其实就是万物的原因，也就是万物的本质以及万物存在的原因。神的意志既然是万物本质与万物存在的唯一原因，那么神的意志在本质与存在方面必然与人的意志在本质与存在方面不同。神的意志就其被理解为构成神的本质而言，都异于人的意志；它们绝无相同之点，虽然所用语词一样。

因此，如果我们从一般的意义来使用"意志"这个语词的话，那么我们就可以说，"神……没有意志"①，神并不根据意志的自由而行动，只是根据自身本性的必然性而行动。神是唯一的实体，是唯一自因的东西。除它之外，在这个世界上不可能有任何事物对它形成限制。神的所有活动来源于而且也只能来源于它自己的本性，这是必然的。也就是说，"神只是按照它的本性的法则而行动，不受任何东西的强迫"②。理智、神的意志、神的力量，是同一之物。虽然有无穷无尽的事物出于一定的意志，"但我们决不能因此便说神依据自由意志而活动，正如出于运动和静止的事物虽多，我们却决不能因此便说神依据运动和静止的自由而活动一样"③。所以意志并不属于神的本性，正如其他的自然事物不属于神的本性一样，而"意志与神的关系也正如运动和静止以及其他一切事物与神的关系一样……这一切都出于神的本性的必然性，其存在与动作都在一定方式下为神所决定"④。

在斯宾诺莎的哲学体系中，"神"、"实体"和"自然"这三个范畴是同一的。通过把意志和自己哲学体中的第一个基础性范畴关联起来，斯宾诺莎为意志找到了存在论的根据。我们可以说，斯宾诺莎关于意志和神的关系的探讨，就是对意志的存在进行形而上学的证明。斯宾诺莎提出了神的绝对意志说，它与赋予神以自由的旧说截然不同。他对赋予神以自由

---

① 斯宾诺莎：《伦理学》，前揭，第20页。
② 同上书，第19页。
③ 同上书，第32页。
④ 同上。

的旧说进行了猛烈的批判,认为此种学说不仅没有价值,而且大大地妨害真正的知识,因而我们必须彻底地给予抛弃。

三 意志与理智是同一的

斯宾诺莎被视为唯理论派的典型代表,这主要是由于他对理智的强调,这种强调使他弱化甚至是漠视了诸多非理智的因素,因而在其理论体系中,所有因素都和理智发生了关联,它们除了为理智的霸权地位服务之外,不可能还有什么其他更多的东西。

在阐释意志和理智的关系时,斯宾诺莎反驳了两个观点。斯宾诺莎反驳的第一个观点是:意志和理智有根本性区别。斯宾诺莎之前的不少哲学家认为,我们不需要发现已经具有的更大的肯定和否定的能力来承认我们此时所毫无知觉的无限多的事物,但我们却不能不需要一个较大的认识能力,以认识我们此时所毫无知觉的无限多事物。因此,意志有别于理智,前者是无限的,而后者则是有限的,意志的范围比理智的范围广。斯宾诺莎不同意此种说法。在他看来,认为意志的范围伸展得较知觉或构成概念的能力更广是错误的,我们也不能说意志的能力较感觉的能力而言是更无限的。因为借同一意志的能力我们可以对事物依次给予肯定,最终使我们的肯定涵盖许多的事物,同样,借同一感觉的能力,我们可以依次感觉或知觉一些物体,直至感知无限多的物体。斯宾诺莎说,"意志,和理智一样,乃是思想的一种样式"。[①] 意志与理智不是别的,只是个别的意愿与观念[②]自身。但个别的意愿与观念是同一的,所以意志与理智是同一的。

斯宾诺莎反驳的第二个观点是:我们具有保留判断的自由力量。一些人在总结自身的经验教训之后认为,我们不会因知觉一物而被欺骗,但当我们肯定一物时,我们有可能受欺骗。所以我们可以保留我们的判断,对于所认知的事物可以不作肯定。斯宾诺莎认为,思想的界限就是意志的界限,凡是我们的思想无法达到之处,也就是我们的意志无法达到之处。斯宾诺莎否认我们具有保留判断的自由力量。他认为,当我们说某人保留他

---

① 斯宾诺莎:《伦理学》,前揭,第31页。
② 斯宾诺莎所谓的观念并非指眼睛里的或脑髓中间的形象,而是指思想的概念。

的判断时，我们只不过是说，他知道，他对于那个对象还没有正确的认识。所以判断的保留其实仍然是一种知觉，而不是自由意志。没有人因知觉而会受欺骗，换言之，我们心中的形象就其本身而论并不包含错误。

斯宾诺莎对如上两个观点的反驳，其矛头是直指皮浪主义的悬搁判断和笛卡尔关于意志和理智关系的看法。在斯宾诺莎看来，这种观点——意志无限，理智有限，意志的范围远远大于理智的范围——是错误的。我们的意志能伸展到哪里，理智也就能伸展到哪里。对于我们已经认知的事物，我们无法不作出判断，因为一个人只要具有知觉，其中不会没有丝毫的肯定。斯宾诺莎关于意志和理智具有相同的范围、二者是同一的观点对笛卡尔等哲学家关于意志和理智有着根本性区别的看法进行了批判。

四　自由不是意志之特性

"自由"常常与"必然"和"偶然"紧密相关。我们要理解斯宾诺莎对"自由"的看法，我们必须将其与他对"必然"和"偶然"的界定联系起来。

关于"必然"，他说，"一物之所以称为必然的，不由于其本质使然，即由于其外因使然。因为凡物之存在不出于其本质及界说，必出于一个一定的致动因"①。

关于"偶然"，他说，"……说一物是偶然的，除了表示我们的知识有了缺陷外，实在没有别的原因。因为或者我们不知道一物的本质是否包含着矛盾，或者我们虽然明知它的本质不包含矛盾，却因昧于该物的因果关系，对于它的存在不能加以明确地肯定，这样的东西看来既不是必然的，也不是不可能的，因此我们便把它叫做偶然的或可能的"②。

在斯宾诺莎看来，"自然中没有任何偶然的东西，反之一切事物都受神的本性的必然性所决定而以一定方式存在和动作"③。也就是说，"万物都是必然地出于神的一定本性，并且其存在与动作都在一定方式下皆为神

---

① 斯宾诺莎：《伦理学》，前揭，第 32 页。
② 同上书，第 32—33 页。
③ 同上书，第 29 页。

的本性的必然所决定"①。

根据斯宾诺莎对必然与偶然的界定，根据他对心灵是思想的某种一定的样式这一阐释，我们可以得出这样的结论——心灵不能是自己的行为的自由因，我们的心灵没有绝对的意志或者说是自由的意志。那么，我们的心灵是如何活动的呢？在斯宾诺莎看来，我们之所以有这个意愿或那个意愿，这是被一个原因所决定，而这个原因又为另一原因所决定，而这个原因又同样为别的原因所决定。我们的意愿处于一个无限的因果链条之上。又因为神是绝对无限的实体，它具有能表示思想的永恒无限的本质的属性。所以，即使意志是无限的，它的存在与动作也肯定为神所决定，意志不是自由因，我们只能说它是必然的或被强迫的。斯宾诺莎进一步认为，意志无论是有限的或无限的，也同"欲望，爱情等一样，必须算作被动的自然，而不能算作能动的自然"。② 斯宾诺莎甚至认为，"意志并不是存在于自然之中的事物，而只是一种虚构，所以我就认为，没有必要去追问意志究竟是自由的，还是不自由的这个问题了"③。

传统的观点认为，自由和意志之间紧密关联。大致说来，斯宾诺莎之前的哲学家，对意志和自由之间关系的理解主要有两种："或者把自由设想为从事选择甚至创造的意志之能力，或者把自由设想为仿效某一模式而且把它付诸实现的能力。"④ 斯宾诺莎试图打断自由与意志之间的传统链条，他对自由进行了全新的界定，他说："凡是仅仅由自身本性的必然性而存在、其行为仅仅由它自身决定的东西叫做自由。"⑤

斯宾诺莎认为，自由并不属于意志的特性，意志也不是神的本质。既然"自然中没有任何偶然的东西"，那么必然性就是万事万物存在的唯一样态了。神不仅是自因，也是万事万物之因，万事万物都是出自它的本质，在它那里没有偶然性而言，因此，神是自由的。"确切解释自由的是由必然性决定的'内在'与'自身'。人们从来没有通过其意志及其所仿效的模式，而是通过其本质以及由此产生的东西成为自由的。……自由总

---

① 斯宾诺莎：《伦理学》，前揭，第 29 页。
② 同上书，第 30 页。
③ 斯宾诺莎：《神、人及其幸福简论》，前揭，第 219 页。
④ 德勒兹：《斯宾诺莎的实践哲学》，冯炳昆译，商务印书馆 2004 年版，第 100 页。
⑤ 斯宾诺莎：《伦理学》，前揭，第 4 页。

是与本质及出自本质的东西相联系，而不与意志及控制意志的东西相联系。"①

斯宾诺莎竭力解除那些足以阻碍人们正确理解意志从而理解事物之间存在着的诸多联系的成见。他将它们提出来用理性加以考验。

斯宾诺莎认为，人们生来就不理解决定一事物的原因；他们都有一种追求对自己有利的东西的欲望，并且能够意识到这种欲望。他们由于意识到自己有意志和欲望，便自以为是自由的，但这是一种误解，这是由他们对于那些引起意志与欲望的原因茫然不知所导致的。错误包含着知识的缺陷，"人之被欺骗由于他们自以为他们是自由的，而唯一使他们作如是想的原因，即由于他们意识到他们自己的行为，而不知道决定这些行为的原因。所以他们对于自由的观念，其实是由于他们不知道他们自己行为的原因；至于说他们的行为出于他们的意志，这纯是些没有思想的语句"②。

由于斯宾诺莎过多地强调了必然性，这就在一定程度上抹杀了偶然性。这样做导致的恶果就是，把偶然性的东西统统上升为必然性的东西，或者说把必然性的东西下降到偶然性东西的地位上。偶然性消失了，而必然性与理智相关，因此，强调理智而贬低意志成了他进一步推论的逻辑结果。由于斯宾诺莎坚持意志是被严格决定的，因此他的意志学说带有浓重的宿命论色彩。当然，斯宾诺莎也在从唯物主义的视角来理解意志方面，迈出了重要的步伐。

在斯宾诺莎看来，我们所生活的世界是一个被决定的世界，我们身边及我们身上所发生的一切都受到因果律的严格制约。我们的所谓自由行动并不是缺乏任何原因的行动，它们是由我们自己的思想观念所引起的。当我们对我们自己和周围的世界有了正确的理解，并按照我们的此种理解来安排我们的行动时，我们就是自由的。因为自由就在于理性的自我决定。"我们的心灵有时主动，但有时也被动；只要具有正确的观念，它必然主动，只要具有不正确的观念，它必然被动。"③ "心灵具有不正确的观念愈多，则它便愈受情欲的支配，反之，心灵具有正确的观念愈多，则它便愈

---

① 斯宾诺莎：《伦理学》，前揭，第 101—102 页。
② 同上书，第 75 页。
③ 同上书，第 98 页。

能自主。"①

　　人必须接受理性的规制。因为"心灵的主动只是起于正确的观念,而心灵的被动则只是基于不正确的观念"②。只有按照理性的原则去作为,人才有自由可言。只受情感或意见支配的人,与为理性指导的人有着很大的区别,"前者的行为,不论他愿意与否,完全不知道他所作的是什么,而后者的行为,不是受他人的支配,而是基于自己的意志,而且仅作他所认识到在他的生活中最为重要之事,亦即仅追求他所最愿望的对象"③。因此,斯宾诺莎将前者称为奴隶,将后者称为自由人。至于自由人的性格与生活方式,他作了这样的描绘:"自由的人绝少想到死;他的智慧,不是死的默念,而是生的沉思。"④ 因为纯粹依据理性的指导而生活的自由人不受畏死的恐惧情绪所支配,而直接地要求善,他的行动、生活都满足于寻求自己的利益的原则,并依此原则而保持自己的存在。所以他绝少想到死,而他的智慧乃是生的沉思。自由人会对他人向自己提供的帮助感恩,此种感恩是非常诚挚的。

　　斯宾诺莎说,"自由是一种德性或一种完善性"⑤,离开理性,不可能有任何自由。从而,努力保持和完善自己的理性,并成为每个人的天职。"我们的一切行为唯以神的意志为依归,我们愈益知神,我们的行为愈益完善,那么我们参与神性也愈多。"⑥ 认识到这一点,不仅足以使心灵随处恬静,且足以让我们明白,至善或最高幸福就在于知神,且唯有知神,才足以引导我们的一切行为符合这一准则——仁爱和真诚。

五　意志为平等奠基

　　斯宾诺莎把意志和冲动区分开来,并将意志和自然律关联起来。他认为,每一个自在的事物都要努力保持其存在。一物竭力保持其存在的努力

---

① 斯宾诺莎:《伦理学》,前揭,第99页。
② 同上书,第104页。
③ 同上书,第222页。
④ 同上。
⑤ 斯宾诺莎:《神学政治论》,温锡增译,商务印书馆2004年版,第15页。
⑥ 斯宾诺莎:《伦理学》,前揭,第94页。

不是别的，即是那物的现实本质。心灵具有清楚明晰的观念，或者具有混淆的观念，都努力在不确定的时间中保持其自身的存在，并且自己意识着它的这种努力。"这种努力，当其单独与心灵相关联时，便叫做意志。当其与心灵及身体同时相关联时，便称为冲动。"① 斯宾诺莎还指出，"所谓天然的权利与法令，我只是指一些自然律"②。换言之，人保存自身的意志是人的本质之一。

斯宾诺莎谈到了"意志力"这一概念。他认为，根源于与能认识的心灵相关联的情绪的一切主动行为，都可以称为精神的力量。精神的力量包含了意志力。"所谓意志力是指每个人基于理性的命令努力以保持自己的存在的欲望而言。"③ 因此，任何行为，只要它的目的是为行为者的利益服务，那么它便属于意志力。显然，意志力与自身利益相关，它的主要功能是自利。斯宾诺莎对意志力的此种界定与他的《伦理学》第三部分的命题六——"每一个自在的事物莫不努力保持其存在"④——所说的是相应的。

在斯宾诺莎看来，人具有保存自身的意志，这是天经地义的，它与自然相符合，是源于自然的、天赋的权利，因而是神圣不可侵犯的。"每个个体应竭力以保存其自身，不顾一切，只有自己，这是自然的最高的律法与权利。所以每个个体都有这样的最高的律法与权利，那就是，按照其天然的条件以生存与活动。我们于此不承认人类与别的个别的天然之物有任何差异，也不承认有理智之人与无理智之人，以及愚人、疯人与正常之人有什么分别。无论一个个体随其天性之律做些什么，他有最高之权这样做，因为他是依天然的规定而为，没有法子不这样做。因为这个道理，说到人，就其生活在自然的统治下而论，凡还不知理智为何物，或尚未养成道德的习惯的人，只是依照他的欲望的规律而行，与完全依理智的律法以规范其生活的人有一样高的权利。"⑤ 在此，斯宾诺莎不是把人的平等奠基在人的理智之上，而是奠基在人的意志之上。人的意志捍卫了人的尊严

---

① 斯宾诺莎：《伦理学》，前揭，第 107 页。
② 斯宾诺莎：《神学政治论》，前揭，第 218 页。
③ 斯宾诺莎：《伦理学》，前揭，第 149 页。
④ 同上书，第 105 页。
⑤ 斯宾诺莎：《神学政治论》，前揭，第 219 页。

和价值。这是斯宾诺莎关于意志的界定所具有的重大实践意义。"哲学史家普遍认为,希腊哲学中缺乏平等的观念,人人平等的观念是基督教贡献给西方世界的财富。"① 显然,斯宾诺莎也继承了这一宝贵的思想遗产。用人的意志为人的平等奠基,在这一点上,他和笛卡尔是一致的。

德国的弗里德里希·包尔生在《伦理学体系》中指出:"斯宾诺莎在他的遗著《伦理学》(1677年)中,以自我保存的概念为基础构筑了一个伦理学体系。"② 的确,包尔生的这个判断是正确的。在《神学政治论》中,斯宾诺莎再一次指出,"每一个事物都尽其所能地努力保持它的现有的存在,除了自身而不考虑其他事物,这是自然的最高规律。因此,每一个个体都有最高权力这样做,也就是(如我所述)按自然的规定而存在和行动"③。斯宾诺莎把努力保持自身视为最高的自然规律,因此,他没有忽视个体的自身利益。但是,他也并没有由此止步。"利己主义只是他在论证过程中的特定阶段出现的,或者说只是体系中的一个因素。"④ 斯宾诺莎绝对无法容忍将自身利益作为个体行为的主要动机。因为在他看来,如果我们仅仅满足于意志力的话,那么我们就会成为自私自利的人。斯宾诺莎提出了一个与意志力相对的概念——仁爱力——来对治或弥补意志力可能导致的弊病。仁爱力同样属于精神力之一种。他说,"所谓仁爱力是指每个人基于理性的命令,努力以扶助他人,赢得他们对他的友谊的欲望而言"⑤。因此,任何行为只要它的目的是为他人服务,那么它便属于仁爱力。斯宾诺莎对仁爱力给予了赞颂。我们从斯宾诺莎对意志力和仁爱力的区分中,既可看到功利主义伦理学的因素,也可看到义务论伦理学的因素。仁爱力概念的提出,为个体实现从自我保存到自我牺牲、从自利到利他的转变提供了逻辑可能。

---

① 李子群:《试论笛卡尔的 générosité 概念》,《广西大学学报》(哲学社会科学版)2010年第1期。

② 包尔生:《伦理学体系》,何怀宏、廖申白译,中国社会科学出版社1988年版,第166页。

③ 斯宾诺莎:《神学政治论》,前揭,第212页。

④ 谭鑫田:《知识·心灵·幸福——斯宾诺莎哲学思想研究》,中国人民大学出版社2008年版,第225页。

⑤ 斯宾诺莎:《伦理学》,前揭,第145页。

当代知识论中的证据主义及其问题

喻郭飞[*]

摘　要：证据主义（Evidentialism）是当代知识论中关于认知辩护的重要理论线索之一，其支持者认为：证据主义能够克服基础主义、融贯论、内在主义、外在主义等各种辩护理论的不足，并且能够很好地回应怀疑论的质疑。但是，由于很多证据主义的支持者持有"随附性证据主义"这一论题，并且在证据的类型和性质，以及证据对于不同认知者是否中立的问题上态度暧昧，人们针对证据主义提出了相应的批评。

关键词：证据主义　随附性　中立性

证据主义（Evidentialism）是近些年来在知识论中日益受到重视的一条研究路径。特别是 Richard Feldman 和 Earl Conee 在 2004 年出版他们的论文集《证据主义》以来，围绕证据主义的哲学讨论越发热烈。人们不仅从认知辩护的角度考察证据如何发挥作用，而且也开始将重心转移到考察证据本身的性质、类型，以及证据与经验主义、内在主义、认知责任之间的联系。由此，在同已有的各种认知辩护理论的交锋过程中，证据主义逐步分化，并引出了一系列有趣的新问题。

当代知识论中的证据主义指的是：

E_1 "一个认知者 S 能够在 t 时刻有根据地相信命题 p（为真），当且仅当 S 在 t 时刻的证据支持 p"[①]。

---

[*] 喻郭飞，男，云南大学人文学院讲师。

[①] Trent Dougherty, *Evidentialism and its Discontents*, New York: Oxford University Press, 2011, p. 88.

但是这样一种对于"证据主义"的刻画仍然显得不够清晰。人们一般将证据看成信念、经验、反思性的状态或者某种理性的洞见。当代知识论中的证据主义将认知辩护看成证据的一种功能,Feldman 和 Conee 认为,"在任何可能的条件下,一组证据能够完全决定对于什么样的命题持有何种信念态度在认知上是有根据的"①,他们两人被看作"强证据主义"的典型代表。当前围绕证据主义的争论主要集中在"认知辩护中所使用的'证据'这一概念的内涵"以及"证据对于目标信念如何提供支持"这两个重要的问题。

一 证据的类型与特征

1. 证据是什么?

"证据"一词在法庭、实验室、考古现场等不同场合都经常出现,它们的意义各不相同。这些非哲学的语境和知识论中对于"证据"概念的使用差异明显,哲学家们理解的"证据"一词的含义也千差万别。知识论中的证据主义思想具有一条悠久的历史线索,英国近代经验论哲学的代表大卫·休谟在《人类理解论》中就提出,"一个聪明人会按照其手头的证据来决定其信念";20 世纪分析哲学的先锋 A. J. Ayer 在《概率与证据》中指出,"一个理智的人会恰当地使用其理性,这意味着,他基于各种情况正确地评价了相关证据的效力"。罗素理解的证据主要是指感觉材料(sense data),蒯因理解的证据是感觉接收器所受到的刺激,威廉姆森理解的证据主要是已知的真命题所构成的集合,而 Feldman 和 Conee 将证据看成与目标信念(target belief)同时存在(concurrent)的真信念。"证据,不管具体是指什么,它是一种能够影响到一个认知者有根据地相信什么或者对他而言相信什么是合乎理性的事物。"② 在 Feldman 和 Conee 看来,所谓"证据"就是指个人当下的和倾向性的心灵状态、事件和条件,专家的证言、感觉经验、观察、回忆、反思、洞察、逻辑推理等都可以作

---

① Earl Conee and Richard Feldman, *Evidentialism: Essays in Epistemology*, Oxford: Clarendon Press, 2004, p. 101.

② http://plato.stanford.edu/entries/evidence/.

为持有某个信念的证据。

一般而言，人们对于"证据"这一概念之内涵的分析主要采取了一种还原论的方式，即将其还原为知觉经验或者记忆。而对于证据与目标信念之间的支持关系，人们主要是从一种规范性的角度来进行考察，也就是说，一个认知者所掌握的、与某个目标信念相关的证据只有符合某些特定条件的时候才为其合乎理性地接受这一信念为真提供了支持，人们对于这些条件的刻画是证据主义理论之可行性的基石。

哲学家关于证据本身的刻画主要采取了内在主义和外在主义的两大路径。内在主义者认为，一个认知者所拥有的、能够为其某种信念状态提供认知辩护的证据对其自身而言必须是内在的、可通达的，它作为意识的对象是基础性的，并且依赖于认知者的心理活动。而外在主义者一般是将感觉经验看成认知者做出知觉判断的证据，它是经验知识的终极来源。人们对于证据的刻画主要关注三个方面的特征："1. 涉及某种表征状态；2. 必须在推理和思维的过程中能够发挥积极作用；3. 必须具有真理的指向性。"[1]

2. 如何把握证据？

尽管按照 Feldman 和 Conee 的划分方式，证据涉及各种不同的内容和形式。但是如果从把握证据的角度进行划分的话，那么就不过是两类：当下的证据和过去的证据。对于当下的证据，比如说直接的感觉经验，认知者可以用内在的、直接的方式理解其意义并判断其真假。在一个炎热的夏天，一个人走在马路上，"我感觉很热"能够被其直接把握并且能够作为其相信"今天天气真热"的证据。而对于过去的证据，比如说记忆，它对于认知者的逼真性以及确定性就依赖于其记忆力的好坏、时间距离的长短，等等。

3. 证据对命题态度的支持关系

在弄清证据的类型以及人们把握证据的方式这些问题之外，更为复杂

---

[1] John Greco, *Achieving Knowledge: A Virtue – Theoretic Account of Epistemic Normativity*, New York: Cambridge University Press, 2010, pp. 59—60.

的一个问题是：证据对于认知者所持命题态度的形成究竟起到什么作用？

如果任何严格意义上的证据都是指向真理的，那么对于一个目标信念的辩护就涉及认知者所拥有的证据为真如何导致其目标信念为真。换言之，证据主义者是否会承认闭合原则（closure principle）为真。即，如果认知者 S 拥有关于命题 p 为真的证据 e，那么 S 就有理由相信 p 为真；而如果命题 p 逻辑上蕴含命题 q，那么此时的证据 e 是否能够使 S 相信 q 为真？

如果证据本身指向一个认知者接受某个目标信念（为真）所涉及的合理性，那么，一个认知者对于目标信念的辩护主要关注的就是相关证据在何种程度上保证他（她）接受该目标信念为真是合乎理性的。这里既涉及证据的类型和数量对于主观置信度的影响，也涉及认知合理性概念本身的刻画（限于篇幅，本文难以具体讨论这些问题）。当然，证据还可能具有更高的指向，即指向知识本身。那么，这就涉及一个认知者依据相关证据所辩护的信念在何种意义上能够确保满足"知识"概念的标准。一些认同"葛梯尔问题"的哲学家认为，无论如何，对于证据的把握都难以和知识本身画等号，因为任何认知者都无法以先验的方式保证他所持有的证据与相关的知识之间是充分必要条件的关系。

二 证据是中立的么？

一个关于证据主义十分重要而有趣的问题是：证据是否是中立于认知者本身的？换言之，我们经常可以发现不同的认知者在面对看似相同的证据的时候做出了不同的认知判断，因而产生了认知分歧。那么在这样一个过程中，究竟是某些认知者对证据本身做出了错误的考量，还是不同的认知者实际上可以合乎理性地保持认知分歧呢？根据"认知者中心化的观点"（agent centered viewpoint），两个对于彼此认知状态有充分了解的人，他们即便在信念形成的过程中并未发生错误，但是仍旧可能产生合理的认知分歧。因为证据并不是中立于认知者的，相反，人们对于相同证据的权衡是不一样的。

而根据"认知者中立化的观点"（agent neutral viewpoint），所有认知辩护的规范对于每一个具体的认知者都是中立的。换言之，面对相同的证据,不同的认知者对于同一命题所形成的不同命题态度中一定有一些是合乎理性的,而另一些则不合乎理性。但是,人们在直观上却愿意相信不同的人可以关于同一命题形成合理的意见分歧。那么,我们的疑问就是:什么原因使得同一证据对于不同的认知者产生了不同的认知效力(epistemic force)?

为了回答上述问题,一些人习惯于用伦理学中关于同一事件的意见分歧来类比我们在认知活动中的意见分歧,希望说明这类分歧的不可避免及其内在的合理性。但是我们需要特别注意的是,伦理学中的意见不一并不必然蕴含分歧的各方谁对谁错,因为至少对于很多人而言,伦理学判断与事实无关(不承认 moral fact 的那些人)。价值判断可以相对于行动者发生变化,甚至认知辩护也可以相对于认知者发生变化,但是"知识"概念中所涉及的真理不行。所以,任何一个认知者似乎都默认在面对相同证据的情况下,他自己拥有更为充分的理由做出正确的判断,特别是涉及自身经验的一些命题,这也是所谓的"自明性"对于认知者本人的偏向。

但是,如果证据主义是一种规范性的认知辩护理论的话,那么其规范性就应该体现在——它说明了在各种不同的认知条件下,一个认知者究竟应该相信什么为真。一方面,心灵的证据主义(Mental Evidentialism)强调认知者对于自身所把握的证据具有一种第一人称的、特殊的可通达性,并且他们还坚持命题态度之于证据的随附性论题。另一方面,如果我们坚持证据的"认知者中立化原则",那么就不应该承认有合乎理性的认知分歧。所以,笔者认为证据主义者同时承认证据的"随附性论题"与证据的"认知者中心化"原则将会引起严重的问题,他们的出路应该是坚持证据的"认知者中立化"原则。

三 证据与内在性

1. 证据、心灵与自明性

按照 Feldman 和 Conee 的理解,"新证据主义首先是一种改良的内在主义。但它与主流内在主义的最大区别在于(它)抛弃了主流内在主义的逻辑前提:义务论。而且,这种改良的内在主义是一种彻底的心灵主义"①。

一般而言，关于认知辩护的内在主义立场把对信念的辩护归结为"内在于心灵"的活动，并且认为信念的辩护完全是人类心灵所具有的"内在状态"的某种功能，它是一个建立在心灵内部活动基础上的过程。因此，他们提出了心灵的证据主义（Mental Evidentialism）：一个认知者 S 关于某个信念 p 的基本证据或者理由仅仅取决于刻画其心理状态的相关命题。Feldman 和 Conee 强调这一点和他们反对以 Alvin Goldman 为代表的、关于认知辩护的外在主义立场密不可分。

与此同时，Feldman 和 Conee 为了进一步突出证据主义立场所带有的内在主义色彩，他们提出了"看似如此的证据主义"（Seeming Evidentialism，简称 SE），即将关于命题 p 的证据的范围限定在认知者 S 能够意识到、并且看似支持 p 为真的那些事物。但是他们对于 SE 的辩护并不是通过指明 SE 是自我认可的（self-affirming），而是希望借助相关的证据或者好的理由表明 SE 为真。针对内在主义或者说 SE 论题本身的一条重要反驳是：一个认知者所持有的观点的合理性并不仅仅取决于那些从其自身角度看是可信的或者已被证实的证据，相反，它取决于认知者的命题态度满足事实上所需的、关于相关命题为真的辩护条件。人们需要严肃地考虑当证据不足或者主观偏见起主导作用的时候，认知者 S 是否真的会相信命题 p 为真，况且认知者 S 在某个具体时刻 t 所拥有的共时性证据对于命题 p 的支持可能与历时性证据对于命题 p 的支持发生偏差。"自明性与真之间的分离使得对于主观感觉来说是显而易见的信念缺乏确定性、必真性，因此有些知识论者把它们排除在基础信念之外。"②

另外，证据主义者偏爱内在主义立场还根源于他们一般持有 PAI（Privileged Access Internalism）立场，即认知者 S 知道命题 p 为真是依据其反思、先验直觉或者从其已有的知识中推出。这里的证据是内在于认知者 S、并且构成了 S 的心理活动的一部分内容。但是问题在于，知识在模态上要求与世界之间存在紧密联系，而这种关系显然不是依赖于内在于单

---

① 陈英涛：《确证·证据·怀疑——评费德曼与柯内的新证据主义》，《哲学动态》2011 年第 3 期。

② 曹剑波：《坚信还是轻信：证据主义的困境与出路》，《学术月刊》2010 年第 5 期。

个认知者的事物。"在后葛梯尔的时代,没有哪个人会相信知识可以仅仅被理解为获得内在辩护的信念。而'内在于认知者'这一事实不足以确定与知识论意义上的规范性地位相关的事实。"[①] 换言之,证据对于命题为真以及命题态度的支持关系应该是客观的,它不应该是只向认知者自身开放的、私人性的内容。

2. 证据、自主性与认知责任

传统的证据主义理论一方面重视内在性,因为在他们看来,能够通过内在的方式把握证据、确定其真值并说明证据与目标信念之间的支持关系是认知者能够发挥其在认知活动中之自主性的最有效的保证,进而为认知责任的实现奠定了基础。但是另一方面,由于一般意义上的内在主义辩护理论受到了许多批判,所以他们希望通过抛弃内在主义中义务论的要素来避免外在主义关于"内在主义可能会滑入唯意志论"的攻击。这样一来,内在主义的证据主义者就面临着一种两难的局面:Feldman 和 Conee 最初希望从证据主义中剥离义务论的要素以避免外在主义的一些批评,但是他们在面对实用主义者的质疑的时候又回头强调认知责任的重要性。而在现实生活中,特别是在没有证据、或者证据不足的时候,人们仍旧需要相信某个命题为真的情况比比皆是。

四 证据与真理

当前关于证据主义的研究趋势是从知识论中分离出许多传统的议题,讨论其独立的价值,比如围绕认知规范的讨论就注重考察认知责任和证据之间的紧密联系。而围绕证据主义的具体争论中最核心的问题并不是证据主义本身的真假,而是证据的性质以及证据对于信念状态的支持关系究竟是怎样的?等等。

根据 Keith Lehrer 的理解,关于证据主义的说明中十分重要的一点是,"对信念的辩护取决于认知者的能力,即,他要能够可靠地评估其拥有的

---

① Trent Dougherty edits. *Evidentialism and its Discontents*, New York: Oxford University Press, 2011, p. 174.

证据与目标信念之间的关系"[1]。具体而言，一个认知者需要在某个时刻根据手头的证据来决定其对于一个命题 p，究竟应该在"相信 p 为真"，"相信非 p 为真"，"对 p 的真假不置可否"这些选项里选择哪一个。这里的关键问题不在于命题 p 事实上的真假，而在于认知者手头的证据对其持有的相关命题态度的支持关系。我们前面已经提到，不少人认为，一个命题 p 对于认知者 S 而言"看似为真"或者"认知者 S 认为 p 是真的"这样的理由能够为其合乎理性的相信 p 为真提供充分的根据。但是我们仔细分析就会发现，仅仅依靠"认知者 S 主观地认为信念 p 为真"这一事实并不能为其合乎理性的相信 p 为真提供充分的理由，因为认知者 S 也有可能会主观地认为信念 p 为假；更重要的是，依靠二阶的、正面的命题态度为一阶的命题态度做正面的支持的方法面临着无限回溯（infinite regress）的问题，二阶的命题态度本身可能也需要新的、更高阶的支持。如果"证据"被定义为"得到辩护的信念"，而"得到辩护"这一概念又是指"根据证据"（相信其为真），"那么，根据证据主义的论题，我们就会陷入回溯难题之中"[2]。如果我们进一步考虑目标信念所涉及命题的模态地位的话，那种"看似为真的证据主义"立场显然不足以保证认知者所持有的命题态度是有根据的。

所以在此意义上，有效的认知辩护对认知者至少提出了两个层面的要求，其一是确定证据所涉及的命题以及目标信念所涉及的命题都为真，其二是确定证据为真与目标信念的关系，即一个认知者所持有的证据的确为其相信某个信念起到积极作用。目前，不少人将证据理解为"对于真理的指示"，这一点和可靠论的辩护理论十分接近，因此有人试图在证据主义和可靠论之间寻找一条关于认知辩护的中间道路。[3]

五 对证据主义的批判

尽管近些年来，知识论中涉及证据主义的讨论相当热烈，但是关于证

---

[1] Trent Dougherty edits. *Evidentialism and its Discontents*, New York: Oxford University Press, 2011, p. 56.

[2] 陈莹：《如何理解证据主义》，《自然辩证法研究》2013 年第 1 期。

[3] See J. Comesana, Evidentialist Reliabilism, *Nous* 94, 2010, pp. 571—601.

据主义能否像它的支持者所宣称的那样克服以往诸多认知辩护理论的弊端,从而有效回应怀疑论质疑这一问题,学术界分歧严重。笔者认为,证据主义至少面临着以下难题:

1. Easy Knowledge 问题

不少人认为证据主义本身并不是一种具体的认知辩护理论,因为任何一种辩护理论都需要考察认知者所掌握的证据对目标信念的支持关系。换言之,Feldman 和 Conee 只是用一种迂回的方式表明证据主义能够避免其他许多辩护理论的缺陷,但是他们却并未直接从正面来论证证据主义如何回应怀疑论的质疑,因而证据主义不足以说明什么才是真正的认知辩护。

比如说,一个信念可以满足证据主义的标准却不符合相关的认知辩护条件,因而可能会产生 easy knowledge 的情况。并且,至少在 Feldman 和 Conee 的表述中,他们对证据概念的刻画并不严格。如果过于宽泛,那么就不能满足人们大部分的认知功能;而过于苛刻的标准又可能会把人们通常认为合理的信念排除在知识的范围之外。此外,Feldman 和 Conee 的证据主义理论并不关心证据的来源,不管它们是来自认知者自身的严肃探究还是机缘巧合,这样就没有能够在"应然的证据"和"实然的证据"之间做出区分。它所导致的后果就是:某个认知者在一个具体时刻依照特定证据所接受的信念可能本身并不是真信念,而是"两害相权取其轻"的结果。这样他(她)就没有担负起其应该承担的认知责任。我们可以用下述方式表示"应然的证据"和"实然的证据"之间的区别:

E2 "一个认知者 S 能够在 t 时刻有根据地相信命题 p(为真),当且仅当对 S 而言,他在 t 时刻所拥有的证据支持 p"。

E3 "一个认知者 S 能够在 t 时刻有根据地相信命题 p(为真),当且仅当 S 在 t 时刻所拥有的证据事实上支持 p"。

从 E2 与 E3 的区别中,我们可以分辨出"实然的证据"与"应然的证据"究竟能否真正提供对于一个信念的认知辩护。但是,如果那些"应然的证据"与目标信念之间的关系十分隐秘、难以察觉的话,关于证据的内在主义说明就面临着严重的挑战。尽管如此,证据主义的支持者们仍旧不愿意排除认知者对于证据本身的这种自主的把握(autonomous access),因为这涉及他们的认知责任的评价以及认知德性的实现。换言之,碰巧获得的真信念以及相关的命题态度与知识和认知辩护无关,而只有体现了认知者自主性(epistemic agency)的辩护过程才能够进行认知评价,这就使得证据主义者在"证据的内在性"问题上面临两难局面。

2. "well-founded" 与随附性论题

为了说明证据对命题态度的支持关系,证据主义者引入了"well-founded"(具有良好根据的)这一概念,他们给出的定义是:

认知者 S 在 t 时刻关于命题 p 的态度 D 是有良好根据的,当且仅当,

(1) 在 t 时刻对命题 p 持有态度 D 对于 S 而言是有根据的,并且

(2) S 在 t 时刻对命题 p 持有态度 D 是基于相关的证据 e;

(a) S 在 t 时刻拥有证据 e;

(b) 对命题 p 持有态度 D 符合证据 e,并且

(c) S 在 t 时刻并不拥有证据 e,使得 S 对命题 p 持有态度 D 与证据 e 相冲突。[①]

在证据主义者看来,一个认知者的某个信念能够被看成是知识的前提是他持有这个信念"具有良好依据"(well-founded)。首先,至少在知识论的讨论范围内,对命题态度的辩护和对命题本身的辩护具有同等重要的意义。其次,一个认知者可能相信某个得到辩护的命题(为真),但是"如果我相信一个命题是基于某个错的理由,那么我的信念就不等于知识"[②]。

这里需要注意的一点是,以上关于"well-founded"的定义并不严密。如果我们从严格的角度来理解条件(c),即要求一个认知者在拥有正面证据的同时还必须排除所有可能的、支持相反命题态度的证据。这就会给认知者设置过重的辩护责任,因为这一标准不管在理论上和实践上都是很难达到的。而如果我们考虑下述情况,即一个认知者可能会忘记他(她)最初相信某个命题为真的时候所依赖的证据,这样的话,我们就应该对条件(2)做一种宽泛的解读,而这种做法又有可能会威胁到证据主

[①] John Greco, *Achieving Knowledge: A Virtue - Theoretic Account of Epistemic Normativity*, New York: Cambridge University Press, 2010, p.59.

[②] 陈莹:《如何理解证据主义》,《自然辩证法研究》2013 年第 1 期。

义的随附性论题。所谓的"证据主义的随附性论题"是指：认知规范性的相关事实随附于证据的相关事实。

证据主义的随附性论题几乎成为所有证据主义支持者的共识，因为在他们看来，一个认知者 S 关于命题 p 所形成的命题态度 D 仅仅取决于其所持有的证据 e。对此，可靠论者提出了三点重要的反驳：第一，只有当认知者 S 关于命题 p 的信念是通过一个可靠的认知过程形成的，他（她）关于命题 p 的信念才具有知识论意义上的规范性地位；第二，一个认知者所持有的信念是否是可靠地形成的并不完全是他（她）的相关证据或者证据关系所形成的一个函数；第三，知识论意义上的规范性地位并不完全是一个认知者的相关证据或者证据关系所形成的一个函数。

对于可靠论者而言，在关于信念的辩护过程中，证据本身并不是最重要的，因为它们仅仅是作为获取这样一种可靠的信念形成关系的手段。换言之，在人类的认知活动中，可靠的认知机制涉及可靠的证据仅仅是一个偶然的事实。而对于外在主义者而言，他们早已放弃了给予怀疑论者一个满意回答的目标，在社会性的背景下考察知识与提出理由的关系并不要求认知者明确地提出他（她）相信某个命题为真的理由。因而在 John Greco 看来，并非所有知识都要符合证据主义的模型；证据主义本身面临着两大难题：第一，它缺乏心理学上的可信性。换言之，许多记忆性的、反思性或者先验性的知识并不能在上述关于证据的刻画框架内得到很好的说明。第二，它还面临着当代认知科学的挑战。当代的认知科学发现，诸如知觉能力在获取真理方面的可靠性并不仅仅是个体层次表征获得的一种功能，它还涉及人际间的信息输入，甚至还可能涉及一些非表征层次的过程。

所以，总体而言，证据主义并不像它的支持者所宣称的那样前途一片光明。尽管它以某种迂回的方式解决了先前的认知辩护理论所面临的一些问题，但是在"证据"概念的定义、证据对命题态度的支持关系等问题上所面临的挑战，使得证据主义能否成为一种有效的认知辩护理论变得扑朔迷离，这也成为人们继续讨论证据主义的动力。

参考文献：

[1] 曹剑波：《坚信还是轻信：证据主义的困境与出路》，《学术月刊》2010 年第 5 期。

[2] 陈英涛:《确证·证据·怀疑——评费德曼与柯内的新证据主义》,《哲学动态》2011 年第 3 期。

[3] 陈莹、丛杭青:《证据概念的历史演变及其认识论重构》,《厦门大学学报》(哲学社会科学版) 2011 年第 2 期。

[4] 陈莹:《如何理解证据主义》,《自然辩证法研究》2013 年第 1 期。

[5] Earl Conee and Richard Feldman, *Evidentialism: Essays in Epistemology*, Oxford: Clarendon Press, 2004.

[6] John Greco, *Achieving Knowledge: A Virtue-Theoretic Account of Epistemic Normativity*, New York: Cambridge University Press, 2010.

[7] Laurence Bonjour, *The Structure of Empirical Knowledge*, MA: Harvard University Press, 1985.

[8] Laurence Bonjour, *Epistemology: Classic Problems and Contemporary Responses*, Second Edition, MD: Rowman and Littlefield Publisher, Inc. 2010.

[9] Trent Dougherty edits. *Evidentialism and its Discontents*, New York: Oxford University Press, 2011.

[10] Daniel M. Mittag, *Evidentialism: Concepts, Content, and Epistemological Unity*, PhD Dissertation, University of Rochester, New York, 2009.

· 哲学与现实问题研究 ·

触及人性根基 再造社会本质
——云南省开远市雨露社区戒毒模式的哲学解析
李 兵[*]

摘 要：本文在实地调研、走访和相关资料的基础上，从哲学的视域，对雨露社区戒毒模式进行了分析，揭示了该社区作为一个专门为戒毒康复人员设立的特殊社区，在理念、模式、管理和社会治理等方面的创新，认为其最有借鉴价值的地方在于：触及了人性的根基，有利于再造戒毒康复人员的社会本质。文中涉及或引用了雨露社区的一些具体经验和做法，但是并没有刻意地去关注其具体做法和细节，因此，与其说是对雨露社区戒毒模式的经验总结，毋宁说是对这种戒毒模式何以可能的追问和反思。

关键词：雨露社区 戒毒模式创新 哲学解析

引 言

开远市位于我国云南省红河哈尼族彝族自治州。这个只有30多万人口的边疆小市，在计划经济时期曾经是云南省，乃至全国有名的化工、建材、煤炭等工业重镇，20世纪初通车的滇越铁路穿城而过，昆河公路、323国道途经境内，是连接滇中和滇东南的重要交通枢纽。特殊的地理位置和相对发达的工业基础，在给开远带来良好发展条件的同时，也使这座小城遭受了嬗变的伤痛和折磨。20世纪80年代末90年代初，由于受国际毒品潮泛滥的影响，开远一度成为毒品猖獗的重灾区，1991年，登记

---

[*] 李兵，男，云南大学哲学系教授，主要研究方向为马克思主义哲学。

在册的吸毒人数达到2133人，给社会稳定及青少年的成长造成严重影响，当时有139位中学生家长在一位医生家长的倡议下，联名向时任总理写信请求救救孩子。随着一系列强制戒毒所的建立，吸毒人员持续增长的势头得到了遏制，但是吸毒人员经过强制戒毒后，一旦回到社会复吸比率非常高，屡戒屡吸的情况十分普遍。众所周知，毒品这个恶魔摧毁的不仅是人的身体，更是人的意志和心灵。生理脱毒随着科技的进步已逐步得到解决，但心理脱毒依然是一个全世界都感到棘手的问题。如何破解这一难题？如何拯救一个个正在被毒魔吞噬的生命？如何挽救一个个因吸毒而被摧残的家庭？如何遏制因吸毒引发的各种违法犯罪？如何通过从根本上解决复吸问题而给社会换来安宁与和谐？开远市雨露社区开创的独具特色的社区戒毒模式，不仅为解决上述问题提供了有益的经验和启示，而且为人类依靠社会力量战胜毒品展示了某种令人惊喜和振奋的可能性。

一　人性复苏——理念创新

> 劳动创造了人本身。
>
> ——恩格斯

1. 直面人性的沉沦

接触过吸毒人群的人都知道，一个吸毒成瘾的人，在身体不断受到毒品侵害的同时，精神和人格也会受到严重的摧残。据相关研究显示，吸毒成瘾2年以上的人，其社会属性几近泯灭。一方面，他们自己会游离于过去的社会圈子之外，脱离正常的社会生活，成天只会围绕毒品转，为了吸毒或获取毒资，可以不择手段；另一方面，由于吸毒人员对家庭和社会造成的伤害，使他们往往众叛亲离，有如过街老鼠，成为人们普遍拒斥和厌恶的对象。双向的排斥力，加速了吸毒人员社会本性的丧失和人性的沉沦。

在接受记者采访时，戒毒所负责人对戒毒所成立初期的情景作了这样的描述：

> 一座老楼、一个球场、150名戒毒人员。管理模式从1995年建

所就是"一收、二看、三关押、四放走"。

每天8:30分,"放风"了。从铁窗、铁门、铁丝网内走出来的,一看就像《南征北战》中的残兵败将。150名戒毒人员,只有50人能小跑步。当时的戒毒场所,活动范围小,没有戒毒经费,能交得出戒毒生活费的吸毒人员仅占20%。因此,戒毒人员大多营养不良,要么全身水肿,脚不能穿鞋;要么因注射毒品肌肉萎缩,大小腿一样细。从整体看上去,不水肿的人,也一个个黄皮寡瘦。没有经费的情况下,150人要收戒3个月,实在不易!"放风"的目的,就是晒太阳。却只见一些低血糖的年轻人在太阳下"嘭嘭"倒下。抢救,手一伸上去,发现满身的虱子。衣服脱下,全是青块紫块的伤痕。一查,"室霸"打的……

一名多次想逃跑的戒毒人员对所长说:"所长,不是在不得,是饿得害怕。"当时的伙食是每顿每人三两饭一个菜,限量。南瓜打到最后就只剩了汤……

戒毒所领导组织民警大清室。短短一天就清出20多支在室内共用吸毒的注射器,一追查,发现这些东西来自戒毒人员亲友送来的衣物中或是看病时从医务室偷的。毒品则放在皮鞋的钢板下,放在胸罩海绵中,后来发展到毒品从耳朵、头发、肛门中或含在嘴里带进戒毒所。过去民警清室时,他们就把注射器藏到厕所的坑道下。

"他们对毒品的需求,胜过生命!""为此,戒毒所出台了各项相应的管理制度,在收新戒毒人员时,不得不增加了漱口、梳头、扩肛等检测方法,才净化了戒毒所的有毒环境。"

把当时戒毒所的情形比喻为"地狱",可谓一点都不过分。我们不难想象:十几平方米的大通铺号室,聚集着10余名近乎疯狂的戒毒人员,撕心裂肺的号叫和失去理智的举动令人不寒而栗;放风时随地便溺的行为表明这些人完全丧失正常人起码的廉耻;恶劣的卫生习惯和长期吸毒所引起的身体变化,使他们身上散发出一股令人恶心的臭味;因戒断反应引起的自残自伤行为,让管理人员承受着巨大的心理和社会压力;有限的警力和相对简单的管理方式,使戒毒人员与管理民警的关系日益紧张;经费拮据导致条件难以改善,甚至难以维持戒毒人员的正常伙食,进一步增强了他们对强戒的对立情绪；而强戒结束回归社会后居高不下的复吸率，不仅让人对这种戒毒模式的效果产生质疑，也不断考验着管理人员对这项工作的信心和耐心……总之，各种矛盾已经积聚到了不得不引起相关管理部门高度关注的地步。

这就是 20 世纪 90 年代中后期开远市强制戒毒所面临的严峻形势。

2. 寻找人性重建的根基

吸毒给人造成的损害，莫过于导致吸毒者人性的沉沦。来自全世界的戒毒经验表明，吸毒人员生理脱毒相对比较容易，只要辅之以科学的方法和手段，一般人在 2 周内即可通过强制完成生理脱毒的过程，但要从心理上戒断毒瘾，就十分困难了，多数经过强制戒毒的人员，只要回到有毒环境，很难凭借自己的意志和能力抵御毒品的诱惑，保持自身的操守，总是时间不等地走上复吸的老路。不少吸毒人员屡戒屡吸，反反复复，最终彻底打碎了身边亲人和本人对戒毒的信心，要么因过量吸毒或因吸毒诱发的疾病夺去性命，要么在穷困潦倒和毒瘾折磨下自残而死。更为严重的是，吸毒人员不仅把自己完全变成了非人，没有任何做人的尊严和人格，不惜以烂为烂、破罐破摔，而且，为了得到毒品或毒资，他们会做出任何违法犯罪行为，加之吸毒人员还是艾滋病等传染性疾病的高危人群，对他人的人身财产安全和社会安定构成了巨大威胁。

吸毒既是一种躯体对毒品的生理性依赖，也是一种人格出离正常状态的社会性行为。从生理脱毒易，心理脱毒难的意义上讲，它更应当被界定为一种社会现象。在这种现象中，"社会建构"往往起着决定性的作用。吸毒（包括制毒、贩毒）只会发生在人类社会，并表现为社会人的反社会行为，本身就说明它与人类社会的某种建构存在着十分密切的内在关系。因此，探索戒毒的途径，除采取"以毒攻毒"的药物维持治疗方式和惩戒性的强制措施外，还必须着眼于人类自身的"本性"和相应的社会机制。既然吸毒人员与正常人最大的区别就在于其社会属性的缺失和人性的扭曲，那么，要让他们重新回归社会，就必须从重建他们的人性入手。

何谓人性？人何以为人？这是一个千百年来被哲学家们不断追问的问题。无论是中国以儒家学说为代表的"性善论"，还是西方以基督教为代表的"性恶论"，都把人性视为某种与生俱来的、凝固化、抽象化的东西。其实，人作为自然的存在物，本身并不存在所谓一成不变的人性。作为人的本质属性的社会性，是后天生成的，确切地说，是在一定的历史条件下通过参与社会性的活动而逐步培养起来的。马克思恩格斯深刻指出："一当人开始生产自己的生活资料的时候，这一步是由他们的肉体组织所决定的，人本身就开始把自己和动物区别开来。""人怎样表现自己的生活，他们自己就是怎样。"（《马克思恩格斯选集》第 1 卷，人民出版社1995 年版，第 67 页。）现代著名德国文化哲学家卡西尔，在回答"人是什么"的问题时，表达了与马克思恩格斯大致相同的观点，他写道："如果有什么关于人的本性或'本质'的定义的话，那么，这种定义只能被理解为一种功能性的定义，而不能是一种实体性定义。我们不能以任何构成人的形而上学本质的内在原则来给人下定义；我们也不能用可以靠经验的观察来确定的天生能力或本能来给人下定义。人的突出特征，人与众不同的标志，既不是他的形而上学本性也不是他的物理本性，而是人的劳作（work）。正是这种劳作，正是这种人类活动的体系，规定和划定了'人性'的圆圈。"（卡西尔：《人论》，上海译文出版社 1985 年版，第 87页。）人性的根基就存在于人创造自己的物质生活、生产自己的生活资料的活动之中。

吸毒人员的人性沦丧，既与他们的生理机能受到了毒品的强制有关，也与他们因此脱离了人的正常生活，尤其是脱离了社会化的生产活动有关。重建他们人性的唯一路径，就是让他们逐步进入到自己创造自己生活的劳动状态。

3. 找准人性复苏的起点

劳动创造了人本身，这是马克思主义的一个基本观点。尽管这个近乎常识的思想为人们耳熟能详，但极少有人真正将其用于思考和解决人的具体问题。人们在面对各种实际问题时，最容易犯的一种错误就是就事论事，往往会在一些操作和技术的层面纠缠，而忽视了解决这些问题的基本方向和原则。开远市雨露社区之所以能开创一种新的、较为成功的戒毒模式，就在于他们找到了问题的根本或原点，也就是抓住了促使吸毒人员人性回归的关键。

首先，如何看待和定位吸毒人员，是创新戒毒模式的出发点。吸毒人员无疑是违法者，是既害己又害人的社会越轨人员。然而，他们也是误入歧途的受害者，是肉体和精神都受到毒品损害的特殊病人。从他们的生存状况来看，由于受到社会的普遍歧视和排斥，他们还是处于弱势地位的特殊社会群体。能否用"以人为本"的观念看待吸毒人员，用人性化的方式构建戒毒新模式，不仅关系到强制戒毒工作的正常运转和管理民警与戒毒人员紧张关系的缓和，而且关系到戒毒工作的效果和对吸毒人员的有效挽救。只有把吸毒人员当人看，给予他们人的地位和尊严，尽可能为他们创造适宜人生存的环境和条件，引导他们从事力所能及的社会劳动并承担起自己的生活责任，才能逐步激发起他们身上已经暗淡的人性火花。开远市强制戒毒所迈出的第一步，就是采取了以下措施：一是打击所头戒霸，深入查处违法犯罪案件，为戒毒人员营造正常、平等、安全的所内秩序；二是改善生活、卫生条件和生存环境，转变生活方式，为吸毒人员提供良好的生活环境；三是引进生产劳动项目，逐步从以人管人的方式向以生产劳动为载体的管理方式转变；四是转变管理理念，把戒毒人员定位为特殊的受害者和病人，建立平等对话、互动管理的平台。

其次，准确把握吸毒人员的生存状态，是破解复吸率居高不下的关键。传统的戒毒模式是，"一收、二看、三关押、四放走"，复吸率非常高，这几乎成为一种恶性循环，全世界至今未破解这一难题。开远市强制戒毒所在长期的戒毒实践中认识到，吸毒人员实际已经成为一个特殊的社会"亚文化群体"，他们有自己不同于常人的生活方式，处于高度边缘化的状态。有关负责人对吸毒人员的生存状态作出了这样的分析：

根据我们的追踪调查，吸毒人员在社会中面临着一种特殊的选择。一方面因吸毒及所滋生的违法犯罪和各种传染性疾病使其被人们所厌恶、愤恨，他们处在无业、失意、远离正常社会、被严重边缘化的社会状态中。同时，以吸毒为全部生活目标的生存方式使他们对毒品之外的任何事物都漠不关心，一个持续吸毒两年的人，其社会属性基本消退，正常人所具有的社会属性，在他们那里几乎没有了，即使强制戒毒后，这些社会属性也不会完全恢复，社会属性严重缺失，使他们对外部社会感到陌生和恐惧；另一方面又因为吸毒人员具有共同的生存方式、价值观念、社会境遇等等，使其很容易聚集在一起，形成一个亚文化群体，他们把这个群体所构成的一切视为赖以生存的社会条件，这个群体对吸毒人员具有很强的吸引力。吸毒人员就生活在这样的特殊社会环境之中，他们既面对着社会的强烈排斥和自身无力融入社会的困境,又被他们熟悉的吸毒人群所吸引,其结果往往使他们一次又一次地重返吸毒人群,周而复始地复吸。

最后,开展生产劳动,是恢复吸毒人员社会属性的根本途径。生产项目的引入,是开远市强制戒毒所的一大创举。随着越来越多的戒毒人员开始参与生产劳动,戒毒人员的精神面貌和人生态度开始发生悄然的变化,这种变化绝不是偶然的,其中蕴含着深刻的哲理和对戒毒工作极富启迪性的价值。生产劳动对戒毒人员来说,至少具有以下方面的意义:其一,使他们的人性得以体现。劳动,即使是简单劳动,也能激发起人的生命活力和创造性,它会使人感觉到自己是在以人的方式存在,进而唤起自己作为人的意识。其二,使他们的价值得以彰显。任何劳动都是人的本质力量对象化的活动,都是创造价值的活动。人在对象化的活动中可以从自己的产品中不断直观到自己人的本质,可以感受到作为人的自由和创造,从而在创造社会价值的同时,确认自己作为人的价值。其三,使他们的交往得以展开。在现代社会条件下,任何生产都是社会化的活动,人的社会属性正是在社会化的生产活动中逐步形成的。劳动产品是个人与社会发生联系的纽带,因而也是个人融入社会并获得社会承认的基本条件。同时,生产的过程又是一个协作的过程和与他人发生直接联系的过程,在生产劳动中,人与他人的关系会以不以人的意志为转移的方式表现出来,使人被迫进入交往(流)状态,并切身地感受到社会关系的客观存在。其四,使他们的尊严得以恢复。人只有在受到他人尊重时,才会逐步培养起自重。劳动是最能显示人的尊严的方式。随着劳动逐步从强制转化为自愿,劳动成果不断得到他人和社会的承认与认可,人的尊严就会被唤醒,人格就会复苏。与此同时,戒毒所的管理方式也会从以人管人向以生产劳动为载体的方式转化,为个人自尊和自省的重建留下更大的空间。

4. 改变戒毒康复人员的生存状态

戒毒人员难以保持操守屡屡复吸的根本原因,主要是由于他们处于上述十分特殊的生存状态。如果不改变这种状态,要解决复吸率高的问题基本是不可能的。开远市强制戒毒所在破解这一难题的过程中,不断深化了对吸毒人员生存状态的理解和认识,认为改变戒毒康复人员的社会生存状态是解决复吸率的关键。这是他们创建雨露社区的初衷,也是他们在戒毒模式上实现创新和突破,并在一定程度上攻克了复吸率高这一世界性难题的最具独创性的贡献。

　　"雨露社区"的理念并不是一开始就有的，它经历了一个由从草创到逐步成熟的过程。引入生产项目，最初只是为了解决戒毒所内部管理中存在的各种矛盾和困境，但是，生产劳动在戒毒人员身上所产生的巨大效应，给管理人员带来了深刻的启示：生产劳动绝不只是具有解决戒毒所经费短缺，改善戒毒人员生活条件和环境，改进内部管理方式等外在的工具性价值，它还具有恢复戒毒人员社会属性，复苏其人性的内在的人本性价值。这一发现无疑极大地增强了他们沿着这条路坚定走下去的信心和决心。随着生产性活动的开展，一些戒毒期满的人员竟然主动要求留下来，而一些已经离所的人员也要求重新回来，这对于管理人员来说无疑又是一个意外的惊喜。但是，以什么方式让这些人留下来，却是一个没有现成模式的问题。在引导戒毒人员参与生产劳动的前期经验和国外类似做法的启发下，有关负责人产生了建立"安全岛"的设想。所谓安全岛，就是为那些不愿或无力回归社会的戒毒人员单独开辟一个场所，为他们提供一个安全过渡的空间。这一计划从2003年萌发并开始尝试，经过几年的试验收到了明显的效果。在"安全岛"内不仅确保了戒毒人员生活在一个绝对无毒的环境里，能够巩固强戒所取得的成果；而且还为戒毒人员提供了一个自食其力的劳动场所，进一步恢复他们的社会属性，为他们最终回归社会积蓄力量。这一设想得到了上级主管部门和领导的肯定，并得到了相应经费支持。

　　"安全岛"计划实施一段时间后，得到了戒毒康复人员及其家属的普遍认同，至2004年底，主动申请留所返所人员已达76人，占当时在所人数的12%。但因为各方面条件的欠缺，大部分留所、返所人员在"安全岛"过渡一段时间后，不得不重新返回社会，他们中半数以上的人在坚持操守3—9个月后，再次复吸。

　　有关负责人在其总结报告中写道：

　　　　能不能建设一个独立的社区，让这个社区既有一般社区的基本功能，又能适应和满足那些留所、返所人员的现实要求，使留所、返所人员成为社区的常住居民？围绕这些问题，开远市戒毒所和公安局展开了大量的调研和论证。2005年的一次问卷调查表明，61%的戒毒康复人员、98%的戒毒康复人员家属支持建设社区，不同生存状态的戒毒人员对社区的描述与我们的构想不谋而合，于是，"雨露社区"作为一个概念被明确提出。2007年1月，时任公安部副部长张新枫视察了开远戒毒所，对"安全岛"计划实施和"雨露社区"的构想给予充分肯定，并要求开远市不等不靠、迅速行动，尽早建成"雨露社区"。之后，张副部长协调国债建设资金1340万元。在省州市领导的关心重视下，"雨露社区"于2008年11月如期建成并投入使用。

雨露社区的建立为从根本上改变戒毒人员的生存状态提供了物质条件和体制保障，使重建吸毒人员人性和社会属性的理念变成了实际运作方式。这一来自一线戒毒管理干警的创举，不仅使《禁毒法》关于"社区戒毒"的法律规定获得了具有实践意义的新内涵和新模式，而且以改变吸毒人员生存状态，重建他们人性和社会属性为核心的戒毒理念，对人类的禁毒斗争提供了重要的思想启迪。

二 社会再造——模式创新

环境的改变和人的活动或自我改变的一致，只能被看作是并合理地理解为革命的实践。

——马克思

1. 环境的改变和人的自我改变的一致

要把改变戒毒人员的生存状态变为现实，必须诉诸戒毒康复模式的创新，必须从根本上突破"一收、二看、三关押、四放走"的传统戒毒模式。然而在原来的体制架构内，强制戒毒所并没有收留戒毒期满人员的职责和功能，也不具备这样的条件。为此，不得不眼睁睁地看着艰难取得的戒毒成果一次次流失，不得不残酷地面对从戒毒所走出去的戒毒期满人员，在经过一番挣扎之后再次滑向毒品的深渊，以致被毒品夺去年轻的生命。

这是2004年元旦发生的一个令人痛心的故事：

2002年，戒毒所教导员的一名同学入所戒毒。这是一名打篮球的大个子青年。一年戒毒期满后，大个子告诉教导员："说真心话，我出去毒是戒不掉的，能不能让我留下？在这里我还有条命！"

教导员将大个子的请求报告了所长。从挽救人的生命出发，大个子被破天荒地留下了……

由于当时戒毒所工作目标的定位仍受"不跑人、不出事，一收、二看、三关押、四放走"模式的影响，不少民警在人手少、经费紧、责任重、风险大的压力下，都巴不得把戒毒期满的人员"扫地出门"，有的民警甚至认为，出了门复不复吸关我什么事，他复吸就送他去劳教。因此，被留下来的大个子，三个月后因受不了这种"管理"，于2003年中秋节前主动提出回家。可家人已不愿接纳他。教导员帮他在一个老板处找到一份工作。临去上班前，已离婚的大个子满怀憧憬地对教导员说："等发了工资，你帮我转给媳妇和娃娃。"两个月后，老板打电话告诉教导员："小伙子干得不错，下个月准备给他加工资啦！"就在要加工资的这个月，孤独的大个子被昔日毒友重新拉回吸毒群体中。2004年1月1日的元旦前夜，大个子面对就要敲响的新年钟声，绝望地选择了自杀。

人是环境的创造者，同时又是环境的产物。作为个体的人来说，他首先是环境的产物，进而才能在一定的社会关系条件下参与环境的创造。马克思认为，单纯地强调环境创造人或者人创造环境，只会陷入形而上学的纷争之中，成为鸡生蛋、蛋生鸡的无聊问题。走出这个怪圈的关键，必须诉诸人的现实的活动，即实践。他说："环境的改变和人的活动或自我改变的一致，只能被看作是并合理地理解为革命的实践。"[1] 吸毒是一种社会现象。吸毒者是有毒环境的产物，同时，也是有毒环境的营造者。从长期的戒毒经验来看，要从根本上解决戒断复吸的问题，必须为戒毒人员提供一个绝对无毒的环境。然而，在现实社会中，这种要求几乎是不可能实现的。制毒贩毒巨大的利益诱惑，必然会驱使一些见利忘义的人铤而走险；而人类现阶段文明的发展程度和人自身的德性理智能力，还远远达不

---

[1] 《马克思恩格斯选集》第1卷，人民出版社1995年版，第55页。

到足以完全抵制毒品的程度。吸毒的可怕还在于，一旦沾上毒品，不仅会导致包括大脑在内的生理器官发生病变，还会对人的意志和心理产生致命的损害，以至于生理戒断后，心理脱毒却难以完成。更重要的是，作为一种社会现象，吸毒具有很强的社会建构性，它能够将吸毒人员和其他社会人群完全分开，成为两个彼此隔离的世界。正常人群对吸毒人群的排斥，不断地强化着吸毒人群这个"亚文化群体"，他们除了在自己的群体中能够找到依赖和慰藉外，几乎难以再融入正常的社会生活。前述大个子的故事即是戒毒人员的普遍命运。

改变环境和改变人的活动或自我改变，这是互为因果的问题。然而，对于吸毒人员这种特殊群体来说，必须从改变他们的生存环境入手，才有希望逐步去改变他们的活动，并完成他们的自我改变。从"安全岛"到"雨露社区"的创立，开远市探索出了一条打破"环境与人"关系怪圈的现实路径，为戒毒康复人员开辟一个适宜于他们生存的社会环境。

2. 构建社会生活的物质系统

"社区"是一个社会学概念，1955 年，美国学者 G. A. 希莱里对已有的 94 个关于社区定义的表述作了比较研究。他发现，其中 69 个有关定义的表述都包括地域、共同的纽带以及社会交往三方面的含义，并认为这三者是构成社区必不可少的共同要素。因此，人们至少可以从地理要素（区域）、经济要素（经济生活）、社会要素（社会交往）以及社会心理要素（共同纽带中的认同意识和相同价值观念）的结合上来把握社区这一概念，即把社区视为生活在同一地理区域内、具有共同意识和共同利益的社会群体。

关于社区的定义很多，但希莱里所揭示的关于社区的几个基本要素，既简洁又全面地反映了社区最本质的属性和功能。而将这个关于社区的界定运用于"雨露社区"更是十分的贴切。

开远市强制戒毒所何以能够从戒毒所延伸出"安全岛"和"雨露社区"的理念，进而把这种理念变为现实，与他们一开始就从构建社区生活的物质基础入手是分不开的。是的，在后来的发展中，"雨露社区"得到了来自中央和地方各级政府在财政上的大力扶持，但在这个理念付诸实施的初期却是戒毒所的干警创造性地引入了生产项目，使"安全岛"建立初期就具有一定的产业支撑，获得了能够持续发展的物质基础。发展到今天，雨露社区已经成为一个拥有金属制品、太阳能热水器、皮具制造、服装加工、套装门生产等十几个生产项目，近100种产品，能够提供1500多个就业岗位的产业基地。

有关负责人对雨露社区的产业建设作了这样总结：

第一步是生产项目的引进，为适应戒毒康复人员实际能力的要求，生产项目引进必须遵循"人人有活干，人人能干活"的原则，针对部分有技术能力的人员引进技术型生产项目，针对大部分人员的实际情况引进适应型生产项目，针对少部分人员技能水平较低的特点引进辅助型生产项目。通过生产项目的引进，实现全员就业，并以此为基础开启社会化管理的序幕

第二步是生产项目的选择，要以提高戒毒康复人员的生产技能为目标，把技能水平的提高作为生产劳动的重要任务。从2002年8月引进第一个生产项目以来，技术型生产项目从2003年的16.6%提高至现在的73.3%；同时，技术型生产项目的技术含量也在不断提高，2002年8月至今共引进生产项目28个，8年间先后淘汰13个。生产项目不断更新、技术水平逐步提升，使产业建设充满了勃勃生机，形成了"事事有着落、项项见效益"的良好局面。戒毒康复人员在技能水平和技术含量不断提高的项目生产中不仅获得了经济回报，还感受到了劳动带来的快乐和做人的尊严

第三步是生产项目的发展，要以建设有组织、有纪律、有技能的产业工人为核心，培养和增强他们的社会属性。戒毒康复人员在社会化的大生产中不仅锻炼了产业工人必须具备的组织性、纪律性，同时还培养了一大批技术工人。随着技能水平的提高和工人数量的增加，他们摆脱了生产项目的束缚而成为具有独立性、自由性的工人，这对生产项目的壮大和发展产生了重大影响

产业建设是雨露社区可持续发展的基础。雨露社区能够称为一个真正意义上的社区，首先就在于它满足了作为"社区"所必须具有的经济要素。我们可以将雨露社区与国内的类似做法作一比较。

云南戴普托戒毒康复村，是一个引进美国TC（Therapeutic Community）戒毒模式的非政府公益性组织。TC模式治疗社区的最大特点，就是戒毒者自己管理自己，实行同伴教育，医疗人员、民警与戒毒人员不是传

统意义上的管理者与被管理者的关系,而是地位平等的"家庭成员"。该模式广泛运用心理学、行为学、社会学的理论和方法,提倡有责任的关心和爱,相信人是可以改变的,努力创建一种独特的社区文化氛围,所有的家庭成员相互关爱、相互帮助、相互影响,共同学习抵制毒品诱惑、不再复吸的方法,培养最终战胜毒品的信念,共同走向新生。作为一种居住戒毒模式,它还有一套严格的规章、奖惩制度和行为规范,并实行等级管理。从该模式所采用的方式和手段上看,应当说主要是一种运用心理治疗理论和技术对戒毒人员进行行为干预的模式。该模式目前已推广到北京等地。

戴普托戒毒康复村无疑也具有"社区戒毒"的一些重要特征,然而却不能视为真正意义上的"社区戒毒",因为它缺失了社区最基本的经济要素。社区成员("家庭成员")与其说是生活在一个真实的社会中,不如说是生活在一个虚拟的社会中。这里并非低估这种模式的重要价值,只是想以此作为参照来分析"雨露社区"引入产业项目所具有的创新意义。

首先,构建产业基础,使"雨露社区"获得了作为社区最基本的功能。全部社会生活的基础是物质资料的生产和再生产。社会(区),从根本的意义上讲,就是人们在生产活动的基础上所形成的人与人的互动体系。一旦离开了生产活动,社会一天也维持不下去。就"雨露社区"这个特殊社区来说,产业基础绝不只是权宜之计,或者形式性的东西,作为承载政府公共管理职能的戒毒所来说,它固然可以得到来自公共财政方面的支持,但是,若要真正建立一个适宜于戒毒康复人员生存的社区,就必须要有自己的物质支持系统,这既是社区能够持续发展的基础,也是社区人员作为人的生存活动的内在需要。

其次,构建产业基础,使"雨露社区"具备了作为人们生活场所的重要功能。如果我们能够把戒毒康复人员真正当人看,就应当尊重他们作为公民的劳动权利,就应当让他们在自食其力的劳动中找到做人的尊严。就业乃民生之本,社区没有必要的产业支撑,戒毒人员就不可能获得就业机会,且不说不可能完全由公共财政支出将这些人养起来,即使能做到恐怕也难以留住大多数戒毒康复人员。须知劳动是人的存在方式,对于一个还具备一定劳动能力的人来说,不能工作可能是对他最大的折磨。开展生产劳动,是让戒毒康复人员恢复正常生活极为重要的举措,一定意义上讲，它比人为设计的某些心理治疗方式对于戒毒康复人员更有价值。

最后，构建产业基础，使"雨露社区"能够为戒毒康复人员提供最好的社会交往条件。社区是具有"咱们感"的人们进行交往的空间，最自然、最基本的交往就是在社会化的生产中所形成的人际互动。这种以必然性方式存在的社会交往会将人们牢牢地联系在一起，让人从中学会相互协作、相互尊重，培养起现代人必需的纪律观念、规则意识，懂得彼此尊重和宽容。这是现代社会一切社会属性的基础，正是在这个意义上，我坚决认为，生产劳动对于雨露社区及其成员来说，绝不只是具有创造经济效益，解决社会成员生计问题的外在价值，其实它本身就是一种优于其他手段的戒毒和巩固戒毒成果的方式。

3. 培育社会生活的本质属性

社区的又一基本要素是社会交往。人是天生的社会动物，社会性是人的本质属性。马克思说："人是最名副其实的政治动物，不仅是一种合群的动物，而且是只有在社会中才能独立的动物。孤立的个人在社会之外进行生产……就像许多个人不在一起生活和交谈而竟有语言发展一样，是不可思议的。"[1] 在另一个地方，马克思又说道：生活在社会中的人，"应该具有社会人的一定性质，即他所生活的那个社会的一定性质，因为在这里，生产，即获得生活资料的过程，已经具有这样或那样的社会性质。"[2]

如前所述，吸毒人员在社会学的意义上与所谓正常人最大的不同，就是他们由于受到毒品的强制而逐步丧失了他们所属的那个社会的部分属性，即使生理脱毒已经完成以后，这种社会属性在短时间内也很难得到恢复。一方面是因为他们自己对于正常人社会具有一种陌生感和恐惧感；另一方面是因为正常人社会对他们的疏远和排斥。从这个意义上讲，培育和恢复戒毒康复人员的社会属性，增强他们面对正常社会生活的勇气和信心，给他们的亲人和社会一个接纳和考验他们的时间，就成为避免戒毒人员重新走向复吸道路的关键环节。这也是开远市雨露社区最成功的经验之一。

我们再来看一个发生在 2006 年元旦前夕的故事。

---

[1] 《马克思恩格斯选集》第 2 卷，人民出版社 1995 年版，第 2 页。
[2] 《马克思恩格斯全集》第 19 卷，人民出版社，第 404—405 页。

2006年元旦前夜，从"安全岛"出去回到家中刚三天的戒毒学员李××，在新年钟声敲响之前，重新回到戒毒所请求留下。她被安排到新开设的雨露社区食堂当上了一名工人，每月除了领取低保外，还可以领取一定的工资。

35岁的李××告诉记者，"我2003年离婚后，染上毒瘾。来这戒了一年，又自愿在'安全岛'3个月。"她说，"才回到家当天就想回所了"。"为什么？""尽管父母兄妹对我很好，但他们的眼神和言语中的不信任，加上社会的歧视，回去三天我门都不好意思出。在家里，我已经找不到共同语言；在外面，我肯定连命都保不住！"李××说："我从进入雨露社区后，今年我父亲生病，我用自己的工资，带了500元给老人治病！"她告诉记者："中秋节放假回到家里，父母亲很高兴，我17岁的女儿对我说，妈妈，你现在已经是正常人了，我看见真是多高兴。"

雨露社区为什么对戒毒康复人员有如此巨大的吸引力？最主要的就是它还原了社区的本质属性，它为戒毒人员创造了一个能够像正常人一样工作和生活的环境，满足了他们作为社会人最基本，也是最重要的需要。

首先，基于生产劳动基础上的社区生活，是一种最接近现实的社会生活。《禁毒法》颁布实施以后，由于明确提出了"社区戒毒"和"社区康复"的概念，各地都在探索新的戒毒模式。上海实施了通过政府"购买服务"，以专业社工机构为主体的社区戒毒模式；昆明的戴普托戒毒康复村是借鉴国外的TC戒毒模式所进行的尝试；江苏省在无锡成立了社区戒毒康复服务基地，同样开始引入生产项目，在保持与毒品隔离的前提下为戒毒人员创造就业机会。相对这些戒毒模式，雨露社区具有它不可替代的示范价值：一是它是最早自主探索具有中国特色的社区戒毒模式的典型；二是从一开始它就按照现实社会的原型，又结合戒毒人员实际设计社区模式。在这里尤其要强调的是，它把社区生活建立在了自己的产业基础上，使社区天然地具有最重要的社会功能。

其次，适应戒毒人员实际的多层次工作岗位，为各类戒毒人员提供了各得其所的就业机会。戒毒人员的构成十分复杂，身体条件、能力素质、文化水平各不相同，为了适应戒毒人员个人的实际情况，实现"人人有活干，人人能干活"的目标，雨露社区针对部分有技术能力的人员引进技术型生产项目，针对大部分人员的实际情况引进适应型生产项目，针对少部分人员技能水平较低的特点引进辅助型生产项目，实现了全员就业。众所周知，在就业形势十分严峻的今天，且不要说一个为社会所唾弃的吸毒人员，即使一个正常人，甚至大学毕业生，要想找到一份稳定的工作都不太容易。然而，雨露社区却做到了全员就业，不能不说是难能可贵的。

再次，日益完善的劳动、分配和保障制度，为戒毒人员安心社区生活提供了基本制度保证。有了生产劳动就必须要有相应的劳动、分配和社会保障制度。根据雨露社区和戒毒人员的实际，社区建立了求职模拟制度、工资奖励激励机制，既体现了社会主义"各尽所能、按劳分配"的原则，又最大限度地调动了生产积极性，促进了劳动生产技能的不断提高。分配制度实行保底工资与计件工资相结合，在保底工资的基础上实行按劳取酬；就业制度实行技能岗位竞争取得，剩余岗位协商约定取得，确保社区居民全员就业、全员参与社区实践活动。目前，雨露社区人均月工资达660元，扣除水电、房租等费用后，实领工资仍能达到300余元。为了解决社区居民的实际困难，红河州、开远市两级政府相继出台了《雨露社区居民最低生活保障规定》《雨露社区廉租房建设管理实施意见》《雨露社区居民户籍管理规定》等一系列制度性文件，对于掌握生产技能较差，工资收入较低的人员，由社区及时向民政部门提出申请，按照《雨露社区居民最低生活保障规定》给予最低生活保障，激发其不断提高工作技能，安心康复的心理动能。目前，享受最低生活保障政策的居民96人，享受医疗保险政策的居民142人。

最后，不断壮大的产业规模，使戒毒人员对社区和个人的未来怀抱美好憧憬。从戒毒所到"安全岛"，再到目前的雨露社区，伴随着一种新的戒毒模式的逐步形成，其产业规模也在不断扩大，技术含量不断提升。从2002年引进第一个生产项目以来，技术型生产项目从2003年的16.6%提高至现在的73.3%；同时，技术型生产项目的技术含量也在不断提高，2002年8月至今共引进生产项目28个，8年间先后淘汰13个。起初是社区到社会上去求企业、求老板，现在是许多企业争着抢着想进入社区。随着计划投资1896.38万元的雨露社区二期工程的正式启动，到今年6月完工，将建成6层生活住宿楼2幢，三层生产厂房1幢，运动场2块，总建筑面积 10002 平方米，雨露社区的硬件设施和生活条件将迈上一个新的台阶。社区的发展给戒毒人员带来了对未来的憧憬和向往，他们中一些人及其亲属、家长已经萌生了长期在社区生活下去的想法，以至于在解决了最低生活保障和医疗保险的基础上，开始提出能否为他们建立养老保险的要求。这里暂不从政策的可操作性上去讨论，单就戒毒人员对社区不断增强的归属感和认同感，以及他们对自己将来的关心来说，就充分说明，雨露社区已经是一个越来越具有内在生命力的小社会。

4. 打造功能完备的人工社区

社区必备的第三个不可或缺的要素，就是社会心理要素，即共同纽带中的认同意识和相同价值观念。任何人都有对一定社会群体的归属感。这一点对于曾经沉溺于毒品的人来说，就更加强烈和迫切。社会属性缺失的一个重要标志，就是他们的心理依赖感特别强，既表现在对毒品的依赖上，也表现在对群体的依赖上。据有经验的管理人员介绍，一个20多岁的人一旦染上毒瘾，其心理年龄很快就会退化到十三四岁。把这些一度失足的戒毒人员在心理层面上视为未成年人，或许不失为一种合理的理论预设。对于心理意义上的未成年人来说，一个适宜的社会心理环境，是促使他们身心康复，重新恢复正常社会属性的重要条件。

我们先看几段社区人员及其家属的内心表白。

这是一位学医出身的吸毒女孩写下的一段话：

> 出所后，我踏入社会，向父母承诺不再触碰毒品。可我却深深地感受到现实的诱惑实在太多，虽然拥有父母的理解和一个完整的家，可我没有工作，没有朋友，整天无所事事。人没有了精神支柱，就只会胡思乱想，再加上只有原来的圈子里的人才会相互搭理的原因，我又把握不住自己了，可我又不想放弃对父母、对自己的承诺。在我痛苦坚守、徘徊不定的时，父母对我说："我们送你去雨露社区吧，或许在那里你不再痛苦，能过上正常人的生活，我们想你可以去看你。"在父母的陪伴下，我来到了雨露社区，工作、娱乐、学习，我的身体养好了，人也精神了，笑容多了，父母放心了，原来生活可以这般美好。

已经进入雨露社区生活一年多的戒毒人员倪某这样写道：

在社区生活我很充实，通过生产劳动拿工资，我可以养活自己，不用看别人的白眼。眼看着这一年多来社区的发展越来越好，我们的生活条件、文化生活也不断提高，更何况社区里有图书室、网吧、冰果屋等休闲娱乐设施，有"高雅文化进社区"的书画展、诗歌朗诵比赛等文化活动，我们下班后可以互相聚一聚，打打牌、吹吹牛、吃吃烧烤，小日子也过得有滋有味的。反正我是想在社区长期住下去，在这里我找回了自己的尊严、找回了自己的人生，这就是我想要的生活。

以下是一位王姓社区成员对社区生活的感受：

在这片充满着雨露阳光的天地里，学员关系融洽，没有歧视和冷漠，到处充满了温情的关怀。看着自己每个月劳动换来的薪金，我找到了自信、自尊，也明白了什么是自律、自强、自爱。在这个平等的没有歧视的温馨天地里，我用被矫正的人性、被修复的灵魂，用自己的双手养活了自己，用劳动充实了自己，用毅力磨炼了自己，用行动证实了自己。

这是一位戒毒人员家长所发的感叹：

第一次走进雨露社区，让我感受很深，有四个没想到，第一个没想到是像他们这样的人政府还专门建设了这样一片环境优美的特殊天地给他们居住；第二个没想到是像他们这样的人在当今社会还能有一份工作，还能领到工资，还能自食其力养活自己；第三个没想到是像他们这样的人在雨露社区生活已经和社会上的正常人基本上没有什么区别；第四个没想到是社会上还有那么多的好心人在关心着他们。

老人的话中三次用了"像他们这样的人"，颇值得人玩味。目前老人的儿子已被社区居民选为协管委员会主任。

老人接着写道：

  儿子在社区有工作，社区还为他们办了保险。今年元旦，儿子请假回家，用他的工资为我们买了一床彩虹牌电热毯，给我买了一套保暖内衣。当我和他妈接过这些东西时，当时真是老泪纵横啊，以前是儿子从家里偷东西、搬东西，现在是往家里送东西，看到儿子正在由一块废铁变成一块好钢，怎能不叫我感动呢！是雨露社区让我看到了盼头，是这片特殊天地让我和老伴看到了儿子的希望，家庭的希望。
  ……
  现在，每次到社区看望儿子，听着人们叫我的儿子"张主任"，我的心里甜啊！

  社区之为社区绝不只是一个物质生活的场所，还是一个社会交往和精神生活的世界。雨露社区能够成为戒毒康复人员真正的幸福生活家园，一方面，是由于它具备了一般社区的基本功能。另一方面，又满足了戒毒人员这一特殊人群特殊的心理需求和社会特性。

  目前，被戒毒人员自己命名为"幸福街"的社区公共活动场所已粗具规模。作为研究者，我们一行在2011年3月4日晚到雨露社区亲身感受了社区成员的业余生活。在一条几十米长的街道两旁是各式各样的店铺，有卫生所、水果店、小超市、烧烤店、啤酒屋等，还有图书室、大屏幕投影电视、网吧等文化设施。熙熙攘攘的人群，或聚集在一起吃东西、喝啤酒，或下象棋、打扑克，整个环境既热热闹闹、宽松自由，又秩序井然、温馨祥和。能让这些曾经被毒品折磨成非人非鬼的人，如此充满阳光地面对生活、享受生活，无论如何都称得上是一种奇迹。

  目前的"雨露社区"（不含二期工程），占地面积103亩，设计容量300人，总投资2100万元，是全国公安机关44个戒毒康复场所建设试点项目之一，是开远市人民政府正式命名的第十九个社区。社区内有2幢住宿楼，以政府廉租房形式提供给戒毒康复人员租住，设有16平方米的单间、32平方米的夫妻间，每平方米月租金0.5元。房内有电视、家具等设施，居民可以租赁使用。社区内还有公共食堂、社区艺术团排练厅等。雨露社区已经是一个设施完备、功能齐全的社会生活场所，但是，更为重要的是，它为戒毒康复人员创造了一个无心理障碍的交往天地，使这个命运相同、遭遇相似、人格相当的"亚文化群体"能够在这个天地中放下一切自卑和恐惧，不受任何歧视和白眼，自由自在地进行交往，在彼此的倾诉和交流中，释放内心的痛苦与烦恼；在相互的理解和关爱中，感受人间的温情和善良；在共同的劳动和生活中，萌生真挚的友谊和爱情；在公平的参与和互动中，赢得做人的自信与尊重。

这里摘录一段社区成员周某的话：

> 在雨露社区里，我的收获太多了，从内心讲，无法用言语和文字来表达，我不知道别人对"幸福"这两个字是如何理解的，但我觉得，对一个曾经吸过毒的人来讲，让我们这个特殊的群体在一起共同劳动，共同生产，没有歧视，人人平等，这样的环境让我找到了自信，从工作中找到了快乐，基本上衣食无忧，我能拥有今天这样的生活条件，我是幸福的，我很满足。

三 回归之路——管理创新

> 人的本质不是单个人所固有的抽象物，在其现实性上，它是一切社会关系的总和。
>
> ——马克思

1. 人是天生的社会动物

人是什么？这恐怕是最难回答的问题之一。在古今中外的哲学思想中，不知出现过多少关于人的定义。尽管这些定义存在这样那样的差异，但绝大多数哲学家看到了社会性这一人的本质特性。古希腊哲学家亚里士多德认为，"人是政治动物，天生要过共同生活"。中国先秦哲学家荀子认为，人是在"明分"基础上"能群"的存在物。18世纪法国哲学家霍尔巴赫认为，"社会对于人的幸福是有益的和必需的；人不能独自使自己幸福；一个软弱而又充满各种需要的生物，在任何时刻都需要它自己所不能提供的援助。只有靠它的同类的帮助，它才能抵御命运的打击，才能补偿它不得不尝到的肉体上的苦难。依靠别人的鼓励和支持，人的技巧才得以发挥，人的理性才得以发扬"。他进一步认为，"人乃是自然中对人最有益的东西"。他坚决反对那种"要求我们逃避社会，拒绝与人交往"的观点。对人的本质揭示得最透彻、最深刻的莫过于马克思。在一段针对费尔巴哈的言论中，马克思写道："人的本质不是单个人所固有的抽象物，在其现实性上，它是一切社会关系的总和。"这段貌似抽象的话，其实是最具体、最具可操作性的。质言之，一个人是什么样的人，只有考察了他的全部社会关系，从而"直观"他在社会关系的表现，才能真正把握他作为人的本质。判断一个人必须如此，塑造一个人更离不开社会关系。

为了使戒毒人员彻底告别毒品，回归社会，人们可谓殚精竭虑，采取了能够想到的各种手段和方式，包括医学、心理学、行为学、社会学等，然而，效果都不尽如人意，以至于在一些人的心目中，对戒毒成功几乎不抱任何希望，认为一旦走上吸毒之路，注定就只有被毒品折磨致死这一条出路。大量吸毒者的命运似乎也印证了这种悲观论调的合理性。但是，吸毒者毕竟还是人，文明社会不能无视人的生命之花在毒品的威胁下枯萎。更何况吸毒作为一种慢性自杀，其生命存续的过程会对吸毒者家庭和社会造成巨大的危害，极大地增加社会管理的成本。因此，人类面对疯狂的毒魔，依然百折不挠地探索着战胜它的途径。

重建人的社会属性是戒毒人员回归社会的必经环节。离开了这个环节，回归社会失败是注定的事。雨露社区作为从戒毒所演变而来的戒毒康复机构，多年的戒毒实践，使他们对吸毒人员的生活特性、生存状况有着一般人难以比拟的深切了解和认识。同时，每天面对这些戒毒人员，其中不乏过去的同学、朋友和熟人，也增强了他们对这些人的怜悯和同情。这是他们能够成为一种具有创新性戒毒模式创造者的重要原因。

在帮助戒毒康复人员恢复社会属性的过程中，雨露社区创造性地建立了各种将戒毒人员置于正常社会关系之中的各种制度，使他们"自然"地进入到各种人际交往和互动之中，形成与正常社会基本相同的社会关系结构，营造尽可能贴近现实的社会生活，从而使他们的社会属性，亦即人的本质，获得真实的内容，奠定坚实的基础。

这里不妨再与戴普托模式做一比较。戴普托戒毒康复村也把恢复戒毒人员的社会属性，增强他们面对社会的抗压力和承受力作为重要的工作目标。例如，它把戒毒人员按照地位由低到高分为激励、事务、厨房和清洁四个组，社区人员必须经过严格的考验才能逐步上升到更高的组，为了训练戒毒人员的忍耐力，甚至还要人为地给下层的人员制造麻烦，比如，在刚刚做完清洁的地上泼上一地水，逼着清洁组的人员再干。再如，它也强调管理者与被管理者的平等，将社区看作一个大家庭，所有人都是家庭成员，等等。雨露社区与之相比，虽然在形式上有不少相似之处，但存在着根本的不同。首先，雨露社区为戒毒人员创造的是一种非常贴近现实世界的真实生活，让戒毒康复人员在这种环境中接受磨炼和摔打；而戴普托模式则是在一种虚拟的环境中，运用某些理论指导下的训练方式对戒毒人员进行培养。其次，雨露社区主要凭依自然形成的社会关系来恢复和塑造戒毒人员的社会属性；戴普托模式主要运用某种科学方法和人为制造的情境来改造和训练戒毒人员。最后，雨露社区主要是在人文理念指导下进行戒毒康复；戴普托模式主要是在科学理念指导下进行戒毒康复。我们无须在二者之间分出优劣高低，但必须指出它们的差异，相对于戴普托这种外来的戒毒模式，雨露社区模式无疑是地道的具有中国特色的戒毒模式。难怪该模式的主要设计者在谈及雨露社区时强调，这种模式离不开社会主义的优越性，认为只有在我国这样的社会主义国家，才有条件和资源创造出这样的戒毒模式。

2. 学会他律与自律

雨露社区最基本的管理制度是构建了一种独特的双重管理体制，即成立了与强制戒毒所"一套人马两块牌子"的社区管理委员会，戒毒所所长兼任社区管理委员会主任，同时，通过社区居民民主选举的方式产生了社区协管委员会，所有协管会成员均由戒毒康复人员担任，负责社区从生产到生活各种事务的自主管理。说它是一种独特的管理体制，就在于，一方面，必须充分考虑社区居民的实际，关照戒毒康复人员人格和社会属性存在不同程度缺失的客观情形，将管理教育贯穿在社区生活的各个方面和全过程之中；另一方面，又充分尊重社区人员的基本权利，尽量参照一般社区的管理方式，为社区人员提供最大的自由空间和行使民主权利的机会。

在调研期间，我们与社区协管会的委员们召开了座谈会。会上他们介绍了协管会目前的基本情况。协管会现设主任1名，副主任2名，主任全面负责协管会的工作，2名副主任分别负责社区的生产组织和园区的绿化管理。所有委员均由社区居民民主选举产生。据他们介绍，目前社区内的绝大多数居民愿意选择在社区长期居住。社区内禁止现金流通，所有消费实行刷卡，工资打在个人卡上，若有现金的需要可向社区管委会申请。在社区企业工作的人员，高的可拿到600—700元工资，低的在300—400元；社区食堂每餐供应3元一份的带菜饭，一荤三素，大部分人员都可以承受，个别的还需家里给一点贴补。社区内的商业网点实行微利销售。社区成员有事可请假外出，但回来后必须接受尿检。他们认为，社区内部管理制度得到了绝大多数社区成员的拥护，大家越来越适应社区的生活，成员之间关系和睦、互帮互助已蔚然成风。

有关负责人在接受媒体采访时，自豪地说："社区有安全保障，社区构建了一种平等、和谐的人际关系，是一个无毒、无案、无上访、无吵、无闹、无纠纷的六无社区。"

双重管理体制对于戒毒康复人员具有重要的教育和培养功能。首先，它可以通过必要的约束，养成戒毒康复人员遵守规则、注重纪律的行为习惯，让这些曾经为了得到毒品可以无所不为的人，重新学习社会生活最基本的行为规范。其次，它可以在日常的生产生活实践中，潜移默化地培养戒毒康复人员自立、自强、自律、自信、自尊、自爱的品格。最后，它可以借助协管会的形式训练社区人员自我管理、自我教育、自我服务、自我约束的能力，为雨露社区逐步向一般社区过渡创造主体和主观方面的条件。

3. 重建信任与合作

马克思说："因为人的本质是人的真正的社会联系，所以人在积极实现自己本质的过程中创造、生产人的社会联系、社会本质。"建立在生产关系基础上的各种联系是最"天然"的社会关系。有了这种联系，人与人的其他社会关系便会氤氲而生，这是不以人的意志为转移的，因而也是最适宜、最符合人的本性的。雨露社区因为为戒毒康复人员营造了一个具有本质意义的社会生活场所，因而各种社会关系都会自然而然在这里萌生和发展。友谊和爱情是人与人之间最具人性的关系，如果一个人还有对朋友的关心和对爱人的忠贞，还有对友谊的向往和爱情的追求，这个人就还保持着重要的人性，就有可能从这种情感中发展出羞耻心、责任心、亲情心和博爱心。

下面是几个发生在雨露社区的故事。

2009年9月16日，是开远市雨露社区人员陈某和王某正式领结婚证的日子。看着美丽的新娘，陈某激动地说："这一纸证书得来不易，我非常感谢雨露社区，感谢社区的工作人员，没有你们就没有我们今天的幸福。"

陈某、王某分别于2008年4月、11月自愿进入雨露社区居住。陈某是协管委员会委员，王某是社区文艺队骨干，在协管会工作的陈某吃苦耐劳，认真负责，全力为社区居民服务。作为舞蹈演员的王某，相貌、身体条件并不突出，王某克服了常人难以想象的困难，经过艰苦的训练，成了文艺队的台柱子。两人在社区相识互生好感，相恋、相知，准备走入婚姻殿堂。可想不到的事把二人难住了。结婚需要二人的身份证、户口簿，可王某的身份证和户口簿遗失多年。没有了身份证和户口簿，两人就无法领取结婚证，这对于相爱的两个人来说是个残酷的事实。

为了解决二人结婚问题，社区工作人员经过多方协调，与王某户籍所在地贵州某派出所取得联系，并说明情况后，当地派出所同意为王某补办身份证和户口簿。好事多磨，在社区工作人员的尽心帮助下，终于有情人终成眷属，幸福像花儿一样，一点点绽放。

目前，已有70对社区居民结为夫妻，组建家庭。

2009年7月27日上午，雨露社区人员自发来到社区协管委员会，为身患淋巴癌的社区人员李某捐款。

李某，女，开远人，于2008年10月自愿进入社区居住，今年7月25日被诊断为淋巴癌。当李某患病的消息在雨露社区传开后，立即引起了社区工作人员和居民的关注。社区协管会向社区发出倡议：珍惜生命、珍惜别人，伸出援手、奉献爱心。社区领导、民警、居民都积极参与其中，在此次捐款活动中，共计收到捐款3345元。

当日，社区工作人员张X、杨X带领社区协管会委员赶到医院，将凝聚着社区爱心的捐款亲自交到李某手中，并转达了全体社区人员对她的关爱。

这样的场面也曾发生在汶川地震和本省特大旱情之后。

38岁的大头是开远人，是家里的独子。10余年前，他在朋友的蛊惑下吸食海洛因，从此一发不可收拾。大头进出强制戒毒所已10余次，一次又一次复吸，严重摧残着大头的身心。

"没钱我就骗家人，最后把房子也卖了。最绝望时，我想到过轻生。"大头说。

2009年的一天，父亲把大头叫到身边说："大头，爹这辈子不图你给什么回报。你记住，只要你活着，就是对父母最大的回报。"

那晚，大头第一次流泪了。已对戒毒所和自己不抱任何信心的他听从了父母的劝告，来到雨露社区。没想到，生活就这样在一个眼神和一次谈话中变了。

"我来到这里，社区教诲人员看我的眼神是和蔼的，没有任何鄙夷，这对我来说是一种鼓励。他们和我们谈话也是平等的，很尊重我。"刚好赶上商铺出租，大头就租下了一间铺面开了阿迷小吃店。全部几千元设备是社区给大头配备的，大头很感动。

大头的生意不错，第一个月就赚了好几百元。他拿出500元，买了一台太阳能热水器送给父亲，那是他38年来第一次送礼物给父亲。父亲抓住他的手，激动得老泪纵横。

大头说，工作、生活结婚、生孩子，这些以前几乎想都不敢想的事，现在他已自食其力，迈出了人生的第一步。谈及爱情，大头坦率地说："我有了意中人，文艺队里的一个漂亮姑娘，我正在追求她。"说完，大头爽朗地笑了。

这就是每天发生在雨露社区居民生活中的一些片段，它们从不同侧面反映了社区在帮助戒毒康复人员积蓄回归社会能力方面，所付出的良苦用心以及在制度层面上的创新。允许戒毒康复人员在社区内恋爱结婚，让他们真正过上像正常人一样的生活，既是一种最有人情味和最富人性化的制度设计，也是一种十分大胆的尝试，它表明开远市有决心、有信心将雨露社区建设成为适宜于戒毒康复人员长期居住的生活环境。为了适应社区居民生活状况的新变化，雨露社区还制定了《开远市雨露社区居民考核管理办法》，采取评比星级居民（遵纪星、操守星、生产星、学习星、团结星、卫生星、创新星、勇为星、宣传星、管理星）和文明家庭、优秀社区居民等荣誉称号的办法，激励社区居民不断提高自身的生产、生活、学习、社交和持家的能力。

4. 找回自信与自尊

职业是人的谋生手段，也是实现人生价值的舞台。为了使戒毒康复人员这一特殊人群在自食其力的基础上，进一步释放自身的潜能，发挥各自的优势，除了为他们创造一个适宜的就业岗位外，还要让他们在工作中找到某种自我实现感，使他们能够在创造性的劳动中获得人本主义心理学家马斯洛所说的，作为人的最高满足的"高峰体验"。为此，雨露社区一方面用人之长，尽可能把每个人都放在最能发挥其才能的岗位。另一方面引入了各种岗位资格考试，让有一技之长的社区成员通过权威机构的考核认证，获得相应的职业资格证和等级证。

我们先看一个实例：

2009年7月，小周从河口来到雨露社区，在这里他燃起了生活的希望。

小周毕业于艺术学校，曾在昆明的娱乐场所发展，因事业和爱情发生波折，小周一念之差染上了毒品，从此生活发生翻天覆地的变化。

用他自己的话说："从前，我的生活追求就是想方设法找到毒品，在田间地头或者偏僻的厕所找个无人的地方打上一针成为我的人生追求，有无住所和冷暖我已无暇顾及，为了凑集毒资我曾做了一些难以回首的事。"

进入雨露社区后，社区领导根据小周的专长，安排他在社区艺术团工作。很快成为社区的文艺骨干，主要承担晚会主持、歌曲演唱以及节目创作等工作。在这里，小周通过自己的劳动获得报酬，能够自己养活自己，开始重新燃起了生活的信心。现在，为了提升自己，以便创作更多更好的节目，工作之余，小周去得最多的地方是社区的图书室，不断给自己充电。

小周说，在以前吸毒的日子里，没有人愿意来看他，到社区后通过自己的努力，家人、朋友常常来看他，愿意重新关心他、疼爱他，大家都从他的身上看到了希望。

由于小周工作认真负责，为人开朗，富有艺术才能，在社区很受大家的欢迎，同时，他热爱艺术的那股劲头也深深地感染了艺术团的其他成员。小周认为，他在社区中找到了真正属于他的生活，他感到幸福。

据有关资料，开远市强制戒毒所和雨露社区已有207名戒毒康复人员进行了缝纫、机修电工、焊工、钳工四类工种的职业技能培训及国家劳动技能资格认证考核，其中的202人通过职业资格认证。此外，从"雨露社区"回归社会的1306名戒毒康复人员，分别都掌握了一种或多种技能，其中焊工518人、缝纫工412人、钳工388人、电工393人。

自信和自尊是自立于社会的基础。社会性的人总是以他人作为自己的"镜子"，在他人的映射中找到自己的社会定位。而人只有在社会性的劳动及其所创造的成果中才能赢得别人的承认和尊重。因此，为他们提供展示自我价值的机会，施展个人才能的舞台，是培养戒毒康复人员自信和自尊的最好方式。雨露社区在这方面进行了一系列探索，具有重要的借鉴价值。国际禁毒参访团团长、西班牙驻华使馆内政参赞塞马利亚·伊那内赫斯在参观雨露社区后，发表了这样的议论："西班牙有着丰富的同毒品作斗争的经验，但雨露社区的经验是一种与之相比不一样的经验。我不知道我们国家在这方面是否拥有和你们一样的水平，因为这里的做法的确与其他地方不一样。比如在这里，可以看到年轻的戒毒人员得以参与不同的工作。这个社区挽救了很多年轻人，并且现在也吸引了更多的人入住。这太棒了。即便只是挽救了一个人，这种社区的建立也是非常值得的。"这位参赞的话中肯而真切。

目前，雨露社区的居民已经完全适应了这种既封闭又开放的社区生活。社区实行自愿居住，来去自由，居住在里面的人有事可请假外出，有信心回到正常社会生活的人，随时可以离开，一旦感到自己把握不了自己时，也可申请回来。之所以要封闭，一是因为社区还兼有强制戒毒所的功能，二是为了给戒毒康复人员创造一个绝对无毒的环境。从这个意义上讲，封闭与其说是管理人员的要求，不如说是这一特殊人群自身身心状况的需要。那扇与外界隔离的铁门，在戒毒人员的心目中，不再是一根剥夺他们人身自由的绳索，不再是一道与世隔绝的屏障，而是他们心中的保护伞和护身符。据调查，雨露社区建立以来，到目前为止还没有发生一起将毒品带入社区的事件。

四　各得其所——社会创新

社会关系的含义在这里是指许多人的共同活动，至于这种活动在什么条件下，用什么方式和为了什么目的而进行，则是无关紧要的。

——马克思

1. 一元与多元

现代社会最重要的特征之一，就是生产方式、生活方式、交往方式、行为方式、思维方式和价值观念的多元化。多元主义者主要是从大一统价值基础的消解，以及人们的有限理性不足以达成普遍接受的价值共识的角度，论证了人类社会必然走向多元化的趋势。这里不去讨论多元主义的理论问题，借用"一元"与"多元"这两个概念是想说明，面对社会生活多元化的客观事实，人们必须正视这样一个问题，那就是，试图用某种统一的模式来进行社会治理和管理，几乎是不现实的。任何社会总是存在一些特殊人群或边缘群体。他们以自身的条件和能力不仅很难在正常社会中立足，而且往往还会受到社会的歧视和排斥。吸毒人群作为一种边缘群体，还有其更多的特殊性。正常社会排斥他们在道义上可以不受任何谴责，甚至还会得到道义支持，因为吸毒人群的确是社会的害群之马，他们对社会存在巨大威胁。吸毒人群本身也会因为社会普遍存在的鄙视和厌恶而躲避正常人群，形成他们自己的社会圈子。这是一个阴暗、肮脏、丑恶、卑微、猥琐的角落，在这里聚集着被毒魔纠缠扭曲的灵魂，滋生着各种毒害身体和精神的病菌，汇聚着强烈的反社会倾向和情绪。如果应对不当，或者没有一套行之有效的控制体系，将会给社会造成不可估量的危害。据开远市强制戒毒所早年的一项调查，当问及戒毒人员如果知道自己感染了艾滋病将如何面对时，回答有三种答案：一是自杀；二是引诱他人吸毒；三是报复社会。听后让人胆战心惊。因此，针对这样的边缘人群，明智的社会应根据这些人特殊的身心状况和生存状态，为他们创造和提供适宜于他们生存的社会环境。开远市雨露社区的经验，之所以引起从政府管理部门到社会各界，从国内同行到外国相关机构的高度关注，并给予很高评价，就在于它抓住了这一边缘群体的生存特性，较好地处理了社会生活一元与多元的关系，将普通社区和特殊社区有机地结合起来，为戒毒康复人员设置一个从戒毒所回归社会的过渡地带或安全驿站，从而创造了人类戒毒史上一种全新的戒毒模式，并收到了令人鼓舞和欣慰的戒毒效果。

雨露社区的初衷是为戒毒康复人员提供一个过渡性的"安全岛"，但是从实践的情况看，即使经过了这样一个过渡阶段，许多回到正常社会的人，依然存在社会接纳度不高和自己把握不了自己的问题。目前，在社区生活的居民中不少都有这样的经历，有的是在几乎又被毒品折磨得只剩半条命的时候，再次选择回到社区。随着政府对社区的投入不断增加，社区条件的日益改善，越来越多的社区人员产生了在社区长期居住的想法，戒毒人员的家庭更是具有这样的强烈愿望。因此，客观上有把社区变为一个特殊人群长期居住的场所的要求。一旦这样来定位社区，必然就会带来社会管理上的一系列问题：高昂的社区建设和运行成本谁来承担？政府该不该为这样的边缘群体创造甚至优于正常人的生活条件？社区是否存在可持续发展的经济基础和政治保障？如何真正实现特殊社区与一般社区的"无缝对接"？这种社区的存在是否关乎社会的公平正义问题？如此等等。也许正是因为这些问题，有学者认为，雨露社区的模式不能简单"克隆"，除非社情、毒情及相关条件与开远相一致。

2. 融入社会的可能性及限度

还有一个值得讨论的问题，就是戒毒康复人员融入社会的可能性及其限度究竟有多大？换言之，社会对这些人的接纳程度到底如何？凡是长期和吸毒人员打交道的人都知道，吸毒行为所具有的社会建构功能以及毒品极强的心理侵蚀力，在现有科学技术和社会条件下，真正能够完全戒断的情况是很少的。这几乎成为一种被社会公众普遍了解的常识。

从社会建构方面讲，直到今天，人类社会在总体上还处在马克思所说的"以物的依赖性为基础的人的独立性"的发展阶段。这个发展阶段的基本特点是，一方面，相对于过去的"人对人的依附性阶段"来说，人获得了前所未有的独立性和个性，它宣告了具有独立人格的个人的出场，为个体的人张扬个性，"原子"般地自立于社会提供了存在论的根据；另一方面，人又没有从根本上取得独立，还存在对物，即人自己的创造物（商品、货币和资本）的依赖。人可以不依附于其他人或其他群体，但却必须与某种"物"结合在一起，才能得到赖以生存的基本条件，才能与他人发生现实的关系。在这个意义上，"资本才有独立性和个性，而活动着的个人却没有独立性和个性"。因此，在这个历史阶段，人被"物"（毒品也是一种人造物，是一种具有巨大交换价值的人工产品）和"物化"的关系，即某种浸泡在金钱的冰水中的社会关系所控制和左右，几乎是现代人的命运。于是，各种拜物教甚嚣尘上，给人制造着层出不穷的物质诱惑和精神幻象，引诱着人们歇斯底里地追求，不断以某种虚假的占有作为人生价值的实现和心理满足，并以各种暂时的刺激和及时的享乐来填补内心空虚和意义缺失。毒品这个世人皆知的恶魔之所以能够一再捕获一些相对脆弱的灵魂，一方面因为制毒贩毒是一个一本万利的"买卖"，总是有人会在巨额利润驱使下铤而走险；另一方面是由于有很多的人在这个隔着一层"物"的屏障的世界很难找到属于人的慰藉和支点，最终只有在不同的"物"中（毒品不过是其中的一种）去寻求暂时的解脱。质言之，在人类文明的现阶段，每一个理性的社会人不可能不对自己的行为作出或明确或模糊的风险评估和价值计算，然而，这种价值估算多是工具理性的，往往存在价值理性上的自悖倾向。因此，在抽象地面对可能对自己的生命财产构成威胁的吸毒人员时，尽可以表现出人道主义的关怀，但真正让他具体面对这样一个人时，他最终的选择可能还是躲避。因此，不管社会开展多少宣传和教育，运用各种知识去说服他们不用害怕和担心，但就像最近人们害怕和防范日本核泄露的威胁一样，更多的还是宁肯信其有，而不愿信其无。

再从科学技术方面讲，人类迄今为止的科学及技术，在对付物，包括人自身这个"物"（肉体）的时候，是非常成功和有效的。同样在毒品问题上，科学也创造了包括美沙酮替代维持治疗在内的各种行之有效的方法，一定程度上讲，人类已经在生理脱毒的意义上战胜了毒品。然而，令人不容乐观的是，直到今天，科学还没有发现或发明公认有效的心理脱毒的办法。其实，深想一下不难看到，沿着狭义的科学路径去探索心理戒毒的办法，可能本身就是缘木求鱼。"心理"并不是一个类似于肉体的实体，也不是一个可以直接去与之战斗的对象。心理作为一种意识现象，它在本质上就是人们意识到的存在，而人们的存在不过就是人们的现实生活过程。人毕竟不是单纯的自然存在物，马克思说："人不仅仅是自然存在物，而且是人的自然存在物"。在自然属性之外，人还具有更具本质性的社会属性和精神属性。如前所论，吸毒本身就是一种社会现象，它是社会人所采取的一种反社会、反自身的行为。如果不把吸毒和戒毒纳入社会和精神的层面上来加以认识和把握，人类就不可能找到在所谓心理的层面上征服毒品的真正出路。

因此，充分估计戒毒人员回归社会的难度和限度，是正确进行禁毒工作制度设计和政策安排的重要思想前提，也是雨露社区以及类似社会组织可持续发展的基本理论根据。

3. 吸毒的社会成本分析

上述讨论的这些问题，归结起来就是一个公共财政该不该向类似"雨露社区"这样的社会组织给予投入的问题。或许人们对于公共财政增加对残疾人、智障人员等的投入不会有太多的异议，原因是这类特殊人群并不存在主观方面的过错，他们成为社会弱势群体，超出了他们意志的选择。然而，吸毒人员就不同了，他们本是正常人群，是因为自己无知或意志薄弱而染上了毒瘾，尽管一旦上瘾之后，由于毒品对身体器官或功能的改变，会导致吸毒者难以自控地受到毒品的强制，以至于在医学上可以将他们视为一种特殊的脑疾病患者，但无论如何他们在主观上是有过错的，而且，在通过强制手段进行生理脱毒之后仍然不保持操守继续复吸，就更加重了吸毒者主体的责任。因此，对待这样的特殊人群，社会不能太宽容，政府也不应该给予他们生活条件上的更多帮助，否则，有失社会公平。如果按照这样观点，各级政府机关对于雨露社区的巨额投入和政策支持，就成了值得商榷的问题。

可能从一般人道主义的意义上来谈论对吸毒人群的关爱，是很难让人心服口服的。因此，只有把问题倒过来问一问，如果不对他们进行特殊关照和管理，任其在社会上漂流，如有违法犯罪行为，便依法惩处，那么，将会造成什么样的社会后果？稍有理智的人用心想想，其危害恐怕是难以估量的。

这里找到了云南省和香港地区 2003 年和 1998 年的两组关于吸毒（药物滥用或药物依赖）的社会成本分析数据，大致可从一个侧面反映吸毒对社会造成的巨大经济损失。

"以云南省登记在册的现有吸毒者数估算，因吸毒所导致的社会总成本达 18.72 亿元，而若以吸毒人群规模估计数估算则高达 26.18 亿—56.10 亿元，占同年云南省国民生产总值的 0.08%，其中公共成本占 17.74%，个人成本占 82.26%。公共成本中公安系统的投入最大，占 85.54%，其次为教育和卫生，分别占 5.72% 和 4.52%；同时，公共成本中又以被调查机构的日常运作经费为主，在药物滥用的治疗、预防和研究等方面投入则较低。吸毒者的个人投入 73.40% 用于购买毒品。结论：药物滥用的社会成本大小一定程度上可以反映出该社会的药物滥用状况以及政府对药物滥用问题的关注程度；云南省药物滥用防治资源配置不尽合理，在预防、治疗、康复、研究等干预性投入和技术性投入方面明显不足，尤其在教育、传媒、社区干预方面投入较低。建议：针对现行的药物滥用防治策略进行全面的成本效益评估，找到成本效益高的项目进行推广，从而有利于有效地合理分配资源，降低公共成本。"（参见相关网页，《云南省药品滥用的社会成本调查》）。

1998 年，香港地区药物滥用的总成本为港币 42.26 亿元，其中 68% 是社会成本，32% 为私人成本，公开开支方面，总额是 15.33 亿元，是全港所有公开开支的 0.8%，其中治疗与康复工作占 36%，刑法机构开支占 31%，福利开支占 22%，医疗服务占 7%，以及预防，教育与研究占 3%，药物滥用的人均成本为港币 632 元。结论：药物滥用为社会及个人造成巨大的经济损失，而有效的预防及干预的工作可大为减轻药物滥用的经济成本（同上）。

从两项调查所涉及的领域来看，仅仅涉及了吸毒所造成的直接社会成本，尽管如此，巨大的经济损失已经让人触目惊心。然而，吸毒的危害还远不止这些，其可能造成的刑事犯罪增多、社会治安恶化、引诱更多的人吸毒、导致家庭破碎、各种传染病蔓延、引发社会恐慌，等等，所产生的间接社会成本恐怕就很难用数据来加以描述了。

这样看来，通过建立类似雨露社区这样的特殊场所，从基本生存条件上给予戒毒康复人员一些必要的保障和照顾，使他们能够安心社区生活，甚至将社区作为自己的永久性生活天地，不失为社会的一种明智选择。相比之下不仅能大大节省社会，特别是公共财政在这方面的直接开支，更重要的是，可以较大地减少吸毒人员可能对社会造成的巨大危害。开远市的经验表明，雨露社区的建立，对该市的社会治安状况产生了非常显著的积极影响。有关负责人对此作了这样的总结：

> "雨露社区"是解决毒品危害的有效途径。80 年代末期，开远成为毒品危害的重灾区，吸毒人数曾一度占到全市总人口的 0.87%，党委政府为解决毒品危害问题曾建了 12 个戒毒所。吸毒人员问题和毒品危害问题成为群众反映强烈的重大社会问题。"雨露社区"实施以来，吸毒人员违法犯罪人数大幅下降，毒品市场急剧萎缩。吸毒人

员问题和毒品危害问题从人大意见建议、政协提案和群众的关注度中消失；同时，各类案件逐年降低，恶性案件逐年减少，2007年至今连续4年未发生群体性事件，吸毒人员对社会造成的危害降到最低限度。

"雨露社区"是提高戒断巩固率的重要措施。据我们对"雨露社区"回归社会的639名开远籍戒毒康复人员中随机抽取256人进行社会追踪调查，见面69人，其中戒断3年的6人，占8.7%；戒断4年的7人，占10.1%；戒断5年的47人，占68.1%。这组数据虽然不全面，但结果令人振奋，它从一个侧面表明从"雨露社区"回归社会的戒毒康复人员戒断巩固率明显提高。通过调查分析我们认为，回归条件成熟的戒毒康复人员，只要能建立一个远离吸毒人群的社圈，掌握至少一种以上的生产劳动技能以及获得一个与技能相关的社会职业，他们完全可以戒断毒瘾。"雨露社区"提高了戒毒康复人员的技能水平和社会适应能力，现正致力于通过社会各界为他们建立一个远离吸毒人群的社圈。

"雨露社区"是一种全新的戒毒模式。每个回归社会的戒毒康复人员都面临复吸的危险，当危险发生时，"雨露社区"会在他们的脑海中出现并阻止复吸吗？换句话说，"雨露社区"会以一种观念或方法在他们面对复吸危险时成为一种被选择的对象吗？几年的实践回答了上述问题，在面对毒品诱惑时，一部分戒毒康复人员最终选择了"雨露社区"。据统计，自"雨露社区"创建以来，重返社区人员共计126人，占现在社区居住人数的42%。唐某，女，31岁，曾两次戒毒。2008年1月离开社区，在返回社会期间，一直没有找到合适的工作，随着时间的推移，以前的毒友逐渐联系上了她，当发现毒品离她越来越近时，毅然拒绝了毒品，在离开社区22个月后，选择了重返社区。"雨露社区"作为一种拒绝毒品的新型模式已被很多戒毒康复人员所选择，在与毒品的博弈中，"雨露社区"取得了重要成果，充分展现出了强大的吸引力。

值得指出的是，前述两项调查研究所得出的结论，都强调了社区干预和预防在降低吸毒的社会成本方面的重要性，进一步从科学研究的角度印证了雨露社区作为一种全新的社会戒毒模式，不仅是可行的，而且是具有巨大经济和社会效益的。开远市的决策者本着强烈的社会责任感和对戒毒人员的人文关怀，对这一点早已有清醒而深远的认识。中共开远市委主要领导在接受中央电视台记者采访时，说了这样一段话：

> 当初要干这个事，主要基于这么几个考虑：第一个考虑就是吸毒人员对社会的危害，我们必须想办法帮助他们。第二个是在消除危害的同时要拯救他们，做到不抛弃、不放弃，用最大限度的人文关怀去拯救他们。第三个是要加大投入，而且投入很大。雨露社区仅土地一项就要100亩，100亩土地就相当于1亿元左右，相当于2006年开远财政一般预算收入的三分之一还多，因此当时出现不同声音是很正常的。我们不仅要算经济账，更要算社会账。如果我们舍不得1亿元钱，那这些人流入社会后，可能我们花更多的钱都管不好，所以市委、市政府下决心建好雨露社区。

4. "无缝对接"何以可能？

如果说分析吸毒的社会管理成本是从公共利益的角度论证建立雨露社区的必要性，那么，我们还应当从私人利益的角度讨论社区居民回归社会的可能性。《红河州人民政府关于进一步加强"雨露社区"建设的意见》对雨露社区提出的总体要求是："安居是基础，生产是平台，教育是手段，回归是目的。"所谓"回归是目的"，就是希望通过雨露社区的过渡实现戒毒人员向社会的完全回归。如前所述，戒毒人员回归社会面临的最大障碍之一，就是社会对他们的排斥和歧视，尤其是接受过强制戒毒或其他行政、刑事处罚的人员，回到社会后，在就业和参与社会生活方面往往会遇到个人难以克服的困难，致使他们很难再恢复到正常人的生存状态，这也是不少人愿意选择长期住在雨露社区的重要原因。雨露社区作为一种面向特殊人群的社区模式，其长期存在的必要性是毋庸置疑的。但是，也要看到，这毕竟是一种与普通人的生活存在较大差异的生活方式，它与真正回归社会还有一定的距离。作为一种社区戒毒和康复模式，雨露社区必须进一步探索戒毒康复人员完全回归社会的可能性及其必要条件。

实现雨露社区与一般社区的"无缝对接"，是雨露社区下一步发展的目标。为此，雨露社区将自己定位为：学校、工厂和家园。作为学校，雨露社区要发挥两个方面的功能，一是为社区居民提供知识学习和劳动技能培训的机会，使每一个社区居民通过社区组织的各种培训和日常的生产劳动，不断提高自身的素质和能力，成为有组织、有纪律、有技能的劳动者；二是借助社区从生产到生活全面而真实的社会功能，培养和恢复社区居民的社会属性，逐步增强他们回归社会的信心和勇气。作为工厂，雨露社区既要为所有社区居民提供就业岗位，使他们能够自食其力，并在日益提高生产项目技术含量的过程中提升社区居民的生产劳动技能，同时，还要不断增强社区企业在市场中的竞争力。作为家园，雨露社区是戒毒康复人员最安全、最可靠、最温馨的港湾，它要为那些暂时无力回归社会或不愿离开社区的人员，提供一个可以安居乐业的环境。作这样的定位，就是为了把社区作为戒毒康复人员的一个人生驿站，最终目的是要让他们在具备条件的时候重新回到正常社会之中。

那么，是否存在"无缝对接"的可能性呢？前文提到开远市公安局曾在回归社会的639名开远籍学员中选择了256人进行追踪调查，从他们直接见面的69人的调查结果来看，戒断3年的有6人，占见面人数的8.6%；戒断4年的有7人，占10.14%；戒断5年以上的有47人，占68.12%，三项合计达86.9%。尽管这个调查还不够全面，涉及的人数也比较有限，但结果还是令人振奋的。在此基础上，他们对戒毒人员回归社会的条件作了这样的分析，认为戒毒人员只要能够进入一个远离吸毒人群的社会圈子，有至少一项生产劳动技能，并能得到一个与其技能相当的职业，就完全可能戒断毒瘾并融入正常社会。

除上述三方面条件外，还必须高度重视的一个问题是，对戒毒人员人格权的保护。在本文即将完稿的时候，我有幸采访了中共红河州委主要领导。这位曾经在云南省的另一个毒品重灾区主持工作多年，发动并组织过声势浩大的"禁毒防艾"人民战争的地方领导，谈起禁毒斗争可谓鞭辟入里，入木三分。在充分肯定开远市雨露社区工作成绩和在禁毒方面取得的重要经验的同时，他更加关心的是戒毒人员如何能够真正回归社会。他认为，雨露社区必须在实现与社会的"无缝对接"上作进一步的探索，为戒毒人员回归社会创造更多、更好、更贴近他们实际的条件。对我触动最大的是，他在分析这个问题时，提到了对戒毒人员隐私权的保护，他强调，这个问题如果解决不好，不仅会对戒毒人员及其亲属的人格权构成侵害，而且也不利于他们回归社会。这是一个深刻体现了"以人为本"思想的见解，也是对上述戒毒人员回归社会条件的一个重要补充，它表明雨露社区这一新型戒毒康复模式，已经将人道主义原则内化到了自己的理念之中。

他认为，走得远比走得快更加重要。抓经济工作是这样，抓禁毒工作也是如此。雨露社区应当本着以人为本的原则，在戒毒人员回归社会方面作进一步的探索，切实从戒毒康复人员的实际出发，既要不断完善他们的生活条件和生存环境，还要在恢复他们社会属性的同时，维护好他们的人身权利，尤其是他们的隐私权，为他们最终融入社会创造良好的条件。

人们在讨论戒毒问题的时候，很容易忽视的一个方面，就是戒毒人员作为公民的人格权，其中最重要的就是他们的隐私权。由于吸毒是一种受到社会普遍憎恶的个人行为，当事者一般不愿意暴露自己曾经吸毒的经历。为了维护公共利益，执法机关有权对吸毒人员采取必要的人身强制措施，但也必须保护其包括隐私权在内的基本人身权利。雨露社区作为专门为戒毒康复人员建立的生活场所，在给他们带来各种有利因素的同时，也不可避免地给他们贴上了戒毒人员的"标签"。这在客观上是把他们曾经吸毒的行为公开化了，除非他们打定主意在这里永久生活下去，否则雨露社区居民身份本身就将成为他们回归社会的一大障碍。因此，雨露社区要实现与社会的"无缝对接"，使有条件的社区人员最终能够完全回归社会，还必须把保护社区居民的隐私权以及其他人身权利作为一项重要的制度来建设，避免有意无意地暴露社区人员不愿公开的个人信息。当然，这其中还会涉及许多值得进一步探讨的法律和伦理问题，例如，如何以及由谁来评估戒毒人员回归社会的条件；保护戒毒人员的个人隐私是否会对他人和社会构成伤害；戒毒人员个人隐私应该保护到什么程度等。

让戒毒人员回归社会是雨露社区追求的最高目标，为戒毒人员创造回归社会的条件是雨露社区最重要的功能。作为一种全新的社区戒毒康复模式，雨露社区正处在不断探索和完善之中，相信在各级党委政府和社会的关心支持下，雨露社区一定会在已有成绩的基础上为我国乃至人类的禁毒事业做出更大的贡献。

结　语

在科学的入口处，正像在地狱的入口处一样，必须提出这样的要求：
"这里必须根绝一切犹豫；
这里任何怯懦都无济于事。"

——马克思

在前面的文字中，我把雨露社区在戒毒模式上所进行的探索，归纳为四个方面的创新，即理念创新、模式创新、管理创新和社会创新，其中涉及或引用了雨露社区的一些具体经验和做法，但是并没有刻意地去关注其工作中的一些细节，原因是，我以为，从哲学的视域所能做的工作，与其说是在对雨露社区的成功经验进行总结，毋宁说是在对这种戒毒模式何以能够成功的理由和根据进行追问和反思。因此，它更应该视为一种哲学意义上的思考。事实上，作为通常意义上的经验总结，开远市的相关部门和负责人已经做过很好、很全面的梳理了。本文力图想达到的目的，就是在学理的层面上为雨露社区产生、存在和发展的合理性及其推广价值作出具有一定深度的理论诠释。

随着雨露社区的影响越来越大，全国乃至世界对这种全新戒毒模式的关注度越来越高，开远市和雨露社区也将面临更大的发展压力：如何实现雨露社区规模和效能的进一步提升？如何完善业已形成的社区运作方式？如何创新社区的管理制度和机制？已经成为开远市的决策者正在思考和谋划的问题。作为用心关注和思考过雨露社区模式的热心人，我愿意在此对雨露社区的提升工程提几点原则性的建议。

围绕开远市"建美丽开远市，做幸福开远人"的总体战略构想，雨露社区的发展目标，是要建设一个戒毒康复人员的幸福家园。为此，结合社区发展所走过的历程以及社区在戒毒方式上的成功做法，在深入理解这种戒毒模式本质特点的基础上，我认为，在今后的发展中应当做好以下方面的工作：

第一，构建稳定的产业体系。其中包括适宜的产业项目、适度的产业规模、适合的企业模式、适当的产权制度、适应的营销模式、适时的创新机制、适势的经济属性、适恰的政府监管。

第二，完善社区的基本功能。其中包括健全的基础设施、完善的社保体系、合理的交往方式、和谐的人际关系、完备的组织架构、健康的社区文化、有力的约束制度、周密的自律机制。

第三，强化社区的科学管理。其中包括特殊的自治组织、特定的空间区域、严密的规章制度、严格的行为规范、民主的内部治理、宽松的内部环境、科学的政社分工、合理的社企关系。

第四，引入必要的社工服务。其中包括专业的社工队伍、规范的社工服务、准确的性质定位、全面的功能设计、融洽的社区关系。

此外，还值得在社区模式创新方面进行一些大胆的探索，例如，建立集生产合作社、自治组织、政府管理三位一体的组织模式；摸索集拯救生命、学会生存、重建生活三生合一的生活模式；搭建集劳动场所、生活场所、社交场所三维时空于一体的空间模式；培养人的自然属性、社会属性、精神属性有机统一的人生模式，以及创建不同于经济特区和政治特区的社会特区等。

《东陆哲学》征稿启事

《东陆哲学》是云南大学哲学系主办,中国社会科学出版社出版的专业学术性刊物,旨在发表哲学领域高水准的研究性论文,为广大哲学工作者提供一个交流思想的平台。

2014年6月,《东陆哲学》编辑部成立,设有编辑委员会和评审委员会,双方分工明确,职责独立,相互监督,最大限度地保证了论文质量评审环节的独立性和编辑工作的专业性。经过编辑部同仁的努力,2015年将出版《东陆哲学》第一辑(创刊号)。本刊目前是年刊,将逐步向半年刊过渡,连续出版。本着"开门办刊"的思路,我们诚挚地向国内外哲学界的学术同仁发出稿约,希望《东陆哲学》能够成为大家介绍学术观点,展示学术风采,进行学术争鸣的平台。具体征稿要求如下:

1. 来稿请遵循本刊《撰稿格式》,并附上300至500字的中文摘要、关键词,以及相应的英文摘要和关键词。

2. 来稿请另页注明作者姓名、单位、出生年、学历、职称、研究方向、联系地址、邮编、电邮和联系电话。

3. 本刊以论文质量为用稿标准,一般研究性论文以8000至10000字(包含注释)为宜,深度研究论文不严格限制字数,但以五万字以下为宜。

4. 来稿优先考虑首发性质论文,若已在他处发表需告知编辑部,否则由作者本人承担一稿多投引起的相关责任。

5. 来稿将由本刊评审委员会进行匿名评审,收稿之日起1个月之内回复评审结果。

6. 来稿一经采用,赠送作者当期集刊两册及作者本人论文单行本5份;一般研究论文暂不另致稿酬,深度研究论文酌情支付稿酬。

7. 来稿请以 MS – word 中文编辑，电子版请发至：philosophyatYNU@163.com 或 fyuguo@ynu.edu.cn，纸版请寄送至：云南省昆明市五华区翠湖北路 2 号 云南大学哲学系 喻郭飞收，邮编 650091。欢迎使用电子版投稿。

撰稿格式

一 基本要求

1、稿件正文中不能出现作者个人信息。

2、请在正文以外用单独文档注明作者个人信息、论文中英文摘要、关键词、涉及基金项目的类别、名称、批准号等内容。

3、论文标题宋体 3 号字加粗，中文摘要楷体小 5 号字，正文部分宋体 5 号字。注释引文一律脚注。

二 正文体例

1、文稿的顺序为：题目、正文、参考文献。节次或内容编号请按"一"、（一）、1、以及（1）的格式排列。

2、正文每段第一行空两格。独立引文左缩进二格，用楷体，上下各空一行，不必另加引号。

三 注释体例

1、文章采用脚注，每页重新编号；编号序号依次为：①，②，③……。

2、注释基本规格（包括标点符号）

（一）著作注释

作者名：《著作名》，（译者名、校者名），出版社，出版年份，第 页。

（二）论文类

作者名：《文章名》，《期刊名》，发表年份与期数，第 页。

（三）报纸类

作者名：《文章名》，《报纸名》，年月日与版次。

（四）文集和选集类

作者名：《文章名》，《文章所在著作名》（著作作者1、著作作者2），出版社，出版年份，第 页。

（五）英文类

1、英文著作

Ayer, A. J. 1949. Language, Truth and Logic. London: Victor Gollancz LTD, pp. 10 – 12.

2、文集中的论文

Maxwell, Grover. 1962. "The Ontological Status of Theoretical Entities." In Minnesota Studies in the Philosophy of Science, Vol. 3, edited by Hilbert Feigl and Grover Maxwell, pp. 3 – 27. Minneapolis: University of Minnesota Press.

3、期刊中的论文

Laudan, Larry. 1981. "A Confutation of Convergent Realism", Philosophy of Science, Vol. 48, pp. 27 – 30.